Über dieses Buch

»Im Mai des Jahres 1933 strich Adolf Hitler eine ganze Generation von Schriftstellern aus dem Bewußtsein des deutschen Volkes«, so beginnt dieses Buch. Ein ganzes Volk hatte sich von seinen Dichtern trennen lassen. Schlimmer noch: Von wenigen untypischen Ausnahmen abgesehen, blieb die Wiederentdeckung dieser Literaturperiode auch nach 1945 aus. Die Bücherverbrennungen wirkten nachhaltig weiter. Neben zaghaften Ansätzen der Literaturwissenschaftler ist es vor allem dem in Hamburg tätigen Journalisten Jürgen Serke zu danken, daß diese zweimal totgeschwiegene Autorengeneration wieder ins öffentliche Bewußtsein rückt. Zusammen mit dem Fotografen Wilfried Bauer ging Jürgen Serke den Spuren der verbrannten Dichter nach – in den USA, in Israel, England, Italien, Frankreich, Österreich, Holland, Polen, in der Schweiz und auch in Deutschland. Er stieß auf alte Menschen mit Erinnerungen, nach denen bisher niemand gefragt hatte, er fand Dokumente, die bis dahin für niemanden von Bedeutung waren. In der Verknüpfung der Lebenswege von rund dreißig Autoren mit persönlichen Zeugnissen, Textbeispielen und Bildern wird diese Literatur wieder lebendig.

Der Autor

Jürgen Serke wurde 1938 in Landsberg/Warthe geboren, ist Autor beim stern-Magazin und lebt in Großhansdorf bei Hamburg. Buchveröffentlichungen: ›Strafverteidiger in Deutschland‹ (1976), ›Die verbrannten Dichter‹ (1977), ›Nach Hause. Eine Heimat-Kunde‹ (1979), ›Frauen schreiben. Ein neues Kapitel deutschsprachiger Literatur‹ (1979). Außerdem gab Serke den Band von Jakob Haringer heraus: ›Das Schnarchen Gottes und andere Gedichte‹ (1979) und ›Ich bin in Sehnsucht eingehüllt‹. Gedichte eines jüdischen Mädchens an seinen Freund von Selma Meerbaum-Eisinger (1980).

Jürgen Serke

Die verbrannten Dichter

Mit Fotos von Wilfried Bauer

Berichte
Texte
Bilder einer Zeit

Fischer Taschenbuch Verlag

Fischer Taschenbuch Verlag
1.–25. Tausend Dezember 1980
26.–30. Tausend Juni 1982

Die Ausgabe wurde vom Autor erweitert

Umschlagentwurf: Jan Buchholz/Reni Hinsch
Foto: Harro Wolter
Layout: Jan Buchholz

Fischer Taschenbuch Verlag GmbH, Frankfurt am Main
Lizenzausgabe mit freundlicher Genehmigung
des Beltz Verlages, Weinheim und Basel

Satz: Fotosatz Otto Gutfreund, Darmstadt
Druck und Bindung: Clausen & Bosse, Leck
Printed in Germany
1280-ISBN-3-596-22239-7

Inhalt

Im Mai des Jahres 1933 strich Adolf Hitler eine ganze Generation von Schriftstellern aus dem Bewußtsein des deutschen Volkes. Als »entartete Kunst« wurden die Bücher fast aller deutschsprachigen Autoren von Rang und Namen den Flammen übergeben. Die Bücherverbrennung wirkte über den Zusammenbruch des »Dritten Reiches« hinaus. Was in den zwanziger Jahren gedichtet wurde, blieb weitgehend vergessen bis zum heutigen Tag. Die Liste derjenigen Schriftsteller, die unter den Nationalsozialisten diffamiert wurden, trägt Hunderte von Namen. So rigoros hat sich kein Volk von einer ganzen Literatur-Epoche trennen lassen, die in ihrer Hauptrichtung den Namen Expressionismus trägt. Es war jene Kunst, welche die Zerfallserscheinungen des Kapitalismus offenlegte und die gegen eine Restauration kämpfte, die mit dem Nationalsozialismus in die Katastrophe führte.

Ernst Toller

Opfergang für die Vision vom gütigen Menschen

Ernst Toller nahm sich 1939 im amerikanischen Exil das Leben. »Nicht, weil er schlechtere, sondern weil er feinere Nerven als seine Mitkämpfer gegen den Faschismus gehabt hatte«, wie es der Schriftsteller Sinclair Lewis damals in seiner Totenrede formulierte. Als Dramatiker der Weimarer Republik war Ernst Toller weltberühmt. Als politischer Mensch aber war er in eine Einsamkeit verstrickt, von der die meisten nichts ahnten. Die meisten Menschen sterben erst im letzten Augenblick. Das sind die Glücklichen. Zu ihnen gehörte Ernst Toller nicht. Er hatte schon jung, schon früh zu sterben begonnen.

»Ich fasse nicht das Leid, das der Mensch dem Menschen zufügt«, schrieb Ernst Toller als 30jähriger. »Sind die Menschen von Natur so grausam, sind sie nicht fähig, sich hineinzufühlen in die Vielfalt der Qualen, die stündlich, täglich Menschen erdulden?« Und: »Es gibt Stunden, da ich schreiend davonlaufen möchte vor entsetzlichen Bildern, die mich wie Visionen überfallen.« Die entsetzlichen Bilder – das waren seine Erlebnisse als Frontsoldat im Ersten Weltkrieg, sein Eintreten für die deutsche Revolution danach und seine Gefängnisstrafe von fünf Jahren, die er dafür abbüßen mußte, sein Kampf gegen den aufkommenden Faschismus aus der Haft heraus allein mit dem Wort und sein Scheitern.

Ernst Toller vertraute allein seinem Gewissen in gewissenloser Zeit. Von seinem Gewissen ließ er sich nichts abhandeln. Er ergriff Partei, aber ließ sich von keiner Partei vereinnahmen. Er war Sozialist. Die Rechten haßten ihn, und die Linken bekämpften ihn, weil er den Terror von rechts wie von links gleichermaßen ablehnte. Er handelte nach seiner pazifistischen Überzeugung und zahlte den Preis dafür. Er war gerade in seiner Art und ging deshalb ein Leben lang zugrunde. Er schöpfte sich aus und hinterließ eine Vision, die er im Dreck seiner Zeit nicht aufzugeben bereit war: die Vision vom gütigen Menschen.

»Erkenne, daß du mit kleinen Menschlein, gutwilligen, böswilligen, gierigen, selbstlosen, kleinlichen, großmütigen kämpfst und versuch's trotzdem«, schrieb er. Er war ein Deutscher und wurde ein Opfer der Deutschen. Hitlers »Völkischer Beobachter« sah in ihm den Liebling aller Zerstörer

und Wühler, der das deutsche Volk korrumpierte. Seine Bücher wurden öffentlich verbrannt. Sein Name stand 1933 auf der ersten Ausbürgerungsliste der Nazis. Ihr Haß hatte lange Wurzeln. Sie reichten zurück bis in den Ersten Weltkrieg.

Deutschland 1914. Der 21jährige Schriftsteller Ernst Toller notiert: »Mobilmachung. An den Bahnhöfen schenkt man uns Karten mit dem Bild des Kaisers und der Unterschrift: ›Ich kenne keine Parteien mehr.‹ Der Kaiser kennt keine Parteien mehr, hier steht es Schwarz auf Weiß, das Land keine Rassen mehr, alle sprechen eine Sprache, alle verteidigen eine Mutter, Deutschland.« Der Autor dieser Zeilen ist Jude, Sohn eines wohlhabenden Kaufmanns aus einer Kleinstadt in der deutschen Randprovinz Westpreußen. Aus dem Feld schreibt er an das Gericht seiner Heimatstadt, es möge ihn aus den Listen der jüdischen Gemeinschaft streichen. Er sei Deutscher, nichts als Deutscher.

Deutschland 1915. Der 22jährige Schriftsteller Ernst Toller notiert: »In der Waldlichtung aus den Gräbern der Soldaten sprießt Gras. Die Grabdecke ist zu dünn, von einem Soldaten hat der Regen die Erde weggespült, die seine Füße bedeckte. In den Stiefeln verwesen Beine, die marschiert sind über die Felder Rußlands und Frankreichs, sie haben Stechschritt gelernt, sie konnten in Eil-

Kindheit in Samotschin bei Posen: Marktplatz und Geburtshaus Ernst Tollers (rechts am Bildrand)

märschen die Stellung wechseln und sich gegen den Boden stemmen, wenn es galt, ein Stück Stacheldraht zu verteidigen, sie waren mehr wert als ein Kopf und weniger als ein Gewehr. Millionen Beine verwesen in der Erde Europas.«

Deutschland 1916. Der 23jährige Schriftsteller notiert: »Ich melde mich zum Fliegerkorps, nicht aus Tapferkeit, nicht einmal aus Lust am Abenteuer. Ich will aus der Masse ausbrechen, aus dem Massenleben, aus dem Massensterben. Bevor ich zur neuen Truppe versetzt werde, erkranke ich. Magen und Herz versagen. Ich komme ins Lazarett nach Straßburg. Nach vielen Wochen werde ich entlassen. Ich bin kriegsuntauglich.« Der Autor dieser Zeilen wird in Heidelberg Student der Philosophie. Die meisten Studenten sind Krüppel und Kranke, die der Krieg freigab.

Deutschland 1917. Der 24jährige Toller notiert: »Alle schweigen. Wer wird endlich sprechen? Vielleicht der Dichter der ›Weber‹, Gerhart Hauptmann? 1914 hatte ihn das Fieber der Zeit verwirrt, Kriegshymnen dichtete er und Soldatenlieder. Jetzt, nach diesen Jahren des Mordens, muß er sich gefunden haben. Ich schreibe ihm einen Brief. Sie dürfen nicht länger schweigen. Ihr Werk verpflichtet Sie, wir jungen Menschen warten auf ein Wort eines geistigen Führers, an den wir glauben. Ihr Wort wirkt mächtiger als der Appell der Generale, es wäre der Ruf zum Frieden. Keine Antwort kam von Gerhart Hauptmann.«

Deutschland 1918. Der 25jährige Schriftsteller Ernst Toller notiert: »Die Arbeiterbewegung und ihre Ziele waren mir fremd bisher, auf der Schule hat man uns gelehrt, daß die Sozialisten den Staat zerstören, daß ihre Führer Schurken seien, die sich bereichern wollen, jetzt lerne ich zum erstenmal einen Arbeiterführer kennen, Kurt Eisner.« Kurt Eisner, Gründer der Unabhängigen Sozialdemokratischen Partei Deutschlands in München, hatte vor dem Krieg gewarnt. Jetzt, wo die Not in Deutschland wächst, wird er gehört. Der junge Schriftsteller schließt sich ihm an. Er will seinen Beitrag leisten, die Politik zu ethisieren. Pazifismus ist das Wort der Stunde. Das Volk will Frieden.

Auf der Theresienwiese in München spricht der Vorsitzende der bayerischen SPD, Erhard Auer: »Der Kaiser hat abgedankt. Zugunsten des Kronprinzen. Der Kronprinz wird demnächst den Thron besteigen. So ist alles gelöst. Und jetzt rate ich euch, Genossen, Ruhe und Ordnung zu bewahren und in gewohnter Disziplin nach Hause zu gehen.« 120000 Genossen gehen nicht. Sie jubeln der Rede Kurt Eisners zu: »Nein, ihr werdet nicht nach Hause gehen. Das Volk hat genug gelitten. Wir wollen weder einen Kronprinzen noch einen Bundesfürsten. Wir wollen die Republik.« Eisner ruft seinen politischen Freund Toller nach München.

Mit diesem Steckbrief wurde Toller nach dem Ende der Münchner Räterepublik gesucht

Sonderblatt.

№ 53. München, 15. Mai 1919.

Bayerisches Polizeiblatt.

Herausgegeben von der Polizeidirektion München.

3010

10000 Mark Belohnung.

Wegen Hochverrats

nach § 81 Ziff. 2 des RStGB. ist Haftbefehl erlassen gegen den hier abgebildeten Studenten der Rechte und der Philosophie

Ernst Toller.

Er ist geboren am 1. Dezember 1893 in Samotschin in Posen, Reg.-Bez. Bromberg, Kreis Kolmar, Amtsger. Margonin, als Sohn der Kaufmannseheleute Max u. Ida Toller, geb. Kohn.

Toller ist von schmächtiger Statur und lungenkrank; er ist etwa 1,65—1,68 m groß, hat mageres, blasses Gesicht, trägt keinen Bart, hat große braune Augen, scharfen Blick, schließt beim Nachdenken die Augen, hat dunkle, beinahe schwarze wellige Haare, spricht schriftdeutsch.

Für seine Ergreifung und für Mitteilungen, die zu seiner Ergreifung führen, ist eine Belohnung von

zehntausend Mark

ausgesetzt.

Solche Mitteilungen können an die Staatsanwaltschaft, die Polizeidirektion München oder an die Stadtkommandantur München — Fahndungsabteilung gerichtet werden.

Um eifrigste Fahndung, Drahtnachricht bei Festnahme und weitmöglichste Verbreitung dieses Ausschreibens wird ersucht.

Bei Aufgreifung im Auslande wird Auslieferungsantrag gestellt.

München, den 13. Mai 1919.

Der Staatsanwalt bei dem standrechtlichen Gerichte für München.

In Kiel beginnen Zehntausende von Munitionsarbeitern zu streiken. Die Matrosen verbünden sich mit ihnen. Der Aufruhr greift auf Berlin über. Soldaten und Arbeiter befreien sich von der Herrschaft des Kaisers, dessen Kriegspolitik die SPD mit der Bewilligung von Krediten gestützt hat. Als Trittbrettfahrer der Revolution gelingt es der SPD, die sich mit den reaktionären Militärs verbündet, diese Revolution im Keim zu ersticken. Philipp Scheidemann ruft die »bürgerliche«, Karl Liebknecht die sozialistische Republik aus. In der Niederlage lassen die verantwortlichen Militärs den Arbeitern den Vortritt. In den Wirren jener Tage wird Ernst Toller in München verhaftet. Der Grund: »Ich gehe in die Streikversammlung, ich möchte helfen, irgend etwas zu tun, ich verteile, weil ich glaube, daß diese Verse, aus dem Schrecken des Krieges geboren, ihn treffen und anklagen, Kriegsgedichte, Lazarett- und Krüppelszenen aus meinem Drama ›Die Wandlung‹.«

In den Hafttagen liest er zum erstenmal Marx, Engels und Rosa Luxemburg, er schreibt seinen Gedichtzyklus »Lieder der Gefangenen«. Er wird freigelassen und erlebt, wie Kurt Eisner zum Ministerpräsidenten von Bayern ernannt wird und in der ersten republikanischen Wahl verliert. Auf dem Weg zum Landtag wird Eisner, der seinen Rücktritt erklären

Die Schauspielerin Tilla Durieux versteckte Ernst Toller in ihrer Münchner Wohnung

will, am 21. Februar 1919 auf offener Straße von dem Grafen Arco-Valley erschossen, der dem völkischen Thule-Bund angehört. Die meisten Parlamentarier fliehen aus München. Der Sozialdemokrat Hoffmann wird in Nürnberg zu Eisners Nachfolger gewählt. München ist ohne Führung. In Berlin sind Rosa Luxemburg und Karl Liebknecht ermordet worden. Der sozialdemokratische Reichswehrminister Gustav Noske läßt die ihm unterstehenden reaktionären Freikorps auf rebellierende Arbeiter schießen. In dieser Situation ergreifen in Bayern die Arbeiter- und Soldatenräte die Macht. Die Bayerische Räterepublik wird geboren. Sozialdemokraten stellen sich ihr zur Verfügung, springen dann wieder ab. Ministerpräsident Hoffmann schreibt eine Postkarte an den Vorsitzenden des Zentralrats, ob die Räterepublik den alten Ministern Pensionen zahle.
Ernst Toller verabscheut die Gewalt und wird doch in sie verstrickt. Er wird Revolutionär und lebt die bis dahin unbeantwortete Frage: »Wie kann sich der Revolutionär mit seinem Anspruch auf absolute Sittlichkeit gegen die Revolution mit ihrer Eigengesetzlichkeit der Gewalt behaupten?«
In Berlin ist der Rätegedanke bereits verworfen worden. Ernst Toller sieht im Beginn des Münchner Experiments schon das Scheitern, sieht die Uneinigkeit der Führer der Linken, will vermitteln, kann

Wegen Hochverrats zu fünf Jahren Festungshaft verurteilt: Toller im Gefängnis Niederschönenfeld

sich nicht durchsetzen und wird selbst zum Vorsitzenden des Zentralrats gewählt. Der Dichter als Regierungschef – in seiner Verfügung die Macht und, was sich nicht abspalten läßt, die Gewalt der Macht.

Die Truppen des Reichswehrministers Noske marschieren auf München. Ernst Toller bemüht sich um Verhandlungen mit der Regierung Hoffmann, die inzwischen in Bamberg sitzt. Die Generäle in Bamberg fordern die bedingungslose Übergabe Münchens. Die Zufahrtswege nach München werden abgeschnitten. Der Bamberger Regierung ist es nicht leicht gefallen, Freiwillige zum Marsch gegen die Räterepublik zu finden.

»Da setzt die Propaganda ein«, erinnert sich Toller später, »Schauergeschichten über die Pläne der Münchner Regierung werden verbreitet, den Bauern wolle sie Haus und Vieh rauben, den Bürgern die Sparpfennige wegnehmen, die Familie zerstören, die Priester ermorden, die Klöster plündern. Die Wirkung solcher Propaganda steigerte man durch das Versprechen hoher Kampfzulagen.«

Das ist damals sozialdemokratische Politik gewesen. In Berlin findet die SPD die Unterstützung der bürgerlichen Presse. Tatarennachrichten werden verbreitet: Die Räterepublik habe die Weiber sozialisiert. Rotgardisten hätten den Münchner Hauptbahnhof aus Lust und Tollerei in Brand geschossen. Und nicht nur das: In der Münchner Ludwigstraße hätten sie Schießübungen auf lebende Ziele veranstaltet, Mädchen vergewaltigt, Frauen die Brüste abgeschnitten. Nichts davon stimmt. Die Räterepublik ist aus einer unblutigen Revolution hervorgegangen. Doch die Greuelpropaganda wirkt draußen, wirkt außerhalb Münchens. Die bayerischen Bauern sperren die Nahrungsmittelzufuhr. Und Ernst Toller schreibt später: »Wie immer in der deutschen Revolution bleiben die großzügigen sozialistischen Wirtschaftspläne Papier, die Unzufriedenheit der Arbeiter wächst, sie haben gehofft, die Revolution werde ihnen rasche Hilfe bringen.«

Ernst Toller ordnet die Bewaffnung der Arbeiter an. In der Stunde der Konfrontation mit den Freikorps wehrt sich der Pazifist gegen das Blutvergießen, sucht den Waffenstillstand. Vergebens. Er setzt Revolutionstribunale ein. Die Anklagevertretung weist er per Verordnung Frauen zu. Das Standgericht bestätigt Toller später, daß die Gerichte »mit größter Umsicht, Milde und Wohlwollen vorgegangen sind und hierdurch eine Reihe von Blutopfern verhindert« haben. Beide Maßnahmen – Bewaffnung des Proletariats und Reorganisierung der Justiz – sollen den Weg andeuten, der zum Sozia-

Zeitgenössische Zusammenstellung der Köpfe derjenigen, die für die Räterepublik kämpften, unter ihnen Eugen Leviné, der zum Tode verurteilt und erschossen wurde, und Gustav Landauer, der im Gefängnis erschlagen wurde…

Die Führer der Münchner „Volkserhebung"

lismus führen könnte. Die SPD, die in Berlin regiert, hat diese Macht abgetreten, noch ehe sie von ihr Gebrauch machen kann: durch das Bündnis mit den reaktionären Militärs und einer ebenso reaktionären Justiz, die mit ihren Urteilen – wie sich zeigen sollte – das »Dritte Reich« vorbereiten hilft.
In München putschen Anhänger der Hoffmann-Regierung. Der Putsch wird von den Kommunisten niedergeschlagen. Die Kommunisten übernehmen die Führung in der Räterepublik. Ernst Toller wird von ihnen festgenommen und wieder freigelassen. Später wird er schreiben: »Muß der Handelnde schuldig werden, immer und immer? Oder, wenn er nicht schuldig werden will, untergehen?« In den letzten Tagen der Räterepublik verpflichten die Vertrauensleute der Münchner Arbeiter den Schriftsteller als ihren Kommandanten: »Oana muß sein Kohlrabi herhalten, sonst gibts an Saustall, und wennst nix vastehst, wirst es lerna, die Hauptsach ist, dich kennen wir.«
Resignation, Verzweiflung und Empörung wachsen in München. Empörung, als bekannt wird, daß die Freikorps 42 von Toller entlassene russische Kriegsgefangene ermordet haben; daß zwölf Arbeiter, die vor München als Sanitäter ausgebildet wurden, erschossen worden sind. Zehn Mitglieder des Thule-Bundes, eines antisemitischen Germanen-Ordens, die wegen Ausweisfälschung in München inhaftiert sind, werden nun als Geiseln behandelt. Toller will Racheakten zuvorkommen, eilt zum Gefängnis und sieht, wie die Geiseln erschossen dort liegen. Neue Geiseln treffen ein, Toller befreit sie.
Der Schriftsteller lehnt sich gegen die Untergangsstrategie der Kommunisten auf, die kämpfend die Niederlage zu einem moralischen Sieg machen wollen. Er zieht an verschiedenen Stellen der Stadt Truppen zurück, kann aber nicht verhindern, daß an anderen gekämpft wird. Nach der Einnahme Münchens richten die Truppen des Sozialdemokraten Noske ein Blutbad an. Das Räteexperiment ist nach knapp einem Monat gescheitert. Mehr als 1000 Arbeiter werden von den Freikorpsmännern erschlagen oder erschossen. Unter ihnen der pazifistische Schriftsteller Gustav Landauer, dessen Grab die Nazis 1933 niederreißen werden, ohne daß es die Stadt München bis heute wieder hergestellt hat.
Den mordenden und marodierenden Truppen dankt der Reichswehrminister Noske in einem Telegramm an den Oberbefehlshaber der Aktion: »Für die umsichtige und erfolgreiche Leitung der Operationen in München spreche ich Ihnen meine volle Anerkennung aus und den Truppen meinen herzlichen Dank.« Zu den Truppen gehört das Freikorps des Generals Ritter von Epp, in dessen Stab als Hauptmann Ernst Röhm, Hitlers späterer Stabschef der SA, dient; dort befindet sich die berüchtigte Brigade Ehrhardt, befindet sich das von der Thulegesellschaft organisierte Freikorps Oberland.

Ernst Toller wird von der Schauspielerin Tilla Durieux versteckt. Auf seine Ergreifung sind 10000 Mark Kopfprämie ausgesetzt. Toller muß seine Verstecke dauernd wechseln. Hausdurchsuchungen bei seinen Freunden zwingen ihn dazu. Er kommt bei einem Maler in einem Gartenhaus unter. Der Schriftsteller färbt sich das Haar rot. Ein Kriminalbeamter, den man für Toller hält, wird erschossen. Und dann finden seine Häscher ihn doch. Versteckt in einem Erker, hinter einer Tapetentür. Vier Wochen nach dem Ende der Räterepublik. Einen Monat später, Anfang Juli 1919, wird ihm wegen Hochverrats der Prozeß gemacht. Wie dem Literaten Eugen Leviné, dem Kommunisten, der bereits hingerichtet ist, droht auch ihm die Todesstrafe. Doch diesmal sieht sich die Justiz einem Hagel von Protesten gegenüber. Politiker und Schriftsteller ergreifen für den Autor des Antikriegsdramas »Die Wandlung« Partei. Der berühmte Romain Rolland erhebt für Toller in Frankreich seine Stimme. Carl Hauptmann, Max Halbe, Thomas Mann und Bjørn Bjørnson, prominent und der Linksabweichung unverdächtig, erscheinen vor Gericht. Ehemalige Regimentskameraden rühmen den Angeklagten als »unerschrokkenen, aufopferungsbereiten Kameraden« im Krieg.

Tollers Verteidiger Hugo Haase sagt in seinem Plädoyer: »Es ist ein unfaßbarer Gedanke, daß die Revolutionäre von gestern die Revolutionäre von heute wegen Hochverrats vor die Richter ziehen können, die zum Schutze der ursprünglichen monarchischen Verfassung eingesetzt worden sind. Es ist ein Nonsens, daß die Regierung, die selbst durch eine Revolution zur Herrschaft gekommen ist, diejenigen als Hochverräter ins Zuchthaus oder gar aufs Schafott schickt, die nichts anderes tun, als sie selbst getan hat.«

Toller bekennt sich in seinem Schlußwort zur Revolution: »Meine Herren Richter, Sie werden nicht von mir verlangen, daß ich nach meinen Anschauungen vom Standgericht Gnade erbitte. Glaubt man dadurch, daß man einige Führer erschießt oder ins Gefängnis schickt, die gewaltige, revolutionäre Bewegung der ausgebeuteten, werktätigen Bevölkerung der Erde eindämmen zu können?... Das werktätige Volk macht nicht eher halt, bis der Sozialismus verwirklicht ist. Es weiß, daß angesichts der zerrütteten wirtschaftlichen Zustände kleinbürgerliche Reformen das Chaos nicht mehr aufhalten können, daß wir zum Chaos kommen, wenn wir nicht einschneidende wirtschaftliche Umgestaltungen vornehmen. Meine Herren! Ich bin überzeugt, daß Sie von Ihrem Standpunkt aus nach bestem Recht und Gewissen das Urteil sprechen. Aber nach meinen Anschauungen müssen Sie mir zugestehen, daß ich dieses Urteil nicht als ein Urteil des Rechts, sondern als ein Urteil der Macht hinnehmen werde.«

Das Standgericht verurteilt Toller zu fünf Jahren Festungshaft und schickt ihn ins Zuchthaus Niederschönenfeld. Ein halbes Jahr spä-

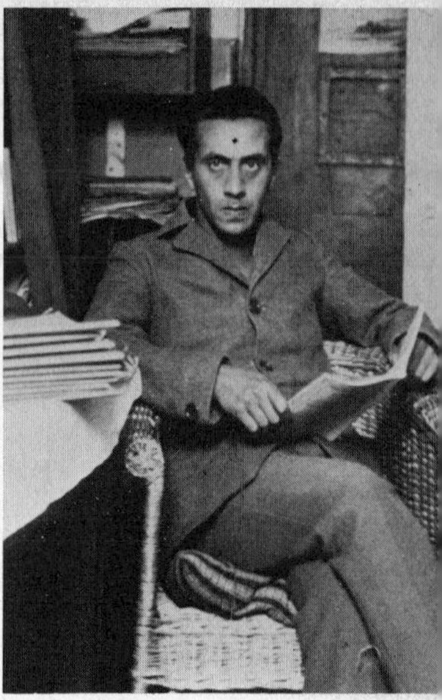

Der Häftling Ernst Toller in seiner Zelle und auf dem Gefängnishof mit einem Kaninchen

ter will ihn der bayerische Justizminister begnadigen. Tollers dramatischer Erstling »Die Wandlung« ist in Berlin uraufgeführt worden und macht Furore. Theater als Rückzugslinie der Revolution, Theater als Widerstand gegen politischen Opportunismus. Die Tribüne, ein Theaterkollektiv, feiert einen ihrer größten Triumphe. Hauptdarsteller ist Fritz Kortner. Ernst Toller lehnt es ab, nur aufgrund dieses Bühnenerfolges vorzeitig entlassen zu werden. Er will sein und seiner Haftgefährten Recht, nicht Gnade. So sitzt er seine vollen fünf Jahre ab.

In der Festungshaft schreibt Toller seine Theaterstücke »Masse Mensch« (1919), »Die Maschinenstürmer« (1921), »Hinkemann« (1922), die Aufführung für Aufführung Triumph und Skandal in der Weimarer Republik auslösten. Die rechte Presse bezeichnet den Autor als einen Kultur-Bolschewisten, der nur »scheeläugigen Haß und klassenpolitische Verhetzung« predige, die linke Presse nennt Tollers Stücke »ideologisch konfus«, weil die sozialistischen Helden in den Werken nicht positiv genug wegkommen. Angepöbelt von rechts und von links, wird Toller dennoch der Protagonist des politischen Theaters, lange vor Bertolt Brecht.

Sein literarisches Werk ist eine ständige Suche nach dem gütigen

Erfolg auf der Bühne: Heinrich George spielte 1924 in Berlin die Titelrolle in dem Anti-Kriegsstück »Hinkemann«. – Nach der Uraufführung von »Feuer aus den Kesseln« 1930 im Theater am Schiffbauerdamm Toller im Kreis der Akteure. Das Stück behandelt den Matrosenaufstand in Kiel

Menschen. »Ich will die Verbitterten sammeln«, sagt er. »Die Verbitterten sind die wahren Opfer, sie geraten immer in falsche Hände, und es sind meistens die Hände derer, die an ihrer Bitterkeit schuld sind. Man sollte dabei keinen Unterschied der Klassen machen; es ist so viel Mechanisches in der Theorie, die uns alle nach unserem Bankkonto oder nach unserem Arbeitsplatz einteilen will. Ich will Menschen helfen. Nicht die Reichen anspucken oder den Armen lobhudeln.« An diese Worte Tollers erinnert sich der Schriftsteller Gustav Regler in seinem Buch »Das Ohr des Malchus«. Und er erinnert sich an seine Skepsis, die er diesen Worten entgegengebracht hat. Ernst Tollers damalige Reaktion: »Gut, Sie bestreiten das. Sie sagen, daß die Reichen durch ihr Geld verdorben sind. Ganz recht! Wie die Armen durch ihre Not. Es hebt sich auf. Was wir tun müssen, ist, die zusammenzubringen, die noch nicht verdorben sind; wo der Kern noch nicht faul ist; wo jede Begegnung das Heil bringen kann.«

Die Revolution bleibt für Toller nur unter der Voraussetzung einer allgemeinen menschlichen Wandlung möglich, die beim Einzelnen beginnt. In seinem Stück »Die Wandlung« schickt die Hauptfigur Friedrich die Kolonnen der Revolution erst aus, als das Volk erkannt hat: »Wir sind doch Menschen!« Da sagt Friedrich: »Nun, Ihr Brüder, rufe ich Euch zu: Marschiert! Marschiert am lichten Tag! Nun geht hin zu den Macht-

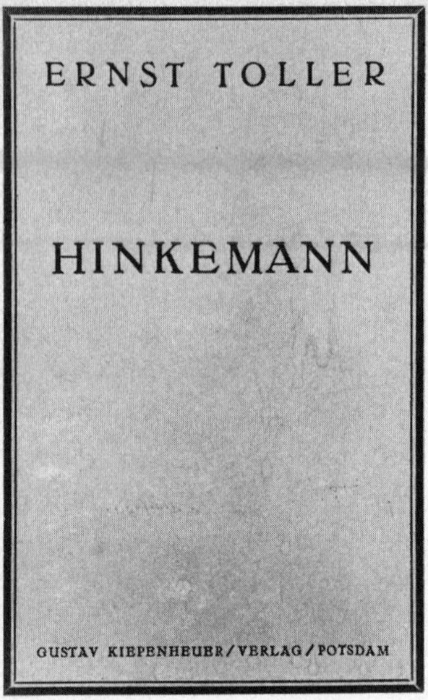

Ernst Tollers literarisches Vermächtnis: Bücher aus der Haft und der Emigration

habern und kündet ihnen mit brausenden Orgelstimmen, daß ihre Macht ein Truggebilde sei. Geht hin zu den Soldaten, sie sollen ihre Schwerter zu Pflugscharen schmieden. Geht hin zu den Reichen und zeigt ihnen ihr Herz, das ein Schutthaufen ward. Doch seid gütig zu ihnen, denn auch sie sind Arme, Verirrte. Aber zertrümmert die Burgen, zertrümmert lachend die falschen Burgen, gebaut aus Schlacke, aus ausgedörrter Schlacke.«
Der junge Bertolt Brecht, der später »Erlösung« im engen, vorbehaltlosen Anschluß an die marxistische Weltanschauung findet,

notiert über Tollers »Die Wandlung«: »Der Mensch als Objekt, Proklamation, statt: als Mensch. Der abstrahierte Mensch, der Singular von Menschheit. Seine Sache liegt in schwachen Händen!« Und Ernst Toller schreibt an den Schriftsteller Stefan Zweig aus dem Gefängnis, daß er »schmerzhaft die tragische Grenze aller Glücksmöglichkeiten sozialer Revolution« erkannt habe: »Darum wird die Tragödie niemals aufhören. Auch der Kommunismus hat seine Tragödie. Immer wird es Individuen geben, deren Leid unlösbar ist. Die Antike kannte den prometheischen Helden, der glaubte, das Schicksal bezwingen und alles Leid aufheben zu können; in unserer Zeit ist an die Stelle des einzelnen Helden eine ganze Klasse getreten. Ich sage das nicht aus Resignation. Nur der Schwache resigniert, wenn er sich außerstande sieht, dem ersehnten Traum die vollkommene Verwirklichung zu geben. Dem Starken nimmt es nichts von seinem leidenschaftlichen Wollen, wenn er wissend wird. Not tun uns heute nicht die Menschen, die blind sind im großen Gefühl, not tun uns, die wollen – obwohl sie wissen.«

Schon im zweiten Gefängnisjahr – 1920 – sieht Ernst Toller, was auf Deutschland zukommt: »Alle Zeichen deuten auf eine militärische Diktatur. Ich habe manchmal das Gefühl, als ob ich aufschreien müßte wider diese Zeit, um mich von den lebendigen Nachtmahren zu befreien, die in ungeheuerlichem Gewimmel der Brutalität, der Haßorgien, der völligen Nicht-

Ernst Tollers Mutter in Landsberg/Warthe

achtung des Lebens, der Seelenlosigkeit mich umschwirren. Die Katastrophe scheint unaufhaltsam.«

Toller spricht von der »katastrophalen Zersplitterung der Arbeiterschaft«, dem »Minuten-Opportunismus der Sozialdemokraten«, der »Blindheit der Extremisten«. Hellsichtig erkennt er die Gefahr vor den meisten anderen: »Um den Mann Adolf Hitler scharen sich unzufriedene Kleinbürger, frühere Offiziere, antisemitische Studenten und entlassene Beamte. Sein Programm ist primitiv und einfältig. Die Marxisten und Juden sind die inneren Feinde und an allem Unglück schuld, sie haben das unbesiegte Deutschland hinterrücks gemeuchelt und dann dem Volk eingeredet, Deutschland hätte den Krieg verloren. Hitler stachelt das Volk zu wütendem Nationalismus auf.«

In der Haft studiert Toller nationalökonomische und soziologische Werke. Er sucht nach Wegen, um den inneren Zwiespalt zwischen Ethik und Politik zu überwinden. Sein Schluß: »Wer heute auf der Ebene der Politik, im Miteinander ökonomischer und menschlicher Interessen kämpfen will, muß klar wissen, daß Gesetz und Folgen seines Kampfes von anderen Mächten bestimmt werden als seinen guten Absichten, daß ihm oft Wehr und Gegenwehr aufgezwungen werden, die er als tragisch empfinden muß, an denen er im tiefen Sinn des Wortes verbluten kann.«

Er warnt vor der Vergötzung des Arbeiters: »Am unduldsamsten sind gewisse byzantinische Intellektuelle, sie vergötzen den Proletarier, sie treiben einen förmlichen Kult mit ihm und lehren ihn die Verachtung der Intellektuellen.«

Er schreibt: »Heute sehen wir ein willenstarkes, seiner Ziele bewußtes, organisiertes Bürgertum und eine Arbeiterschaft, die Enttäuschungen, Not, Verrat lähmen, die nicht mehr ihren Willen spannt, die in gefährlicher Lethargie sich Recht um Recht nehmen läßt, die ihre eigene Organisation schwächt.« Er kritisiert die Kommunisten, die die Massen als ihr Eigentum betrachten, er greift den »Banal-Optimismus« der Ultralinken an. Er bemängelt bei der SPD das »vorsichtige Hin- und Herlavieren«, das als »Realpolitik« ausgegeben wird und nichts als Orientierungslosigkeit ist. Er sieht »den Weg ins Dunkel münden« und kämpft schreibend aus der Kraft der Verzweiflung. Kunst aus dem äußersten Grenzbereich menschlicher Aussagemöglichkeit.

Ernst Toller wird mit Schreibverbot belegt, Pakete darf er nicht empfangen, Besuche werden nicht gestattet, der Hofgang wird ihm immer wieder gestrichen. Bettenentzug, Kostentzug, Bücherentzug sind an der Tagesordnung. Toller wehrt sich mit Hungerstreik. »Da wir abends kein Licht brennen durften«, schreibt er, »kam es vor, daß ich mit der Decke das Tischgestell abblendete, unter den Tisch kroch und dort beim Licht einer eingeschmuggelten Kerze meine Szenen schrieb.« So entsteht seine Komödie »Der entfesselte Wotan«, in der er 1923 in der Figur eines besessenen Friseurs die Karriere Adolf Hitlers mit einer Genauigkeit vorwegnimmt, als sei das Stück erst nach 1945 geschrieben.

Das »Schwalbenbuch« entsteht, eine lyrische Geschichte dieser Vögel, die in seiner Zelle nisten. Die Zuchthausdirektion läßt das Schwalbennest vernichten, und als die Schwalben aufs neue nisten, das neue Nest und das dritte, bis die Schwalbe stirbt:

> Am Morgen, wenn der Wächter kommt,
> Schreck ich zusammen.
> Entdeckt er das Nest,
> Reißt ers mit harter Gebärde zu Boden.
> O im vorigen Sommer der Kriegszug auf junges Getier!

Gegen Dachrinnen, Firste marschierte man Sturm.
Als ich zum Hof ging,
Ging ich über ein Schlachtfeld.

Hilflos kreisend die klagenden Mütter.

Paragraph X: Es widerspricht dem Strafvollzug,
Vögel zu dulden im Hause der Buße.
Menschen Menschen

*

Wo soll ich Euch eine Stätte bereiten, Vögel der Freiheit?
Ich bin ein Gefangener, und mein Wille ist nicht mein Wille.
Sing ich ein Lied der Freiheit, meldet der Wächter:
Der Gefangene sang ein revolutionäres Lied.
Das dulden die Paragraphen nicht.
Mächtige Herren sind die Paragraphen, die die Menschen über sich setzten, weil sie den Sinn verloren.
Ruten tragen sie in Händen. Die Menschen sagen:
Ruten der Gerechtigkeit.
Dieses Hauses Ruten heißen: Einzelhaft Bettenentzug
Kostentzug Hofverbot Schreibverbot Sprechverbot Singverbot Leseverbot Lichtverbot Zwangsjacke.

Ihr, meine Schwalben, wißt nichts von Gerechtigkeit
und nichts von Ungerechtigkeit. Darum wißt Ihr
auch nichts von Paragraphen und von Ruten...

Die Verbreitung des Schwalbenbuches soll verhindert werden, weil es »dem Strafvollzug Nachteile« bereiten würde. Es wird herausgeschmuggelt und erscheint doch. Ernst Toller: »Ich glaube nicht mehr an Wandlung zu neuem Menschentum. Jede Wandlung ist Faltung und Entfaltung. Tiefer als je spüre ich den Sinn des tragischen und gnädigen Wortes: Der Mensch wird, was er ist.« Und, scheinbar kontrapunktisch: »Ich glaube nicht an die ›böse Natur‹ des Menschen. Ich glaube, daß er das Schrecklichste tut aus Mangel an Phantasie und Trägheit des Herzens.«

Am 15. Juli 1924 wird er aus der Haft entlassen und fährt zu seiner Mutter nach Landsberg/Warthe: »Es ist merkwürdig. Meinem Leben stand sie fremd gegenüber, daß sie meine Ideen nicht teilte, tat mir weh. Ich glaube, ich ließ sie es fühlen. Nun merke ich, wie unwesentlich für sie mein Weg ist, den sie nicht begreift. Sie liebt mich.« Nicht weit von Landsberg, in Samotschin bei Posen, ist er geboren. Die Deutschen dort haßten die Juden. Die Juden strebten danach, Deutsche zu sein. Juden und Deutsche standen als Kolonisatoren gegen die Polen, die wiederum diese Einwanderer haßten.

Ernst Toller ist in einer latenten Pogromstimmung aufgewachsen. Sein Urgroßvater kam aus Spanien, erhielt von Friedrich dem Großen einen Schutzbrief, besaß ein Gut und begründete den Wohlstand der Familie. Der Sohn des Nachtwächters war Tollers Freund. In seinem Buch »Eine Jugend in Deutschland«, das am Tage der Bücherverbrennung in einem holländischen Exilverlag erscheint, erinnert sich der Schriftsteller: »Wenn die anderen ›Polack‹, schreien, schrei ich auch ›Polack‹, er ist trotzdem mein Freund.« Sein Freund Stanislaus

wohnt in einer Lehmhütte, sie sind zu elft bei Tisch, es gibt entweder Pellkartoffeln und Grützsuppe oder Pellkartoffeln und Hering. »Warum essen sie bei Stanislaus Pellkartoffeln, und wir haben Braten?« fragt Toller als Junge seine Mutter. Und die Mutter antwortet: »Weil Gott es will.«
Ernst Toller erinnert sich, wie er und Stanislaus den Bauarbeitern zusehen. Stanislaus sagt: »Sie dürfen hier nicht graben, es ist polnische Erde. Die Deutschen haben sie gestohlen. Aber laßt sie nur graben, hier unten, wo sie graben, hundert Meter tief, wartet der polnische König. Wenn es soweit ist, setzt sich der König aufs Pferd, reitet nach oben und verjagt euch alle. Dich auch.« Nach der Volksschule hat Toller Stanislaus aus den Augen verloren. Sein Abitur macht er in Bromberg, sein Studium beginnt er in Grenoble, um von dort zu den Fahnen zu eilen, als der Erste Weltkrieg ausbricht.
Das war seine Kindheit und Jugend. Jetzt, wo er fünf Jahre Haft hinter sich hat, ist er 30 Jahre alt, ein gezeichneter Mann mit grauen Haaren. Und er ist ein weltberühmter Autor. Seine Bücher sind in 27 Sprachen übersetzt. In Berlin wird er von seinem Freund Ernst Niekisch aufgenommen. Der sagt: »Toller hungerte und dürstete nach pulsierendem Leben. Es war, als wollte er rasch nachholen, worauf er so lange hatte verzichten müssen. Verehrerinnen zogen ihn an sich und machten es ihm leicht, Genüsse in vollen Zügen zu kosten.« Ernst Toller erinnert sich: »Es gibt auch ›Freunde‹, die nehmen mir übel, daß ich ›saß‹. Andere sind wieder gekränkt, wenn ich nicht immer ›leide‹. Etliche verlangen, ich müßte in Manchesterhosen und Werkstattkitteln herumlaufen. Sie erinnern mich an jene skrupellosen Bourgeois, die einem Sozialisten ehrlose Gesinnung vorwerfen, wenn sie ihn einmal ein Glas Wein trinken sehen.«
Nach dem Aufenthalt bei Niekisch stellt ihm die Frau des Kaufhausbesitzers Tietz ihre Villa zur Verfügung. Toller fühlt sich in dem herrschaftlichen Haus, über dessen Portal die Statue des Eisernen Kanzlers Bismarck mit Lederlatz, Amboß, Zuschlaghammer und Schwert thronte, so einsam, daß er seinem Freund Walter Hasenclever, dem Schriftsteller, telegrafiert, mit einzuziehen. Beide laden auf den goldumrandeten, gehämmerten Karten der Familie Tietz die Hautevolée des Berliner Westens zur Party ein. Nach der Gästeliste, die Frau Tietz auf dem Schreibtisch hat liegen lassen. Große Garderobe wird zur Pflicht gemacht. Die Herrschaften kommen. Alles, was Rang und Namen hat. »Klotzig«, sagt einer, »die beiden Proleten! Wollen doch mal sehen, was sie bieten?« Geboten werden »Henckell trocken« und Kartoffelpuffer. Großes Entzükken über diese ungewöhnliche Zusammenstellung. Man ißt, man trinkt – und plötzlich ist das Fiasko da. Drei Toiletten. Und hundert Gäste müssen auf einmal. Was sie nicht bemerkt haben, Toller und Hasenclever hatten die Kartoffel-

Der Bolschewist Toller.

Ernst Toller aus Krotoschin war in der Zeit der Münchener Räterepublik als Vertrauensmann seines Rassegenossen, des bayerischen Ministerpräsidenten Kurt Eisner, Vorsitzender des Arbeiter- und Soldatenrates in München. Als der Spuk zu Ende ging, holte man Herrn Toller aus einem Wäscheschrank heraus. „Das Ideal des Helden ist" — sagt Toller — „das dümmste Ideal." In seinen Dichtungen offenbart dieser jüdische Kommunist einen grenzenlosen Haß gegen jegliche menschliche Ordnung und Würde. Sein Drama „Hinkemann" ist eine einzige unflätige Verhöhnung des deutschen Kriegsverletzten.

Originalton Drittes Reich: Die Verhöhnung des Dichters Ernst Toller in der Nazibroschüre »Der ewige Jude«, die 1938 im NS-Verlag Franz Eher erschien und den Dichter mit seiner Frau Christiane Grautoff im Exil zeigt

puffer in Rizinusöl gebacken. Die Folgen sind katastrophal. Die Parkanlagen müssen in der Eile aufgesucht werden. Die Garderoben leiden dabei in grüner Landschaft wie ihre Träger. Die Ge-

schichte ist das Gespräch des nächsten Tages in Berlin. Die Leute von der Müllabfuhr verbreiten die Nachricht, daß Berlins Bonzen verscheißert worden sind. Die bürgerliche Presse schweigt über den Durchfall.
Ernst Toller hat Spaß an Späßen gehabt. Doch wenig Zeit dafür. Nach seiner Haftentlassung ist der Sozialist Toller nicht in die SPD und auch nicht in die KPD eingetreten. Die USPD, seine alte Partei, gibt es nicht mehr. Toller schließt sich wie Kurt Tucholsky und Walter Mehring der »Gruppe revolutionärer Pazifisten« an. Als politischer Schriftsteller wendet er sich gegen die Zersplitterung der Linken, warnt vor Hitler und plädiert für eine gesamtlinke Solidarität, mit der die von ihm prophezeite Diktatur verhindert werden könnte. In Plakataktionen fordert er zusammen mit dem Physiker Albert Einstein, der Malerin Käthe Kollwitz, den Schriftstellern Arnold Zweig, Heinrich Mann, Erich Kästner, Theodor Plivier das Zusammengehen von SPD und KPD.
Er sieht die weltanschauliche Lethargie des Kleinbürgertums und schreibt das Hörspiel »Berlin, letzte Ausgabe«. Da blättert ein gelangweilter Kaffeehausgast wahllos in den verschiedensten Zeitungen: »Vor hundert Jahren geriet eine Stadt in Aufregung, wenn eine Scheune brannte... Heute?... Die Menschen lesen nach dem Abendbrot ihre Zeitungen, gähnen und legen sich ins Bett... Vom Leiden der andern fühlen – nee, so genau wolln wir das gar nicht wissen... So sind die werten Mitbürger.«
Seine Erfahrungen mit der neugewonnenen Freiheit hält Toller in der Komödie »Hoppla, wir leben« fest, die Piscator zum Theatertriumph führt. Es ist die erste Auseinandersetzung mit den Zuständen der Weimarer Republik auf der Bühne. Die »Ahnung vom tragischen Grund« allen Lebens ist Tollers Thema. Er schreibt: »Wir alle werden einsam sterben, umgeben von Freunden. Das ist das tragische Schicksal der Menschen unserer Zeit, die nicht nur die göttliche Gemeinsamkeit entbehren, die eine Gemeinsamkeit, wenn sie sich auftun möchte, nie ertragen können. So arm sind die Menschen in Europa geworden.«
Seine Prophezeiung von der Machtübernahme der Nazis tritt ein. In der Nacht des Reichstagsbrandes stürmen SA-Leute seine Wohnung, um ihn wie viele andere umzubringen. Doch Toller befindet sich auf einer Vortragsreise in der Schweiz. Es ist der Beginn seines Exils. Er reist weiter nach Frankreich, England und in die USA, setzt seinen Kampf gegen Hitler fort. Schon 1930 hat Toller die Ereignisse von 1933 exakt vorausgesagt: »Reichskanzler Hitler wird die Errungenschaften der Sozialdemokratie, auf die die Partei stolz ist, mit einem Federstrich beseitigen. Über Nacht werden alle republikanischen, sozialistischen Beamten, Richter und Schupos ihrer Funktionen enthoben sein, an ihre Stelle werden faschistisch zuverlässige Kader treten. Geschieht heute nichts, stehen wir vor einer

Periode des europäischen Faschismus, einer Periode des vorläufigen Untergangs sozialer, politischer und geistiger Freiheit, deren Ablösung nur im Gefolge grauenvoller, blutiger Wirren und Kriege zu erwarten ist.«
Es war nichts geschehen. Und im Ausland wird die Gefahr weiter unterschätzt. Auf dem PEN-Club-Kongreß 1933 in Dubrovnik verläßt nicht nur die von den Nazis ausgesuchte deutsche Delegation den Saal, als Toller die Diskussion über Gesinnungsterror und Menschenjagd in Deutschland eröffnet, es gehen auch die Delegationen der Schweiz, Österreichs und Frankreichs. Tollers aufrüttelnde Rede wird dennoch in vielen Ländern der Welt gedruckt, nur nicht in Deutschland.
Und gedruckt wird auch Tollers »Offener Brief an Herrn Goebbels«. »Es genügt Ihnen nicht, die zu quälen«, heißt es da, »die Sie in Ihre Gefängnisse und Konzentrationslager kerkern, Sie verfolgen selbst die Emigranten durch die mannigfaltigen Mittel Ihrer Gewalt. Sie wollen sie, um in Ihrer Sprache zu reden, geistig und physisch, brutal und rücksichtslos vernichten! Was ist der Grund so abgründigen Hasses? Diese Männer glauben an eine Welt der Freiheit, der Menschlichkeit, sozialen Gerechtigkeit, diese Männer sind wahrhafte Sozialisten, Kommunisten, Pazifisten oder gläubige Christen, diese Männer sind nicht gewillt, die Stimme der Wahrheit zu verleugnen und der Macht sich zu beugen!«
Überall, wo deutsche Flüchtlinge Hilfe benötigen, ist Toller zu finden. Er verhandelt mit den Arbeitsministerien in England und Frankreich, um den Flüchtlingen Ausweise und Arbeitserlaubnis zu verschaffen. 1936 reist er erneut in die USA und hält rund 50 öffentliche Ansprachen von New York bis San Francisco. Aber niemand nimmt seine Warnungen wirklich ernst. Nach Beendigung der Vortragsreise arbeitet Toller an Drehbüchern für Metro-Goldwyn-Meyer. Dann fährt er ins Spanien des Bürgerkrieges. Er sieht die Leiden der Zivilbevölkerung und leitet – völlig auf sich gestellt – eine der größten Hilfsaktionen jener Jahre ein. Über Rundfunk appelliert er an US-Präsident Roosevelt, den Hungrigen auf beiden Seiten in Spanien mit Spenden zu helfen. In Gesprächen mit Regierungsstellen in England, Schweden, Norwegen und Dänemark erreicht er es, daß ihm Millionenbeträge zur Verfügung gestellt werden. Erste Geldsummen gehen nach Spanien. Toller erfährt, daß dieses Geld in die Hände Francos gefallen ist und für Kriegsmaterial benutzt wird.
Im Frühjahr 1939 sind die spanischen Republikaner besiegt. Die Diktatur Francos ist mit Hilfe der Nazis aufgerichtet. Ernst Toller ist verzweifelt. Er nimmt kaum noch zur Kenntnis, daß Berge von ihm gesammelter Nahrungsmittel nun Tausenden spanischen Flüchtlingen in Frankreich zugute kommen. Wieder einmal scheiterte er in politischer Mission.
In seinem politischen Kampf sieht er sich nun auch als Schriftsteller im amerikanischen Exil isoliert.

Sein dramatisches Hauptwerk jener Jahre ist auf keiner Bühne unterzubringen: das Stück »Pastor Hall«, die Geschichte eines Einzelgängers, der sich gegen die Diktatur Hitlers auflehnt. Schlaflosigkeit quält den 39jährigen seit seiner Haftentlassung. Seine Frau, die Schauspielerin Christiane Grautoff, die ihm ins Exil gefolgt war, verläßt ihn nach dreijähriger Ehe. Margaret Lackner, eine Bekannte, erinnert sich: »Manchmal kamen spätabendliche Telefonanrufe von ihm, die, wie ich es mir leider erst später erklären konnte, beinahe wie Hilferufe klangen.«
Der letzte Anruf kommt am 21. Mai 1939. Am Morgen des nächsten Tages erhängt sich Ernst Toller im New Yorker Hotel »Mayflower«. An der Brause seines Badezimmers mit dem Gürtel seines Bademantels. Als man ihn tot entdeckt, sieht man auch die Fotos von abgemagerten spanischen Kindern, die er auf seinem Schreibtisch ausgebreitet hat.

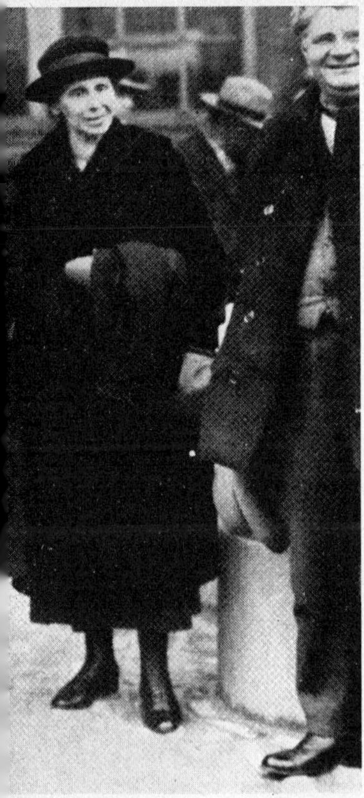

Mit Freunden auf dem Internationalen Kongreß gegen koloniale Unterdrückung 1927 in Brüssel: der kommunistische Verleger Willi Münzenberg, ermordet 1940 in Frankreich, der spätere indische Regierungschef Jawaharlal Nehru, seine Schwester, Ernst Toller, der deutsche Sozialist Georg Ledebour und die holländische Schriftstellerin Henriette Roland-Holst

Der ebenfalls emigrierte Schriftsteller Bodo Uhse erinnert sich: »Erst hieß es, Toller habe mehrere tausend Dollar auf der Bank liegen, später stellte sich heraus, daß er bettelarm war. Jemand, der ihm Tage zuvor Hilfe verweigert hatte, fand sich nun bereit, einen Beitrag zu seiner Bestattung zu geben.«

Erwin Piscator, der Regisseur, hielt die Situation so fest: »Der amerikanische Schriftsteller Sinclair Lewis, den ich mobilisierte, hielt ihm die Leichenrede. Aber noch nach zehn Jahren war die Urne mit seiner Asche nicht abgeholt worden. Toller hat sein bitteres, verzweifeltes Ende in seinem Stück ›Hoppla, wir leben!‹ vorweggenommen.« Karl Thomas, der Held dieses Stückes, zerbricht an seiner Epoche. Der geschichtliche Ablauf ist für ihn zu einem absurden Mechanismus geworden, aus dem er herausspringt in den selbstgesetzten Tod.

Viel früher hat Toller das Motiv zu seinem Selbstmord in die Worte gefaßt: »Wer keine Kraft zum Traum hat, hat keine Kraft zum Leben.« Tollers Traum war nach 46 Jahren aufgebraucht.

Gustav Noske, der Mann, der den Traum vom Sozialismus zerstört und die Revolution nach dem Ersten Weltkrieg niedergeschlagen hatte, durfte in Hitlers Deutschland bleiben und bekam von den Nazis Rente. ■

Else Lasker-Schüler

Die Frau, die die Träume nach Israel entführte

Die Dichterin der schönsten deutschen Liebesgedichte schenkte einer Freundin nach einem Streit eine rote Rose. Das war im Januar 1945 in Jerusalem, wo die deutsch-jüdische Schriftstellerin Else Lasker-Schüler vor den Nazis Zuflucht gefunden hatte. Avital Ben Chorin hat dieses Geschenk bis heute nicht vergessen: »Ich wunderte mich damals, daß sich die Rose so lange hielt. Die Dichterin wurde krank, die Blume blühte und blühte. Die Dichterin kam in ein Hospital, die Blume verwelkte nicht. Sie verwelkte erst an dem Tag, an dem Else Lasker-Schüler starb.«

Es war der 22. Januar 1945. Der pensionierte Samuel Wassermann, der ebenfalls mit der Dichterin befreundet war, erinnert sich noch heute an einen Traum, den er in jener Winternacht gehabt hat: »Ich sah Else Lasker-Schüler abgemagert im Krankenhaus liegen, ihr vom Alter verwittertes Gesicht mit den dunklen brennenden Augen. Und über dem Krankenbett hingen Glockenstränge. Sie hob ihre Hände und zog an den Strängen. Es dröhnte so sehr, daß ich aufwachte. Gegen Mittag erfuhr ich, daß die Dichterin gestorben war. In meinem Traum hatte sie ihr eigenes Totengeläut geläutet.«

Wunder und Zeichen waren das Thema ihrer Dichtung. Wunder und Zeichen begleiteten ihr Leben. Was über sie heute bekannt ist, wurzelt stärker in der Legende als in der Wirklichkeit.

Um der Wirklichkeit näherzukommen, in der die Dichterin gelebt hat, flog ich nach Israel, fuhr nach Jerusalem, über das Else Lasker-Schüler bereits 1902 visionär geschrieben hatte: »Und meine Seele verglüht in den Abendfarben Jerusalems.« In der Innenstadt suche ich einen Parkplatz. Neben mir ein Bekannter, genauso hilflos wie ich. Ich biege in eine Nebenstraße ein, sehe dort die einzige Parklücke. Der Bekannte steigt wie ich aus, macht zwei Schritte, steht an einer Pforte und sagt: »Gehen Sie mal durch. Sie stehen genau vor dem Haus, in dem Else Lasker-Schüler zuletzt gewohnt hat.« Vor mir ein einstöckiges Gebäude, aus Naturstein gehauen, versteckt hinter drei Zedern und einem Johannisbrotbaum. Eine Außentreppe, 19 Stufen bis zur Haustür im ersten Stock. Katzen springen davon. Ich klingele. Eine ältere Frau erscheint. Ich bitte sie, mir das Zimmer zu zeigen, in dem die mit 76 Jahren gestorbene Else Lasker-

Schüler zuletzt gewohnt hat. Die Frau fragt mich auf Deutsch: »Wer ist Else Lasker-Schüler? Ich habe nie etwas gehört von ihr.«
Wer ist Else Lasker-Schüler? Eine Frage, die in Deutschland nicht einmal Germanisten hinreichend beantworten können. Was an Fakten bekannt ist, sagt wenig über sie. Sie ist die Enkelin eines Rabbiners und die Tochter eines Bankiers. Sie wurde am 11. Februar 1869 in Elberfeld geboren und wuchs in der Sadowastraße 7 auf. Sie war zweimal verheiratet, wurde zweimal geschieden und hatte einen unehelichen Sohn. Sie schrieb Gedichte, Romane und Theaterstücke, ihre Themen waren häufig jüdisch, ihre Phantasie war orientalisch, ihre Sprache war deutsch. Im Jahre 1932 erhielt sie den damals begehrten Kleist-Preis. Ein Jahr später ging sie – von den Nazis bedroht – in die Schweiz, von der Schweiz nach Palästina. Auf dem Ölberg in Jerusalem ist sie begraben.
Ihr letzter Gedichtband erschien in deutscher Sprache kurz vor ihrem Tode in Jerusalem. Die aus Deutschland Vertriebene widmete ihn »Meinen unvergeßlichen Freunden und Freundinnen in den Städten Deutschlands – und denen, die wie ich vertrieben und nun verstreut in der Welt, in Treue!« Darin steht das erschütternde Gedicht einer Frau, die unerkannt in ihren Gefühlen geblieben ist:

Ich liege wo am Wegrand übermattet
Und über mir die finstere kalte
Nacht
Und zähl schon zu den Toten längst
bestattet.

Wo soll ich auch noch hin – vom
Grauen überschattet –
die ich vom Monde Euch mit Liedern
still bedacht
und weite Himmel blauvertausend-
facht.

Die heilige Liebe, die ihr blind zertratet,
Ist Gottes Ebenbild...!
Fahrlässig umgebracht.

Wer also ist Else Lasker-Schüler? Eine Frau von 33, als ihr erster Gedichtband »Styx« im Jahre 1902 erscheint. Sie stammt aus einem

Sie nannte sich Prinz Jussuf und zeichnete sich als Kamelreiterin

Else Lasker-Schüler als Braut im Alter von 25 Jahren

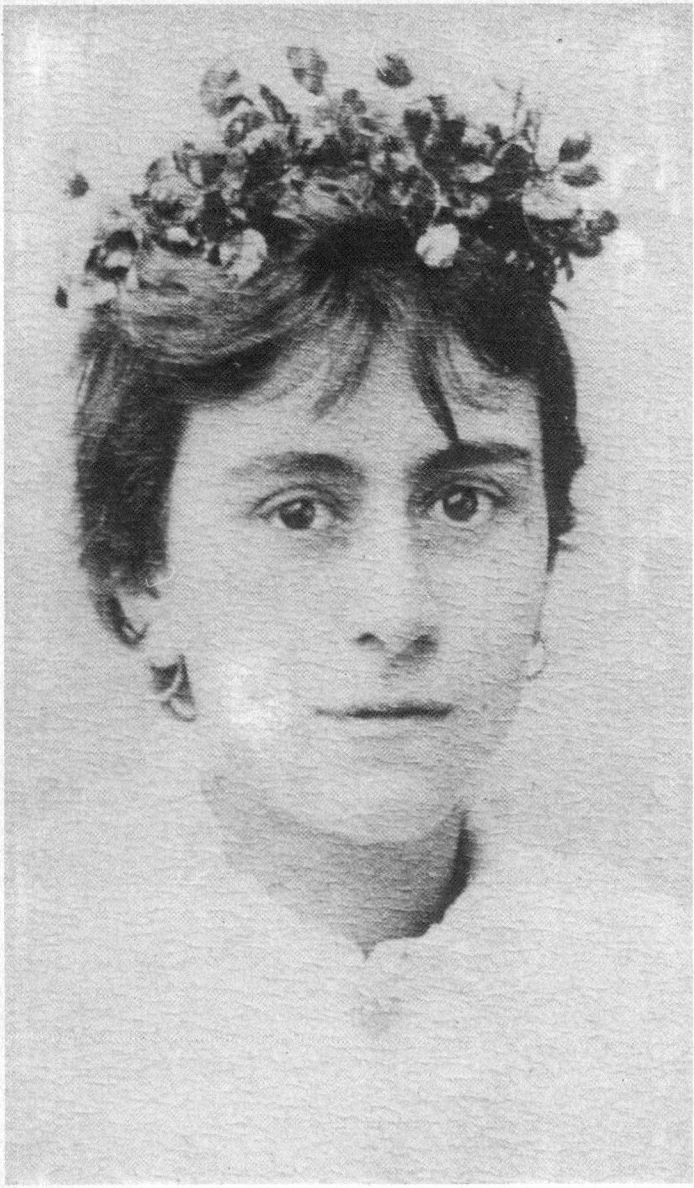

Blick aus dem Kinderzimmer in Wuppertal-Elberfeld: Nur im Elternhaus erfuhr sie Geborgenheit

wohlbehüteten Haus. Den Vater beschreibt sie als eine zu Streichen und Späßen aufgelegte Eulenspiegelfigur, die Mutter als eine den Künsten aufgeschlossene Frau. Die verträumte Tochter Else hatte es schwer in der Schule und leicht zu Hause: »Ich war die Jüngste und durfte immer neben meiner angebeteten Mama sitzen, die mir heimlich eine Zuckerfreude ins kleine karierte Kleidertäschchen steckte. Ich fühlte mich wie das ewige Leben neben ihr, die mich mal zur Welt gebracht hatte.«

»Wir wohnten am Fuße des Hügels«, so heißt es in ihrem Buch »Konzert«. »Steilauf ging's von dort in den Wald. Wer ein rotes, springendes Herz hatte, war in fünf Minuten bei den Beeren. Sonntags kamen ganze Familien vom Berge gestiegen, an unserem Haus vorbei... Ich bin immer so stolz auf unseren großen Wald gewesen, in den man, ob man's wollte oder nicht, beim Heraufklettern der Sadowastraße hineinblicken

Else Lasker-Schüler als Fünfzigjährige: zwei gescheiterte Ehen, ein Sohn und fünfzehn Bücher

Der Poet Peter Hille machte aus ihr eine Dichterin. Herwarth Walden wurde ihr zweiter Ehemann. Der 26jährige Lyriker Gottfried Benn verliebte sich 1912 in sie

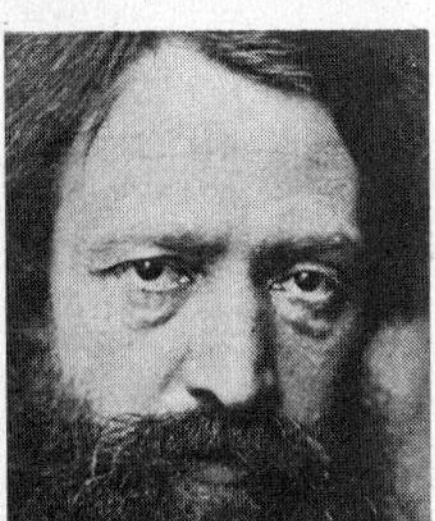

Der Vater war Bankier

Eine Mutter zum Träumen

mußte. An ihrem Fuße lag mein Elternhaus... Immer strömte aus dem Walde frischer, grüner Atem und kräftigte die Lunge... Wenn die Gewitter kamen von den vier Himmelsrichtungen, die schwarzgezückten Reiter nahten, setzte sich meine teure Mama auf den Balkon, der zwischen Osten und Westen frei zu schweben schien. So war's einem. In einem kleinen Nachen glaubte man zu sitzen zwischen den Luftwellen; das bewog meine Mutter zum Einsteigen...«

Als die Mutter 1890 stirbt, verliert die damals 21jährige ihren ganzen Halt. Sie sieht eigentlich erst in diesem Augenblick den Moment ihrer eigenen Geburt, den sie später in dem Totenlied »Mutter« in Worte faßt:

Ich fühle mein nacktes Leben,
Es stößt sich ab vom Mutterland,
So nackt war nie mein Leben,
So in die Zeit gegeben...

Und so sehnt sie sich in die Urheimat zurück:

Und es lege eine Schöpferlust,
mich wieder in meine Heimat
Unter die Mutterbrust.

Als 25jährige verläßt sie das Elternhaus in Elberfeld und heiratet den Berliner Arzt Dr. Berthold Lasker. Der Ehemann richtet der zeichnerisch begabten und versponnenen Else Lasker-Schüler ein Maler-Atelier im Tiergartenviertel ein.

Vier Jahre lebt sie so dahin. Dann lernt sie einen Mann kennen, der sie aus ihrer bürgerlichen Ruhe reißt. Die 29jährige sieht ihn auf der Straße, folgt ihm und läßt ihn nicht mehr aus den Augen. Sie wirbt um ihn: impulsiv und naiv zugleich, verspielt und sprunghaft, verliebt und begeistert:

Ich wollte, Du und ich, wir würden uns verzweigen,
Wenn sonnentoll der Sommertag nach Regen schreit
Und Wetterwolken bersten in der Luft!
Und alles Leben wäre unser Eigen;
Den Tod selbst rissen wir aus seiner Gruft
Und jubelten durch seine Schweigsamkeit!
– Ich folge Dir ins wilde Land der Sünde
Und pflücke Feuerlilien auf den Wegen,
– Wenn ich die Heimat auch nicht wiederfinde...

Else Lasker-Schüler bekommt von dem Geliebten, dem sie den Phantasienamen Alkibiades de Rouan gibt, dessen wirklichen Namen sie aber nie verrät, einen Sohn, Paul. Der Geliebte verläßt sie und verschwindet spurlos.
Die Vernunftehe mit Dr. Lasker zerbricht, wird aber erst im Jahre 1903 geschieden. Dazwischen liegen fünf Jahre bitterster Armut. Die junge Frau zahlt den Preis für diesen unvermittelten Ausbruch: Sie verläßt den Ehemann und lebt mit ihrem Sohn für 75 Pfennige im Monat in einem Kellergelaß, das sie einem Portier abgemietet hat. Sie schreibt das Gedicht:

Ich will in das Grenzenlose
Zu mir zurück,
Schon blüht die Herbstzeitlose
Meiner Seele,
Vielleicht – ist's schon zu spät zurück!

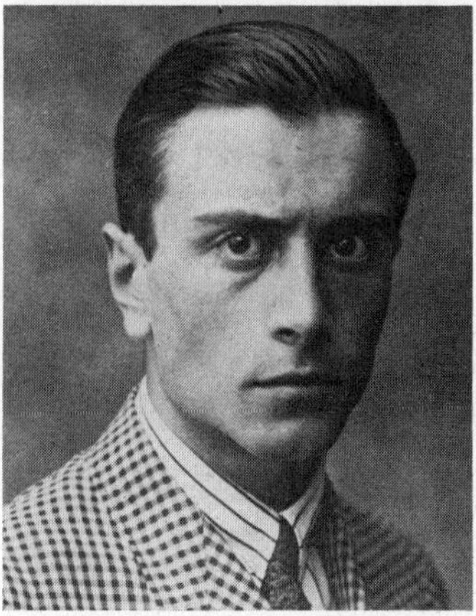

Mit 25 Jahren heiratete Else Schüler den Berliner Arzt Dr. Lasker, verliebte sich in einen anderen Mann und bekam von ihm den Sohn Paul. Den Namen des Vaters gab sie nicht preis

O, ich sterbe unter Euch!
Da ihr mich erstickt mit Euch.
Fäden möcht ich um mich ziehn –
Wirrwarr endend!
Beirrend,
Euch verwirrend,
Um zu entfliehn
Meinwärts'

Aus dem Kellerverlies wird Else Lasker-Schüler von einem Mann herausgeholt, der so arm an materiellen Gütern und so reich an Phantasie ist wie sie selbst: von Peter Hille, dem bekannten Dichtervaganten der Jahrhundertwende, dessen einzige Habe ein Rucksack ist, in dem er auf vielen kleinen Zetteln seine Gedichte und poetischen Fragmente verwahrt. In der Künstlerkolonie »Neue Gemeinschaft« in Berlin-Schlachtensee, einer Art Kommune, findet Else Lasker-Schüler eine neue Unterkunft.
Hier nimmt Peter Hille ihr die Angst vor den eigenen Gefühlen. Hier bestärkt er sie darin, sich ohne Rücksicht auf eine rational eingeschworene Welt auszuleben. Hier erfährt sie, daß es wichtiger ist, eine zweite Naivität zu gewinnen, als sich bequem im technischen Fortschritt einzurichten. Fortschritt heißt für sie von nun an, sich von den Quellen des menschlichen Lebens entfernen. Sie kämpft mit Worten, mit Gedichten gegen die technischen Zurüstungen für die Puppe Mensch, Zurüstungen, die den Schmerz eliminieren und den Tod überspielen.
Bereits mit ihrem ersten Gedichtband – »Styx« – gelingt ihr der literarische Durchbruch. Peter Hille bezeichnet die 33jährige als den »Schwarzen Schwan Israels, eine Sappho, der die Welt entzweigegangen ist«. Der unbestechliche Sprachkritiker Karl Kraus aus Wien nennt sie »die stärkste und unwegsamste lyrische Erscheinung des modernen Deutschland«. Sie verzaubert die Welt um sich herum. Die Träume werden ihre Überwirklichkeit. Sie baut sich ein Fabelreich, in dem sie als Tino von Bagdad, als Jussuf, Prinz von Theben, lebt und dichtet. Jussuf, der arabische Name für den biblischen Josef, den seine Brüder preisgeben und verkaufen. Ihren Freunden gibt die Dichterin fürstliche Titel: Karl Kraus wird Dalai Lama, Franz Marc der Blaue Reiter Ruben, Franz Werfel der Prinz von Prag.
Noch in der Künstlerkolonie »Neue Gemeinschaft« lernt Else Lasker-Schüler den Kunstschriftsteller und Musiker Georg Lewin kennen, den sie in Herwarth Walden umtauft und 1903 heiratet. Unter dem neuen Namen wird Herwarth Walden mit seiner avantgardistischen Zeitschrift »Der Sturm« – der Name geht ebenfalls auf Else Lasker-Schüler zurück – der große Förderer expressionistischer Kunst. Herwarth Walden betrügt sie, und Else Lasker-Schüler klagt: »Ich würde den Liebenden mit mir tragen in den Tod... Wer weiß von meinem Herzen... Wer hat mich geliebt?«
War die Trennung von ihrem ersten Mann eine Befreiung zu Liebe und Leben, so bedeutet die zweite, von Walden 1912 erzwungene Scheidung den Beginn einer

unaufhebbaren Vereinsamung. In dem Briefroman »Mein Herz«, der Geschichte des Scheiterns ihrer Ehe, schreibt sie trauernd an Herwarth Walden, daß sie »nicht alleine die Dichterin« sein wolle, »sondern auch ein ganz kleines Mädchen, das zum ersten Mal von seinem Herrn zu Kempinski zum Abendbrot mitgenommen wird und Geschmack an Kaviar und Ente mit Mirabellen findet, sich aber noch schüttelt, entsetzt vor der Schnecke in der geöffneten Muschel«.

Das Glück zerbricht, wo immer sie es anfaßt. Seit ihrer Scheidung von Herwarth Walden hat Else Lasker-Schüler nie mehr eine richtige Wohnung gehabt. Sie lebt in möblierten Zimmern. In engen Kammern, die vollgestopft sind mit Spielzeug, Puppen, Tieren und lauter Krimskrams. Eine Bibliothek besitzt sie nicht. Aber sie kennt die Menschen, die der Kunst in den ersten 30 Jahren dieses Jahrhunderts die Richtung geben: Georg Trakl, der ihr eines seiner schönsten Gedichte widmet, Franz Marc, der ihr auf Postkarten einen ganzen Zyklus von Zeichnungen schickt, Oskar Kokoschka, George Grosz, Ernst Toller, Theodor Däubler.

In Berlin ist sie eine stadtbekannte Erscheinung. Um sie scharen sich die literarischen Talente. Das alte Café des Westens und später das Romanische Café sind ihre Heimat. Hier schreibt sie ihre Bücher »Der siebente Tag«, das »Peter-Hille-Buch«, »Die Nächte Tino von Bagdads«, Die »Hebräischen Balladen« und »Malik – eine Kaisergeschichte«. Hier sitzt sie täglich, trinkt Wasserkakao, ißt Anisplätzchen.

Widmung von Else Lasker-Schüler in einem Exemplar ihres schönsten Gedichtbandes: ›Theben‹

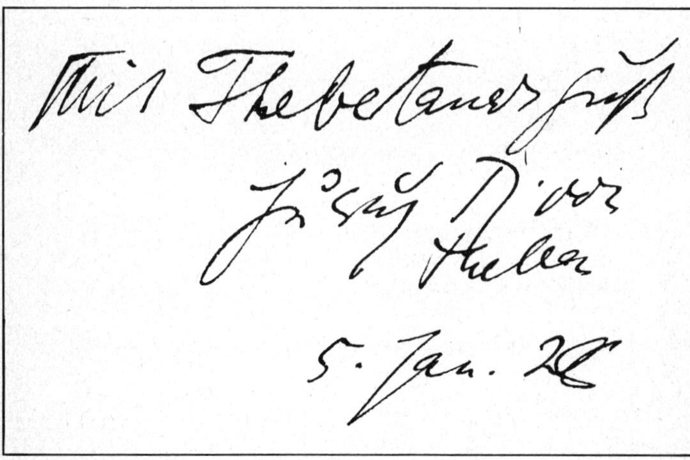

Sie ist klein, knabenhaft schlank und hat pechschwarzes Haar, kurzgeschnitten. Sie trägt immer Hosen, die weit sind und unten zugebunden werden. Dazu Husarenkittel oder Russenblusen. Bei ihren Lesungen tritt sie mit Dolchen im Gürtel auf. Sie liest nur bei Kerzenlicht und untermalt ihren Vortrag mit Glockengeklingel oder spielt auf der Blockflöte. Sie ist behängt mit unechtem Schmuck, Armbändern, Ketten, Kettchen, Ohrringen, Talmiringen. »Für mich ist das Gold«, sagt sie und schert sich nicht im geringsten um das Lächeln der verständnislosen Umwelt.
Als einer der Stammgäste im Café des Westens sie beleidigt, steht der junge Wieland Herzfelde, später Verleger des berühmten Malik-Verlages, auf und ohrfeigt den Mann. Herzfelde wird des Lokals verwiesen. Else Lasker-Schüler erhebt sich – mit ihr die anderen Künstler – und geht: Das Café des Westens hat seine Rolle als Treffpunkt der Bohème für immer ausgespielt. Seit jenem Tag treffen sich die Künstler im Romanischen Café.
Wohlmeinende nennen sie exzentrisch, Gehässige nennen sie einfach verrückt. Else Lasker-Schüler sagt: »Ich will lieber ein Menschenfresser werden als Nüchternheit wiederkäuen.« An Herwarth Walden schreibt sie einmal: »Du weißt doch, was ich von der Liebe halte, wäre sie eine Fahne, ich würde sie erobern oder fallen.« Sie vertraut dem »göttlichen Wunder der Liebe«. Daß die Wunder in einer Liebesbeziehung sehr schnell erlöschen, will sie nicht hinnehmen. So fordert sie in ihren eigenen Beziehungen zu Männern die

Widmungszeilen und Zeichnung Else Lasker-Schülers in einem Exemplar ihres Buches ›Der Malik‹

Letztes Foto mit der Dichterin 1936 in Zürich: im Leumundszeugnis machte sie sich um 22 Jahre jünger

Verzweiflung heraus. Mit dieser Verzweiflung lebt sie. Sie ist auf eine heillose Weise spontan. Wenn ihr Leute bei Vorlesungen nicht gefallen, wirft sie sie hinaus. Gescheit daherredende Menschen unterbricht sie mit dem Wort: »Sie sind mir zu intelligent.« Und verschwindet.

Aber einen der intelligentesten Menschen verehrt sie: Karl Kraus, den Herausgeber der »Fackel«. Als sich Else Lasker-Schüler mit der Broschüre »Ich räume auf!« – eine Anklage gegen die Verleger als Ausbeuter der Schriftsteller – zwischen alle Stühle setzt, ruft Karl Kraus zu Spendenaktionen für die Dichterin auf. Jahrelang bringt Else Lasker-Schüler bei den Verlagen kein Buch mehr unter. Damals geht es ihr so schlecht, daß sie nachts auf Bänken schläft, weil sie ein Zimmer nicht bezahlen kann. Durch die Spendenaktion kommen mehrere tausend Reichsmark zusammen. Die Freundschaft zu Karl Kraus zerbricht schließlich, weil er nicht bereit ist, den Sohn Else Lasker-Schülers als großen Künstler anzuerkennen. Paul Lasker-Schüler, der 1927 im Alter von 28 Jahren an Schwindsucht stirbt, ist ein mittelmäßiger Zeichner, der von seiner Mutter abgöttisch geliebt wird. Sie ist es, die seine Liebesbriefe zu den Mädchen trägt. Er, der Sohn, ist in den zwanziger Jahren für Else Lasker-Schüler das einzige Du, das ihrer sich stets radikal verausgabenden Liebe ein Ziel bietet.

Am Grabe ihres Sohnes steht Gottfried Benn neben ihr, jener Schriftsteller, der später die wahren Absichten der Nazis verkennt und als einziger der Großen in der deutschen Literatur 1933 nicht emigriert. Er war 26 Jahre alt, als er sich 1912 in die 43jährige Else Lasker-Schüler verliebte. Gottfried Benn hatte gerade seinen ersten Gedichtband, »Morgue«, veröffentlicht. In diesen Gedichten trat der gelernte Mediziner im weißen Mantel auf und präsentierte anatomische Greuel, so daß Else Lasker-Schüler schrieb: »Er steigt hinunter ins Gewölbe seines Krankenhauses und schneidet die Toten auf. Ein Nimmersatt, sich zu bereichern am Geheimnis. Er sagt: Tot ist tot. Dennoch fromm im Nichtglauben liebt er die Häuser der Gebete, träumende Altäre, Augen, die von fern kommen. Er ist ein evangelischer Heide, ein Christ mit Götzenhaupt, mit der Habichtnase und dem Leopardenherzen... Jeder seiner Verse ist ein Leopardenbiß, ein Wildtiersprung. Der Knochen ist sein Griffel, mit dem er das Wort aufweckt.« Benns Antwort:

Du bist Ruth. Du hast Ähren an deinem Hut.
Dein Nacken ist braun von Makkabäerblut.
Deine Stirn ist fliehend: Du sahst so lange
Über die Mandeln nach Boas aus.
Du trägst sie wie ein Meer, daß nichts Vergossenes
Im Spiel die Erde netzt.

Nun rüste einen Blick durch deine Lider:
Sieh: Abgrund über tausend Sternen naht.
Sieh: Schlund, in den du es ergießen sollst.
Sieh: Ich. –

In 17 Gedichten beweist Else Lasker-Schüler ihre Liebe zu Benn:

Ich habe in deinem Antlitz
Meinen Sternenhimmel ausgeträumt.

Alle meine bunten Kosenamen
Gab ich dir,

Und legte die Hand
Unter deinen Schritt,

Als ob ich dafür
Ins Jenseits käme.

Verbittert stellt sie fest:

O du falscher Gaukler,
Du spanntest ein loses Seil.

Wie kalt nur alle Grüße sind,
Mein Herz liegt bloß,

Mein rot Fahrzeug
Pocht grausig.

Bin immer auf See
Und lande nicht mehr.

Beschwörend ihr Vers:

Ich bin dein Wegrand.
Die dich streift,
Stürzt ab.

Doch Gottfried Benn antwortet:

Keiner wird mein Wegrand sein.
Laß deine Blüten nur verblühen.
Mein Weg flutet und geht allein.
Zwei Hände sind eine zu kleine
Schale.
Ein Herz ist ein zu kleiner Hügel,
Um dran zu ruhn.

»Der Malik« und »Mein Herz« mit Illustrationen der Dichterin und ihr erstes Buch im Exil: »Das Hebräerland«, erschienen 1937 im Zürcher Verlag Oprecht

Es war eine kurze Zeit der Leidenschaft, Else Lasker-Schüler danach:

Ich suche allerlanden eine Stadt,
Die einen Engel vor der Pforte hat.
Ich trage seinen großen Flügel
Gebrochen schwer am Schulterblatt
Und in der Stirne seinen Stern als
Siegel.

Und wandle immer in die Nacht...
Ich habe Liebe in die Welt gebracht –
Daß Blau zu blühen jedes Herz
vermag,
Und hab ein Leben müde mich gemacht,
In Gott gehüllt den dunklen Atemschlag.

O Gott, schließ um mich deinen
Mantel fest;
Ich weiß, ich bin im Kugelglas der
Rest,
Und wenn der letzte Mensch die
Welt vergießt,
Du mich nicht wieder aus der Allmacht läßt
Und sich ein neuer Erdball um mich
schließt.

Es gibt da kein Beruhigungsmittel, das die Schmerzerfahrung aufheben kann. Goethe hat sich mit den »Leiden des jungen Werther« von der Schmerzerfahrung befreit, sie schreibt sich immer tiefer hinein. Es wird ihr Los, tiefer zu erschrekken von Ereignis zu Ereignis. Es sind da noch viele Männer im Leben Else Lasker-Schülers. Fast niemand kann ihrer Zuneigung widerstehen, aber auf Dauer hält ihr niemand stand. Sie aber schreibt: »Immer suche ich nach deinen Lippen/hinter tausend Küssen...« Da ist die Sehnsucht, sich verzaubern zu lassen, nicht zu erstarren. Und andererseits das tiefe Ungenügen am Mitmenschen und an sich selbst: »Es pocht eine Sehnsucht an die Welt, an der wir sterben müssen.« Sie sucht Menschen, die »einen Himmel in sich tragen«, sie sucht überall die »Überbleibsel Edens«. Und sie schreibt von sich: »Deine Sehnsucht war die Schlange«, die Sehnsucht, die sie »zu früh ins Licht sehen« läßt.

In dieser völligen Vereinsamung nimmt sie ihr Ausgesetztsein, ihre »Todesverlassenheit« als ihre Identität an. Und sie wirft die Gnaden hin, die sie zu verschenken hat. Sie haßt alles Kalkül und die ganze Vergötterung des Gehirns, nicht weil sie zu wenig Intellekt hat, sondern weil sie gelernt hat, die Verführung des Intellekts zur Feigheit in den Männern, die sie liebte, zu verabscheuen.

Ein Zimmermann, der in den zwanziger Jahren für das Berliner Hotel »Sachsenhof« arbeitete, in dem Else Lasker-Schüler lange Zeit wohnte, erzählt: »Wenn sie keinen Liebhaber fand, zertrümmerte sie am Abend regelmäßig die Holzbalustrade in ihrem Hotelzimmer. Ich mußte dann kommen und sie ausbessern. Sie ließ mich nicht eher gehen, bis ich ihr Frühstück gegessen und sie mir dabei ihre Gedichte vorgetragen hatte.« In dieser Äußerung enthüllt sich die Verlassenheit dieser Frau, die von sich sagte, daß sie immer ganz dicht an der Häuserfront entlanggegangen sei, damit ihre Eltern im Himmel sie in ihrer Armut nicht sähen.

Mit 64 Jahren mußte sie Deutschland verlassen. Im März 1933 wird ihr Stück »Arthur Aronymus und seine Väter« im Berliner Schiller-Theater noch vor der Generalprobe von den Nazis abgesetzt. Ein Stück, in dem sie hellsichtig die Judenverfolgung vorwegnimmt: »Unsere Töchter wird man verbrennen auf Scheiterhaufen. Nach mittelalterlichem Vorbild! Der Hexenglaube ist auferstanden. Aus dem Schutt der Jahrhunderte. Die Flamme wird unsere unschuldigen jüdischen Schwestern verzehren...« Kurz vor ihrer Flucht wird sie von SA-Männern auf offener Straße mit einer Eisenstange niedergeschlagen.

In Zürich, wo sie Zuflucht sucht, irrt sie hilflos durch die Straßen. Auf einer Bank im Park übernachtet sie und wird wegen Landstreicherei festgenommen. So erfährt die Schweizer Öffentlichkeit von der Dichterin. Und die Dichterin erfährt in der Schweiz von der öffentlichen Verbrennung ihrer Bücher in Deutschland. 1934 reist Else Lasker-Schüler zum erstenmal nach Palästina, kehrt wieder in die Schweiz zurück, reist erneut, kommt wieder zurück. Die dritte Reise ist ihre letzte, der Krieg läßt keine Rückkehr mehr zu. Die Uraufführung ihres in Deutschland abgesetzten Stückes »Arthur Aronymus und seine Väter« findet in Zürich statt, das Stück wird dann aber auf Druck der deutschen Botschaft vom Spielplan gestrichen.

In Jerusalem spricht die Dichterin von ihrem Heimweh nach Deutschland. In ihrem Buch »Das Hebräerland« hält sie die Vision eines einträchtigen, friedlichen Zusammenlebens zwischen Juden und Arabern fest. Und sie schreibt von sich: »Mich brachte der Mond als unwiderruflich ›Letzte‹ heim. Will man von Palästina erzählen – geschmacklos, sich einen Plan zu konstruieren. Ganz Palästina ist eine Offenbarung! Palästina getreu zu schildern, ist man nur imstande, indem man das Hebräerland dem zweiten – offenbart.«

Else Lasker-Schüler tut es so: »Darum denkt man gerade in Jerusalem an seine erste Kindheit, an die man sich bis dahin gar nicht mehr erinnern konnte. Als man noch mit der Welt in die Sonne gesetzt wurde; mit dem Riesenkind, das sich – nackt, nicht vor Gott zu verstecken braucht... Palästina – eine Einzige, Einzige Auferstehung! Noch von der Schöpfung her liegt auf dem Bauplatz, auf Palästinas Boden, Urmörtel, wilder Schlamm, Erzlehm und Materienrest, in Felsspalten aber neues Material zu neuem Aufbau. Vergehen und neu entstehen soll immer wieder das Heilige Land, bis es dem Himmel gleicht und mit ihm der Hebräer. Begraben und vergessen doch das ›kühle, leblose‹ Herz des Lauen. ›Den Lauen aber speie ich aus meinem Munde‹ sprach der Gottesjude von Nazareth... Ob man von Stern zu Stern wieder gelangen kann, vom Bibelstern zum Stern der Erde?«

In ihrem Buch »Das Hebräerland« gedenkt Else Lasker-Schüler auch noch einmal der verlorenen Liebe zu Gottfried Benn. Kommt das Gespräch auf den deutschen Dich-

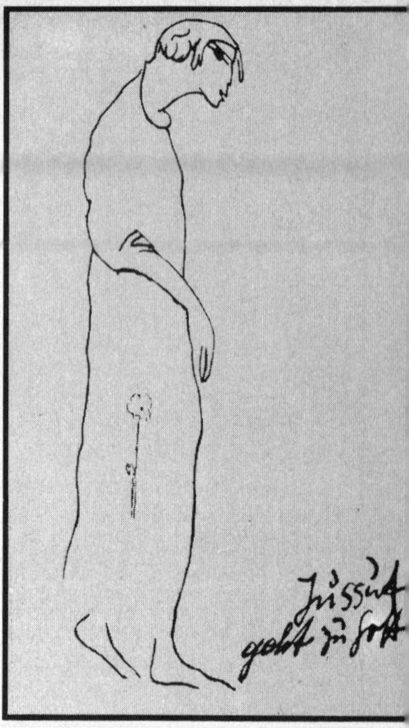

ter, der seinen Irrtum im »Dritten Reich« zwar erkannte, aber zu spät, dann reagiert sie ungehalten: »Ihr kennt ihn alle nicht.« In ihrem letzten Gedichtband »Mein blaues Klavier« zeichnet sie sich als Kind und als eine Greisin zugleich: »Ich sitze noch heute sitzengeblieben auf der untersten Bank der Schulklasse, wie einst... Doch mit spätem versunkenem Herzen: 1000- und zweijährig, dem Märchen über den Kopf gewachsen.«
Sie hat ein Zimmer in Jerusalem, und sie hat ihr Auskommen. Der Verleger Salmon Schocken und die Jewish Agency unterstützen die Dichterin finanziell. Doch Else

Mira Bein war als Kind die letzte Begleiterin Else Lasker-Schülers im Exil. Miron Sima zeichnete die Dichterin als gebrechliche Frau. Sie selbst sah sich in ihrem Gedichtband ›Theben‹ als Jussuf, der zu Gott geht

Else Lasker-Schülers letztes Domizil in Jerusalem: eine Außentreppe mit neunzehn Stufen führt zum Eingang, links ihr Zimmerfenster

Lasker-Schüler kann mit Geld nicht umgehen, es zerrinnt ihr zwischen den Fingern. Sie lädt dann alle Kinder ein und nimmt sie mit ins Kino. Jeden Film sieht sie sich zwei-, dreimal an. Sie haßt die Ge-

*Die Totenmaske zeigt ein lächelndes Gesicht: »Das ewige Leben dem, der viel von Liebe weiß zu sagen.
Ein Mensch der Liebe kann nur auferstehen!«*

schäftigkeit dieser Stadt, von der sie in Deutschland geschrieben hat, Jerusalem sei der »Vorhimmel des Himmels«.
Die Frau, die die Träume nach Israel entführte, stieß sich dort

hart an den Wirklichkeiten: Die Juden aus Deutschland kämpften ums Überleben, um ihr täglich Brot. Die Zeit, die sie sich für Else Lasker-Schüler nahmen, mußten sie sich stehlen. Die Dichterin aber beanspruchte die Menschen ganz oder gar nicht. So wurde in ihrem letzten Lebensjahr ein Kind ihr liebster Mensch: die achtjährige Mira Bein, Tochter der Hauswirtin von Else Lasker-Schüler, ein pummeliges Mädchen mit einem braunen und einem blauen Auge.

Sie fütterte die Kleine mit Bonbons. Das Silberpapier, in das die Bonbons gewickelt waren, benutzte sie für ihre Collagen. Mira mußte zu jeder Filmvorführung mitgehen und neben ihr sitzen. Als die Nachricht vom Selbstmord des Schriftstellers Stefan Zweig eintraf, war sie tagelang aufgewühlt. Murrend ging sie in ihrer Stube auf und ab: »Nur einen Augenblick... Einen Augenblick nur noch... Im nächsten hätte er es ja nicht mehr getan.«

Else Lasker-Schülers Zimmer war schwarz von Spinnweben, sie sah es nicht mehr. Ins Zimmer ließ sie nur Mira und sonst niemanden hinein. In der Mitte stand ein Tisch, darauf ein Spirituskocher, auf dem sie Würstchen heißmachte. In der Ecke eine Art Altar mit Fotos von ihrem Sohn. Sie schlief auf einem Liegestuhl.

Mira Bein, heute mit einem israelischen Diplomaten verheiratet, sagt: »Meine Mutter ist vor 15 Jahren gestorben. Ich kann mich an ihr Aussehen nicht mehr erinnern. Aber Else Lasker-Schüler sehe ich noch heute vor mir, als wäre ich ihr gestern zum letztenmal begegnet. Da trug ein alterloses Gesicht an der Last seiner Augen; ihre Lippen waren bitter, aber wenn sie lächelte, wirkten sie kindlich und unschuldig. Sie wirkte hinfällig, aber sie war es nicht. Sie hatte einen energischen Schritt, wenn sie mit mir durch die Stadt zog und ich Mühe hatte, ihr zu folgen.«

Als ein arbeitsloser Pianist, für den Else Lasker-Schüler in Jerusalem ein Konzert durchgesetzt hatte, bei einem Autounfall verletzt wurde, brachte sie ihn in ihr Zimmer, bettete ihn auf ihren Liegestuhl und schlief selbst auf dem Fußboden. Die im Hause wohnende Rachel Katinka sagte zu ihr: »Schlafen Sie doch auf der Couch in meinem Zimmer.« Aber sie antwortete: »Es schläft sich gut am Boden, wenn man sein Bett einem Menschen gibt.« Sie pflegte den kranken Freund Tag und Nacht, bis er wieder laufen konnte.

Am Yom-Kippur-Tag hat Else Lasker-Schüler einmal den Gottesdienst in einer Synagoge besucht. Aber sie mißachtete das strenge Fastengebot. Während des Gottesdienstes zog sie aus ihrer Tasche eine Tafel Schokolade und biß genüßlich Stück für Stück ab. Neben ihr war eine Frau entsetzt: »Aber Frau Lasker-Schüler, das ist doch heute verboten!« Else Lasker-Schüler: »Stören Sie mich nicht in meiner Andacht!«

Else Lasker-Schüler war nicht hochmütig, aber sie hatte das sichere Gefühl ihrer Besonderheit: »Ich habe Vertrauen zu meinen guten und zu meinen bösen Ta-

ten.« Einen Vortrag des Professors Martin Buber, der in Gottesfragen immer eine Antwort parat zu haben pflegte, unterbrach sie mit den Worten: »Herr Professor, glauben Sie an die Unsterblichkeit der Seele?« Die Frage hatte mit dem Thema des Vortrags überhaupt nichts zu tun. Das große Kind fragte da den großen Buber. »Es war das einzige Mal«, so erzählt der Bibliothekar Samuel Wassermann, »daß Buber keine Antwort wußte.« Else Lasker-Schüler reagierte auf das Schweigen mit einem Stoßseufzer: »Ach Herr Professor, und ich dachte, Sie wissen alles.«
Niemand sollte ihr wirkliches Alter wissen, aber man sah ihr das Alter an. Auf Geburtstagsgratulationen reagierte sie mit Tobsuchtsanfällen. Und zugleich schrieb sie das Gedicht:

Sieh in mein verwandertes Gesicht
Greise sind die Sterne geworden...
Sieh in mein verwandertes Gesicht.

Sie hat noch einmal in ihrem Leben Liebe erfahren und als 70jährige über diese Erfahrung hinreißende Gedichte geschrieben:

Das ewige Leben dem, der viel von Liebe weiß zu sagen.
Ein Mensch der Liebe kann nur auferstehen!
Haß schachtelt ein! Wie hoch die Fackel auch mag schlagen.

Immer faßte sie die Liebe als Widersacher des Todes auf. Und als die Liebesbeziehung zu dem Jerusalemer Professor Ernst Simon zerbrach, sagte Else Lasker-Schüler: »Mit mir geht es zu Ende. Ich kann nicht mehr lieben.«

Am 16. Januar 1945 wurde die Dichterin, die auf dem Weg zum Arzt zusammengebrochen war, mit Angina pectoris ins Hadassah-Krankenhaus gebracht. Sechs Tage später starb sie. Am 24. Januar wurde Else Lasker-Schüler auf dem Ölberg beigesetzt. Der Rabbiner rezitierte eines ihrer letzten Gedichte:

Eine Blume brichst du mir zum Gruß –
Ich liebte sie schon im Keime.
Doch ich weiß, daß ich bald sterben muß...

*

Else Lasker-Schülers Heimatlosigkeit reicht über den Tod hinaus. Die Eltern in Wuppertal beerdigt, der Sohn in Berlin, sie in Jerusalem. Der Ölberg wurde jordanisches Territorium. Die Araber benutzten die glattgehauenen Grabsteine zum Bau von Häusern. Der Stein Else Lasker-Schülers, unbehauen und mehrere Tonnen schwer, wurde von einem Bagger beiseite geschoben und umgestürzt. Eine Straße war an der Stelle im Bau, wo die sterblichen Überreste der Dichterin lagen. Mit dem Sechs-Tage-Krieg 1968 kam der Ölberg wieder in den Besitz der Israelis. In einem Sammelgrab wurde die Dichterin ein zweites Mal beigesetzt. An anderer Stelle wurde 1976 der alte Grabstein wieder aufgestellt. ■

Vor dem Hintergrund der Stadt Jerusalem: mit einem Kran wird 1976 der von den Arabern umgeworfene tonnenschwere Stein zum Gedenken an die Dichterin neu aufgestellt

Armin T. Wegner

Der Dichter, der in Deutschland blieb und Hitler trotzte

Ostern 1933 verfaßte ein deutscher Schriftsteller ein Schreiben an den Reichskanzler Adolf Hitler. Eine Warnung, die sich gegen die beginnende Judenverfolgung richtete. Hitlers Parteisekretär Martin Bormann bestätigte den Eingang des Briefes. Dann ließ er den Schreiber verhaften und ins Konzentrationslager Oranienburg bringen. Vierzehn Monate lang wurde der Häftling mißhandelt und dann entlassen. Kaum in Freiheit, setzte sich der Mann erneut für Juden ein, wurde wiederum festgenommen, konnte nach Italien fliehen und fand in einem Fischerdorf Unterschlupf. Sein Name steht auf einem 1947 in Berlin enthüllten Gedenkstein unter den Toten: Armin T. Wegner. Der Tote aber lebt. Seine Adresse: Rom, Via della Purificazione 77.

Armin T. Wegner wurde 1976 neunzig Jahre alt. Er war einer der großen Reisebeschreiber der zwanziger Jahre. Seine Bücher erzielten hohe Auflagen. Er schrieb Gedichte, und er schrieb Romane. Er war Pazifist und wurde Kommunist. Aber seine linke Einstellung stimmte mit keiner Parteilinie überein. Wegner war einer der tapferen Männer, die ihre Verzweiflung verschwiegen und zu hoffen begannen, als niemand mehr zu hoffen wagte.

»Herr Reichskanzler«, heißt es in dem Schreiben an Hitler, »in Ihrer Bekanntgabe vom 29. März hat die Staatsregierung die Acht über die Geschäftshäuser aller jüdischen Bürger verhängt. Beleidigende Inschriften: ›Betrüger! Nicht kaufen! Den Juden den Tod!‹ leuchteten an den Spiegelscheiben, Männer mit Knüppeln und Faustbüchsen hielten vor den Türen der Läden Wache... Jüdische Richter, Staatsanwälte und Ärzte werden aus ihren wohlverdienten Ämtern gestoßen, man sperrt ihren Söhnen und Töchtern die Schulen, treibt die Hochschullehrer von der Kanzel und schickt sie auf Urlaub, eine Gnadenfrist, die niemandem zweifelhaft sein kann, beraubt die Leiter von Schauspielhäusern, Schauspieler und Sänger ihrer Bühnen, die Herausgeber von Zeitungen ihrer Blätter...

Gerechtigkeit war stets eine Zierde der Völker, und wenn Deutschland groß in der Welt wurde, so haben auch die Juden daran mitgewirkt. Erinnern Sie sich, daß es Albert Einstein, ein deutscher Jude, war, der Erschütterer des Raumes, der wie Kopernikus über sich in das All griff und der Erde ein neues Weltbild geschenkt hat! Erinnern Sie sich, daß es Albert Ballin, ein deutscher Jude, der Schöpfer der großen Schiffslinie nach dem Westen, gewesen ist, auf dem das mächtigste Schiff der Welt nach dem Lande der Freiheit zog, Ballin, der die Scham nicht ertragen konnte, daß der von ihm verehrte Herrscher sein Land im Stich ließ und deshalb Hand an sich legte? Erinnern Sie sich, daß es Emil Rathenau, ein deutscher Jude, war, der die Allgemeine Gesellschaft zur Erzeugung des geheimnisvollen Stromes von Kraft und Licht in fremden Ländern zu einem Weltwerk machte! Erinnern Sie sich...

Herr Reichskanzler, es geht nicht um das Schicksal unserer jüdischen Brüder allein, es geht um das Schicksal Deutschlands! Im Namen des Volkes, für das zu sprechen ich nicht weniger das Recht habe als die Pflicht, wie jeder, der aus seinem Blut hervorging, als ein Deutscher, dem die Gabe der Rede nicht geschenkt wurde, um sich durch Schweigen zum Mitschuldigen zu machen, wenn sein Herz sich vor Entrüstung zusammenzieht, wende ich mich an Sie: Gebieten Sie diesem Treiben Einhalt! Das Judentum hat die Babylonische Gefangenschaft, die Knechtschaft in Ägypten, die spanischen Ketzergerichte, die Drangsal der Kreuzzüge und sechzehnhundert Judenverfolgungen in Rußland überdauert. Mit jener Zähigkeit, die dieses Volk alt werden ließ, werden die Juden auch diese Gefahr überstehen – die Schmach und das Unglück aber, die Deutschland dadurch zuteil werden, werden für lange Zeit nicht vergessen sein! Denn wen muß einmal der Schlag treffen, den man jetzt gegen die Juden führt, wen anders als uns selbst... schützen Sie Deutschland, indem Sie die Juden schützen... wahren Sie die Würde des deutschen Volkes!«

Armin T. Wegner wahrte die Würde des deutschen Volkes als Einzelner. Er war das, was die Nazis unter einem Bilderbucharier verstanden: hochgewachsen, blaue Augen, blondes Haar. Die Ahnen seiner Mutter waren begüterte hanseatische Kaufleute, die des Vaters ließen sich zurückverfolgen bis zu den Kreuzrittern des Heiligen Römischen Reiches Deutscher Nation. Die braunen Machthaber hätten Armin T. Wegner gern für sich gewonnen. Er wußte, was nach dem Schreiben an Hitler auf ihn zukam. Er rechnete mit seiner Verhaftung und blieb dennoch in Deutschland. Auch unter der Folter im KZ ließ er sich nicht beugen.

Dieser Schriftsteller war nie ein Thema im Nachkriegsdeutschland. Weder in der Schule noch an der Universität. Weder in der Literaturwissenschaft noch in der Politik. Sein Name steht in kaum einem Literaturlexikon nach 1945. Seine Bücher, einst in hohen Auflagen verbreitet, wurden nicht mehr aufgelegt. Die alten Werke sind nicht einmal in den großen öffentlichen Bibliotheken erhältlich. Bei einem Antiquar fiel mir ein dünnes Bändchen von Wegner

in die Hände: die Broschüre »Der Ankläger«. Aufrufe zur Revolution, geschrieben nach dem ersten Weltkrieg. Urkommunismus ohne Christus. Liebesappelle an eine zerrissene Gesellschaft. Präsentiert in gewalttätig alttestamentarischer Form.

Darin heißt es: »Jene aber sind nicht besser, die rufen: ›Genug vom Krieg – wir wollen uns betäuben mit Wein, Tanz, Religion, Theater, Liebe, Fröhlichkeit. Wir sind satt vom Tode!‹ Die so sprechen, haben das Leiden nicht gekannt. Sie sind es, die in Wahrheit der Lüge dienen; um eines Witzes, eines schönen Buches willen sind sie bereit, die Stunde um ihren Schmerz zu betrügen. In ihrem Schlaf, in ihrer Feigheit, ihrer Gedankenlosigkeit, ihrer Armut wer-

Wegner
1929 vor der Cheopspyramide für sein Buch »Am Kreuzweg der Welten«,
1933 kurz vor seiner Verhaftung
und nach seiner Verhaftung: heimliche Aufnahme in der KZ-Zelle

den sie den Frieden immer wieder verraten, wie sie ihn das erste Mal verraten haben. Wir aber wollen den Krieg singen ohne Ende. Nein, niemals genug vom Kriege! Ihr sollt nicht atmen, ohne daß eure Gedanken von den Schrekken der Verfluchung erfüllt sind. Noch die Stunden eurer Arbeit, eures Müßigganges, eurer Mahlzeiten, eurer Liebe, eures Schlafes wollen wir mit ekelerregendem Geruch des Blutes und der Verwesung füllen, daß euch der Schweiß der Angst auf der Stirn steht und sich die Kehle an eurem Speichel verschluckt. Wie die Braut, die den Geliebten, die Gattin, die den Mann geopfert hat, noch mit seinem Schatten das Lager teilt, so sollt ihr mit dem Schatten des Krieges schlafen... bis das Ver-

Als Sanitäter erlebte Wegner, wie die Türken unter dem Deckmantel des Ersten Weltkrieges ein Volk umbrachten: Die Vertreibung und Ausrottung der Armenier blieb ohne Folgen für die Mörder. Wegners Proteste verhallten

brechen dieses Jahrhunderts getilgt ist, und die Menschen, die in Schuld und Wahnsinn den Erdball bevölkern, erkennen, daß keine Macht mehr ihre Herzen bewegen darf als die Güte.«

Als ich Armin T. Wegner in Rom besuchte, stand mir da ein Mann mit der Last unaufschließbarer Einsamkeit gegenüber. Einer, der viele Tode gestorben ist: den des zerbrochenen Vertrauens zu seinem Volk, den des Ausgestoßenseins, der Heimatlosigkeit, den der enttäuschten Hoffnung. Weg-

ner setzte ein Zeichen, und niemand sah es. Seine Welt ist heute ein kleines Arbeitszimmer, eine Kajüte, vollgepackt mit Erinnerungen: Bücher, Manuskripte, Zettelkästen, Fotos.
Stockend zuerst der Duktus seiner Rede, so, als habe sich da jemand mit dem Verstummen abgefunden. Dann aber fließen die Sätze. Ich höre ihm zu, stundenlang. Er spricht, bis er nicht mehr kann. Doch er merkt es gar nicht. Der Mund formt die Worte, aber die Stimme versagt sich ihm vor Anstrengung.
Erschrocken weiß ich nicht, was ich tun soll. Armin T. Wegners zweite Frau, eine Jüdin aus Österreich, nimmt ihn sanft am Arm. Er wehrt ab. Aber dann läßt er sich doch zum Bett bringen. Er schläft ein. Zum erstenmal seit langem ohne Schlaftabletten, die er sonst benötigt, und über die er so klagt, weil sie ihm die Träume rauben. Ausgeschlafen kommt er am nächsten Morgen auf Fotograf Wilfried Bauer und mich zu, umarmt uns: »Ich war der einsamste Mensch. Ich habe noch so viel zu sagen. Bleibt doch. Warum seid ihr denn nicht früher gekommen?«
Armin T. Wegner wurde in Wuppertal-Elberfeld geboren, dort, wo auch Else Lasker-Schüler zur Welt kam. Sein Vater war preußischer Baurat bei der Reichsbahn, ein gewalttätiger Mann, der den Sohn mit der Reitpeitsche verprügelte, bis der sich wehrte, aus dem Haus lief und als Knecht bei einem Bauern Zuflucht fand. Damals verfluchte der Sohn den Vater. Die

Mutter war eine der ersten Deutschen, die für das Wahlrecht der Frauen eintraten. Sie empörte sich über den Ersten Weltkrieg und verbreitete dies auch in einer von ihr herausgegebenen Frauenzeitschrift, bis das Blatt verboten wurde.
In Wuppertal verbrachte Armin T. Wegner nur die ersten drei Lebensjahre. Dann wurde der Vater nach Glogau und von dort nach Breslau versetzt. Der Sohn besuchte sieben verschiedene Schulen. Nach seiner Flucht aufs Land holte er sein Abitur nach. Seine Abiturientenrede beschloß er mit den Worten des amerikanischen Lyrikers Walt Whitman: »Widersetzt euch und gehorchet wenig!«
Armin T. Wegner studierte in Breslau und Berlin. Der Berliner Fleischel-Verlag nahm 1909 seinen ersten Gedichtband an: »Zwischen zwei Städten«, die Geschichte einer Jugend in Strophen. 1912 erschien der erste Prosaband, eine Liebesgeschichte mit dem Titel »Höre mich reden, Anna-Maria«. Zwischen 1909 und 1913 schrieb Wegner unter dem Titel »Das Antlitz der Städte« seine besten Gedichte. Als »obszön« verfielen sie der kaiserlichen Zensur und konnten erst später erscheinen.

Häuser

Der Abend füllt die Gasse mit Erbarmen,
Die fernen Wege werden ungenau,
Und Straßen fassen mich mit weichen Armen
Wie eine müde und verliebte Frau.

Nun funkeln alle Häuser wie die Huren,
Fiebernd vor Lust, und ihre nackte Scham
Glüht purpurn aus dem Zifferblatt der Uhren.
Des Tanzes heißer Atem überkam

Die Häuser, taumelnd mit gelösten Strähnen,
So schwanken Frauen in gedrängtem Zug,
Um die der Abend seinen Schatten schlug.
Ein gelbes Lachen schleppt aus ihren Zähnen.

Mich aber lockt ihr Mund im Dämmerschein,
Ihr Schläfer bin ich, den sie liebend küßten,
Gekreuzigt hänge ich an ihren Brüsten
Und trinke stumm ihr Blut in mich hinein:

Haß, Krankheit, Eifersucht, der Sorgen Gifte,
Der Kindheit erstes Leid – o süßes Mahl,
Ich presse liebend ihre magre Hüfte,
Geruch von Tod und abgestandner Qual;

Dem Gier und Wollust alle Stachel nahmen,
Ich schmecke fremden Schmerz wie Milch und Wein,
Und ich begatte sie mit meinem Samen,
Mein Herz schlägt warm an ihren kühlen Stein.

Sie aber schrein in Schmerzen auf. Mit Wehen
Gebären sie der Träume finstre Zahl
Und schwanken wie Verführte blaß und stehen
In Schwangerschaft und unbegriffner Qual.

Der 26jährige gehörte zu jener Dichtergeneration, die die große Katastrophe des Ersten Weltkrieges vorausahnte. Armin T. Wegner war mehr unter Literaten zu sehen als auf der Universität. Seinen Doktor der Rechtswissenschaft machte er kurz vor Kriegsbeginn.

An der Ostfront bekam er das Eiserne Kreuz. Der Anhänger Leo Tolstois und dessen Lehre von der Gewaltlosigkeit arbeitete als Sanitäter. Seine prägenden Kriegseindrücke gewann er in der Türkei: Er sah, wie die Türken unter dem Deckmantel des Weltkrieges ein internes Problem klammheimlich lösten: die Vertreibung und Ausrottung der Armenier.

In der Türkei an Fleckfieber erkrankt und von den Ärzten schon aufgegeben, wurde Wegner nach Deutschland zurückgeschickt. Nicht mehr für den Kriegsdienst tauglich, versuchte er in Berlin zugunsten der Armenier zu intervenieren und veröffentlichte seine Erfahrungen in dem Buch »Der Knabe Hüssein«. Doch niemand wollte von den Greueln wissen. Nach Kriegsende druckte das »Berliner Tageblatt« einen offenen Brief Wegners an den US-Präsidenten Wilson, in dem der ehemalige Sanitätsoffizier ein Eingreifen zugunsten der Armenier verlangte. Er schilderte, wie die Angehörigen dieses Volksstammes starben: »Erschlagen, erschossen, erhängt, vergiftet, erdolcht, erdrosselt, von Seuchen verzehrt, ertränkt, erfroren, verdurstet, verhungert, verfault, von Schakalen angefressen. Kinder weinten sich in den Tod. Männer zerschmetterten sich an den Felsen, Schwangere stürzten sich, die Hände aneinandergebunden, mit Gesang in den Euphrat.«

Tatsachen! 1,5 Millionen Armenier wurden umgebracht. 250000 konnten in die Sowjetunion fliehen. Der Verbleib von weiteren 250000 Armeniern blieb ungewiß. Die Siegermächte scherten sich einen Dreck darum. England und Frankreich pokerten in den Friedensverhandlungen mit der Türkei um die Erhaltung kolonialer Rechte.

Das waren bittere Erfahrungen für den Empörer Armin T. Wegner. Er gehörte dem »Rat der geistigen Arbeiter« an, einer Gruppe von linken Schriftstellern, die die Umwälzung zum Sozialismus wollte. Er erlebte, wie aus der Volkserhebung am 9. November 1918 eine unheilige Koalition zwischen der Sozialdemokratie und den alten Militärs entstand. Er sah, wie Sozialdemokraten auf Arbeiter schießen ließen.

Armin T. Wegner wanderte durch das Berliner Leichenschauhaus. Hinter Glasfenstern lagen die Erschossenen, deren Namen unbekannt waren. In großen eisernen Rohren die Identifizierten, darunter der ermordete Karl Liebknecht, der für Wegner ein »Priester« war. Die Beerdigung des Spartakus-Führers erlebte er mit und hörte, wie ein jüdischer Genosse die Worte sprach: »Zieht eure Schuhe aus, denn das Land, auf das ihr tretet, ist heiliges Land der Revolution.«

Armin T. Wegner gründete 1919 den »Bund der Kriegsdienstgegner.« Reichsaußenminister Walther Rathenau, der 1922 von Rechten ermordet wurde, schätzte den Schriftsteller wegen seines politischen Engagements. Stefan Zweig förderte Wegner, Thomas Mann schlug Armin T. Wegner für den Ehrenpreis der Deutschen Akademie für Sprache und Dichtung vor, den er 1926 bekam. Mit dem Dichter Johannes R. Becher, der den Nazis später nach Moskau entkam und der nach dem Zweiten Weltkrieg Kulturminister der DDR wurde, war Wegner befreundet. Für die Freilassung von Max Hölz, Führer der Arbeiter im mitteldeutschen Aufstand, setzte er sich hartnäckig ein.

Wegner reiste kreuz und quer durch Europa, besuchte Nordafrika und Asien, schrieb für Zeitungen und für den Rundfunk. Seine Reisebücher machten Furore. Seine Gedichte nahmen Auschwitz vorweg – die Erniedrigung des Menschen zum Schlachtvieh.

Lang und geduckt in hagerem Grauen,
Leergähnend den Rachen, die Blicke voll Wut,
Liegen die Hallen mit finstern Brauen
und schreien nach Blut
Und über die Brücken im Nebelglühen,
Aus den breitgewölbten, bauchigen Wagen
Der Züge, die klappernd über die Weichen schlagen.
An Stricken geschleift, durch die Gassen kommen
Sie schweigend daher auf schlotternden Knien,
Die Hörner spitz in den Himmel gezackt,
Die Lämmer, die Rinder mit ihren frommen Augen, von dunklem Entsetzen gepackt.

Sterben und Tod waren und blieben sein Thema. Der tägliche Krieg um und in uns, die Zerstörungen, denen wir anheimfallen und die wir anrichten. Wegners Wahrheit, die er nicht müde wurde niederzuschreiben, war der apodiktische Satz: Katastrophen im menschlichen Miteinander sind Resultat einer Mangelsituation, des Mangels an Kommunikation, an Zuwendung, an Liebe. Und Liebe überbrückt Angst und Einsamkeit.

Armin T. Wegner fand immer Frauen, die ihm halfen, seine Todesnähe zu ertragen. In aller Tragik war dies das Glück seines Lebens. Frauen waren seine Rettung. Er suchte und verlor sie, um zu erfahren, wo sein Glück und wo seine Gefahr lag. Im Taumel seiner ersten Liebe als Gymnasiast ging er zu seiner Großmutter, ließ sich Geld geben, entwarf ein Plakat, ließ es drucken und an den Anschlagsäulen von Breslau anbringen. Da lasen die Bürger der Stadt Breslau verdutzt in rotflammenden Buchstaben die Frage: »Wer bezweifelt, daß Armin T. Wegner der glücklichste Mensch Deutschlands ist?«

Von der Liebe, der scheiternden, spricht Armin T. Wegner in seinem eine Rhapsodie genannten Buch »Höre mich reden, Anna-Maria«:

»Einmal warst du ein Traum, eh deine Liebe in mein Leben trat.

Armin T. Wegner als 34jähriger mit seiner ersten Frau Lola Landau. Die Ehe mit der Lyrikerin zerbrach am Krieg

y Simon
Berlin

Meine Seele trug dein Bild in ihrer Tiefe, fern und dämmernd wie eine zarte Gewißheit, bis du kamst und deine Hände mir reichtest und mir in die Augen sahst. Nun bist du wieder fern von mir, und ich weiß nicht mehr, daß dies alles Wahrheit gewesen, daß das kleine Haus noch steht, in dem wir wohnten und den Fluß hinaufschauten, bis an die breite Brücke, wo das Leben geht... mir scheint's nicht glaubhaft. Alles ist fremd geworden: der Wald, in dem wir wanderten, die Bücher, in denen wir lasen, das Kleid, das du trugst – und daß ich einmal in der Frühe im Nachtgewand vor deiner Tür gestanden habe, um zu horchen, ob du noch schläfst. Zuweilen nur, wenn die Dämmerung kommt, ist es mir, als sähe ich ein Bild vor meinen Augen, verblaßt und seltsam, gleich versunkenen Waldblüten auf Teichesgründen, und mitten in dem tiefen Schweigen wird ein Gefühl wach in meiner Hand, als wenn sie leise über weiche Haare striche. Einmal warst du ein Traum, Anna-Maria; nun bist du wieder ein Traum geworden.«
»Einsamkeit verbrennt mich; gib eine Seele mir, daß ich sie liebe. Wenn ich den Sonntag über in meinem Zimmer gewartet habe, und der Abend kommt und die große Kühle senkt sich lautlos über die Stadt herab, dann trete ich vor das Tor und betrachte die schwarze Menschenwelle, die an mir vorüberflutet. Und ich suche den Menschen unter ihnen, den ich lieben muß. Denn einer soll immer um mich sein, für den ich sorgen kann... ein Mütterliches trage ich in mir, das will Liebe schenken; ein Kindliches trage ich in mir, das will Liebe empfangen. Einsamkeit verbrennt mich; gib eine Seele mir, daß ich sie liebe.«
»Die Kühle der Nacht steigt aus den Gründen der Tiefe. Zum letzten Male hat mein Mund zu dir geredet; das große Schweigen, das über den Wäldern ist, hat auch mich stille gemacht. Ich sehe des Abends purpurnen Glanz in deinen Augen und fühle den Schmerz der Dämmerung in deiner Seele. Unausgesprochenes webt zwischen dir und mir, Unaussprechbares. Nun höre mich schweigen, Anna-Maria.«
Im Jahre 1918 lernte Wegner Lola Landau kennen, die Frau eines Universitätsdozenten, Mutter zweier Kinder, eine deutsche Jüdin aus Breslau. Ihr Vater war in Berlin ein bekannter Gynäkologe, sie selbst wurde eine begabte Lyrikerin. Auch ihre Bücher, die Lyrikbände »Schimmerndes Gelände« und »Das Lied der Mutter« sind nach 1945 nicht mehr neu aufgelegt worden.
Unwissend ging Lola Landau in ihre erste Ehe. Der Mann, der um sie warb, war eine »gute Partie«. Die Eltern drängten. »Ich wartete auf die große Liebe«, sagte die 22jährige. »Die große Liebe gibt es nicht«, sagte ihr Mann. Es gab sie doch. Für Lola Landau war es Armin T. Wegner. Sie hatte ihn nach einem Leseabend kennen-

Irene Kowaliska als 23jährige Archivarin. Sie wurde Wegners Lebensgefährtin nach seiner Entlassung aus dem KZ

gelernt. Es war eine Faszination, die alle Konventionen sprengte. Sie ging mit ihm, sie schlief mit ihm. Das Zögern kam danach. Da waren ihre zwei Kinder. Die Scheidung war eingeleitet. Die beiden Ehepartner kämpften um die Kinder, der Ehemann gab nach, Lola Landau konnte die Söhne behalten. Erlöst erschien sie in der Pension Wegners: »Ich bin gekommen, um deinen Wunsch, mit mir zu leben, mit der Erfüllung zu töten.«

Am 10. November 1921 heirateten beide. Die Mutter Lola Landaus kaufte für sie ein Haus im Märkischen Land, in Neuglobsow am Stechlinsee. Lola Landau und Armin T. Wegner wanderten durch die herbstlichen Wälder. Ihre Hochzeitsreise. Hin zum »Haus der sieben Wälder«, wie sie ihr neues Heim nannten. Hier kam ihre Tochter Sibylle zur Welt, die heute verheiratet in England lebt.

Lola Landau ist Wegners »Höllischer Brautgesang« gewidmet, ein Gedichtzyklus, der lyrisch spiegelt, welche Konflikte dieser Ehe vorangingen, und wie die Konflikte von einst Schuldgefühle wachhielten:

Aus meinen höllischen Feuern ruf ich dich an! Um deinen Weg raucht mein Schatten.
Was fliehst du umher in dem brennenden Hause?
Vor allen Türen röchelt mein Antlitz.

Auf deiner Zunge schlug ich mein Lager auf.
Nun welkt von deinen Lippen mein Name.
Schon fällt aus der Stirn das blühende Haar dir,
Deines Mundes blutender Wurm krümmt sich von meinen Küssen.

O des Vaters geborstenes Haupt im Sturm deiner Schande!
Das Kriechen der Mutterstimme auf dem tauben Weg.
Deinen Kindern reichst du den Gifttrank.
Schluchzend wendet sich von dir deines Mannes verwesende Maske.

Du fürchtest nicht das graue Gespött des Todes an meiner Straße.
Der Erde Abgrund habe ich vor dir aufgetan,
Da du mir nahst auf der Schneide der Ewigkeit, wandelnd im Mond meiner Blicke.

*

Dein Leib ist die heilige Landschaft.
Hinter den blauen Olivenwäldern tönen die versunkenen Quellen.

Der Hügel deiner Brüste heißt Golgatha.

Aus den zerfallenen Gräbern staubt der Toten Gebein.
Ich irre schmachtend in den Wüsten deines Leibes.

Sieh, da ruht an deiner Hüfte Zion, die heilige Stadt.
Über die Gärten hebt sich ihr gelbes Gewitter.
O wie blüht zwischen den Steinen dein verborgenes Blut!
Schlaf quillt aus der Oase deines Nabels,
Und süßer als der Atem der Juninacht duftet der Wald aus deinen Achselhöhlen.
Lilien sprossen auf deiner Zunge, und deine Lende trägt ewigen Samen.

*

Ich habe das Seil meiner Seele über die Berge gespannt.

Zart ist es wie das Tau der Spinne,
doch unzerreißbar wie die Fasern
des Weidenbasts.
Des Himmels Blauschwert kann es
nicht zerschneiden.

Immer horcht es hinaus, ob du ihm
Grüße sendest –
O wie bebt seine Wolkenschaukel,
Wenn du im Dunkel leise meinen
Namen sagst!

Ich habe das Seil meiner Seele über
die Berge gespannt.
Ein Seiltänzer ist deine Liebe,
Die wiegt sich auf ihrem feinen
Haar.

»Es waren die schönsten Jahre meines Lebens«, erinnert sich der 90jährige Armin T. Wegner heute in Rom an die Zeit in Neuglobsow. Und die 82jährige Lola Landau bekennt in Jerusalem: »Er hat mich damals ganz einfach verzaubert.«
In Rom sagte Irene Kowaliska, die zweite Frau des Schriftstellers, dasselbe. Sie lernte Armin T. Wegner auf einem Ausflug ins Märkische kennen. Sie lag auf einer Lichtung und sonnte sich. Irene Kowaliska: »Da teilte sich das Gebüsch, und es kam für mein Gefühl der schönste Mann der Welt, braungebrannt, in einer Badehose und mit einem Strohhut auf dem Kopf.« – »Was machen Sie hier«, fuhr Armin T. Wegner sie an. »Das ist meine Lichtung.« Dann stellte er sich vor. Lola Landau kam hinzu. Ein Gespräch entwickelte sich. Eine Einladung ins Haus des Dichterehepaares folgte. Zum Abschied schenkte Armin T. Wegner, der gerade aus Spanien zurückgekehrt war, der jungen Frau einen Bildband über Stierkämpfer. Mit der Widmung verwirrte er Irene Kowaliska: »Ist die Liebe nicht die schönste, die unerfüllt bleibt?«
Die Irritation der Irene Kowaliska, die als Archivarin im Berliner Ullstein Verlag arbeitete, wuchs von Begegnung zu Begegnung. Er erzählte ihr von der Beziehung zu einer baltischen Tänzerin in Berlin. Er schenkte ihr eine Karte für einen Tanzabend, nur damit sie sich die Baltin anschaue. Dieser Mann ging über ihre Kräfte. Irene Kowaliska suchte das Weite, ging nach Italien. Armin T. Wegner zog mit Lola Landau und den Kindern nach Berlin, reiste durch die Welt. Nach einem Aufenthalt in der Sowjetunion schrieb er seinen Erfahrungsbericht »Fünf Finger über dir«.
»Nur ein Liebender«, so notierte er, »kann dieses Land verstehen.« Überwältigt von dem, was er in der Sowjetunion 1927 sah, notierte Wegner die Vorzüge der neuen Gesellschaft, um dann um so hartnäckiger vom Zweifel verfolgt zu werden. Er stellte neue Widersprüche fest, neue Abhängigkeitsverhältnisse, neue Gefängnisse, neue Dogmen, neuen Fanatismus. Wegner fragte sich: »Und du selber, wohin entscheidest du dich? Wird deine Seele gekreuzigt hier immer am Wegweiser hängen? Man hat Menschen hingerichtet, indem man sie durch vier Pferde zerreißen ließ – wehe die Seele, die gevierteilt und wie blutiges Fleisch zerfetzt nach allen vier Winden der Erde getragen wird!« Und: »Daß überall das alte Rußland hindurchblickt, daß man die

Gesetze der Zensur, der Amtsstuben, des Spitzelwesens, der Ochrana nur deshalb vernichtet hat, um sie selber anzuwenden – das ist es, was mich erschreckt.«
Der Gedanke durchfuhr ihn: »Dem, der das eigene Wesen überspringen will, droht stets die Gefahr eines Rückfalls.«
Seine Frage: »Weiß man denn, wie weit alles Streben nach Macht enttäuschter Liebe entspringt? Die Diktatur als Rache des verletzten Selbstgefühls! Da niemand unsere Liebe für euch und das Allgemeine will, sagten die Führer des neuen Staates sich – was schließlich bleibt uns übrig, als euch zu eurem eigenen Wohl zu dieser Liebe zu zwingen? Sind nicht Gewalt und Macht immer die letzte Notwehr des verschmähten Herzens?«
Da suchte einer nach einem Glauben, ohne glauben zu können. Der Widerspruch, den der Zweifel ans Licht bringt, machte immer wieder den Wunsch nach Erlösung zunichte. Die Wirklichkeit sperrte sich der Utopie. An den Schriftsteller und Revolutionär Ernst Toller, der in der Münchner Räterepublik 1919 nicht Menschenleben opfern wollte, schrieb Armin T. Wegner: »Das Erschütternde unserer Lage besteht darin, daß es uns scheinbar vom Schicksal bestimmt scheint, nicht hinter, sondern zwischen die Barrikaden zu fallen, nicht weil wir tiefer und darum in uns selbst gegensätz-

Wegner mit seiner Frau Irene Kowaliska

Nach 1945 hielt man ihn in Deutschland für tot. Er lebte. Doch das Erleben hatte ihm die Sprache verschlagen

licher denken, sondern weil wir vielleicht ›Zwischenglieder‹ eines Überganges sind.«
In einem Brief an den russischen Dichter Maxim Gorki heißt es: »Wovor ich erschrecke, ist folgendes: Auf allen Bahnhöfen, in den Schreibstuben, den Polizeizimmern stelle ich immer von neuem fest, wie man das einfache Volk beleidigt. Während man die hohe Kameradschaft der Befehlshaber der Roten Armee zu ihren Untergebenen nicht ohne Rührung betrachten kann, scheinen die Beamten des Staates in der namenlosen Masse nur eine Herde von Hammeln zu sehen, die ihrer Willkür, jedenfalls aber ihrer grenzenlosen Gleichgültigkeit überlassen sind. Ich sage nichts von der rachsüchtigen Grausamkeit der einstmals Gedemütigten, die alle ohnehin dem Tode geweihten Reste des Bürgertums verfolgt – ich suche auch das, obschon ich es nicht billige, aus seinen seelischen Beweggründen zu verstehen. Aber wie – wenn man die Würde des Volkes selber mißhandelt, jenes Volkes der Armen, um dessentwillen diese ganze Umwälzung mit all ihren Opfern, ihren Hungersnöten, ihren unsäglichen Leiden geschah?«
»In der zum Entsetzen schmutzigen Kloake eines Arbeiteraborts

einer Petroleumraffinerie in Baku fand ich diese Worte an die Wand der Zelle geschrieben: ›Werft die Juden heraus! Rettet Rußland!‹ Und solche Worte werden nicht nur von Gegnern der Revolution ausgesprochen, sondern von Arbeitern, von überzeugten Anhängern der kommunistischen Regierung. Erkenne allen die Rechte zu, die du selber begehrst! – war nicht dies der erste Grundsatz der Revolution? Aber auch denen, die ohne Amt und Stellung sind? Auch den schuldlosen Enkeln des Bürgertums? Auch den – Juden? Auch dem gebildeten Denker? Dem, der das Land erweckt hat und den man heute bekämpft?«

»Man ist in Rußland aus übertriebener Angst um die eigene Sicherheit bemüht, jeden Widerspruch mit allen Mitteln zu unterdrücken. Aber mögen die Anhänger der Opposition selbst im Unrecht sein – haben ihre Gegner vergessen, daß sie die Drüse jeder gesunden Entwicklung eines Landes ist?«

»Immer wieder begegne ich ernsten und bekümmerten Gesichtern, die, ohne es auszusprechen, mir in ihren Zügen verraten: man hat Trotzki, den Mitschöpfer der Revolution, verbannt, den Kameraden Lenins! Aus allen Filmschauspielen der Novemberaufstände hat man die Gestalt dieses Helden herausgeschnitten wie einen lästigen Fleck.«

»Stimmen flüstern um mich: als die Stunde des Aufbruchs gekommen war, wollte Trotzki das Haus nicht verlassen, und man mußte ihn mit Gewalt hinaustragen – wie einen Leichnam. Auf dem Bahnhof fürchtete man eine Huldigung der Menge, man brachte Trotzki nach einem anderen Bahnhof, führte den Eisenbahnwagen, in dem er gefangen saß, in weitem Bogen um Moskau, um endlich jenseits der Stadt das Geleise zu erreichen, das bestimmt war, aus der Mitte Rußlands einen seiner klügsten, leidenschaftlichsten Geister vielleicht für immer in die dürren Steppen von Turkestan zu entführen.«

»Alle Gefahren des Patriotismus, der Zentralisation, der Religion, des Dogmas, die man entgöttert hat, scheinen sich vorzubereiten, in dieses Land zurückzukehren.«

Am 10. Jahrestag der Oktoberrevolution stand Wegner als Gast der Sowjets wenige Schritte von Stalin entfernt, erkannte ein »unbeugsames, fast wildes Gesicht« und stellte die Frage: »Im Sinne des russischen Kommunismus liegt Ausdehnung und wohl möglich, daß, ehe die große Herde der Ausgebeuteten die Weltherrschaft erfaßt, sich zunächst ein asiatischer Imperialismus daraus bildet und zum Siege gelangt. Wer aber bürgt uns dafür, daß die ›Rote Vaterlandsliebe‹ dann nicht auch die Länder des Westens zu Kolonien machen wird, in einem Sinn, der nicht mehr dem Geiste des Sozialismus entspricht...?«

1932 besuchte Wegner Palästina. Sein Reisebericht »Jakobs Kampf mit der Erde« wurde von der Büchergilde Gutenberg unter dem mißverständlichen Titel »Jagd durch das tausendjährige Land« veröffentlicht. Doch auch diese

Tarnung konnte das Buch nicht vor dem Verbot der neuen Machthaber retten.
Am 27. Februar 1933 brannte der Reichstag. Der Exodus deutscher Schriftsteller nahm seinen Lauf. Am 24. März begann mit dem Ermächtigungsgesetz die Diktatur Hitlers. Am 1. April riefen die Nazis zum Boykott jüdischer Geschäfte auf. Armin T. Wegner schrieb seinen Brief an Hitler, den zu veröffentlichen sich keine Zeitung mehr traute. Als im selben Jahr die Nazis die Werke mißliebiger Schriftsteller öffentlich verbrannten, gingen auch Wegners Bücher in Flammen auf.
Mit seiner Verhaftung wurde die Familie des Schriftstellers zerrissen. Er hatte sie schon vorher in Dänemark in Sicherheit gebracht. Von dort fuhr die Familie nach England. Ein Rechtsanwalt betrieb von London aus die Freilassung Wegners. 1934 kam er aus dem KZ frei und kehrte nach Berlin als Gezeichneter zurück. Wegner durfte nach London reisen und erzählte Lola Landau, wie man ihn bei der Gestapo in die Prinz-Albrecht-Straße und dann ins Columbia-Haus gebracht hatte. Sie hatten ihn eine finstere Kellertreppe hinuntergestoßen und gedroht: »Jetzt wirst du erschossen.« Sie ließen ihn stundenlang in der Angst, dann schlugen sie ihn blutig. Einer schrie ihn an: »Ein Intellektueller, der riskiert nur 'ne Lippe in Büchern.« Ein anderer las aus Kants Schrift »Zum ewigen Frieden« vor, die sie bei dem Festgenommenen gefunden hatten.
Die Torturen wiederholten sich im KZ Oranienburg. Die Gestapo-Schergen steckten ihm einen Knebel in den Mund und hieben mit der Reitpeitsche auf ihn ein. Einer sagte: »Nun wirst du nicht mehr gegen uns schreiben.« Ein Wächter rief ihm zu: »Mach kein so trauriges Gesicht, Mensch. Einmal wirst du auch von deinem Vater Schläge bekommen haben.« Er hatte. Auch mit einer Reitpeitsche.
Armin T. Wegner hielt es in England nicht aus: »Auswandern ist Sterben«, sagte er und fuhr nach Berlin zurück. Lola Landau folgte ihm mit den Kindern in die Gefahr. Der Schriftsteller wurde erneut verhaftet, als er sich für die Freilassung eines Juden einsetzte, den er im KZ kennengelernt hatte. Doch dann wurde er wieder freigelassen und suchte einen Unterschlupf in Italien und fand ihn in einem Dorf am Golf von Salerno. Lola Landau reiste mit der Tochter nach Palästina. Die Söhne gingen nach England. Wegner folgte seiner Frau. Doch als Deutscher bekam er Schwierigkeiten im britischen Mandatsgebiet. So fuhr er zurück nach Italien.
Diesmal folgte ihm Lola Landau mit der Tochter. Doch sie ahnte die Gefahr und kehrte zurück. Sie hatte recht: Zahlreiche Juden wurden während des Krieges nach Deutschland deportiert und umgebracht. »So sind wir auseinandergeschwommen«, sagt Lola Landau heute. Und sie fügt hinzu: »Das Schicksal hat mich entschuldigt.« Armin T. Wegner fand in Italien Irene Kowaliska wieder, die nach Nordafrika auswandern wollte. Sie

»Ich war der einsamste Mensch. Ich habe noch so viel zu sagen. Bleibt doch. Warum seid ihr denn nicht früher gekommen?«

Armin T. Wegner in Rom

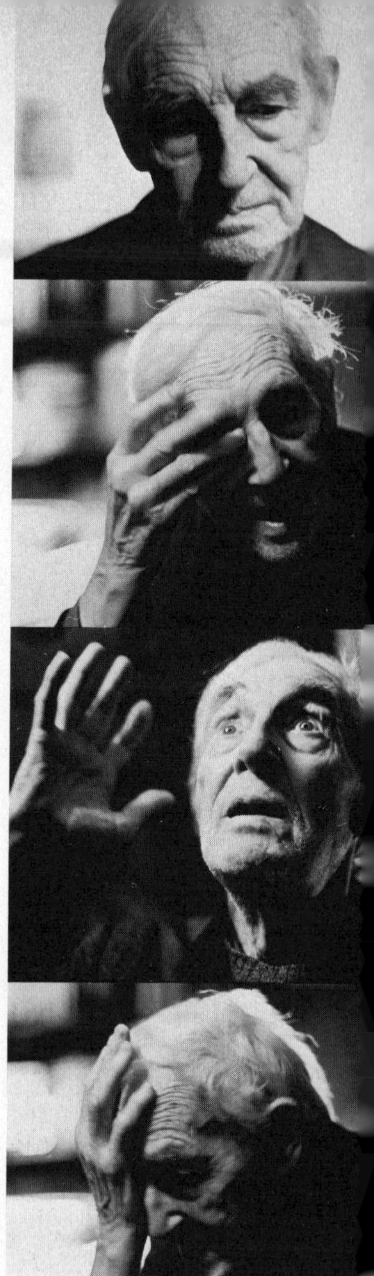

blieb bei ihm. Nicht als Volljüdin eingestuft, entging die Österreicherin Verfolgungen. Sie bekam einen Sohn von Wegner. Nach dem Krieg heirateten beide.

Das Inferno war überstanden. Es blieb die Sprachlosigkeit aus Entsetzen. Armin T. Wegner zog sich in sein Zimmer zurück, um zu schreiben, wie er sagte. »Er schob immer ein Blatt über das, was er schrieb, wenn ich zu ihm ins Zimmer kam«, erzählt Irene Kowaliska, die die Familie mit einer Keramikwerkstatt ernährte. »Einmal vergaß er es. Ich schaute auf seinen Schreibtisch. Ich habe mich furchtbar erschrocken. Er schrieb überhaupt nicht. Er saß den ganzen Tag vor leeren Blättern.« Nachts träumte er von seinen Folterern. Und er schrie so laut, daß man es auf der Straße hören konnte.

Auf dem ersten Nachkriegsschriftstellerkongreß 1947 in Berlin hielt man ihn für tot. Ein Jahr später betrat er wieder deutschen Boden. Die Fremde war ihm nicht zur Heimat geworden, aber die Heimat erschien ihm fremd. Er ging zurück nach Positano. In Israels Gedenkstätte Yad Vashem wurde er 1968 unter die Märtyrer eingereiht. Im »Wald der Gerechten« pflanzte er einen Baum. Im selben Jahr folgte er einer Einla-

»Ich konnte in Deutschland nicht bleiben, er nicht in Palästina. So sind wir auseinandergeschwommen. Im Sturm. Es war Sturmflut.«

Lola Landau in Jerusalem

dung der Armenier nach Jerewan (Eriwan) in die Sowjetunion. Die Geburtsstadt Wuppertal zeichnete ihn mit dem Eduard-von-der-Heydt-Literaturpreis aus. Als 70jähriger kaufte Armin T. Wegner auf der Vulkaninsel Stromboli eine zerfallene Mühle und baute sie aus. Mit 80 Jahren bestieg er den Vulkan zum letztenmal, eine Leistung, die schon 50jährigen Schwierigkeiten bereitet.

Als 80jähriger begann er auch wieder zu schreiben. An demselben Buch, an dem er arbeitete, als die Nazis ihn verhafteten. Darin beschreibt er die Geburt eines armenischen Kindes so: »In der Nacht, als Atam geboren wurde, befiel seine Mutter eine schwere Ohnmacht. Das Kind wollte lange nicht kommen, und die alte Hebamme streute nach dem Volksbrauch Nüsse zwischen die Schenkel der Schwangeren, um das noch ungeborene Kind zu verlocken, damit zu spielen...«

Am 17. Mai 1978 ist Armin T. Wegner im Alter von fast 92 Jahren gestorben. ■

Franz Jung

Ein Poet liest Lenin dic Leviten

In einem Westberliner Altersheim schiebt eine 90jährige die Bettdek-ke beiseite und tastet nach der Bettkante, erhebt sich, steht auf. Die Frau ist fast blind. Sie trägt einen Verband um Stirn und Schädel. Eine Gesichtsrose, die sich über die ganze Kopfhaut ausgebreitet hat, raubt ihr immer stärker die Sehfähigkeit und läßt unerträgliche Schmerzen aufquellen. Sie sagt: »Eigentlich bin ich eine tote Frau, wenn nicht mein Körper so stark wäre.«

In einem Ostberliner Wohnblock greift eine 85jährige Frau jeden Morgen zu ihrer Zigarre und raucht, ehe sie aufsteht. Eine Jüngere ist um sie, sorgt für sie, kocht, räumt auf. Die 85jährige greift im Laufe des Tages zum Federhalter und schreibt auf, was sie in diesem Jahrhundert erlebt hat. Doch niemand nimmt Notiz von den Erinnerungen. Sie sagt: »Man muß Geduld haben. Manchmal kommt das Interesse der anderen, wenn man tot ist.«

Die 90jährige in West-Berlin heißt Margot Jung und ist eine Vergessene. Die 85jährige in Ost-Berlin heißt Claire Jung und ist eine Vergessene. Beide liebten einen Mann, der berühmt und berüchtigt zu Zeiten der Weimarer Republik war: Franz Jung. Die 90jährige war seine erste Frau. Sie galt einst als ein Teufel von Weib. Die 85jährige war seine zweite Frau. Sie wurde seine politische Gefährtin durch dick und dünn. Der Mann dieser beiden Frauen war nie eindeutig in seinen Handlungen. Zersplittert in tausend Widersprüche blieb er eine suspekte Figur über seinen Tod hinaus. Er war Sozialist und Börsenspekulant. Er soff wie ein Bierkutscher und schrieb nüchterne Bücher über das Elend der Armen. Er war ein Weiberheld und ging an jedem Weib zugrunde. Er kämpfte für das Proletariat und war davon überzeugt, daß das Proletariat keinen Pfifferling wert ist. Er bewunderte Lenin und haßte die KPD, die sich Lenin unterordnete. Er entführte ein Schiff in die Sowjetunion und floh aus dem »Paradies der Werktätigen«. Er erschien als der Verwegenste und Herausforderndste in der deutschen Literatur dieses Jahrhunderts. Doch seine Herausforderung wurde nicht angenommen.

Der Dichter mit seiner Frau Claire vor dem Kreml: er organisierte die Hilfe gegen die Hungerkatastrophe an der Wolga

Am Ende seines Lebens schrieb dieser Franz Jung: »Ich habe den Ehrgeiz überwunden, als Schriftsteller anerkannt zu werden, als Geschäftsmann, als Liebhaber – und, wenn man dies so will in dieser verrotteten Gesellschaft, selbst als anständig. Ich liebe meine Feinde – weil sie dumm sind. Ich hasse meine Freunde. Sie sind diejenigen, die sich weigern werden, mir in die Hölle zu folgen. Natürlich gehe ich zur Hölle; Ehrensache. Das ist der Platz, wohin ich gehöre.« Zwei Jahre nach dieser schonungslosen Beichte, die 1961 unter dem Titel »Der Weg nach unten« erschien, starb Franz Jung.

Er wurde 74 Jahre alt. Er starb als gläubiger Katholik, doch von der Verheißung mit dem Himmel wollte er nichts wissen, solange sich die Verheißung nicht diesseits des Todes realisieren läßt. Er hatte die Welt nicht ändern können. So verwandelte er aus Verzweiflung die Verzweiflung in einen Zustand des Auserwähltseins. Franz Jung – der gläubig gewordene Ungläubige, der sich durch selbstzerstörerische Erniedrigungen wiederzugewinnen versucht hatte, sagt: »Die eigentliche Kraft im Lebensanspruch der Menschenwesen liegt im Widerspruch, im Nein.«

Das Leben als Protest gegen die Zerstörung, die mit dem Leben beginnt und im Tod bestätigt wird. Franz Jung wurde am 26. November 1888 in Neisse geboren. Sein Vater war ein Uhrmacher, der sich geschickt in das Leben der alten Garnisonsstadt einordnete. Er baute mechanische Spielereien, die ihn zu einem der ersten Fachleute Deutschlands werden ließen in der Reparatur alter Glocken- und Spielwerke. Er kämpfte für die Reform des Kredit- und Genossenschaftswesens. Er war Stadtverordneter und wurde Stadtrat. Ein solcher Vater grenzt ein, begrenzt die Unruhe des Kindes, nimmt ihm den Spielraum für Erfahrungen, vor deren bösen Konsequenzen der Sohn geschützt werden soll.

In seiner Autobiographie erinnert sich der 72jährige Franz Jung an einen »möblierten Herrn«, der bei ihnen wohnte und den er Onkel genannt hat. Mit ihm ist er oft ins Gebirge gewandert. Als der »Onkel« an den Folgen eines Lawinenunfalls starb, verlor Jung seinen besten Freund. Trotzdem blieb für ihn das Gebirge ein Ort der Geborgenheit. Allein machte er nun große Kammwanderungen bis ins Riesengebirge. Noch in den Romanen, die Jung später schrieb, flüchtet sich der Verzweifelte in die Berge: »Ich bin allein mit mir gewesen, ich hätte nichts zu sagen gehabt, und niemand hat mit mir gesprochen. Es war herrlich. Es war eine gute Zeit... besonders, wenn oben auf dem Kamm die Nebelschwaden mich eingeholt hatten. So wird es noch einmal sein. So wird es dann sein...«

Früh verliert Franz Jung den angestammten Glauben. Doch die letzten Fragen trägt er sein Leben lang mit sich herum. Eine Antwort findet er nicht – trotz quälender Bemühung. Je mehr er das Leben verneint, desto stärker wird er von seinem ungebrochenen Lebens-

Das Elternhaus in Neisse: hier wuchs Franz Jung auf. Der Vater besaß einen Uhrmacherladen. Er restaurierte Glocken- und Spielwerke

trieb vorangestoßen. Hilflos sucht er nach Verankerungen für sein Leben. Der Eltern gedenkt er noch als alter Mann mit Bitterkeit. Da erinnert er sich an den Tod seiner um neun Jahre älteren

Jungs erste Frau: die Tänzerin Margot mit der gemeinsamen Tochter Dagny im Jahre 1918

Tochter Dagny als 31jährige: Sie kam kurz vor 1945 in einem Wiener Spital ums Leben

Schwester, die für die Mutter zur Verkörperung des Guten wird. Und der Sohn Franz lebt in dem Glauben, es wäre der Mutter wohl lieber gewesen, er wäre gestorben. Drei Jahre nach dem Tode der Schwester verläßt er das Elternhaus. Er hat sein Abitur bestanden. Er hat den ebenfalls aus Neisse stammenden Lyriker Max Herrmann-Neisse kennengelernt, der sein Freund und Förderer wird.

Den um Reputierlichkeit bemühten Vater provoziert Franz Jung mit einem Besäufnis im besten Restaurant der Stadt. Der fanatische Alkoholgegner wird in das Lokal gerufen und muß den besoffenen Sohn vorbei an pikierten Bürgern nach Hause schleppen. An der Universität Leipzig, wohin ihn sein Vater schickt, verspielt er an einem Abend das gesamte elterliche Semestergeld. Da das Musikstudium keine Gebühren kostet, schreibt er sich dort ein und besteht die Aufnahmeprüfung. Das anschließende Jura-Studium in Jena endet in Alkoholorgien. In der schlagenden Verbindung entwikkelt er sich zum wüsten Schläger. Geld verdient er sich als Klavierspieler in einem Kinotheater, er spielt mit dem Gedanken, Zuhälter zu werden.

Die Eltern schicken den Sohn an die Universität Breslau, und dort schafft er die Zulassung zum Referendar-Examen. Er lernt Margot kennen, eine Tänzerin, die durch die Gegend tingelt und sich so nebenher an der Kunstakademie als

Erstausgaben aus dem Jahre 1921

Modell einiges Geld verdient. Der junge Student verliebt sich in diese Frau, die sich die Männer nimmt, wie sie Lust und Laune hat. Mit betrügerischen Versicherungsgeschäften besorgt sich der 23jährige das Geld, um ihr nach Petersburg nachzureisen, wo sie in einer Tanzgruppe auftritt. Margot wird entlassen, da die Tänzerinnen für die Chambres séparées bestimmt sind und keine privaten Freunde haben dürfen.

Franz Jung schläft auf Bänken im Park, bettelt beim deutschen Konsulat um Geld, soll in ein Arbeitshaus eingewiesen werden, findet zusammen mit seiner Geliebten in der Küche eines deutschen Dampfers Unterschlupf, wo sich beide die Heimreise mit Kartoffelschälen und Tellerreinigen finanzieren.

In Berlin bringt ihn ein Freund als Volontär bei einem Börsenblatt unter. Er lernt, wie man an der Börse mit geschickten Manipulationen schnell Geld macht. Bald ist er in der Branche ein gefragter Mann. Er heiratet Margot. Die Hochzeitsreise ist eine Floßfahrt auf der Weichsel. Margot bekommt einen Sohn von Franz Jung.

Turbulente Auseinandersetzungen zwischen den beiden sind an der Tagesordnung. Sie betrügt ihn, und er geht wieder saufen. Sie holt ihn vom Biertisch, ohrfeigt ihn vor allen Leuten. Sie führen eine Wahnsinnsehe. Den Exzessen folgen ganz zärtliche Stunden. Und noch am Ende seines Lebens verkörpert diese Frau alle Frauen, wenn Franz Jung schreibt: »Ich habe das Wesen der Frau nicht verstanden, und ich verstehe die Frauen nicht.«

Der renommierte Berliner Börsenverlag Ahrends und Mossner bietet dem beruflich cleveren Franz Jung eine Beteiligung an. Er antwortet nicht und verschwindet ganz einfach aus Berlin. Diese Handlungsweise wird typisch für sein Leben. Jeder will irgendwann den Erfolg seiner Arbeit sehen, er nicht. Wenn etwas in seinem Tun zum Erfolg zu werden »droht«, springt er ab, zerstört er diesen Erfolg. Anstatt als Börsenfachmann Karriere zu machen, setzt er sich nach Pleß ab, einem kleinen schlesischen Städtchen, und schreibt sich bei einem Freund sein ganzes privates Unglück vom Leib.

Franz Jung nennt sein erstes Werk »Das Trottelbuch«. Liebe – das ist in diesem Buch ein Fressen und Gefressenwerden, Kannibalismus – und eine Machtfrage, der gegenseitige Versuch, Herrschaft über den anderen zu gewinnen. Das Buch wird die literarische Sensation des Jahres 1912. Der Schriftsteller Ernst Blaß urteilt: »Jung nimmt das Durcheinander eines Daseins wahr, in dem vor Schmerz keiner mehr aus den Augen sehen kann, jeder wie wahnsinnig hinter seiner Sehnsucht herläuft...« Der Kritiker Kurt Hiller verurteilt: »Das ist Barbarismus. Ich hasse dieses Buch!« Der Lyriker Oskar Loerke nennt Jung den »konsequentesten Beherrscher der neuen expressionistischen Erzählung«. Der Dichter Hermann Kasack bezeichnet ihn als den »tanzenden Stern über dem Chaos«.

Ein Jahr später erscheint Jungs Buch »Kameraden«. Diesmal greift Kurt Pinthus, der Herausgeber der expressionistischen Lyrik-Anthologie »Menschheitsdämmerung«, zur Feder und schreibt: »Dieses Buch ist ein tausendfacher Aufschrei. Ein Mann und eine Frau, beide unbedeutend, hysterisch, triebhaft, gebrochenen Gefühls, stehen zusammen im Leben, können nicht auseinander. Sie quälen sich, schimpfen, streiten, sie lieben sich, hassen sich, schlagen sich tot. Und gehören doch zusammen, sehnen sich nacheinander, wollen sich aussprechen, gut miteinander sein.«
Insgesamt fünf Bücher spiegeln Jungs Ehe mit Margot. Der Flucht aus diesem Dilemma in die Literatur folgt die Flucht aus der Literatur in die Politik. Er geht nach München und gewinnt Freunde, die politisch engagiert sind: den Anarchisten Erich Mühsam, den Maler Schrimpf, den Schriftsteller Oskar Maria Graf.
Der Sozialismus wird ein Lebensanker für ihn. Zwar zieht er noch als Freiwilliger in den Ersten Weltkrieg, kämpft in der Schlacht von Tannenberg, wird verwundet, kommt ins Lazarett – doch dann desertiert er. Während seine Frau in Berlin ein zweites Kind zur Welt bringt, die Tochter Dagny, findet Jung in Österreich Unterschlupf, wird gefaßt und in das Berliner Festungsgefängnis Spandau gebracht. In der Haft schreibt er heimlich Bücher. Fast alles, was später noch von ihm erscheinen wird, ist in Gefängnissen entstanden.
Im Jahr 1917 wird Franz Jung – er hat mit Erfolg den Geisteskranken gespielt – aus der Haft entlassen. Er arbeitet nun in Berlin für Zeitungen, eröffnet ein Redaktionsbüro und tritt außerdem in den Dienst einer Versicherungsgesellschaft, die er für illegale Aktivitäten benutzt: Deserteure bekommen hier falsche Papiere. Jung wird Organisator und Agitator bei Spartakus, wird eines der ersten Mitglieder der KPD. Ein weiterer Schritt in die Antibürgerlichkeit ist Jungs Bekenntnis zur neuen Kunstrichtung »Dadaismus«. Mit George Grosz, John Heartfield, Erwin Piscator und Richard Huelsenbeck gründet er 1919 in Berlin den Club Dada. Das Kaiserreich bricht zusammen. Die Novemberrevolution in Deutschland verändert sein Leben.
Später schreibt er: »Die Welle der Gewalt und der Zerstörung mag Dutzende von äußeren Auslösungsmomenten haben. In Wirklichkeit ist sie organisch bedingt, sie kommt von innen her und ist auch von innen her ausgelöst... Es ist die Panik, die innere Panik unserer Existenz, die in jedem einzelnen von uns steckt, die lange Zeit niedergehalten werden kann, einmal aber zur Entfaltung kommt und dann durchbricht.«
Der Zusammenbruch der Revolution läßt ihn zum klaren Analytiker der Sozialismus-Bewegung werden, macht ihn aber unbrauchbar für die Partei-Ideologen. Sie werden später zur Zielscheibe seiner Kritik: »Überall in den deutschen Parteibezirken saßen die Abgesandten aus Moskau zur Be-

Grenadier Jung (×) mit Kriegsfreiwilligen 1914 in der Kaserne

obachtung der Spaltungsvorgänge in der KPD, der Abweichung von den jeweils veränderten und von Moskau befohlenen taktischen Richtlinien.« Mit Denunziationen ist nach Ansicht Jungs die Glaubwürdigkeit und der Elan einer ganzen Partei zerstört worden: »Der Erfolg mag den Sowjets äußerlich recht geben: Mit dem Verrat und der Unterdrückung der deutschen Revolution war es möglich, das russische Weltreich aufzubauen – warum gibt man das heute nicht offen zu?«

Um die Unabhängigkeit gegenüber Moskau wieder herzustellen, beteiligt er sich an der Gründung der Kommunistischen Arbeiterpartei Deutschlands (KAPD), die sich von der KPD abspaltet und ihr fast die Hälfte aller Mitglieder nimmt. Lenin wird auf diesen rebellischen Franz Jung aufmerksam. Er lädt eine Delegation der KAPD nach Moskau ein, doch sie bekommt in Berlin keine Ausreisegenehmigung. Daraufhin plant die KAPD-Führung eine Schiffsentführung, um ihre Leute nach Moskau schicken zu können. Der Matrose Hermann Knüfken, ein Parteigenosse, schmuggelte Jung und seinen Begleiter Jan Appel in Cuxhaven an Bord des Fischdampfers »Senator Schröder«, der am 21. April 1920 zum Fang nach Is-

Franz Jung mit seiner Frau Claire 1920 kurz vor der Schiffsentführung in Cuxhaven und seiner Reise zu Lenin

land ausläuft. Auf der Höhe von Feuerschiff »Elbe 1« kommen Jung und Appel aus ihren Verstekken und werden von ihrem Helfer, dem Matrosen Knüfken, zum Kapitän geführt. Knüfken spielt den Wortführer: »Sie sehen, Herr Kapitän, wir sind alle bewaffnet mit Gewehren, Pistolen und Handgranaten. Ihr Widerstand ist zwecklos, wir nehmen Besitz von dem Schiff und sperren Sie einstweilen ein. Der Dampfer geht unter unserer Führung anstatt nach Island nach dem Weißen Meer, um den Sowjetkurier Jung und den Kommunisten Appel dort zu landen.«

Die drei Piraten bringen die Mannschaft mit Versprechungen auf ihre Seite: sie würden von den Russen mit Geld und lukrativen Posten belohnt. Der Steuermann führt die Befehle der drei Bewaffneten aus und lenkt das Schiff durch die noch verminten Küstengebiete der Nordsee nach Murmansk, wo die »Senator Schröder« am 1. Mai eintrifft. Im Hafen herrscht totale Ratlosigkeit. Jung und Appel versuchen, sich mit den Worten »Liebknecht«, »Luxemburg« und »Lenin« verständlich zu machen. Schließlich setzt man sie in den Zug nach Moskau, wo sie

von dem verblüfften Lenin im Kreml empfangen werden.
Was sie vom Schöpfer des Sowjetkommunismus zu hören bekommen, sind Vorwürfe. Lenin beschuldigt sie, die Arbeiterklasse durch Zersplitterung zu schwächen. Jung hält dagegen und wirft ihm vor, den deutschen Kommunismus zu desavouieren. Das Streitgespräch veranlaßt Lenin, die Broschüre »Der ›linke Radikalismus‹ – die Kinderkrankheit des Kommunismus« herauszubringen. Jung bleibt unbeeindruckt und beharrt auf dem eigenen Weg der Deutschen zum Sozialismus. Mit einem Dampfer kehrt er, diesmal als Passagier, wieder nach Deutschland zurück und wird in Cuxhaven verhaftet.
Im Hamburger Zuchthaus Fuhlsbüttel schreibt Jung seine ersten Arbeiterromane und proletarischen Theaterstücke, die in der Aktions-Bibliothek des Malik-Verlages von Wieland Herzfelde in Berlin und in der Tageszeitung »Rote Fahne« erscheinen: »Die rote Woche«, »Proletarier«, »Die Kanaker«. Jung erreicht mit diesen Büchern eine völlig neue Leserschicht. Da schreibt plötzlich jemand in einer ganz einfachen Sprache, die jeder Arbeiter versteht. Nicht nur kommunistische Zeitungen setzen sich für die Freilassung Jungs ein, auch die bürgerlichen Blätter verweisen auf das Revolutionäre seines Vorgehens beim Schiffsraub, das mit einer kriminellen Handlung nicht gleichzusetzen sei. Nach vier Monaten Haft wird Jung freigelassen. Er taucht sofort unter.

Seine Ehe mit Margot ist inzwischen zerbrochen. An seiner Seite befindet sich nun die Frau seines besten Freundes, die Kommunistin Claire Öhring, die er später heiratet. Diese Frau gibt ihm Halt und eine neue Motivation, die Sache des Sozialismus in Deutschland nicht für verloren anzusehen. Zusammen mit dem Revolutionär Max Hölz versucht er im mitteldeutschen Aufstand 1921 die Wende zum Sozialismus noch einmal zu erzwingen. Die KPD zieht sich aus dieser Aktion zurück. Die rebellierenden Arbeiter werden allein gelassen.
Nach der Niederschlagung des mitteldeutschen Aufstandes entkommt Jung mit Claire Öhring nach Holland, wird dort gefaßt, sitzt wieder hinter Gittern, schreibt wieder Bücher, soll nach Deutschland ausgeliefert werden. Doch die Russen helfen. Sie geben ihm die sowjetische Staatsbürgerschaft, und so gelangt er ein zweites Mal nach Moskau. Er organisiert die internationale Hilfe gegen die Hungerkatastrophe an der

Nach seiner Flucht aus der Sowjetunion lebte Franz Jung in Deutschland jahrelang unter dem falschen Namen Franz Larsz, mit dem er sich auch vor den Nazis tarnte

Franz Jung (stehend links außen) 1921 auf der Gründungsversammlung der Internationalen Arbeiterhilfe in Moskau: neben ihm der ungarische Kommunistenführer Béla Kun, links sitzend der kommunistische Verleger Willi Münzenberg

Ausweiskarte — Identity card — Carte d'identité

No XXII 14362

…ame
…name
Larrsch

…name
…istian name
…om
Franz

…tsangehörigkeit
…onality
…onalité
Preußen

…d
…upation
…ession
Architekt

…oren am
… on
…) le
2. II. 1890
in
ad
à
Königshütte

…nung
…esse
…icile

Der Polizei-Präsident
A. A.

Franz Larrsch
Eigenhändige Unterschrift.

№ 623 B 300 Abend-Ausgabe. Berlin Mittwoch, 22. Dezember 1920

Vossische Zeitung

Begründet 1704

Berlinische Zeitung von Staats- und gelehrten Sachen

Einzelne Nummer 20 Pfennig

Bezugsbedingungen und Anzeigenpreise, sowie Beilagen, Erscheinungsweise usw. werden im Kopf der Morgen-Ausgabe aufgeführt.

Verlag: Ullstein & Co. Chefredakteur: Georg Bernhard. Verantw. Redakteur (m. Ausn. d. Handelst.): Jul. Elbau, Berlin. Unverlangte Manuskripte werden nur zurückgesandt, wenn Porto beiliegt.

Schriftleitung: Berlin SW 68, Kochstraße 22-26.

Schiffsraub.

Der Fall Jung.

Der Schriftsteller Franz Jung, der zur „Kommunistischen Arbeiterpartei" gehört, wollte im April als Delegierter seiner Partei nach Rußland zu einem Kongreß reisen. Er verbarg sich mit Unterstützung der Schiffsbesatzung in einem Schiff, von dem ihm die Besatzung versichert hatte, daß es nach Rußland fahre. Unterwegs stellte sich heraus, daß es tatsächlich seinen Kurs nach Irland nahm. Jung bewog den Kapitän, nach Rußland zu fahren. Das Schiff wurde von der russischen Regierung später nach Deutschland zurückgesandt, wo es wohlbehalten eintraf. Franz Jung wurde bei seiner Rückkehr in die Heimat in Haft genommen. Es schwebt gegen ihn die Anklage wegen schweren Raubes.

Der Fall soll hier nicht juristisch untersucht werden. Es ist wahrscheinlich, daß der Kapitän mit Gewalt zur Kursänderung gezwungen ist. Es ist sicher, daß die Handlung auf offener See begangen und deshalb auch sicher, daß es sich um ein qualifiziertes Verbrechen handelt, wenn es sich wirklich um einen Raub handelt. Zweifelhaft aber scheint es zum mindesten, ob bei Jung die Absicht bestand, sich das Schiff rechtswidrig anzueignen, was Voraussetzung für den Tatbestand des Schiffsraubes wäre. Wahrscheinlich daher, daß es sich schlimmstenfalls um Nötigung oder vielleicht um Freiheitsberaubung gehandelt hat.

Aber darauf kommt es nicht an. Die Angelegenheit interessiert aus politischen Gründen. Es wächst in Deutschland die Neigung, politische Vergehen und Verbrechen mit einer gewissen Gewalt in den Rahmen von Strafparagraphen zu [...]

heit gebietet schon die Beachtung der Regel: „Was Du nicht willst, daß man Dir tu, das füg' auch keinem andern zu!"

Richard III. war gewiß ein Bösewicht. Aber wie wäre von der Nachwelt ein Prozeß gegen ihn beurteilt worden mit der Anklage auf Entwendung des Pferdes seines auf seinen Befehl ermordeten Neffen Richard von York? Bhd.

Die innerpolitische Krise in Polen.

Drahtmeldung unseres Sonderberichterstatters

Warschau, 21. Dezember.

Der gestrige Brief des Premierministers Witos an den Vizepräsidenten Daszynski, worin er dringend ersucht wurde, sein Abschiedsgesuch wieder zurückzunehmen, dürfte kaum einen unmittelbaren Erfolg haben, [illegible] ein großer Teil der Presse, vom konservativen „Czas" bis zu linksstehenden „Kurjer Poranny", Daszynski dasselbe ans [illegible] legen. Es handelt sich eben, wie schon hervorgehoben, diesmal [illegible] um eine Teilkrise innerhalb des Kabinetts, sondern um einen tiefgehenden Kampf um die Macht zwischen der extremen Rechten und der Linken, bei dem Witos, der bisher [illegible] redlich versucht hat, eine Diagonale der einander befehdenden Kräfte zu ziehen, sich nunmehr wie zwischen Hammer und [illegible] befindet.

Dem Vernehmen nach hat auch [illegible] der Arbeitsminister Poplowski den Wunsch kundgegeben, sich von seinem Amt zurückzuziehen. Das Abbröckeln [illegible] immer weiter. Man erzählt sich, daß der Staatschef Pilsudski [illegible] zurückgetretenen Daszynski sofort zu sich berufen und sehr lang mit ihm konferiert habe, ohne daß jedoch Daszynski sich bewogen gefühlt hätte, seine Demission zurückzunehmen.

Die bevorstehenden Feiertage [illegible] Witos zustatten. Man wird, wie ich höre, weitere [illegible]

Hannov[illegible]

In keinem der vielen [illegible] Deutschlands, die ich im vergangenen Jahre besuchte, hat [illegible] Revolution [illegible] wenig Spuren hinterlassen wie in Hannover.

Unmöglich sich vorzustellen, daß sich [illegible] brücken, die von der Arbeitervorstadt Linden [illegible] ren alten Welfenstadt führen, erbitterte Kämpfe [illegible] haben, daß dies eine der Städte war, von wo Umsturz [illegible] Aufruhr ihren Ausgang genommen haben.

Jeder waschechte Hannoveraner bemüht sich auch, dem Landfremden in den ersten Augenblicken nach geschlossener Bekanntschaft zu erklären, daß die Hannoveraner diesen Dingen völlig fern gestanden und Matrosen von der nahen Waterkant, mit einigen verbrecherischen Elementen im Schlepptau, die Revolution gemacht hätten. Auf die Frage, warum denn die andern sie machen ließen, bekommt man keine rechte Antwort.

Außer den exorbitant hohen Preisen, die womöglich noch höher als in Berlin sind — Hannover ist stets als „teures Pflaster" bekannt gewesen —, scheint sich in dieser vornehmen stillen Stadt nichts geändert zu haben. Nirgends ist die Gesellschaft so wenig umgeschichtet worden, spielen die „alten Kreise" noch d[illegible] alte Rolle. Mit dem Oberbürgermeister Leinert ist man [illegible] wie links gleich unzufrieden. Man bemängelt seine [illegible] Abwesenheit in Berlin und tadelt die mangelhafte Lebensmittelversorgung.

In den Hannoverschen Zeitungen wird zwar auch über sich breit machende Spiel- und Genußsucht geklagt. Nach außen bekommt man davon aber nichts zu spüren. Ebensowenig, daß es unter dieser ruhigen Oberfläche bedenklich [illegible]. Die [...]

Die »Vossische Zeitung« berichtet über den Schiffsraub von Franz Jung

Wolga und leitet den Aufbau der Zündholzproduktion bei Nowgorod. In Petrograd bringt er die Eisenindustrie in Gang. Er sieht, wie die GPU Genossen verhaftet, deren Gesinnung nicht der Parteidoktrin entspricht. Auch er wird überwacht. Im Kettenkasten eines Dampfers entkommt er als blinder Passagier nach Deutschland. Er lebt in Berlin unter falschem Namen, bis eine Amnestie ihn 1928 außer Strafverfolgung setzt.

Franz Jung hatte im Sozialismus einen Lebensbezug gesucht und war enttäuscht worden. Die Isolation überwinden! Er hatte sie nicht überwunden. Im »Vier-Männer-Buch«, das 1929 erscheint und in dem vier Autoren über Kindheit und Jugend erzählen, verknüpft Jung jene Zeit mit den Erfahrungen von 41 Lebensjahren: »Wir Menschen verstehen einander nicht. Zwischendurch läuft so eine Art Leben ab. Mit Blähungen von Gemeinwohl und Ineinanderverwachsensein. Schon das Kind sühlt sich im Pferche. Dann lernt man gehen und klettern, dann wird der einzelne etwas größenwahnsinnig, er befiehlt, er ordnet, er säet, er beschreibt mit der Hand einen Bogen, als wolle er die ganze Welt umfangen – dazwischen explodiert Gehemmtes, Revolution flammt auf, Empörung, um vorwärtszustürmen für die neue Welt, die

Menschengemeinschaft, die Wahrheit – wo alles nur Schwindel ist. Schwindel von Anbeginn.«
Das klingt bitter, doch die Bitterkeit ist in all seinen Büchern angelegt. Das gestörte Ich-Du-Verhältnis im literarischen Beginn: die Konflikte spitzen sich in der Beziehung von Mann und Frau zu, brechen auf, finden keinen Ausgleich. Da ist die Klage, die private Klage, zur eigenen Mutter nicht gefunden, Mütterlichkeit nicht erfahren zu haben: »Die Scheu zwischen Mutter und Kind lastet schwer auf der Welt. Sie steht der Liebe entgegen, die für das Menschenwesen die einzige Technik ist, sich die Naturkräfte des Weltalls dienstbar zu machen. Aus dieser Scheu schwelt der innere Widerspruch im menschlichen Leben hervor, daß die Menschen, um einander zu verstehen, einer besonderen Strafe und bestimmter Gesten bedürfen, und daß eine vollkommene Wahrheit in der Empfindungswelt bisher noch nicht möglich gewesen ist. Und diese Scheu wuchert weiter. Ist übergegangen auf die kommenden Mütter und wird den zukünftigen Kindern angeboren. Nur die Erinnerung an einen verschütteten Quell leuchtet auf in seligen Sekunden des Zusammenseins mit der Geliebten, die dann ihrerseits dieses Glück mit dem Giftstoff der Befangenheit bezahlen muß.«
In der elterlichen Mahnung, den Kopf hochzuhalten, kann Jung im Rückblick keinen Sinn finden. »Da quält sich ein Mensch. Er beißt die Zähne zusammen, verbringt Wunder an Zähigkeit, er ringt dem Leben einen Fetzen ab, vorwärtszukommen... Mich widert das an, dieses Leben. Es ist mir zu schwer, so schweißig von dem Leben der anderen.« Die Qualen, die Franz Jung immer wieder in den Gesichtern seiner Mitmenschen gesehen hat und die sich als Kainsmerkmal ins eigene Gesicht gegraben haben, lassen sich nicht löschen: »Ich habe Lust, den Spiegel zu zertrümmern, um meine eigene Fresse besser verstecken zu können.«
Da ist für Franz Jung die Hoffnung gewesen, der Sozialismus könne ihn aus seiner Isolierung befreien, »daß jeder einzelne den Mut bekommt zu sich selbst«. In dem Buch »Die Eroberung der Maschinen« wird von ihm das »Erwachen aus der Eiszeit« als eine »neue paradiesische Periode« beschworen: »Das Wort Menschlichkeit bekommt einen neuen Sinn... Unser Sieg ist wie ein ehernes Naturgesetz.« Durch diesen Optimismus aber bricht immer wieder Jungs alte Skepsis: »Viele wollen nicht erlöst sein, sie verkriechen sich – sie sterben im Bett. Sie schämen sich nicht, auf die Krankheit zu warten, auf das Verfaulen, während draußen die Revolution der Menschheit ist.« Zitat aus dem Roman »Arbeitsfriede«, den George Grosz illustrierte.
Dort heißt es auch: »Solange wir uns aber voreinander verstecken, solange wir nicht die werktätige Gemeinschaft begriffen haben, sondern gegeneinander voll Mißtrauen sind, solange wir immer nur – wenn schon mit Sympathie – darauf warten, um uns dem Vielleicht

anzuschließen, so lange sind wir unfähig, das Zeichen zu geben.« Und: »Nicht von außen wird jeder Koloß, der die soziale Revolution ist, in die Welt und ins Land geschoben, sondern er erwächst aus uns selbst, aus unserem Glauben und unseren Opfern. Das ist die Macht, die wir erobern.« Sie wurde nicht erobert, denn: »Das Was, Wie und Warum erfüllte noch die Köpfe; die Parteien und sonstigen Organisationen waren genau noch so darinnen verstrickt. Sie konnten selbst die Massen nicht aus dem Sumpf heben, in dem sie selbst versanken. Waren doch nur ihr Spiegelbild.«

Als gescheiterter Mann resümiert Franz Jung: »Dahinvegetieren, Widerspruch gegen das Bewußtsein, zurückgestoßen und nicht verstanden zu sein, eigene Mängel und Unfähigkeit, Grenzen und Revolte... Die Revolte gegen was?« In dieser Resignation hält er den Ausgangspunkt seines politischen Handelns fest: »Wir haben nur den Boden bereitet, den Funken der Revolte, die Notwendigkeit, sich zu rühren, den Zwang, zu einer Initiative zu kommen, der Entscheidung nicht auszuweichen... Ich lasse heute wie damals keine Entschuldigung zu für diejenigen, die ihre Überzeugung ändern.«

Einer, der seine Überzeugung änderte, hieß Friesland und war damals Generalsekretär der KPD. In seinem Buch »Der Weg nach unten« erinnert sich Jung, wie Friesland ihn zu Terrorakten überredet habe. Als die Bombenanschläge in Berlin Schlagzeilen machten, distanzierte sich Friesland davon mit einer Presseerklärung, wonach er »die provokatorische Politik der Kommunisten als ein Verbrechen am deutschen Volk« betrachte. KPD-Chef Friesland trat von seinem Posten zurück und ging zur SPD. Sein bürgerlicher Name: Ernst Reuter, nach dem Zweiten Weltkrieg Regierender Bürgermeister von West-Berlin.

Franz Jung zieht sich ganz aufs Schreiben zurück. 1930 findet im Berliner Rundfunk ein spektakuläres Streitgespräch zwischen dem NS-Propagandisten Joseph Goebbels und dem Protagonisten des sozialistischen Arbeitertheaters, Erwin Piscator, statt. Der Schriftsteller Arnolt Bronnen, der auf die Linie der Nazis einschwenkt, schreibt für Goebbels den Redetext. Franz Jung schreibt ihn für Piscator. In zahlreichen Zeitungsartikeln warnt Jung vor den Nazis. Er tut, was einem einzelnen möglich ist, und er sieht die Vergeblichkeit seines Tuns.

Seine Analyse nach 1945: »Schon in der Ära Rathenau und sogleich nach dem Rapallopakt unter Stresemann war der Grundstein gelegt worden für die deutsch-russische Militärallianz, auf die gestützt Hitler später seinen Angriffskrieg vorbereiten konnte. Die kommunistischen Wähler und Parteimitglieder hatten davon keine Ahnung. Die Abgeordneten im Reichstag, die in den zuständigen Ausschüssen saßen, und die es hätten wissen müssen, haben geschwiegen. Warum?«

Jung erinnert sich, daß deutsche Reichswehroffiziere unter der Tar-

Die 85jährige Claire Jung in ihrer Ostberliner Wohnung. Die verdiente Genossin hütet den Nachlaß des Dichters.

nung sowjetischer Stäbe in Rußland ausgebildet wurden, »mit den verbesserten, modernen Waffen, die nach dem Friedensvertrag dem deutschen Berufsheer verboten waren«. Er hält fest: »Die Taktik des Panzerkriegs, mit der im Weltkrieg Frankreich überrannt wurde, haben die Deutschen in Sowjetrußland beim russischen Militär gelernt. Die ersten deutschen Sturmflieger, die angeblich eine so große Überraschung zu Beginn des Weltkriegs gewesen sein sollen, sind im Kader in Sowjetrußland ausgebildet worden. Man wird nicht gerade behaupten wollen, daß dies der Welt verborgen blieb.« Jung nennt die Gegenleistungen der Deutschen für die Russen: Aufbau des russischen Militär-Transportwesens, Reorganisation des Nachschubs, das Verwachsen der Offiziere mit der russischen Truppe.

Das Resümee der politischen Klarsicht dieses Schriftstellers: »Nachdem also die russischen Armeen im Zweiten Weltkrieg mit dieser preußischen Disziplin im massiven Einsatz und der hervorragenden Nachschub-Organisation, die mit der Präzision eines Uhrwerks lief, die deutschen Armeen schließlich vor sich hergejagt haben, sollte es erlaubt sein, die Frage zu stellen: Wer betrügt wen?« Jungs quälende Erkenntnis lautet: »Der Ekel vor den Menschen, die um einen herum sind, das Abbild dieser Scheußlichkeit von Existenz... Das ist schwer zu ertragen, weil es sich auch in der Erinnerung immer wiederholt, die gleichen Erlebnisse über ein langes Leben verteilt, rücken näher zusammen, sie gehen ineinander über in eine einzige Narbe, die als Krebsgeschwür sich ausbreiten wird... Das ist es, was steht und bleibt.«

Und trotzdem: Als Hitler 1933 an die Macht kommt, bleibt Franz Jung in Deutschland. Seine Bücher werden wie die der vielen anderen öffentlich verbrannt. Er ist inzwischen seine dritte Ehe eingegangen, wieder mit der Frau eines Freundes. Ein Sohn ist geboren worden. Jung wird 1936 von den Nazis verhaftet und auf Betreiben des Abwehrchefs Canaris, der mit dem Widerstand gegen Hitler sympathisierte, wieder freigelassen. Er soll sich regelmäßig bei der Polizei melden, bis der Prozeß gegen ihn vor dem Volksgerichtshof beginnt.

Jung flieht nach Prag. Über Wien und Paris kommt er nach Genf, wo er als Wirtschaftsberater bei einer Bank und dann bei einer Versicherungsgesellschaft arbeitet. Im Auftrag seiner Firma wohnt Jung mehrere Jahre in Budapest, unter dem falschen Namen Larsz – auch nach der Besetzung der Stadt durch die Deutschen. Die faschistischen ungarischen Pfeilkreuzler verhaften ihn Anfang 1945 und sperren ihn in ein behelfsmäßig hergerichtetes Verlies. Er soll erschossen werden. Durch eine Luke kann er entkommen. Dann faßt ihn der deutsche Sicherheitsdienst, bringt ihn nach Wien. Und wieder gelingt ihm die Flucht, diesmal nach Italien. Dort wird er erneut festgenommen und in ein Arbeitslager gesteckt. Von den Amerikanern wird er befreit und bleibt in Italien.

In Italien trifft er eine Tänzerin wieder, mit der er im Krieg in der ungarischen Hauptstadt zusammen gelebt hat und die der Scheidungsgrund für seine dritte Ehe gewesen ist. Jung: »So vieles Leid habe ich über mir Nahestehende, die mir wohlwollten und die mir vertrauten, gebracht. Ich kann es nicht auslöschen.« Die Tänzerin will in ein Kloster eintreten. Auf ihr Drängen versöhnt sich Jung mit der katholischen Kirche und geht zur Beichte. Seinen Lebensunterhalt verdient er als Kuchenbäcker für die italienische Landbevölkerung in der Gegend von Fregene. Die Freundin endet im religiösen Wahnsinn.

Nach Deutschland mag Jung nicht zurückkehren. So fliegt er in die USA, wo die alten Freunde Oskar Maria Graf und Erwin Piscator den Krieg überlebt haben. Er wird Korrespondent mehrerer deutscher Tageszeitungen, darunter der »Frankfurter Allgemeinen Zeitung«. Aus den Vereinigten Staaten schickte er für seine in Deutschland lebenden Ex-Frauen Care-Pakete. Er freundet sich mit dem Schriftsteller Henry Miller an.

Letztes Bild von Franz Jung: Der 74jährige starb 1963 in Stuttgart

1960 verläßt Jung als todkranker Mann das Land. In Deutschland erscheint seine Lebensbeichte »Der Weg nach unten«. In Stuttgart findet er ein neues Zuhause, sein letztes. Am 21. Januar 1963 stirbt er an Kehlkopfkrebs.

Seine zweite Frau, Claire Jung, die dem Kommunismus treu blieb und in der DDR als verdiente Genossin ihren Lebensabend verbringt, verwahrt in ihrer Dreizimmerwohnung die literarische Hinterlassenschaft ihres Mannes, der den kommunistischen Parteifunktionären in der DDR auch heute suspekt bleibt. In dieser Hinterlassenschaft befindet sich ein Brief Franz Jungs, in dem er 1947 von einem Buchplan berichtet: »Ich möchte... eine Geschichte der Ketzer schreiben und grundsätzlich jeden Ketzer verteidigen, denn irgendwie war jede Abweichung vom Dogma im Recht.« Ein Satz, der zugleich Selbstporträt ist.

In einem anderen Brief an seine erste Frau Margot Jung aus dem Jahre 1948 heißt es: »Uns ist es nicht gegeben, so einfach und im Zuge der Zeit, möchte man beinahe sagen, sich in eine Allgemeinheit oder wie man die Gemeinschaft sonst nennen mag, hineinzufinden, um so mehr als sich im Kern nichts geändert hat und die gleiche Bosheit geblieben ist. Man hat manchmal den Eindruck, diese Menschen werden in ihrer nur mühsam niedergehaltenen Bösartigkeit, Dumpfheit und Enge eines Tages ersticken oder sich selbst explodieren lassen. 30 Jahre habe ich das nun mitangesehen, bin immer mehr in eine Außenseiterstellung hineingedrängt worden, und es ist mehr als ein Wunder, daß man mich nicht umgebracht hat.«

Franz Jung war immer mittendrin in den politischen Konflikten und Kämpfen. Er war als Schriftsteller kein Prophet, eher ein hin- und hergestoßener Zeuge seiner Zeit und als Zeuge immer das Opfer. Einer der letzten Sätze, die er schrieb, lautet: »Der Mensch, der in seine Zeit hineinschreit, bleibt ohne Echo.« ■

Claire Goll

»Ich glaube, ich habe genug gelebt«

Ein Gesicht habe ich gesucht. Ein altes Gesicht, das Hoffnung macht. Die Hoffnung auf ein Sesam-öffne-Dich. Eine menschliche Landschaft mit Furchen und Falten, Lebenslinien, vor denen ich nicht erschrecke. Zeichen des Vertrauens in die eigene Kraft, Zeichen der Güte, der Liebe, des Getröstetseins. Die letzte Wahrheit im Gesicht einer Frau. Käthe Kollwitz, die Malerin, hat ein solches Gesicht gehabt. Sie ist tot. Claire Goll, die Dichterin, könnte es haben. Sie lebt, ist 85 Jahre alt. Die großen Künstler dieses Jahrhunderts waren von ihr fasziniert. Sie liebten sie, sie malten sie, sie schrieben über sie.

Der 43jährige Rainer Maria Rilke schrieb der damals 27jährigen nach der ersten gemeinsamen Nacht: »Schön, wenn einmal so ein Herz über einem aufgeht, gar nicht erst in seinem ersten Viertel, gleich wie der ganze Mond in seiner vollkommensten Nacht...«

Und er dichtete für sie 1918:

Laß uns in der dunklen Süßigkeit
Nicht der Tränen Richtung unterscheiden.
Bist du sicher, daß wir Wonnen leiden
Oder leuchten von getrunknem Leid?

Claire Golls Schicksal wurde jedoch nicht der bekannte Rainer Maria Rilke, sondern der heute in Deutschland unbekannte Lyriker Ivan Goll.

Schon ein Jahr vor ihrer Freundschaft mit Rilke war sie die Verbindung zu dem aus Elsaß-Lothringen stammenden Ivan Goll eingegangen. Ohne Standesamt und ohne Traualtar hatten sie die Ringe gewechselt. Claire schwor Ivan: »Ich will immer neben dir gehen, ganz gleich, wie dein Weg sein wird.« Ivan schwor Claire: »Ich nehme deinen Schwur an: denn dein Schwur ist der meine. Ich will dich führen zu dir selbst zurück – denn das ist der gerade Weg zu mir. Ich bin dein, auch wenn ich gestorben bin.« Rainer Maria Rilke starb 1926 im Alter von 51 Jahren an Leukämie. Ivan Goll starb 1950 im Alter von 59 Jahren an Leukämie.

Claire Goll, die in Nürnberg geboren wurde und in München aufwuchs, lebt heute dort, wo in Paris die Jugend zu Hause ist: in St. Germain de Près. In der Rue Vaneau 47 hat sie eine Drei-Zimmer-Eigentumswohnung. In dem Haus gibt es keinen Fahrstuhl. Ich steige 98 Stufen hoch, in den fünften Stock. Ich klingele. Sie öffnet

und fährt mich an, weil ich ihr vorher nicht mein Hotel in Paris angegeben hatte, weil sie mich deshalb nicht telefonisch erreichen konnte, weil ihr zu spät eingefallen war, daß sie um diese Uhrzeit eigentlich einen Termin beim Arzt gehabt hätte.
Ich schaue in ihr Gesicht und erschrecke. Die Haut spannt, wirft keine Falten. Die Lippen sind böse quergestellt. Sie trägt eine rothaarige Perücke. Das bombastische Ding erdrückt die winzige Person, die in Jeans vor mir steht. Die Hornbrille sitzt schwer vor den Augen. Nichts paßt zusammen. Sie muß meine Aversion spüren. Sie schimpft weiter. Die Tasche steht an der falschen Stelle, sagt sie. Ich steh falsch, auf einem Teppich, den nur sie betreten darf, sagt sie. Sie ist ganz einfach in Panikstimmung. Warum?
Ich sehe die Geschenke der berühmten Maler an der Wand: Bilder von Marc Chagall, Alexej Jawlensky, Robert Delaunay, Oskar Kokoschka; das Gesicht einer Frau, das in aller Erotik Unnahbarkeit ausstrahlt. Ich sehe Schränke und Regale, zum Bersten gefüllt. Bücher und Manuskripte von ihr und Ivan, Fotografien, Krimskrams aus aller Herren Ländern. Erinnerungen an ein langes Leben. Die Fensterläden sind bis auf einen Spalt geschlossen, damit in der Wohnung nichts vergilbt. Ich sitze in einer komfortablen Gruft. Claire Goll erzählt, dies ist eine Million wert und das ebenso viel. Jedes Bild, jeder Zettel. Alles ist eine Million wert. Jedes Wort, das sie auf dem Papier besitzt. Und ich denke: Wer nicht über die Wörter hinauskommt, verreckt in der Sprache.

Claire Goll mit ihrem Bruder

Ich erfahre, daß Claire Goll Krebs hat, daß der Arzt die Diagnose einige Tage zuvor gestellt hat. Merkwürdig, sie ist ganz ruhig, als sie das berichtet. So als sei die Krankheit Erfüllung. Ein Zeichen der Gemeinsamkeit im Abschluß zweier Lebensläufe. Ich erfahre, daß sie jede Nacht die Tangoplatte »La cumbarsita« auflegt, den sie mit dem sterbenskranken Ivan Goll getanzt hat. »Wenn ich die Melodie höre«, sagt sie, »weiß ich, daß er bei mir ist. Und dann tanze ich mit ihm.«

Ivan Goll als Fünfjähriger

Ich erfahre, daß sie vor zehn Jahren einen zwanzigjährigen Franzosen kennenlernte, von dem sie sich noch heute geliebt glaubt. Sie will, daß ich ihn kennenlerne. Er sehe Ivan ähnlich und habe die gleiche Handschrift, sagt sie. Sie ruft ihn an. Ich erfahre, daß er sie anschnauzt. Mit einem »boche« würde er sich nie zusammensetzen, sagt er zu ihr. Und sie spürt, daß andere Gründe die wahren Gründe sind. »Nichts macht einen so krank wie eine moralische Niederlage«, sagt sie, »und jeder Tag bringt neue.«
Sie ist ein Leben lang einer Vision nachgelaufen, hat sie in ihrer Liebeslyrik begreiflich gemacht und sie nicht als Vision begriffen. Das macht aggressiv. Sie spuckt alles aus, die Liebhaber und Freunde, von denen sie sich betrogen glaubt. Sie rotzt ihr ganzes Leben hin. Ein armseliges Leben inmitten allen Glanzes, den sie zum Teil genossen und zum Teil als ihr Unglück erkannt hat.
Ihr Vater war nicht ihr Vater, das war ein Baron, der Liebhaber der Mutter, bei der sie entsetzliche Qualen litt. Die Mutter reagierte ihre Lebensgier in heimlich außer Haus verbrachten Nächten und ihren Haß auf den farblosen Ehemann mit sadistischer Strenge an der schutzlosen Tochter ab. Claire erduldete Schläge, Arrest im Dunkeln, Essensentzug, Mißhandlungen, ja selbst Folterungen, die in blutigen Auspeitschungen mit einer Reitpeitsche gipfelten. Zeitlebens blieb Claire für Krankheiten anfällig, mußte immer wieder Kliniken und Kurheime aufsuchen.
Der Ehemann der Mutter war reich, Unternehmer und Konsul Argentiniens in Deutschland. Die Familie lebte in einer Villa in der Münchner Leopoldtstraße. Claires Bruder nahm sich mit 16 Jahren das Leben. Er hatte die um fünf Jahre jüngere Schwester vor den Grausamkeiten der Mutter verteidigen wollen. Claire Goll: »Meine Mutter behauptete, der Sohn habe sie mit dem Messer bedroht, was nicht stimmte. Er sollte in eine Besserungsanstalt. Er floh aus dem Hause, mietete sich bei einer Frau ein Zimmer und öffnete in deren Abwesenheit in der Küche den Gashahn.«

Claire Golls beste Freundin in der Kindheit war die Köchin im elterlichen Haus. Bei ihr suchte sie Zuflucht, bei ihr fand sie Trost. Die Köchin schickte das Mädchen zu deren Tante, die in der Domschule die Toilette verwaltete. Claire Goll: »In dieser Toilette bin ich eigentlich aufgewachsen. Diese Tante war eine wunderbare Frau. Von ihr habe ich den Ton der Grimmschen Märchen gelernt. Denn wenn das Klosett gezogen wurde, sagte sie: ›Horch, das sind die Raben aus Grimm.‹ Sie entwickelte meine Phantasie. Sie gab mir immer einen Topf mit Seifenblasen. Es war ein wunderbares Spiel, diese Welt, die zerstäubt.«

In der Schule richtete Claire Goll ihr ganzes Liebesbedürfnis und ihre Liebesfähigkeit auf die Pädagogin Julie Kerschensteiner, Leiterin eines privaten Instituts mit antiautoritären Erziehungsansätzen. Hier baute sich die 15jährige eine Gegenwelt auf, eine Welt unbehinderter Selbstverwirklichung, gegen die perverse Welt großbürgerlicher »Wohlanständigkeit«. In ihrem Buch »Traumtänzerin, Jahre der Jugend« schrieb Claire Goll 1971: »Ungeliebt zu Hause, hatten sich die Gefühle, die sich niemandem zuwenden konnten, zum Bersten in mir gestaut.«

Mit 20 Jahren heiratete sie. Es war eine Flucht nach vorn. Claire Goll: »Wir wußten vom Leben überhaupt nichts. Ich habe ihn kennengelernt, weil wir eine Loge im Hoftheater hatten. Und meine Mutter wollte ›Lohengrin‹ nie sehen. Da wurde ich hingeschickt. Nach dem ersten Akt ging ich raus. Und da stand Lohengrin vor mir. Es war der spätere Verleger Dr. Heinrich Studer. Er führte mich durch den Englischen Garten. Da hat er mich zum erstenmal geküßt. Dann habe ich ihn in mein Zimmer geschmuggelt.« Wie immer in ihrem Leben ging alles rasant: »Ich wurde seine Geliebte, dann erwartete ich ein Kind. Es war eine Tragödie. Zu Hause wurde verhandelt, ob man das Kind abtreibt oder mich verheiratet. Unsere Eltern einigten sich auf Hochzeit. Ich brachte 200000 Goldmark als Mitgift in die Ehe. Mein Mann studierte damals noch.«

Claire Goll zog mit Mann und Kind nach Leipzig. Ihr Mann nahm es mit der Ehe nicht so genau. Und auch Claire Goll lernte einen anderen kennen, den engagierten Verleger junger Literatur Kurt Wolff. Nach fünf Jahren wurde die Ehe 1916 geschieden. Claire Goll mußte die Schuld übernehmen und das Kind hergeben: »Weil Kurt Wolff zu feige war zu leugnen, daß er mein Geliebter war.« Die Beziehung zu Wolff ging in die Brüche. Sie hat ihn später im Leben immer wieder gesehen, war Gast in seinem Haus. Mit bestürzendem Haß sagt Claire Goll heute: »Ich habe mich gefreut, wie ihm der Brustkorb eingedrückt wurde.« Kurt Wolff wurde 1963 bei einem Spaziergang in Ludwigsburg von einem rück-

Ivan und Claire Goll im Tessin. Beide schrieben über die Liebe und suchten sie bei anderen Partnern

wärtsfahrenden Lastwagen zerquetscht.
»Alle Menschen, die mir Schlechtes antun«, sagt Claire Goll, »verrecken. Ich habe drei Menschen getötet: meine Mutter, Kurt Wolff und Paul Celan.« Claire Golls Mutter wurde im KZ Auschwitz vergast. Der Lyriker Paul Celan, ein Freund Ivan Golls in seinen letzten Lebensjahren, nahm sich 1970 in der Seine das Leben. Ihm hatte Claire Goll vorgeworfen, er habe bei ihrem Mann abgeschrieben.
Nach ihrer Scheidung war Claire Goll von Leipzig nach Genf übergesiedelt, um in der Nähe ihrer Tochter sein zu können, die dem Vater zugesprochen worden war. In der Schweiz lernte sie Ivan Goll kennen, der von sich schrieb: »Ivan Goll hat keine Heimat: durch Schicksal Jude, durch Zufall in Frankreich geboren, durch ein Stempelpapier als Deutscher bezeichnet.« Als Sohn eines Elsässers und einer Lothringerin kam Ivan Goll 1891 in St. Dié im Elsaß zur Welt. Im jüdischen Elternhaus durfte nur Französisch gesprochen werden. Das gerade wilhelminisch gewordene Elsaß ordnete Deutsch als Unterrichtssprache des Gymnasiums in Metz an, das Goll ab 1898 besuchte. Hier im Spannungsfeld zweier Kulturen erlebte er erstmals die Widersprüchlichkeit, beider Erbe zu sein und doch keiner anzugehören.
Ivans Vater war Tuchfabrikant und Weinbergbesitzer. Er starb, als der Sohn fünf Jahre alt war. In einer bisher nicht veröffentlichten Erzählung schreibt Ivan Goll: »Man brachte mich ans Krankenbett, und eine schwere Hand legte sich auf meinen Kopf. Das war der letzte Segen. Mein Vater rang mit Gott. Er handelte mit Gott. Er zeigte ihm, daß er sein Gelübde gehalten hatte, daß er im Bethaus vollen Halses gesungen hatte, daß er das schwarz-weiße Gebetbuch so viele Male geküßt hatte, als es geboten war. Er haderte mit Gott in seinem Fieber. Jeden Morgen vor dem Frühkaffee hatte er die heiligen Riemen um seine Stirn gelegt und Frage und Antwort der Weisen singend wiederholt. So wunderbar war Gottes Gnade. Aber meines Vaters Lunge war übermäßig geschwellt, und der Arzt war ein Dummkopf.«
So starb der Vater des Jungen, »gerade nachdem es zu schneien aufgehört hatte. Drei Raben flogen nahe ans Fenster, beinahe herein, und jemand behauptete, sie hätten die heilige Seele weggetragen.« Die Mutter heiratete ein zweites Mal. Viel später schrieb Ivan Goll an Claire: »Ich bin immer einsam gewesen, außer mit dir. Meine ganze Jugend lang saß ich an einem Familientisch, an dem geschrien und geschimpft wurde.«
Ivan und Claire Goll: Da trafen sich zwei mit ähnlichen Schicksalen. Zwei Ohnmächtige mit einem Überbedürfnis nach Zuwendung und Zärtlichkeit.
Ivan studierte in Straßburg, Fribourg, Genf und Berlin. Kurz vor Kriegsausbruch promovierte er mit seiner Arbeit über die »Lothringisch-elsässischen Heimarbeiterinnen« zum Doktor der Rechts-

wissenschaft. Dann stand er vor der Frage, entweder als Deutscher gegen seine französischen Landsleute zu kämpfen, oder sich ins neutrale Ausland zu retten. Wegen seiner Länge sollte er bei der kaiserlichen Garde einrücken. Er ging in die Schweiz. Als Pazifist, einsam und verloren in der Welle der Kriegsbegeisterung, fand er in der Schweiz Gesinnungsfreunde, die nein zum Morden sagten: die Schriftsteller Stefan Zweig, Carl Sternheim, Franz Werfel, Hermann Hesse, Harry Graf Kessler und den Elsässer René Schickele. Um den Schriftsteller Romain Rolland, der ebenfalls in die Schweiz ausgewichen war, scharten sich die französischen Pazifisten. Zu den Kriegsdienstgegnern gesellte sich der Ire James Joyce. In Genf arbeitete Ivan Goll zuerst als Zeitungsverkäufer, dann als Bankbeamter.

Ivan Goll, dessen erste Veröffentlichungen im Jahre 1912 »Lothringische Volkslieder« und »Der Panama-Kanal« waren, wurde zum politischen Kämpfer. Für ihn und seine Freunde stellte der Krieg eine letzte Versuchung dar, ein Gottesurteil; nun werden sie umkehren, »die Liebe des Herzens predigen«. Menschlichkeit wurde zum geflügelten Wort der jungen Dichtergeneration. Menschlichkeit, die alle nationalen und sozialen Gegensätze aufheben soll. In Französisch schrieb Goll seine »Elégies Internationales. Phamphlets contre cette guerre«, in Deutsch sein »Requiem für die Gefallenen in Europa«.

In seinem literarischen Werk sah sich Goll als Orpheus, der »ewige Dichter«, der in die Niederungen der Unterwelt hinabsteigt, um die Menschheit zu retten. Von der russischen Oktoberrevolution 1917 versprach er sich ein »gesäubertes Urgefühl« unter den Menschen. Mit Verbitterung registrierte er die gescheiterte deutsche Revolution 1918/19: »Der Karussellbesitzer zählt die Kasse. Der Revolutionsmann hängt sich hinterm Lattenzaun auf... es wurden zu viele Sterne produziert für den Frieden. Die Warenhäuser machen die Bestellung rückgängig. Pathos ist um 80%, Bruderliebe um 130% gesunken.«

Der Traum vom »großen Frühling« der Menschheit ist zu Ende geträumt. Goll stimmt die Totenklage auf Rosa Luxemburg an: »Heilige Rosen blühen im Landwehrkanal / letzte Rose von Deutschland.« Die Rufe des neuen Orpheus sind untergegangen: »Die Menge hört ihn schon nicht mehr / sie drängt zur Unterwelt, zum Alltag, zum Leid zurück!« In der Ode an Berlin heißt es: »Alles Gold zerrann zu Freibier / lockernd den Asphalt des Mob – / O Berlin, du Nessel am Kreuzweg des Ostens / dorre an deinem Staube bröckle Vergessenheit.« Die Mission des Sängers, wie sie Goll gesehen hatte, ist gescheitert: »Orpheus allein im Wartesaal / schießt sich das Herz entzwei.«

Was der Dichter sah, war unüberwindliche Spießerhaftigkeit: »Schicksal? Konflikte? Die gibt es heute nicht. Die ganze Anstrengung des Menschen bezieht sich auf Kartoffel oder Villa.« Verbit-

*So sah sie der Dichter Rainer Maria Rilke.
Zwei Jahre lang war Claire Goll seine Geliebte*

tert schrieb er: »Ich will nicht mehr denken. Nicht mehr zweifeln. Den allgemeinen Geboten gehorchen... arbeiten, mein kleines Geschäftchen machen, mein kleines Glück. Die großen Worte vergessen, die so kalt und zugig sind wie die Triumphbögen. Wo viele zusammen unglücklich sind, da ist es warm. Tränen wärmen.«
An die Stelle des allgemeinen Liebesappells trat im Werke Golls die Zwiesprache zweier Liebender: die zwischen ihm und Claire. Sie hatte 1916 Ivans Gedichte gegen den Krieg gelesen und ihm begeistert geschrieben. Er war darauf zu ihr gereist und hatte ihr spontan eine Liebeserklärung gemacht. Sie wies ihn ab, floh vor ihm und blieb dennoch in seiner Nähe. Sie wollte nach der Erfahrung der ersten Ehe keine feste Bindung. Schuldgefühle gegenüber ihrem Kind plagten sie. Schuldgefühle, die sie in ihrem Buch »Mitwelt« so beschrieb:

Und wirst du mir die Erde verzeihen, mein Kind,
Diese Erde?

Einmal, wenn du stehst vor dem zerbrochenen
Leib des Geliebten?

Und dein Herz auf immer gestorben ist?

Einmal, wenn du siehst, daß der Mensch nur
Macht hat auf eins,

Den echtesten, tiefsten Besitz dieser Welt: auf
Den Schmerz.

Die im Schmerz mächtige Claire Goll sah in Ivan den ihr Verwandten, der sie ängstigte und doch anzog. Als 1917 in Franz Pfemferts Zeitschrift »Die Aktion« ein ganzes Heft Ivan Golls Literatur gewidmet wurde, schrieb Claire Goll: »Sein Thema ist immer die Liebe, die Liebe zum Menschen, er spielt es in hundert Variationen... er streichelt graue Mansarden, er möchte die arme Vorstadt mit seinen mitleidigen Armen gegen die Sonne stemmen. Er weint sich durch alle elenden Betten unserer Zeit. Mit den Enterbten träumt er in verfaulten Kneipen rote Absinthträume. Sein Herz ist Asyl den Apachen und Dirnen, kleinen Commis und Arbeiterinnen. Manchmal brechen sie aus ihm heraus, und diesen Schmerz nennen wir ›Gedicht‹. Die Gesten dieser Geschöpfe enthalten immer die ganze Welt, und die ganze Welt enthält ihn, denn er ist ein Dichter.«
Was Claire Goll suchte, war ein im Glück mächtiger Mann. Zwar ging sie schließlich die Verbindung zu Ivan Goll ein, aber sie wehrte sich gegen Ivans bürgerlichen Totalitätsanspruch, dies vor Standesamt und Traualtar zu tun. Sie entzog sich seinem beharrlichen Drängen mit erneuter Flucht. Diesmal nach München, wo der berühmte Rainer Maria Rilke lebte, dem sie ihre Gedichte geschickt und daraufhin schriftliches Lob bekommen hatte.
Ihr erster Eindruck: »Rilke war ganz schmal, fast körperlos. Von fern hätte man ihn für einen Kadetten in Zivil halten mögen, aber je näher er kam, desto größer wurde seine Stirn, und in zwei unirdi-

Ivan Golls Geliebte: die Lyrikerin Paula Ludwig

schen, glanzerfüllten Augen zuckte der Strahl der Genialität. Mir wurde es bange vor diesem Erzengel im Jackett. Aber das leise Lächeln seiner vollen und sinnlichen Lippen milderte meine große Erschütterung.«

Claire Goll wurde Rilkes Geliebte. Hin- und hergerissen, schwankte sie in neuen Schuldgefühlen zwischen ihm und Goll. In einem Brief an Rilke heißt es: »Ich möchte das fremde Zimmer ein wenig anwärmen. Möchte etwas Rot auflegen an den Wänden vor Deiner Ankunft. Möchte doch kein Regen in Deine Seele fallen! Nur immer Sonne in Deine edelsteinernen Augen! Ich wünsche Dir eine tausendjährige Einsamkeit! Und viele blaue Freundschaften mit Eidechsen. Ach, es gibt ja nichts, was ich Dir nicht wünschte. Die Arme tun mir weh von all den zurückgehaltenen Zärtlichkeiten gestern...«

In einem Brief Rilkes an Claire Goll heißt es: »Wenn ich abends im Dunklen an ganz gestreckten Armen die flachen Hände öffne, so entsteht oben an ihnen das Gefühl von Deinem spanischen Tuch. Und immer mehr glaube ich, daß

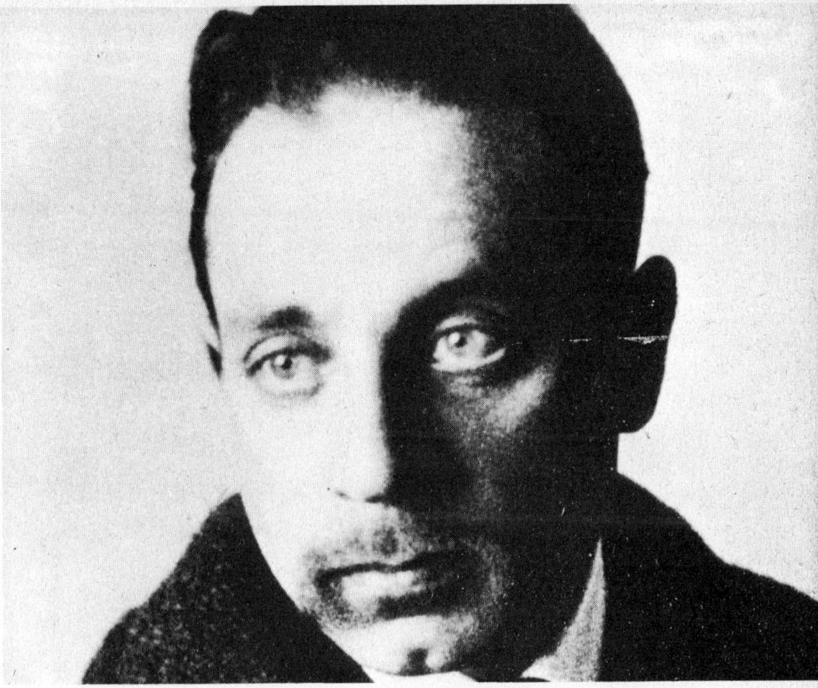

Claire Golls Geliebter: der Lyriker Rainer Maria Rilke

dieses Tuch nichts anderes ist als ein Zauber, in dem eine Berührung Deines Leibes mit einer Nacht sich plötzlich, als ein Geweb,schwermütig und zärtlich, erhalten hat.«

Zwei Jahre dauerte diese intime Beziehung zwischen Rilke und Claire Goll. Ivan Goll hatte sich von Anfang an ein Kind von Claire gewünscht, von Rilke erwartete sie es. Doch Rilke wollte die Geburt des Kindes nicht. Und Ivan, der immer noch um sie kämpfte, war tief verletzt von dieser Nachricht. Claire Goll ließ das Kind abtreiben. Rilke entzog sich der Geliebten durch Schweigen.

Claire zog mit Ivan nach Paris. »In der verzweifelten Umarmung / Zwischen dem unentwirrbaren Wir / Klafft unsere entsetzliche Einsamkeit«, dichtete Ivan. Die Heirat vor dem Standesamt wurde nachgeholt. Beide stürzten sich in die Arbeit. Ihre Wohnung wurde zum Mittelpunkt des künstlerischen Lebens in der französischen Hauptstadt. Die Maler Chagall, Léger, Delaunay, Picasso, Jawlensky, Braque und die Schriftsteller Joyce, Audiberti, Malraux, Breton und Gide trafen sich hier.

Ivan und Claire Goll waren die besten Freunde des Malers Chagall, dessen Frau Bella und Tochter Ida. Dieses Bild entstand 1924 bei einem Ausflug

Nach dem Expressionismus, zu deren führenden Vertretern Ivan Goll gehörte, kreierte er nun die neue literarische Richtung: den Surrealismus.
Seine Bücher brachten ihm Ruhm,

aber wenig Geld. Die Kuraufenthalte seiner ewig kränkelnden Frau mußten bezahlt werden. Briefe wechselten zwischen beiden hin und her. Ivan war besorgt um Claires Gewicht: »Du mußt jeden Tag ein viertel Pfund Kuchen essen.« Sie schrieb: »Dick werden ist Gold wert. Aber es wird viel Geld kosten.« Er antwortete: »Ich muß Dich in Watte, Sonne und Anemonen packen.« Sie reagierte: »Ich

könnte Tannen ausreißen (auf die Stärkungsmittel, die mir verschrieben werden), aber nur kleine Edeltannen.« Er schickte den Satz: »Küssen wir Gott die Füße.«
In der in Berlin erscheinenden »Literarischen Welt« berichtete Ivan auf eine entsprechende Umfrage: Ja, er habe schon einmal in seinem Leben gestohlen. Eine Dose Milch im Laden für seine kranke Frau, als er keinen Pfennig Geld besessen hatte. Ein unbekannter Leser schickte daraufhin spontan einen Tausendmarkschein »für den braven Dieb«.
Ein glückliches Paar? »Mein Gott, was ist Glück«, sagt Claire Goll heute. »Ich glaube, man müßte einem Menschen ebenso dankbar sein für das Leid, das er einem gibt. Gibt es Glück? Wir sind uns des Glückes doch nur in der Erinnerung bewußt, im Nacherleben. Ich habe Ivan alles zu verdanken. Und dennoch habe ich so eine armselige Idee von mir. Wenn Sie wüßten, ich halte so gar nichts von mir.«
Ein glückliches Paar? Da schrieben sich zwei Menschen ständig Liebesbriefe und waren doch dauernd mit Liebschaften beschäftigt. Die zarte Claire mit dem roten Haar und den großen Augen war das Freiwild für Künstler. André Malraux stellte ihr nach, der Herausgeber der Zeitschrift »Sturm«, Herwarth Walden, rüttelte an der verschlossenen Tür, Franz Werfel bestürmte sie, Audiberti gab sie sich hin. »Wer kam denn noch? Ach, es kamen so viele. Ich habe das Pech, daß mich Männer anspringen wie Flöhe.«
Bei Freunden in Berlin lernte Ivan Goll die um neun Jahre jüngere Lyrikerin Paula Ludwig kennen. In einer Situation, die er in einem Brief an seine Frau Claire so formulierte: »Nein, Geliebte, du darfst nicht trauern, weil ich jetzt mich, Dein Werk, mehr liebe, als seinen Bildner. Weil ich glücklicheinsam bin. Weil ich in den Gefühlen, die Du mir schenktest schwelge. O Du stirbst, weil Du mich nicht berührst! Ich aber, ich fürchte das Sterbliche der Berührung. Deshalb floh ich. Aber zu mir, nur zu mir. Weil ich die Liebe mehr liebe als die Erfüllung.«
Claire und Ivan hatten in den Jahren zuvor gemeinsam Bücher veröffentlicht. Liebesgedichte, von denen niemand mehr so recht wußte, wer welches geschrieben hatte. Doch jetzt, wo Ivan der 30jährigen Paula Ludwig begegnete, brach in ihm etwas auf, was er in seiner Beziehung zu Claire Goll nicht hatte wahrhaben wollen: »Der Glaube an unsere Einheit zerbrach.« Und die zerbrochene Einheit hatte er mit Liebeslyrik zu kitten versucht. Er hatte aus einem Mangel heraus gedichtet. Jetzt geriet er in die Fülle. An seine Frau Claire schrieb er über Paula Ludwig: »Seltsames Bauernmädel, Tochter eines Sargtischlers, ziemlich holzschnitthafter Kopf, aber eine feine Seele. Sie entwickelt sich langsam zu einer christlichen Lasker... sie ist Dienstmädchen gewesen, Modell in München. Souffleuse.« Die Faszination schlug in Liebe um. Eine solche Frau hatte es für ihn noch nicht gegeben – ohne Zögern, ohne

Vorbehalte, immer da, wenn er sie rief.

Goll:

Erst seit du mich kennst
Kenn ich mich selbst
Einst war mein Körper mir fremd
Wie ein entlegener Erdteil

Und ich wußte von mir
Weder Ost noch Süd

Einsam war meine Schulter
Ein ferner Fels

Bis deine Hand sie berührte:
Da erst fühlte ich mich

Und Paula Ludwig antwortete:

Dich seh ich einzig aus allen fluten-
den Augen
Aus allen Lauten höre ich nur deinen
Mund

Hast du noch Fremdes, Dunkles und
Böses
In deinen entlegensten Schluchten
versteckt –

Oh so entsende mich, daß ich es
finde
Fasse und fühle und liebe in dir.

Die Liebesgedichte der Paula Ludwig erschienen 1932 unter dem Titel »Dem dunklen Gott« auf dem deutschen Buchmarkt. »Der dunkle Gott« Ivan Goll veröffentlichte unter einem Pseudonym in Berliner Zeitungen seine Gedichte, die Paula Ludwig gewidmet waren und von deren Existenz seine Frau Claire nichts wissen sollte. Drei Jahre später faßte er seine Gedichte für Paula Ludwig unter dem Titel »Chansons Malaises« in französischer Sprache zu einem Gedichtband zusammen. Die Pariser Kritik glaubte an die freie Übertragung authentischer malaiischer Lieder und verglich die Gedichte mit denen der Sappho und dem Hohen Lied Salomos.

Ivan an Paula Ludwig:

Über meine Äcker bist du
geschritten
Sie haben die Fröhlichkeit deiner
Füße vernommen

Du hast die Angst meiner Gräser
gepflückt
Du hast die Wunden meiner Blumen
verschüttet

Nun breitet mein Körper sich weit
Weit aus bis Sonnenaufgang
Er deckt die ganze Erde zu
Wohin du dich wendest
Da trittst du auf mich.

Paula Ludwig an Ivan:

Wer sagte dir wo ich bin
Habe ich denn einen Namen
War ich nicht gut versteckt im
Gebüsch
Verkrochen im braunen Laub
Mit grünen Flechten überhangen
Waren meine Augen nicht versunken
im Sumpf
Meine Zehen verwachsen mit den
Wurzeln des Süßholzes.

Wie fandest du dennoch meine Spur
Mit dem Geruch des Jägers
Ohne Schlinge und ohne Dolch
Nahtest du auf dem dunkelsten Pfad
Mit dem Auge das man nicht sieht
Sahst du mich an.

Da verriet ich mich in der Finsternis
Kein Blatt rührte sich
Kein Tropfen fiel –
Aber in der Stille hörte man
Meine Hände dir entgegenwachsen.

Ivan Goll schickte Claire den Gedichtband »Dem dunklen Gott« und schrieb: »Der Mann, der in diesem Buch besungen wird, be-

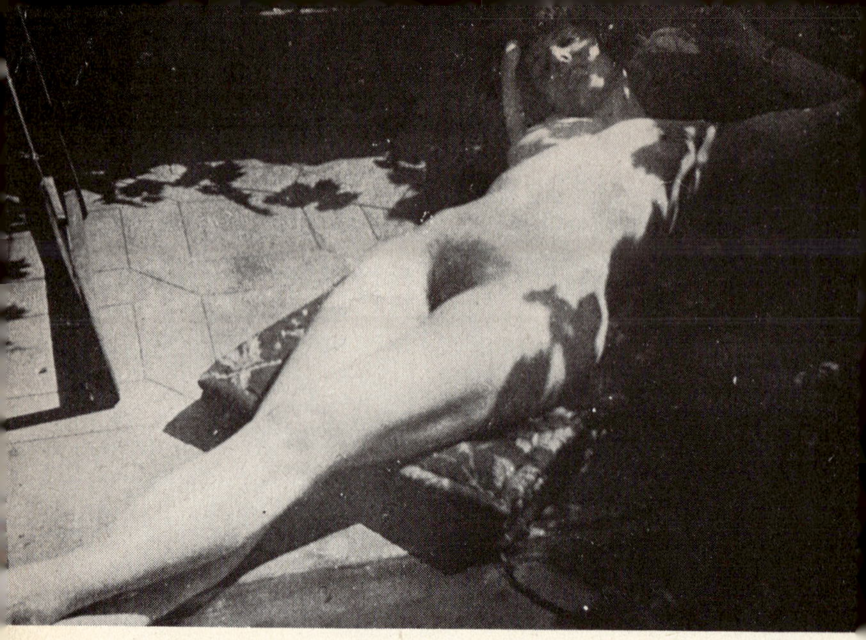

Auf dem Balkon ihrer Pariser Wohnung fotografierte Ivan Goll 1925 seine Frau

schworen wird, er hat dafür nichts anderes getan, als er zu sein.« Claire antwortete: »Männer sind so stolz, wenn sie der Befruchter, der Auslöser waren. Und wer hat so viel Maß und Abstand, um sich nicht schließlich für einen König oder Gott zu halten, wenn er als

So sahen sie die Maler Alexej Jawlensky, Delaunay und Chagall im Jahre 1921

In den Tuilerien fotografierte Wilfried Bauer 1976 Claire Goll als 85jährige

solcher angehimmelt wird? Auch ich besang Dich ja, aber spät, nachdem wir schon durch Jahre miteinander gegangen waren. Jetzt schweige ich Dich. Ich warte weiter auf Dich in unendlicher Zärtlichkeit.«

Claire Goll wartete nicht nur, sie kämpfte um Ivan, mit verständnisvollen Briefen (»sei so glücklich, wie Du kannst«), mit Schuldeingeständnissen, die Ivans Verletzungen durch Rilke betrafen. Und mit der Bereitschaft zu sterben. Am 23. Juli 1938 unternahm Claire Goll einen Selbstmordversuch, wenige Stunden, nachdem ihr Mann für immer von ihr Abschied genommen hatte. Als er einen Tag später bei der Concierge heimlich die Post abholen wollte, sagte sie ihm: Madame sei gestern völlig verstört gewesen.

Ivan Goll stürzte die Treppe hoch, öffnete die Tür und fand Claire im Koma vor. Sie hatte Veronal genommen. Im Abschiedsbrief hieß es: »Und wenn ich auch in diesen Minuten alles verzeihe, habe ich doch eine heilige Bitte an Dich: lebe nicht mit Paula Ludwig, Du kannst nicht mit dem Menschen das Dasein genießen, der es mir raubt...«

Hingabe hatte er zeit seines Lebens gesucht – »eine Seele geschenkt bekommen«, wie er einmal schreibend hoffte. Die Hingabe der Paula Ludwig, die Hingabe der Claire Goll. Beide überlebten, Paula ohne Ivan und Claire mit ihm. Ivan Goll überwand den Konflikt, aber er hat ihn nie bewältigt:

Don Juan: Deine Liebe
Gilt dem, was du nicht hast
Doch bleicht das Fleisch schon
welches
Du gestern angefaßt

Verbrenn die Mär von deiner
Unwiderstehlichkeit
Ferne sein ist größer
Als siegen jederzeit.

Ach um dich zu berauschen
Mein schöner Don Juan
Bekämpf die ewige Leere
Greif sie vernichtend an.

Das »Land ohne Leid«, von dem Ivan Goll geträumt hatte, erschien ihm unerreichbarer denn je. Er zog sich auf seine Dichtung zurück und schritt die Stationen seiner inneren Biographie ab.

So ein Doppelleben
Heißt doppelt einsam sein
Denn in sein Geheimnis
Weiht er keinen ein

Paula Ludwig, wegen ihres Eintretens für deutsche Juden bedroht, floh vor den Nazis nach Brasilien, wo sie den Krieg überlebte. Ivan und Claire zögerten bis kurz vor Ausbruch des Zweiten Weltkrieges. Seine Mutter wollte Frankreich nicht verlassen. Er fuhr zu ihr nach Lothringen und verschaffte ihr Unterschlupf in einem Kloster. Noch einmal wollte er das Grab seines Vaters besuchen – in der Nacht. Der Friedhofswärter stellte ihn, hielt ihn für einen Verrückten und ließ ihn laufen – ihn, der beim letzten Besuch seines Vaters sich als Jude nicht zu erkennen geben wollte.
Mit dem letzten Flüchtlingsschiff, das Frankreich in Richtung Amerika verließ, ging er am 26. August 1939 zum zweitenmal ins Exil. Aus Ekel über den Nationalsozialismus hatte er in den letzten Jahren nicht mehr in deutscher, sondern nur noch in französischer Sprache gedichtet. Auf hoher See hörte er die Nachricht vom Ausbruch des Krieges. Innerhalb eines Jahres erlernte er in den Vereinigten Staaten die englische Sprache so perfekt, daß er von nun an in englisch dichtete. Amerika erkannte er als eine Hölle des Konsums:

Kein Flüstern lebt in diesen hohen
Mauern
Der Todesschrei wird zum
genormten Trick
Und unter dem Lemurenlächeln
schauern
Die Herzen vor des Zufalls Kuß
zurück

Unter des Broadways Dreck- und
Speichelschichten
Bricht tolle Meute in die Subways ein
Die letzten Wilden die sich selbst
vernichten
Wenn sie von Schmerz verzerrt ihr
Heimweh schrein.

*

Verkauft den Tod und kauft die
Eumeniden
Verkauft die Freiheit und der Winde
Lauf
Kauft Träume und verkauft dann die
Hebriden
Verkaufen Kaufen Ankauf Kauf
Verkauf

Ich kauf Manhattan für ein Augen-
zwinkern
Verkauf es wieder für Unsterblich-
keit
Denn einst wird dieser Sand hier
nicht mehr blinken
Ein Fels träumt dann von City-Herr-
lichkeit.

In sein Tagebuch schrieb Ivan Goll: »Gehen wir zu unserem alten, erprobten Gott zurück, der uns seit soviel tausend Jahren schützt und segnet.«
An eine deutsche Journalistin, die noch immer die Hoffnung auf eine Wende in Deutschland nicht aufgegeben hatte, formulierte er folgende Zeilen: »Sie verteidigen heute ›Deutschland‹ mit derselben Grandeur, wie die Demokraten im Januar 1933: Laßt Hitler an die Regierung, er soll mal zeigen, was er kann. Also sprach auch Mr. Chamberlain. Ach die guten Deutschen. Mag sein. Aber die guten Deutschen haben noch immer die bösen Tyrannen frei walten lassen und sie bewundert. Es hat die Welt nur eine Gefahr zu fürchten: die deutsche Gefahr... Die deutsche Gefahr besteht durchgehend seit tausend Jahren. Der Gedanke des ›Deutschen Weltreichs‹ besteht seit tausend Jahren. Und seit hundert Jahren, seit Bismarck, wird die Grundmauer zu Hitlers ›Tausendjährigem Reich‹ Stein um Stein langsam gebaut. Von Stein, Bismarck, Moltke, Hitler eine Linie. Der ›deutsche Herrenmensch‹ wird, wenn Hitler siegt, die Ozeane im Klubsessel mit echtem Champagner zum Frühstück durchfahren, während der französische Winzer sich abrackert. Faschismus? Nee: deutsche Wirtschaftsorganisation, ganz einfach. Mehr nicht. Sie sind ebenso ahnungslos wie gestern Daladier, vorgestern Otto Braun. Sie sind gerecht. Das ist eine schlimmere Sünde, als Schakale zu füttern. Eine so bittere Antwort auf einen so netten Brief. Aber laßt uns endlich ungerecht sein?«
Die Erbitterung wich einem Gefühl der Müdigkeit und Schwäche: »Wieviel Sehnsucht der ganzen Welt zerrann an mir!« Claire suchte mit ihm einen Arzt auf und erfuhr, daß er Leukämie hat. Völlig verstört, um Fassung kämpfend, ging sie mit Ivan in eine Konditorei, wo beide mit Freunden verabredet waren. Claire: »Ich simulierte einen furchtbaren Streit mit meinem Mann, damit er nicht auf den Verdacht kommt, es könne mehr sein als eine Anämie, was er da hat.« Diese Erkrankung hatte Claire ihrem Mann genannt, als er nach ihrer Unterredung mit dem Arzt danach gefragt hatte. Claire: »In der Konditorei schrie ich ihn an wie eine Wilde, bis er sagte: ›Wenn du schlechter Laune bist, geh ich heim.‹ Er ging. Meine Freunde fragten: ›Was ist denn los, Claire?‹ Und ich sagte ihnen die Wahrheit. Eine 92jährige Frau sagte darauf zu mir: ›Mein Kind, jetzt gibt es nur eines: Am Tag lächeln und in der Nacht weinen.‹ Das hab ich sechs Monate gemacht. Und dann ist er doch hinter die Wahrheit gekommen. Als sein Arzt ihn im Zimmer allein ließ, durchblätterte er sein Krankendossier.«
Als er vom Arzt heimkam, dachte Claire: »Er ist ja weiß wie Schnee.« Er schaute sie an und sagte: »Du wußtest also, daß ich zum Tode verurteilt bin. Lüg nicht. Ich habe die Krankenblätter gelesen.« Claire versuchte in aller Hilflosigkeit zu trösten: »Du kannst ja noch fünfzehn Jahre da-

Letzte Ruhestätte Ivan und Claire Golls gegenüber dem pompösen Grab Frédéric Chopins

Von der Krankheit gezeichnet: Ivan Goll 1949 mit dem Ehepaar Döblin und seiner Frau Claire

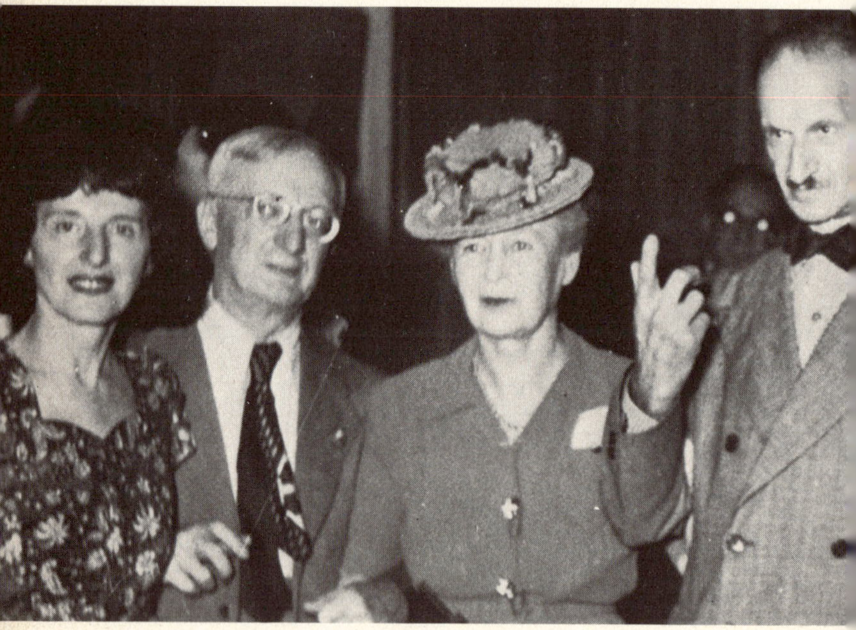

mit leben.« Ivan reagierte schroff: »Ich weiß, wie lange ich zu leben habe. Wir wollen nie wieder davon reden.«
Im Jahr 1947 kehrte er mit seiner Frau nach Paris zurück. Es war die Heimkehr eines von Schmerzen geplagten Mannes. Ein Krankenhausaufenthalt folgte dem anderen. In deutscher Sprache hatte er begonnen zu dichten – und schuf sein größtes Werk, den Lyrikband »Traumkraut«. An den Schriftsteller Alfred Döblin schrieb er aus dem Krankenhaus: »Nach zwanzigjähriger Abkehr bin ich zur deutschen Sprache zurückgekehrt, mit welcher Hingabe und Lust der Erneuerung, fast klopfenden Herzens.«
Zwei Wochen vor seinem Tode ordneten die Ärzte im amerikanischen Hospital in Paris eine Blinddarmoperation an. »Diese Operation war zu viel für ihn«, erinnerte sich Claire Goll. »Sechzehn junge Schriftsteller und Maler kamen ins Krankenhaus und spendeten ihr Blut für den Sterbenden, der seine letzten Gedichte vollendete. Das gespendete Blut lief einfach durch wie Wasser. Er hat sich den Verband vom Körper gerissen, er wurde halb wahnsinnig. Ein schrecklicher Tod. Er schrie auf deutsch und französisch. Vier Krankenschwestern hielten ihn im Sauer-

So zeichnete Ivan Goll 1925 seine Frau und sich

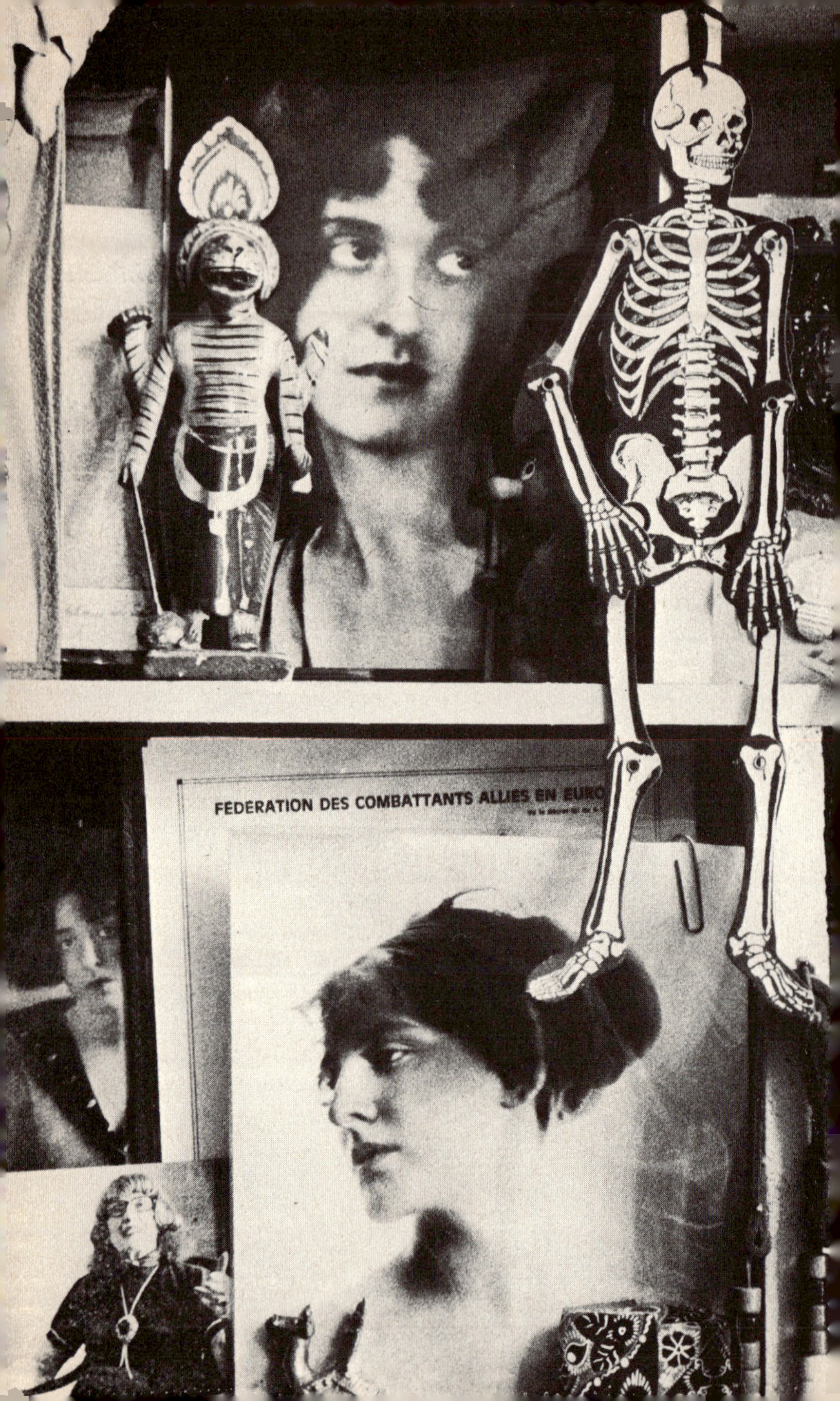
FEDERATION DES COMBATTANTS ALLIES EN EURO

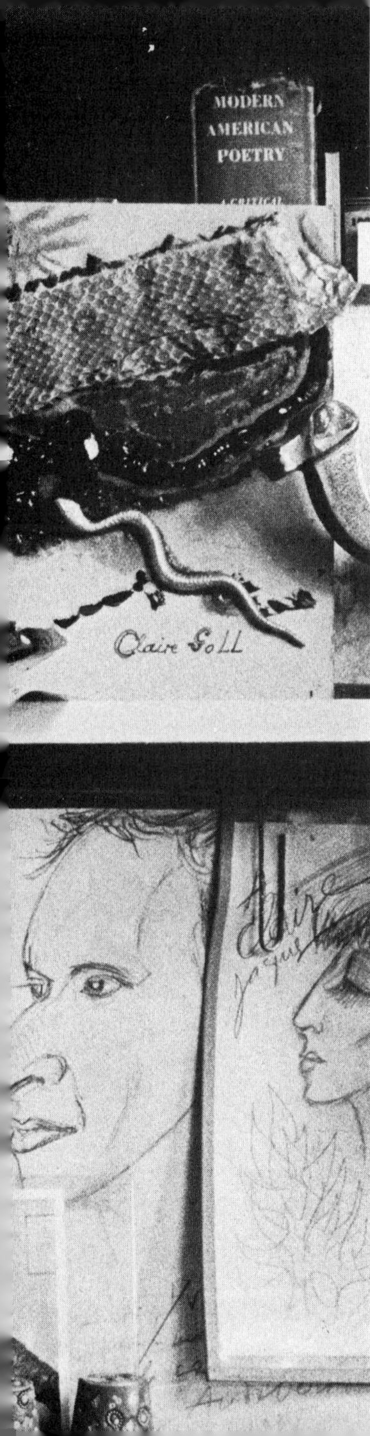

Ein ganzes Leben im Wohnzimmerregal der Claire Goll

stoffzelt. ›Laßt mich allein mit meinem Tod... laissez-moi seul avec ma mort!‹ Mit einer ungeheuren Stimme. Dann ist er gestorben. Es war der 27. Februar 1950. Er sah so schön aus wie ein jüdischer Prophet.«

Vor seinem Tod hatte Ivan Goll, der mit dem »Traumkraut« dem Geheimnis der Sprache auf die Spur gekommen zu sein glaubte, seiner Frau das Versprechen abgenommen, all seine anderen Werke zu vernichten. Sie tat es nicht. Sie wurde eine hartnäckige Kämpferin für die Anerkennung dieses Dichters, der auf dem Prominentenfriedhof »Père-Lachaise«, gegenüber dem Grab des Komponisten Chopin, beerdigt ist.

Im »Traumkraut« war es Ivan Goll gelungen, seine Frau Claire ganz zu erkennen. »Die Angsttänzerin« heißt das Gedicht.

Die Angst deiner Hände ist leicht
  wie der Rauch über Äckern
Du bist gefangen im Dornturm
Du schwebst durch die Mauern hin-
  durch und gelangst doch nimmer zu
  mir

Die Angst deiner Haare ist gelb wie
  der Schein vergehender Kerzen
Die Angst deiner Stimme ist
  undurchdringlich wie Nebel
Du wirfst dich an meine Brust und
  dennoch spür ich dich nicht

Du bist eine Angst-Tänzerin als
  Herbstzeitlose verkleidet
Im Kreise von roten Kriegern
  beschwingt dich Knochenmusik
Doch nimmer sprengst du den Kreis
  und nimmer schwebst du zu mir

Was flüstert in deinem Kopf? Wen nennst du deinen Bedränger?
Nie schwelte so trügerisch das rötliche Grün deiner Augen
Als im Gespräch mit dem waffenglitzernden Feind

Die Angst ist das glühende Wollkleid das blaue das ich dir gekauft
Es umfängt dich und läßt dich nicht her bis zu mir
Du brennst in seinem Geweb und dein Ruf ist ein klagender Vogel

*

Ich war der Fragende und du die Magierin
Auf dem Dreistuhl der Zeit

Ich brachte dir mein Traumtier zum Opfer
Da gabst mir zurück den Rauch der Erinnerung

Es war ein Hirsch geritzt in deine Stirn
Aus deinen grünen Schluchten vernahm ich

Den niegehörten Gesang
Wozu drang ich hinab in deine Feuerberge?

Ich habe längst vergessen, was ich heischte:
Die Liebe oder die Erkenntnis

Jetzt, wo Claire Goll weiß, daß sie Krebs hat, schreibt sie Gedichte auf den Tod. »Der Tod«, sagt sie zuversichtlich, »ist eine großartige Idee. Die Auflösung des Menschen ist ein Geschenk. Ich kehre zurück als Staub. Wir sind das Opfer eines Zellenaufbaus, wenn das nicht mehr da ist, ist nur noch Geist vorhanden, der sich mit anderem Geist mischt. Mit der Essenz des Göttlichen.«

Sie hat heute nur noch wenige Freunde. Vielleicht auch niemanden. Mit einer Gaspistole sichert sie sich vor Einbrechern. Sie träumt davon, in ihrer Wohnung ein Schwimmbecken einbauen zu lassen. »Ich bin so wild aufs Schwimmen«, sagt sie. »Und ich war immer so schön mit meinen roten Haaren im Wasser.«
Sie hat sich verändert in dem langen Gespräch. Ich habe es zwischen mir und ihr zum Krach kommen lassen. Es hatte ihr alles nicht gepaßt. Sie hatte ein Lokal ausgesucht. Das Essen war schlecht. Also, war ich schuld daran. Sie hatte nach draußen einen Regenschirm mitgenommen. Er war nicht mehr zu finden. Also, war ich schuld daran, daß er verlorengegangen war. Sie wollte nun gar nicht mehr reden. Und das war auch nicht nötig, denn ich suchte den Regenschirm trotz ihres Einwurfs, daß er hier nicht zu finden sei. Er lag im Abfalleimer.
Sie lädt sich alle zwei Stunden mit Aggressivität auf. Das muß man wissen und ihr Paroli bieten. In ihrer Hundsgemeinheit gegen andere kann man sie nicht stoppen, aber in der Hundsgemeinheit gegen einen selbst schon. Sie beschuldigt einstige Freunde, wie es ihr gerade Spaß macht, um dann gleich wieder etwas Gegenteiliges zu sagen. James Joyce, den Freund ihres Mannes, nennt sie widerlich, Franz Werfel ekelhaft, Elisabeth Bergner eiskalt und so weiter. Und dann sagt sie wieder ganz nebenbei: »Ich bin 85 Jahre alt. Ich singe in mir immer die Kantate von Bach ›Ich freue mich

Seit sie wußte, daß sie an Krebs erkrankt war, schrieb sie Gedichte über den Tod

auf meinen Tod.‹ Ich glaube, ich habe genug gelebt. Ich habe das schönste Apartment im Père-Lachaise.« In einem Gedicht fragt sie Ivan:

Wirst du im Grab mir endlich ganz gehören?
Oder dringt auch noch dort der Regen
In dein immer offenes Herz?
Drängen die Veilchen sich noch
Bis zu deinen versteinerten Füßen?

Ich aber denke an ein Gedicht Ivans, das er 1933 schrieb:

Manchmal rückt ein Gesicht ganz nah:
Ein Mensch
Aus grauem Fels,
O eine Landschaft so voll Leid
Mit dürftigem Gestrüpp,
Mit krummen Kummerwegen,
Verschüttet, ohne Ausweg
Aus dem Leben.

Wie müde ist der Mund
Vom hoffnungslosen Beten,
Und ganz verlassen schon das Kinn.
Rechts oben nur am Schläfenhügel
Irrflattert noch ein Licht
Heimlich, irgendwo im Körper,
Hat schon das Sterben begonnen.

Ich habe sie liebgewonnen, die giftige Claire Goll. »Irgendwo springt ein Mensch aus dem Fenster, einen Stern zu haschen, und stirbt dafür«, hat Ivan Goll einmal geschrieben. Oder er stirbt nicht. Er lebt dann wie Claire Goll. Ich weiß nun, mit dem, was wir alle zu wissen meinen, ist nichts Neues anzufangen.
Claire Goll starb am 30. Mai 1977 – ein Jahr nach meinem Besuch, nach unserem Gespräch. ■

Albert Ehrenstein

Eine Liebe, die nicht in Erfüllung ging

Sie war sehr schön, und er empfand sich als sehr häßlich. Sie war als Schauspielerin ein deutsches Idol der Zwanziger Jahre. Er war ein bekannter, aber wegen seiner satirischen Schärfe umstrittener Schriftsteller. Er hatte einen Namen in der Öffentlichkeit, als ihrer noch unbekannt war. Er machte sie berühmt, und sie vergaß ihn, als sie berühmt war. Er liebte sie, und sie heiratete einen anderen. Er starb einsam in einem Armenhospital in New York. Sie lebt heute in London und pflegt wehmütige Erinnerungen an jenen Mann, der sie nicht vergessen konnte: Elisabeth Bergner und Albert Ehrenstein.

Die Welt hat von dieser Verbindung nie Notiz genommen. Sie sah eine Frau in ihren schauspielerischen Triumphen, die Ariane des Films, ein elfengleiches Wesen, das Sympathie herausforderte. Im Abseits er, ein Mann mit rötlichem Haar, abstehenden Ohren, fliehendem Kinn, abgebissenen Fingernägeln, gelben Schuhen und zerbeulten Anzügen. Albert Ehrenstein war mit Intelligenz gesegnet, ohne das Leiden an seinem Aussehen kompensieren zu können. Seine Literatur ist ein Werk der Bitternis und Verzweiflung. Er wollte bei lebendigem Leibe ins Paradies. Doch sein Leben war verstellt mit Katastrophen. Gegen die politische Katastrophe kämpfte er mit dem Wort. In seiner Überbewußtheit erkannte er sie als unabänderlich. So wurde er als Schriftsteller ein Prophet seiner Zeit und zugleich von ihr zerfressen.

Ehrenstein hat gehadert mit der Erfahrung des Andersseins und hat sich dennoch zu seinem Vätererbe bekannt: »Was vor den europäischen Revolutionen sich im Getto als Wunderrabbiner, Talmudjünger und Irrlehrer aneinander aufgerieben hatte, offenbart sich nun seit einem Jahrhundert immer wieder als radikale Kunst. In aller jüdischen Dichtung finde ich ein Plus an Moral und Ethik, oft sorgfältig verborgen hinter einer übertrieben zynisch witzelnden Maske.« Er nannte als Beispiele Ludwig Börne, Heinrich Heine, Sigmund Freud, Arthur Schnitzler und charakterisierte zugleich sich selbst.

Als Jude in der deutschsprachigen Literatur ist Ehrenstein im Gegensatz zu Franz Kafka, Franz Werfel und Ernst Toller der einzige, der nicht aus wohlhabenden Verhältnissen stammt. Ehrensteins Vater

Albert Ehrenstein (×) als Sechsjähriger nach der Einschulung: er galt als intelligent, aber faul

war ein schlecht bezahlter Kassierer in einer Wiener Brauerei, seine »böse Mutter«, wie der Schriftsteller später schreibt, eine Frau mit dem Ehrgeiz, aus den fünf Kindern im Arbeiterviertel Ottakring etwas Großes zu machen. Albert Ehrenstein sollte nach ihrem Willen Bankier oder »Hofdentist« werden. Doch der Junge wollte nicht. Ihn faszinierte die Literatur, besonders die des alten Griechenland. Er war ein sehr guter Schüler, ohne zu Hause einen Strich für den Unterricht zu machen. Das Gehörte haftete im Gedächtnis, er mußte es nicht lernen. Ausgerechnet die Mutter brachte den Sohn bei den Lehrern in Mißkredit: »Albert tut ja zu Hause gar nichts für die Schule.« Wo Fleiß für Pädagogen alles war, machte sich Albert Ehrenstein mit seiner natürlichen Intelligenz verdächtig. Fortan gaben ihm die Lehrer schlechtere Noten.

Besonders die Benachteiligung in Deutsch wurmte den Gymnasiasten. In einem Klassenaufsatz übernahm er eine Schilderung des vom Klassenlehrer gefeierten Dichters Adalbert Stifter. Er war sich seiner Sache sicher, daß dieser

Albert Ehrenstein als Gymnasiast und als Student: er sollte Bankier werden. Karl Kraus entdeckte ihn für die Literatur

Lehrer wie die meisten nicht wußte, wovon er sprach. Und tatsächlich erhielt Ehrenstein seinen Aufsatz mit der Bemerkung zurück: »Diesmal hast du dich an ordinärem Schwulst selbst übertroffen. Das ist ganz ungenügend wegen Phrasengeklingels.« Dann offenbarte der Schüler Ehrenstein sein Geheimnis, blamierte den Pädagogen bis auf die Knochen.

Es war ein Notwehrakt, nicht Jux und Tollerei. Meistens ließ er Benachteiligungen und Vorwürfe der Lehrer mit Schweigen über sich ergehen. Seine Isolation hat hier und in der Familie ihren Ausgangspunkt. Kontaktarmut sollte später das Problem seines Lebens werden. Er erfuhr Beschimpfungen und Ausschreitungen gegenüber der jüdischen Bevölkerung Wiens, das schon um die Jahrhundertwende ein Zentrum des Antisemitismus war. Er, der sich, wie er später schrieb, »schuldlos« fühlte, wurde von Schulkameraden bespuckt und von ihren Rufen »Geh zum Teufi, Saujud verfluchter« getroffen. Bei katholischen Prozessionen versteckte er sich in Toreinfahrten, um das Kreuz nicht grüßen zu müssen.

Ehrensteins schönste Erinnerung ist zugleich mit der Bitternis über den Tod verbunden. Die Urgroßmutter war es, die das Kind vor der prügelnden Mama schützte und ihm oft Madeiratrauben schenkte: »Als die Urgroßmutter starb, sanft, aber eben doch starb, da rannte ich hinaus und biß ins Gras und wälzte mich in den Pfützen und weinte und fluchte – ohnmächtig. Seither starb mir niemand mehr, und wer dem Anschein später starb, war mir schon damals mit der Urgroßmutter begraben worden.«
Der 23jährige promovierte 1910 mit einer Dissertation über ungarische Geschichte. Im selben Jahr veröffentlichte Karl Kraus in seiner Zeitschrift »Die Fackel« in Wien ein Gedicht von Ehrenstein, das wegen seiner Wildheit zur Sensation in den Kaffeehäusern von Wien und Berlin wurde. »Wanderers Lied« heißt es:

Meine Freunde sind schwank wie Rohr,
Auf ihren Lippen sitzt ihr Herz,
Keuschheit kennen sie nicht;
Tanzen möchte ich auf ihren Häuptern.

Mädchen, das ich liebe,
Seele der Seelen du,
Auserwählte, lichtgeschaffene,
Nie sahst du mich an,
Dein Schoß war nicht bereit,
Zu Asche brannte mein Herz.

Ich kenne die Zähne der Hunde,
In der Wind-ins-Gesicht-Gasse wohne ich,
Ein Sieb-Dach ist über meinem Haupte,
Schimmel freut sich an den Wänden,
Gute Ritzen sind für den Regen da.
»Töte dich!« spricht mein Messer zu mir.
Im Kote liege ich;
Hoch über mir, in Karossen befahren
Meine Feinde den Mondregenbogen.

Karl Kraus wurde Ehrensteins großer Förderer. Ein Jahr später setzte der geistesverwandte »Fackel«-Herausgeber Albert Ehrensteins Meisterwerk »Tubutsch« zur Veröffentlichung in einem Wiener Verlag durch. Der junge Maler Oskar Kokoschka, ein Freund Ehrensteins durchs ganze Leben, illustrierte die Novelle. Da ist alles enthalten, was heute Samuel Bekkett, der Protagonist des absurden Theaters, beschreibt: das Grauen des Nichts, Scham über eine verfehlte Existenz, Lebensverachtung, Todesbereitschaft und die Suche nach Teilhabe am Leben, nach Gefühl, nach Bewußtsein.
»Mein Name ist Tubutsch, Karl Tubutsch. Ich erwähne das nur deswegen, weil ich außer meinem Namen nur wenige Dinge besitze... Es ist nicht die Melancholie und Bitterkeit des Herbstes, nicht die Vollendung einer größeren Arbeit, nicht die Benommenheit des aus langer, schwerer Krankheit dumpf Erwachenden, ich verstehe überhaupt nicht, wie ich in diesen Zustand versunken bin. Um mich, in mir herrscht die Leere, die Öde, ich bin ausgehöhlt und weiß nicht wovon. Wer oder was dies Grauenvolle heraufgerufen hat: der große anonyme Zauberer, der Reflex eines Spiegels, das Fallen der Feder eines Vogels, das Lachen eines Kindes, der Tod zweier Fliegen: danach zu forschen, ja

Kokoschka zeichnete Ehrensteins Phantasiegestalt Tubutsch mit den Gesichtszügen des Dichters und dem Tod auf dem Rücken

auch nur forschen zu wollen, ist vergeblich, töricht wie alles Fahnden nach einer Ursache auf dieser Welt. Ich sehe nur die Wirkung und Folge; daß meine Seele das Gleichgewicht verloren hat, etwas in ihr geknickt, gebrochen ist...«

Ehrenstein schildert als einen Grundzug des Lebens den menschlichen Masochismus. Die Seele verletzt sich ständig selbst. Gefühl und Verstand liegen im hoffnungslosen Widerstreit. Die Suche nach Identität, ein beliebtes und positiv aufgefaßtes Ziel heute, führt nicht zur Befreiung, sondern zum vollen Bewußtsein der Fesselung des Menschen an seine Fehler.

Hellsichtig zeichnete Oskar Kokoschka den Tubutsch mit den Gesichtszügen Albert Ehrensteins, auf dessen Schultern der Tod sitzt und ihn umarmt. Er führte vor, wie da einer im Leben nur Schwäche, Verderben und Fäulnis sieht und im frühen Wissen um den Tod außerhalb des Lebens bleibt. »Die Uhr verschlucken, um ewig zu werden«, wie Ehrenstein später einmal schrieb, ist im Tubutsch als Lebenslüge, als Illusion entlarvt.

Weil er sich selbst als ein Opfer fühlte, identifizierte sich Ehrenstein sein Leben lang mit den Stiefkindern der Gesellschaft, revoltierte dagegen, daß es Besitzende und Besitzlose gibt, Erfolgreiche und Erfolglose, vom Leben Begünstigte und von jeder menschlichen Gemeinschaft Ausgeschlossene. Er erklärte sich den Kampf zwischen der Macht und der Ohnmacht als eine Urfeindschaft, die bereits begann, als Kain seinen einzigen Bruder Abel erschlug, »die Endwurzeln der Völkerkonflikte sind schon in der ersten Familie dem scharfen Auge sichtbarlichst bloßgelegt...« Immer werde der Starke den Schwachen unterdrücken, denn »es gibt einen Willen zur Knechtschaft«.

Und er wollte dennoch den Traum vom »neuen Menschen« verwirklicht sehen, seiner Selbsterlösung durch die Sanftheit der Starken. Die Starken aber provozierten den Ersten Weltkrieg. Auf die anfängliche Kriegsbegeisterung vieler junger Menschen reagierte Ehrenstein mit Aggressivität. Er, der Schwache, wurde zur Arbeit im Wiener Kriegsarchiv verpflichtet. In seiner Freizeit schrieb er in der antiwilhelminisch eingestellten Berliner Zeitschrift »Die Aktion«. Freundschaft verband ihn mit Else Lasker-Schüler, Franz Werfel und Gottfried Benn, den er später im deutschen Kurt-Wolff-Verlag, als Lektor arbeitend, in der Öffentlichkeit durchsetzte. Er war der erste, der die Bedeutung Franz Kafkas erkannte und dies in Wien schrieb.

Er war ein Mann, der allen half und sich selbst nicht zu helfen vermochte. Während des Ersten Weltkrieges veröffentlichte er sein lyrisches Votum gegen den Krieg mit dem Titel »Der Mensch schreit«. Durch eine Überforcierung der Sprache faßte er das Entsetzen in Worte, machte die Worte zu Fluch und Gericht:

> Wenn ich Gott, den reichen Bettler,
> treffe,
> Werde ich für ihn erröten.
> Ihn töten, töten, töten!

Mit dem Schriftsteller Walter Hasenclever, der später auf der

Flucht vor den Nazis Selbstmord beging, mit dem Religionsphilosophen Martin Buber und dem Verleger Ernst Rowohlt traf er sich in Weimar, um den Krieg zu verurteilen.

Am Ende des Ersten Weltkrieges hoffte er auf die deutsche Revolution. Mit Franz Pfemfert, dem Herausgeber der »Aktion«, und Carl Zuckmayer, dem Dramatiker, unterschrieb er 1918 das »Manifest der antinationalistischen Sozialistenpartei«: »Die Vaterländer des internationalen Kapitalismus sind am Zusammenbrechen. Das werktätige Volk deutscher Sprache, das fast viereinhalb Jahre unter dem patriotischen Beifallsjubel des Kapitalismus abgeschlachtet wurde, das Volk hat begonnen, mit seinen Peinigern abzurechnen... Es lebe das grenzpfahllose Land der arbeitenden Menschheit.«

Doch diese messianische Hoffnung auf eine Weltenwende trog. Die Revolution in Deutschland brach zusammen. Die Brücke zwischen den linken Schriftstellern und den linken Politikern stürzte ein. Die SPD glaubte, Rücksicht auf den Konservatismus des Kleinbürgers nehmen zu müssen. Sie verkam mit ihrer Politik im Kompromiß, die Kommunisten – so stellte Ehrenstein ein Vierteljahrhundert später fest – verkamen im Diktat. Bitter schrieb Albert Ehrenstein den Abgesang der deutschen Revolution:

Und ewig
Von der Krippe bis zum Krupp
Fällt die Menschheit
Trupp für Trupp
Und ewig
Bleibt ein Söldner der Soldat,
Und ewig
Klebt an Sozialdemokraten Verrat,
Matronen sind die Revolutions-
matrosen,
Krokodilstränen weint die
Regierung.

Heerwürger, Blutberichter,
Mordmarschälle –
Nicht Wilhelm und nicht Luden-
dorff –
Keiner fiel dem Richterschwert!
Aber der Befreier Seele
Hat euch mörderisch verstört.

Wild lecken die Bluthunde ihre
Blutsuppe.
Über Liebknecht und Luxemburg
Großer Sieg der Regierungstruppe,
Großer Sieg der Bürgerbäuche.
Sie füllen Menschenblut in ihre
Schläuche.

Dies ist nicht Volk, ist Pöbel.
Dem Kehricht sing ich lieber meine
Litanei.
Und wenn ich euch mit tausend
Donnern riefe,
Es schliefe doch
Das arme deutsche Volk verschliefe,
Mordend noch im Traum,
Seine Zeit.

Als moralische Instanz steht Albert Ehrenstein im damaligen Europa ganz oben, gemeinsam mit Heinrich Mann, Kurt Tucholsky, Walter Mehring und dem Franzosen Romain Rolland.

Das einschneidende private Erlebnis wurde für den Dichter seine Beziehung zu der blutjungen Elisabeth Bergner, die wie er aus armen Verhältnissen stammte, geboren in einem Dorf in Galizien. Sie besuchte noch das Wiener Konservatorium, als der 29jährige sie kennengelernt hatte. Das war kurz

Elisabeth Bergner auf dem Höhepunkt ihrer Karriere: in der Titelrolle des Schauspiels »Fräulein Julie« im Jahre 1929

Elisabeth Bergner als 79jährige: »Meine Hoffnungen habe ich nur mit ihm geteilt. Ich wurde ihm später eine untreue Freundin.«

nach Ausbruch des Ersten Weltkrieges. Sie war eine der wenigen Schauspielschülerinnen, die kein Engagement bekamen. Er besorgte es ihr in Innsbruck, danach am Stadttheater in Zürich. Er verhalf ihr zum großen Durchbruch. Sie spielte neben dem Theaterautor Frank Wedekind die Effie in »Schloß Wetterstein«. Als der große Alexander Moissi den Hamlet gab, war die Bergner als Ophelia zu sehen.
»Da hat er mich schon sehr geliebt«, erinnert sich die 79jährige Bergner heute in London an Ehrenstein. Heute liegt Ehrensteins Nachlaß in der jüdischen National- und Universitätsbibliothek in Jerusalem – vollständig bis auf die Liebesbriefe, die er Elisabeth Bergner schrieb. Die bewahrt die Schauspielerin bei sich auf. Elisabeth Bergner: »Ihm verdanke ich meinen Zugang zur Literatur und die Bekanntschaft mit den Schriftstellern jener Zeit. Als ich Karriere machte, habe ich ihn dann vernachlässigt. Ich wurde ihm eine sehr untreue Freundin.« In Zürich waren die beiden noch unzertrennlich. »Meine Hoffnungen habe ich nur mit ihm geteilt«, sagte die Bergner. Im Jahre 1919 antwortete sie ihm in einem Brief auf ein Liebesgedicht: »Was bin ich fast mein ganzes Leben für ein armseliges Stadtkind gewesen. Es war ein großer Moment, als ich einmal von Noten zu Ästen, von Melodien zum Licht eine Verbindung in mir empfand, plötzlich zu schauen begann. Vorher hatte ich immer nur hören können – und Fühlen ist noch immer im Embryonalzustand.« Albert Ehrenstein dichtete:

Dein Ohr hab ich gegessen,
Dein Aug hab ich getrunken,
Irgendwann bin ich in dich versunken –
Schenk mir die zwei Härchen
Auf deinem Wärzchen!

Ich pflügte Jungfrauen mit dem Jungfernpflug
Und lacht ihrer Liebe, weil sie zu arm ist.
Ich liebe die Lebensgeizigen nicht,
Ich liebe die wilden Schenkelspiele des Todes.

In deinen Weinwäldern will ich verwildern,
Meinen letzten Morgen verbrenn ich dir,
Einmal noch lodert er donnernden Brand:
Deinem Altar
Weihrauch und feurige Asche.

Töte mich –
Wie ein Adler umschwingt dich meine Seele,
Weht dir Glück zu:
Mit Abendwimpern selige Nacht.

Lebe mit mir.

Ich liebe dich, weil du errötest.
Ich liebe dich, du verströmender Mittag!
Ich liebe dich,
Deinen Kopf, deine Hand, deine Brust,
Deinen Fuß, deinen Schoß
Liebe ich, liebe ich.

Albert Ehrenstein folgte der Bergner von Engagement zu Engagement. Sie fuhren zum erstenmal zusammen in einem Automobil, sie paddelten über den Zürich-See. Sie machten Ferien in Lugano, begleitet von Elisabeth Berg-

ners Kater »Felicien Rops«. Der wurde in Lugano von einem tollwütigen Tier gebissen und mußte eingeschläfert werden. »Um mich zu trösten, kam Xaferl, so nannte ich Albert Ehrenstein, auf die Idee, den Kater ausstopfen zu lassen«, erzählt die Bergner. »Es war schrecklich. Der Kater war plötzlich dreimal so groß. Xaferl hielt ihn in der Hand, als wir mit dem Zug zurück nach Zürich fuhren.«
Im Berlin der zwanziger Jahre, wo die Bergner von Triumph zu Triumph eilte, entzog sie sich dem Dichter. Albert Ehrenstein klagte:

Nur dies Weib hat kein Herz
Nicht mehr glaub ich den Musen.
Nicht wiegt mein Vers

Er stürzte sich in neue Beziehungen und stellte dabei fest: »Niemals fühle ich mich zutiefst verkettet.« In seiner Prosa und seiner Lyrik, den Büchern »Herbst« und »Briefe an Gott«, kehrte Ehrenstein zu sich selbst zurück, zu seiner Abkapselung, seiner Kontaktarmut, seiner Verzweiflung. Seine Bitte zu Gott: »Beschütz mein Herz vor Liebe.« Aus den einst »streichelnswerten Frauen« wurde »das schändlichste Geschlecht der Erde«.
Mit seinem Freund Oskar Kokoschka reiste er durch die Welt, nach Athen, nach Kairo, nach Jerusalem. Dieser Flucht entsprach sein Werk in jenen Jahren. Er wandte sich Themen aus dem alten China zu. »Mörder aus Gerechtigkeit«, eine chinesische Michael-Kohlhaas-Geschichte, wurde sein populärstes Werk in Deutschland. Armut und Ungerechtigkeit in Afrika erinnerten ihn an die deutschen Zustände nach dem Ersten Weltkrieg. Er kehrte zurück nach Europa und schrieb hier das hellsichtige Gedicht vom Ende der Herrschaft der Weißen über die Farbigen:

In der Jahrtausendwüste
Sitzen geduldig
Die Mennon-Kolosse
Und warten
Bis ihnen ein Weißer den Schuh
putzt.

Die Katastrophe in Deutschland ahnend, wurde sein Ton immer schriller:

Bocheland, Bocheland über Alles!
Welschland, Welschland über Alles!
Alle Länder über Alles!
Alle Völker sind ein Dreck!
Nieder mit den Vaterländern!
Wo du lebst, ist die Beschwerde
Ehern groß und ewig gleich,
Denn die ganze Menschenerde
Ist ein zweckbeschißnes
Schweinereich.
Wer den Armen frikassieret,
Macht sich selig, macht sich reich.
Fron ist Schicksal der Millionen,
Freiheit blüht hier bloß den
Drohnen,
Ihrer ist dies Himmelreich.
Zwangsarbeit den Arbeitsknechten!
Wer da schuftet, nicht darf rechten,
Wenn er tot ist, dann vielleicht –
Appelliert er ohne Chance
An das jüngste Kriegsgericht.

Es wurden Rundumschläge, die Albert Ehrenstein da austeilte. Der ruhelose Wanderer, der die Welt durchschaute, sah, was auf Deutschland zukam. Beim Tode des sozialdemokratischen Reichspräsidenten Friedrich Ebert schrieb er: »Er lebte und regierte, weil zu wenige daran dachten, dergleichen rechtzeitig zu entfernen. Das mußten Rosa Luxemburg und Karl Liebknecht und Unzählige büßen. Sie wurden abgeschossen... Es war kein Mann, nehmt alles nur in allem. Es war kein Sozialist – es sei denn, man erkenne die Sozialdemokratie als gewerkschaftliche Organisation zur Erlangung von Mindestlöhnen (unterhalb des Existenzminimums). In diesem Sinne war er ein Volksbeauftragter – des Kapitalismus (zur Erlangung von Maximalgewinnen).

»Bismarck, der bekannte Manager der Hohenzollern, Verwirklicher Großpreußens und Kleindeutschlands, scheint ihn gemeint und prophezeit zu haben, als er sagte: Man muß Deutschland in den Sattel setzen, dann könne es reiten. Wohin es reiten wird, sah man bei Eberts Begräbnis, da ritten Berittene in die Menge. Den Sattel hatte Ebert geliefert. Auch schnitt er Riemen aus der Haut des Volkes... Über Eberts Leichenwagen aber kreisten Flieger. Die hatten ihm viel zu verdanken: Flugzeug, Munition, eisernes Kreuz und blutigen Ruhm.

»Man begrub Ebert mit Pomp: panem et circenses (Zehnstundentag und Sechstagebegräbnis). Moses führte sein Volk aus dem Lande der Knechtschaft. Ebert war größer: er lieferte es ans Messer, er führte sein Volk aus dem Lande in die Knechtschaft und im Lande in die Knechtschaft... Die Pferde sind gesattelt! Für den neuen Aufbruch des Junkertums. Wie verlassen und verraten ist das Proletariat auf Erden. Selbst ein epidemisches Präsidentensterben könnte ihm nichts nützen. Der Kapitalismus würde doch immer wieder Arbeiterführer finden, denen er vertrauen kann.«

In dem Band »Mein Lied« mit Lithographien Kokoschkas sammelte

Bücher, die der Freund Oskar Kokoschka illustrierte

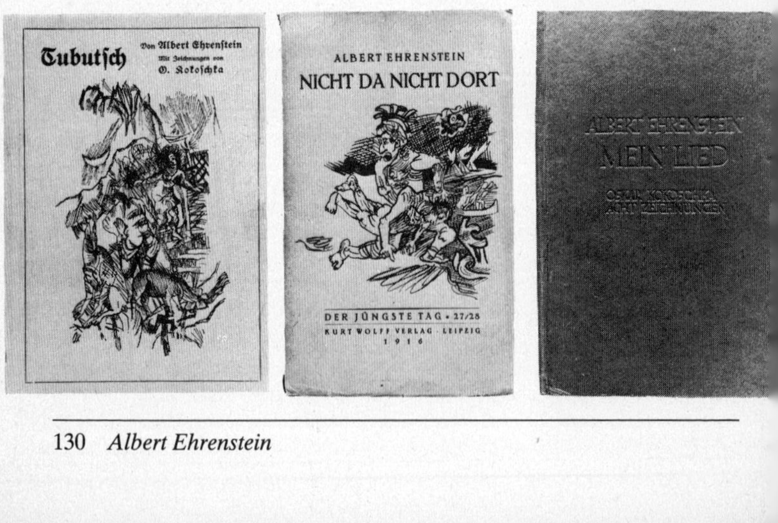

Albert Ehrenstein alle seine Gedichte und veröffentlichte sie 1931 als sein Vermächtnis an Deutschland:

Kennst du das Land, wo die Germanen blühn?
Kennst du die überdeutschen Untermenschen,
Goethes amusisch:
Völkisch entartetes Knechtvolk?
Aus dem Lande der Teutonenbande fliehn!
Wohin? Dahin!
Schande – leider gibt es keinen Ort!
Man kann noch immer nicht
Von dieser Erde fort
Zum Licht!
Ich bin ein Deutscher.
Kennt Ihr meine I.G. Farben?
Deutsche! Trinkt deutschen Rhein!
Singet im Gesangverein
Deutsche Lieder vom mainischen Wein.
Wollet vor Wotan-Jehovah
Zum Beten treten,
Daß wieder bald
Im Teutoburger Biederwald
Über der Hampelmänner
Ratzenkahlgeschorene Sträflingsglatzen
Der heilige Bierabend hereinbricht.
Dann rauchen und trinken
Kugelköpfig die kegelnden Krieger
Hindenburg Gold
Und Löwenedelextraspezialperle.
Kaiser Rotbart wächst durch den Tisch.

Der Himmel ist zum Kotzen grau.
Es weckt kein Schrei irgend eine Partei,
Dies konservativ blökende Schlafvolk.
»Simson! Bonzen über dir!«
Kapitalbonzen in Fabrik,
Kunst, Wissen und Politik!
Stolze Empörer winden sich volutionär
Zwischen den Bürgern
Auf und ab.
Krumm der Sozi-Aal schlängelt sich rum,
Macht Arbeiter dumm.
Gehorsam der Prolet
Schwitzt sich hoffnungsvoll, stumm
Ins Grab.
Nur die Toten haben frei.
Sogar der erste Mai
Fällt längst schon auf den ersten April,
Weil das die »rote« Polizei
So will.
Schnarchend verrichten Sozialbonzen,
Arbeiterverführer,
Die sozialdemokrätzigen Pfaffennaturen
Und Zeitungshuren
Ihr Empörergeschäft:
Tagaus, tagein,
Im Tagtraum, im Nachttraum
Leckt der Abschaum, das Sozialschwein
Sklavisch, demokratisch
Seine süße Schlummerstulle:
Den Kapitalhintern der Macht,
Den angestammten Arschadel
Der monarchistischen Militärwehr.
Bis der auswärtige Adel im rückwärtigsten Amt,
Weimarsche Hakenkreuzprofessoren
Der Kaiser-Wilhelm-Gesellschaft,
Oberlehrerminister, Stahlschelme,
Leitartikelnde Gaukler und Schaukler
Freibleibend den ausgeweideten Kuli verhökern
An das unersättliche niemals
Abgefundene Potsdam.
Bald segnen und loben
Die prominenten Zeitungsenten
Den fetten Dolchstoß von oben.
Nur das arme Stimmvieh
Weiß nicht, was soll es bedeuten,
Daß es so dämlich ist.
Es nahn der Zwangsarbeit faschistische Zeiten!
Das kommt der S.P.D. nicht in den Sinn.
Sozialdemokraten! Müllert!
Hängt eure Führer:
Wilhelms treuteuscheste Mannen
Endlich auf an deutschen Tannen!

Ehrenstein verließ Deutschland vor dem Reichstagsbrand und ging zu Freunden in die Schweiz. Ein von der Deutschen Buchgemeinschaft geplanter Band mit chinesischen Nachdichtungen durfte 1933 nicht mehr erscheinen. Bei der Bücherverbrennung im Mai gingen Ehrensteins Werke in Flammen auf.
In der Schweiz drohte ihm die Ausweisung. Hermann Hesse setzte sich für ihn ein, erreichte aber nur eine befristete Aufenthaltserlaubnis. Ehrenstein nahm in der Zwischenzeit die tschechoslowakische Staatsbürgerschaft an, um nicht nach Deutschland abgeschoben zu werden. Er reiste zu seinem Bruder Carl nach England, der, mit einer Engländerin verheiratet, dort Zuflucht gefunden hatte. Auch Carl Ehrenstein, Autor der Bücher »Klage eines Knaben« und »Bitte um Liebe«, ist ein verfemter Schriftsteller, dessen Werke nach 1945 nicht mehr aufgelegt wurden. Albert Ehrenstein verließ England wieder, nachdem er seine Mutter in Sicherheit gebracht hatte.
Über Frankreich schlug er sich nach Spanien durch. Dort fand er einen Frachter, der ihn mitnahm nach New York, wo er 1941 eintraf. Thomas Mann und andere Exilschriftsteller erreichten für ihn die Aufenthaltsgenehmigung. Ehrenstein besuchte eine Abendschule und lernte Englisch. Mit Artikeln für die jüdische Wochenzeitung »Aufbau« in New York verdiente er sich seinen Lebensunterhalt. Der Maler George Grosz kümmerte sich um ihn.
Elisabeth Bergner, ebenfalls emigriert, feierte Triumphe am Broadway. Ehrenstein sah sich die Aufführungen an, aber er mied die private Begegnung mit der Schauspielerin, die in Berlin den Filmproduzenten Paul Czinner geheiratet hatte.
Albert Ehrenstein starb sein Leben zu Ende wie seine berühmte Figur, der Tubutsch. Zwar schrieb er noch Gedichte und Erzählungen, aber niemand wollte sie veröffentlichen. In einem Brief von damals notierte der Dichter: »Die Tage hatschen vorüber, die Nächte schleichen vorbei, die Stille wächst, die Leere stöhnt, mein Schreibtisch kann mir längst gestohlen werden.« Immer seltener verließ er sein Zimmer, füllte Tagebuch auf Tagebuch mit bizarren Notizen. Starr und unbeweglich, immer auf der gleichen Stelle des Sofas sitzend, vernahm er aus dem Radio das Ende des Krieges.
Er blieb dort sitzen: Jemand, der die Prophetie seiner Worte überlebt hatte und dennoch zu den Toten zählte. Ein Freund lud ihn 1949 in die Schweiz ein, sprach ihm Mut zu, in Europa zu bleiben. Ehrenstein fuhr nach Deutschland, bot seine Bücher an, doch niemand wollte etwas wissen. Es war die Zeit des Kalten Krieges. Da paßten seine Werke nicht in die Landschaft.
Enttäuscht kehrte der 63jährige zurück nach New York in sein Zimmer, erlitt einen Schlaganfall, dämmerte vor sich hin. In seinen letzten Tagebuchaufzeichnungen notierte er noch einmal das Scheitern seiner Liebe zu Elisabeth

Bergner: »Träumte von Lisl. Sie hatte ländlichen Besitz mit ausschwärmenden Bienen. Eine Rose bewegt sich, von unsichtbaren Bienen befördert. Rose von Bienen bewegt – Erfolg des Fleißes.« An anderer Stelle heißt es: »Was gewesen ist, war nie... Möchte außerhalb des Weltalls leben... Der Braunbär saugt sich an den Pfoten in den Winterschlaf.« Und in dieser Wüste der Resignation der trotzige Satz: »Zion: Mit dem Kopf durch die Klagemauer.« Die Feststellung, daß wir die menschliche Schäbigkeit überwinden müssen, daß das Leiden von den Klagen kommt, nicht das Klagen vom Leiden, daß wir durch die Mauer unserer Klagen hindurch müssen.

Ein zweiter Schlaganfall lähmt ihn. Die Polizei brachte ihn nach Welfare Island, einem Inselchen im Strom von Manhattan, auf dem sich das Armenhospital befand. Bewußtlos lag er dort und starb am 8. April 1950. Für die Menschheit hatte er sich zuletzt eine an das Urchristentum anlehnende neue Religion der Humanität gewünscht, »denn der Kommunismus ist eine Rechnung und keine Religion«.

Ein kleiner Kreis von Freunden sammelte nach seinem Tode Geld, damit er nicht auf dem Armenfriedhof Potters Field begraben wurde. Die Leiche wurde im Krematorium eingeäschert, die Urne mit den sterblichen Überresten trat in einem Schiff die Reise nach Europa an, nach England, wo der Bruder Carl Ehrenstein lebte, in die Heimat des in seiner Bitterkeit ihm so verwandten englischen Dichters Jonathan Swift. Das Grab verkam.

Der Friedhofswärter des Bromley Hill Cemetery in London mußte lange den Lageplan mit den Grabmälern vergleichen, bis er die Stelle gefunden hatte, unter der die Asche Albert Ehrensteins liegt. Das Grab Nr. 255e trägt keinen Stein, hat keine Markierung, ist vom Gras überwuchert, »Die Konzentration des Lebens ist die Liebe«, das ist eine der letzten Zeilen Ehrensteins. Nur 20 Kilometer entfernt vom Friedhof wohnt Elisabeth Bergner. Sie weiß nichts von diesem Grab. ■

Mit acht Zeichnungen Kokoschkas ist Ehrensteins literarisches Vermächtnis »Mein Lied« illustriert, das 1931 bei Rowohlt erschien. In dem Buch hat der Dichter das Wesentliche seines Werkes gesammelt.

Walter Mehring

Schüsse mitten ins deutsche Gemüt

»Nun ist es aus«, sagt Walter Mehring, »es geht zu Ende. Ich kann mich kaum noch bewegen. Eine halbe Stunde Spaziergang am Tag. Aber weiter komme ich nicht mehr.« Ein Mann zwischen Müdigkeit und Krankheit. Mit vereiterter Lunge kam er im Januar 1976 ins Krankenhaus. Die Operation überlebte er. Aber während seines Krankenhausaufenthaltes verlor er sein letztes großes Manuskript, mit dem er noch einmal zeigen wollte, welch einzigartigen Poeten dieses Land nach 1945 so einfach hat »links« liegen lassen.

Der mir da im alten verknitterten Anzug gegenübersitzt, in sich zusammengesunken, mit fahlem Gesicht, die Lippen abgewinkelt, die Augen hinter der für den Kopf zu groß gewordenen Hornbrille, ist einer der wenigen großen Satiriker, die Deutschland in diesem Jahrhundert hervorgebracht hat: Walter Mehring, gebürtiger Berliner, Jude, den die Nazis vergasen wollten. Er entkam, wurde im Exil amerikanischer Staatsbürger, kehrte nach Kriegsende zurück und ließ sich dann in der Schweiz nieder. Seine Gedichte, Lieder, Balladen, Romane und Theaterstücke fielen im Nachkriegsdeutschland zwischen die Stühle. Dem Westen waren sie zu links, dem Osten zu linksbürgerlich. Was hierzulande bekannt blieb, verband sich nicht mehr mit seinem Namen; wie dieses Chanson aus dem Jahre 1920:

Wir haben die ganze Welt gesehn
– Die Welt war überall rund! –
Um alle paar Monat vor Anker zu gehn
Bei einem Mädchenmund!
Wir sahn eine Mutter in schneeigem Haar,
– Die verkuppelte uns ihr Jöhr;
Wir fraßen pfundweis den Kaviar
Direkt an der Quelle vom Stör!
Wir sahen Seeanemonen und Qualln,
Die schmückten Gebein und Gewand
Eines Matrosen, der war gefalln
Für irgendein Vaterland.
– Die Welt ist rund und klein!
Was kann sie dem Seemann noch sein?
In Hamburg an der Elbe
Gleich hinter dem Ozean
Ein Mädchen von Sankt Pauli
Von Sankt Pauli und von der Reeperbahn
Ein Mädchen, das bei Tag und bei Nacht
Bei jedem Kuß an uns nur gedacht
Ein Mädchen von Sankt Pauli und von der Reeperbahn
Wir haben die ganze Welt bereist:
– La Plata – le Languedoc!
Wir haben mit Kannibalen gespeist
– Und überall gab's einen Grog!

Uns folgte der Möwen Hunger-
gekreisch
Wie die Huren der Waterkant
– Am Meeresbusen zum drallen
Fleisch,
Da gingen wir an Land!
Wir haben den »Holger Danske«
gesehn
– Und einen Völkerstamm
Zu Tausenden zugrunde gehn –
Die andern standen stramm!
Die Welt hat Leid und Freud!
Was haben wir Seemannsleut?
In Hamburg an der Elbe
Gleich hinter dem Ozean
Ein Mädchen von Sankt Pauli und
von der Reeperbahn
Wir haben die ganze Welt beglotzt:
Paris und den Vogel Roch!
– Wir haben die Seele uns ausgekotzt
Bei Australien
Da liegt sie noch!
Wir sahen unsern Kapitän
Verfaulen im Lazarett!
Wir sahn eine Grotte mit lauter
Feen
– Und ein frisch bezogenes Bett!
Wir sahen den toten Menelik
Hoch zu Krokodil!
Wir sahen überall den Krieg
– Und Wilhelm im Exil!
Die Welt ist zum Bespein!
Was kann noch Ekleres sein?
In Hamburg an der Elbe
Gleich hinter dem Ozean
Ein Mädchen von Sankt Pauli
Nahm sich einen Spießer zum
Mann...
Was kann für uns da noch sein?
Ein Mädchen, das bei Tag und bei
Nacht
Bei jedem Kusse an uns nur gedacht
Unser Mädchen von Sankt Pauli
Unser Mädchen von der Reeper-
bahn...

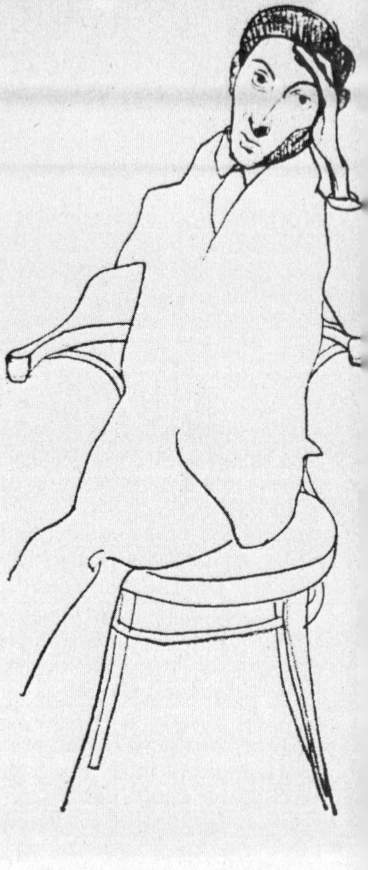

So porträtierte ihn der holländische Dada-Künstler Paul Citroën in den zwanziger Jahren

Im Zimmer 505 im obersten Stock des Zürcher Hotels Opera – Blick auf einen Hinterhof –, ist er am 29. April 1976 achtzig geworden. Vier Schritte hin, vier Schritte zurück. Ein Domizil – 16 Quadratmeter groß. Darin ein Bett, ein Nachttisch, ein Schrank, ein Stuhl, ein Brett als Schreibbord. Darauf Tablettenschachteln, ein Dutzend

Zigarettenpackungen für den Kettenraucher, schmutzige Wäsche auf einem großen alten Koffer. So lebt er, der Freund des Satirikers Kurt Tucholsky, des Physikers Albert Einstein, des Schriftstellers Alfred Döblin, des Journalisten Carl von Ossietzky, der Dichterin Else Lasker-Schüler, des Romanciers Ilja Ehrenburg.
Und wovon lebt er? Vom tröpfelnden Erlös seiner Bücher? »Nein, von meinen Schulden«, sagt er. Und von einer Entschädigungsrente als politisch Verfolgter. Einen Ehrensold aus den Bonner Fonds für notleidende Künstler lehnte er ab. Almosen hat er zeit seines Lebens nicht angenommen. Drei Jahrzehnte hat er an einem neuen Roman geschrieben, einem Buch über das Leben im Exil. 800 Seiten in Handschrift. Sie sollten im Bertelsmann-Verlag erscheinen. Anfang 1976 gingen sie verloren. »Die schlimmste Katastrophe meines Lebens«, sagt er, der sein Leben lang in Katastrophen gelebt hat. Irgendwo zwischen München und Zürich sind die 800 Seiten verschwunden, irgendwann im Januar 1976, als ihn die vereiterte Lunge mit Erstickungsanfällen plagte. Damals war er gerade aus dem Münchner Carlton-Hotel gekommen, seiner zweiten Bleibe, wenn er Zürich einmal verläßt. In seinem Zürcher Hotelzimmer steht ein schwarzer Koffer, der ihm aus München nachgeschickt wurde. Ein Koffer, der nicht ihm gehört. Sein eigener ist verschollen.
Walter Mehring spricht nur noch vom Tod. Pläne habe er nicht mehr, sagt er. Morgens trinkt er seinen Kaffee auf dem Zimmer. Dann sitzt er in der Halle des Hotels, neben ihm seine ständige Begleiterin Hilde Auen, Schauspielerin der zwanziger Jahre in Berlin. Dann geht er mit ihr über die Straße ins Restaurant Ambassador und trinkt einen Campari. Vom Ambassador macht er 20 Schritte zum Restaurant Conti und ißt zu Mittag. Dann legt er sich schlafen. Am frühen Abend sitzt er wieder in der Halle. Jeden Tag.
»Ich war immer in der Opposition und bin es auch heute noch«, sagt er. Aber heute ist davon fast nur

So behielt B. F. Dolbin, Karikaturist der »Literarischen Welt«, den Satiriker Mehring in Erinnerung

noch Trotz übriggeblieben. Trotz, der untergeht in der Musik, mit der die Halle des Hotels Opera berieselt wird. Trotz, der aufkommt zwischen ihm und Hilde Auen, die er liebt, weil sie ihm als einzige zuhört. Trotz, der sich entlädt, als Hilde Auen ihn zu bewegen versucht, sich einen neuen Anzug zum 80. Geburtstag zu kaufen. Im Taxi auf dem Weg zum Herrenkonfektionsgeschäft Truns bricht es aus ihm heraus: »Ich will mit meinem grauen Anzug in den Sarg.«

So habe ich Walter Mehring kurz vor seinem 80. Geburtstag erlebt. Sein aufbrausendes Temperament versickert in Resignation. Als 1920 sein erster Gedichtband »Politisches Cabaret« erschien, schrieb Kurt Tucholsky: »Mehring hat ein neues Lebensgefühl, einen neuen Rhythmus, eine neue Technik... Wenn die neue Zeit einen neuen Dichter hervorgebracht hat: Hier ist er.« Und in den Gedichten des prominenten Stückeschreibers Bertolt Brecht ist heute nachzulesen, wie Mehring auf diesen Dichter abfärbte. Walter Mehring lebte in einer anderen Kompromißlosigkeit als Brecht, der sich zum Sozialismus bekannte. Mehring band sich an keine Ideologie. Links schlug sein Herz, aber er reagierte allergisch, wenn Kommunisten ihn vereinnahmen wollten. 1932 fragte er in einem Lied Rotfront-Kämpfer: »Wer hängt wen?« Und er ließ Rotfront antworten: »Für uns denkt das Zentralkomitee!«

Die DDR hätte Mehring dennoch gern zu sich geholt. Doch Mehring winkte ab. Der Philosoph Ernst Bloch, der nach dem Krieg in der DDR lebte, sagte bei einem frühen Besuch in der Schweiz zu Mehring: »Sie werden auch noch den Weg zu uns finden.« Mehring fand ihn nicht, und Bloch flüchtete ein paar Jahre später aus dem Osten. Ein Walter Mehring läßt sich nicht klassifizieren: »Die einzigen Helden, die Deutschland in der Geschichte dieses Jahrhunderts gehabt hat, waren Carl von Ossietzky und Rosa Luxemburg.«

Das DDR-Literatur-Lexikon nennt Walter Mehring heute einen »linksbürgerlichen Schriftsteller, der nicht über die individualistisch-oppositionelle Haltung hinausgekommen« sei. Eine derartige Frontstellung bestätigt Mehring nur in seinen Ansichten. Er hat sie bereits vor einem halben Jahrhundert formuliert: »Jeder Staat ist eine legalisierte Interessengemeinschaft, die sich gegen das Individuum verschworen hat.« Gegen diese Verschwörung kämpfte er sein Leben lang – oft wie ein Don Quichote gegen Windmühlenflügel. Dieser »Don Quichote« ist neben »Gullivers Reisen« sein Lieblingsbuch noch heute. Es liegt immer griffbereit auf seinem Nachttisch.

In seinem 1935 in Österreich erschienenen Roman »Müller – Chronik einer deutschen Sippe« hat Mehring beschrieben, was viele Deutsche waren oder sind: »Jeder Müller, vom ersten bis zum letzten seines Stammes, hat stets den Anschauungen seiner Zeit gehuldigt. Keiner von ihnen ist verantwortlich für seine Taten und

Mehring 1931 bei den Dreharbeiten zu dem Film »Das Konzert« mit dem Hauptdarsteller Walter Janssen im Paramount-Studio Joinville bei Paris

Worte. Aus jedem spricht nur jene Meinung, die die Regierenden ihren Untertanen zubilligten.« Und in einem Gedicht aus dem Jahre 1932 heißt es: »Saat senkt ins Drit-

te Reich sich ein und wird es überdauern.«
Walter Mehring kam in Berlin zur Welt. Er wuchs im Dunstkreis von Büchern auf. Sein Vater, Sigmar Mehring, Pazifist und Sozialdemokrat, Übersetzer von Villon und Verlaine, war in der Reichshauptstadt ein bekannter Mann: verantwortlicher Redakteur der satirischen Beilage »Ulk« des Berliner Tageblatts. Als Entdecker von Zille und Feininger wurden die beiden Künstler Sigmar Mehrings beste Karikaturisten im »Ulk«. Für den Sohn Walter bedeutete die riesige väterliche Bibliothek die Einladung zum Einstieg in die Literatur des 19. Jahrhunderts.
Schon in der Kindheit wurde der Schrecken zu Walter Mehrings Lebensgefühl: »Die Macht der Finsternis – vor der mich mein Vater, Tolstoi zitierend, warnte – ich stelle sie mir im Aussehen eines Berliner Schutzmannes vor, martialisch, schnauzbärtig, säbelrasselnd und mit Pickelhaube... Denn meine früheste Anschauung von einer höheren Gewalt hatte ich mir als Vierjähriger gebildet, als mein Vater – wegen Majestätsbeleidigung – von zwei Polizisten aus seinem Bibliothekszimmer abgeführt wurde – und mit ihm ein ganzes Bücherpack ›staatsgefährlicher Autoren‹ aus den Bücherregalen. Seine stolze Haltung, das Inbild des weltbürgerlichen Patrioten, des geharnischten Pazifisten, als er meine Mutter umarmte, mich in den Armen hochhob: das hat sich mir so eingeprägt wie Hektors Abschied von Andromache und seinem Söhnchen.«
Noch als Gymnasiast fand Walter Mehring Zugang bei dem ketzerischen Herwarth Walden, der 1910 die Kunstzeitschrift »Der Sturm« gründete. Im »Sturm« wurde die neue Kunst der Futuristen und Kubisten und vor allem der Expressionismus propagiert, der Aufstand gegen die wilhelminische Fassadenprotzerei. In Zeitungskiosken, Bibliotheken und Buchhandlungen anfangs verboten, mußte der »Sturm« wie Pornographie unter dem Ladentisch gehandelt werden. 1915, im Todesjahr seines Vaters, erschienen Walter Mehrings erste Gedichte im »Sturm«. In seinem »Kunstsalon Sturm« stellte Walden, beschimpft von der Reaktion, die »feindlichen Ausländer« Kandinsky, Jawlensky, Delaunay, Léger aus.
Den ursprünglichen Wunsch, Grafiker und Maler zu werden, ließ Walter Mehring fallen, als er in Berlin die erste große Van-Gogh-Ausstellung besuchte und für sich feststellte: »Van Gogh – das war groß. Ich sah ein, daß jeder davor kapitulieren mußte, und ich beschloß, künftig nur noch zu schreiben.« Er hat sich später an diesen Entschluß nicht immer gehalten: eine Reihe seiner Bücher versah er mit eigenen Illustrationen.
Im Sturm-Kreis lernte der 19jährige Walter Mehring die Dichter Erich Mühsam, Peter Hille, Else Lasker-Schüler, Georg Trakl und Theodor Däubler kennen. Begeistert sog er die Gedichte August Stramms auf, der die Syntax zugunsten der Sprachgebärde und des blockartig hingesetzten Einzelwortes auflöste. Dann holte den

Studenten der Kunstgeschichte der Krieg. Im Januar 1916 wurde er im brandenburgischen Jüterbog als Richtkanonier ausgebildet und wegen seiner weltanschaulichen Unzuverlässigkeit sofort in eine Verdächtigenkompanie gesteckt. Da kann er sich erinnern, wie er als Uniformierter immer vor Offizieren zum Gruß die Mütze abnahm, anstatt militärisch zu grüßen. Zur Ordnung gerufen, antwortete Walter Mehring hinterhältig: »Ich habe zu Hause gelernt, daß man vor Herren immer den Hut zieht!«
In den Wirren des zu Ende gehenden Ersten Weltkrieges war Mehring dabei, als der Dadaismus in Berlin aus der Taufe gehoben wurde. Auf den Dada-Matineen trug er seine Lieder vor:

Hurra-r-r-r-a
Tatü-Tata!
Die deutsche Revolution!
Schon naht
Zylinderhut, Zylinderhut
Die Sozialisierung
Oder das Auto im Stechschritt!
Schon revoltieren
Die ersten Lebensmittel der Entente
Im Magen der Kapitalisten!
Berlin, dein Tänzer ist der Tod –
Foxtrott und Jazz...

Offen trat Walter Mehring gegen das Gerede vom Erbfeind Frankreich ein. Unmittelbar nach dem Ende des Krieges schrieb er das Gedicht:

Das Volk steht auf! Die Fahnen raus!
– Bis früh um fünfe, kleine Maus!
Im UFA-Film:
»Hoch, Kaiser Wil'm!«
Die Reaktion flaggt schon am DOM
Mit Hakenkreuz und Blaukreuzgas –
Monokel contra Hakennas' –
Auf zum Pogrom
Beim Hippodrom!

Mehrings Zentralerlebnis war und blieb der Erste Weltkrieg, ein Schock, der ihn hellsichtig für alle Zeiten machte: »Weil das damals alles möglich war, habe ich auch von Anfang an das Dritte Reich für möglich gehalten.« Im Glauben an die Souveränität des Intellekts nahm er den Kampf auf: »Die geistige Entlarvung der Herrschenden, die mit der Heiligkeit der Kirche, Würde der Nation, Vorrang der Uniform ihre Zwecke tarnen: dies ist die Aufgabe des Schriftstellers... Revolution und Kriege geben stets gute Sujets für die Literatur her. Aber darum geht es nicht! Sondern: daß der alte Kampf der Hutten, Anti-Goeze, Dreyfusards immer wieder neu, immer wieder eindeutig formuliert wird. Schriftsteller sein bedeutet: Anschauungen unbestechlich analysieren.«
Walter Mehring analysierte im Chansonstil. Max Reinhardt, der überragende Theatermann Berlins, holte ihn 1919 in die ehemaligen Stallungen des Zirkus Schumann, wo das Kabarett »Schall und Rauch« den Phrasen der Weimarer Republik auf den Pelz rückte. Er schoß mit Worten gegen das Bündnis der Sozialdemokratie mit den alten Militärs, gegen den Verrat an der Novemberrevolution 1918, gegen die Freikorps, die ungeschoren von SPD und reaktionärer Justiz morden durften:

Wir schaffen Ordnung frohgemut
Und ohne Federlesen
Und zahlt das Volk mit seinem Blut –
Der Bürger zahlt die Spesen.
Wenn die Kerl's auch rebellier'n –
Nur nicht gleich den Kopf verlier'n.
Feste druff, wo sich was regt,
Bis sich keine Hand bewegt.
Ja, da staunen sie,
Wie die Straße reingefegt
Von meiner Kompanie.

Aber biste Spartakiste.
Kommste auf die schwarze Liste.
Heute wirst du des Mords bezichtigt.
Bist du tot, dann wird berichtigt:
Jeder Mensch kann sich mal irren –
Schuld sind nur die »Spartakus«-Wirren.
Mörder mit und ohne Tresse –
Alles findste in der Presse.

Der Publizist Richard Friedenthal erinnert sich an jene Zeit: »Mehring begann berühmt zu werden, und er mag schon gefühlt haben, daß das seine Gefahren hat. Er dachte bereits an Flucht. Man sah ihn überall, wo die Bohème zusammenkam, er war beliebt, bon camerade, zumal er nie über Kollegen etwas Hämisches sagte oder ihnen ein Bein zu stellen suchte, was sonst sehr im Schwange war. Ein seltener Vogel. Es war immer etwas einsam um ihn.«
1921 verließ Mehring Deutschland und ging als Korrespondent nach Paris. Mit Faszination forschte er in alten Archiven nach den herrlich frechen Montmartre-Liedern und adaptierte die revolutionären Rhythmen und Barrikadengesänge des französischen Volkes für seine Lyrik. Daraus wurde dann der unverwechselbare Mehring-Sound:

Den Himmel hoch, Europa untern Füßen,
Wir wandern, keinem Menschen untertan,
Um bald als Freund den ew'gen Jud zu grüßen,
Bald den Zigeuner auf dem Wiesenplan,
Uns kann kein Seemann von Sedijk beflunkern,
Uns kann kein Pfaff vom Bayernland bekehrn,
Uns wird kein General mit Ordensklunkern
Den süßen Tod fürs Vaterland bescher n!
Was nützt es, daß Ihr ewig hetzt und schreit:
Wir komm'n zurecht –
Der Weg ist weit. Wir haben Zeit!
Halléluja! Wir Kinder der Chausseen,
Wir ziehn fürbaß und nehmen stets fürlieb!
Wir fragen nicht, wohin die Wege gehen,
Und segnen das Geschick, das uns vertrieb.
Ob sich die Völker in den Haaren liegen,
Ob die Philister oder Kaffern siegen:
Wir stehn nicht stramm und schreien nicht Hurra
Hallélu-ja! Hallélu-ja!
Hallélu-ja!

Mit dem Lyrikband »Ketzerbrevier« hatte Mehring sich von Berlin verabschiedet. Mit Ketzerischem brachte er sich wieder in Erinnerung: Lyrik, Prosa, Theaterstücke erschienen in Deutschland in schöner Regelmäßigkeit. Und nebenher versuchte er im Berliner Malik-Verlag, auch seine geliebten französischen Revolutionslieder aus der Zeit der Pariser Commune in seiner Heimat popu-

Erster Gedichtband mit eigenhändigen Zeichnungen im Stile seines Freundes George Grosz

lär zu machen. Da zitierte er den französischen Kommune-Dichter J. B. Clément: »Bisher hat das Volk immer nur Lieder gesungen, die für jedermann bestimmt waren – es ist endlich Zeit, daß es nur Lieder singe, die ihm allein gelten!« Walter Mehring schrieb solche Lieder:

Wer arbeit't muß auch essen. Und weil er essen muß
Das macht das Essen so teuer – daß er mehr arbeiten muß
Und wenn er noch mehr arbeit't – is mit der Arbeit Schluß
Dann gibt es keine Arbeit – so daß er hungern muß!
Rechten Linken! Rechten Linken!
Trocken Brot und Wasser trinken
Das ist unsre Welt!
Keen Ende und keen Anfang
Immer an der Wand lang Immer an der Wand lang
Dahinter liecht das Jeld!
Wer hungert, kann nich arbeit'n. Wer nich arbeit't braucht kein Brot
Brot gibt's nich ohne Arbeit – kein Brot is Hungersnot!
Und Hungern, das tut Wunder – das ist eine Himmelsmacht
Daran haben sich Millionen – Millionen gesund gemacht.
Rechten Linken! Rechten Linken!

Kohldampf schieben –
Sich betrinken –
Das is, was uns erhält.
Uns trennt bloß eine Hand lang –
Immer an der Wand lang! Immer an der Wand lang
Dahinter liecht die Welt!

Als Walter Mehring 1928 nach Deutschland zurückkehrte, machte er sich keine Illusionen mehr über die politische Situation der Weimarer Republik:

Ich schreibe und ich werde kein Atom verändern
Mein Schreiben macht den Kohl und mich nicht fett!
Von Meetings, Bühnen, Radiosendern
Sind wir mit Weltverbesserungsideen komplett
Man speist die Hungrigen mit fetten Lettern
Das heißt mal Volk, mal Vaterland, mal Gott
Ach Gott! Errette uns vor unsern Rettern
Die Welterlöser gründen ein Komplott

Mit seinem Theaterstück »Der Kaufmann von Berlin«, in dem er den Inflationsgewinnler jener Zeit persiflierte, provozierte er 1929 einen Publikumsskandal. Die Uraufführung fand in der Berliner Volksbühne statt. Erwin Piscator hatte inszeniert. Das Stück war zugleich eine Warnung vor der sich anbahnenden Katastrophe: »Nun, da ihr wißt, wie alles enden kann, vergeßt es nie, wie es begann.« Vor den Theatertoren demonstrierte bereits die SA, im Theater warfen Nazis Stinkbomben. Die Wut der Nazis formulierte ihr Chefpropagandist Joseph Goebbels 1933 in seiner Zeitung »Der Angriff« über eine ganze Seite. »An den Galgen« überschrieb Goebbels seinen Artikel gegen Walter Mehring.
Dem Galgen der Nazis entkam Mehring. Er wurde von einem Freund, der im Auswärtigen Amt arbeitete, gewarnt. Der erschien einen Tag vor dem Reichstagsbrand bei der Mutter des Schriftstellers, die später im KZ Auschwitz umgebracht wurde, und sagte: »Ihr Sohn fühlt sich doch am wohlsten in Paris. Er sollte wieder nach Paris gehen.« Und auf die Frage der Mutter, wie lange er dort bleiben sollte, sagte der Herr: »Ich würde sagen, 15 Jahre.« Da wußte Walter Mehring Bescheid. Er fuhr zu Carl von Ossietzky, dem Herausgeber der »Weltbühne«, für die er so lange geschrieben hatte, um auch ihn zu warnen. Doch Ossietzky wollte Deutschland nicht verlassen. Einen Tag später wurde er verhaftet.
Bertolt Brecht dagegen glaubte ihm. Mehring hatte ihn in der Klinik in der Augsburger Straße gefunden, wo sich Brecht einer Nierensteinoperation unterziehen wollte. Mit Helene Weigel floh Brecht nach Österreich.
Bevor Walter Mehring Deutschland verließ, wollte er am Nachmittag noch eine Veranstaltung wahrnehmen, auf der er lesen sollte. Mehring: »Als ich da hinkam, warnte mich Mascha Kaleko: ›Mehring, Sie müssen sofort ver-

Walter Mehring als 25jähriger: »Schriftsteller sein, bedeutet: Anschauungen unbestechlich analysieren«

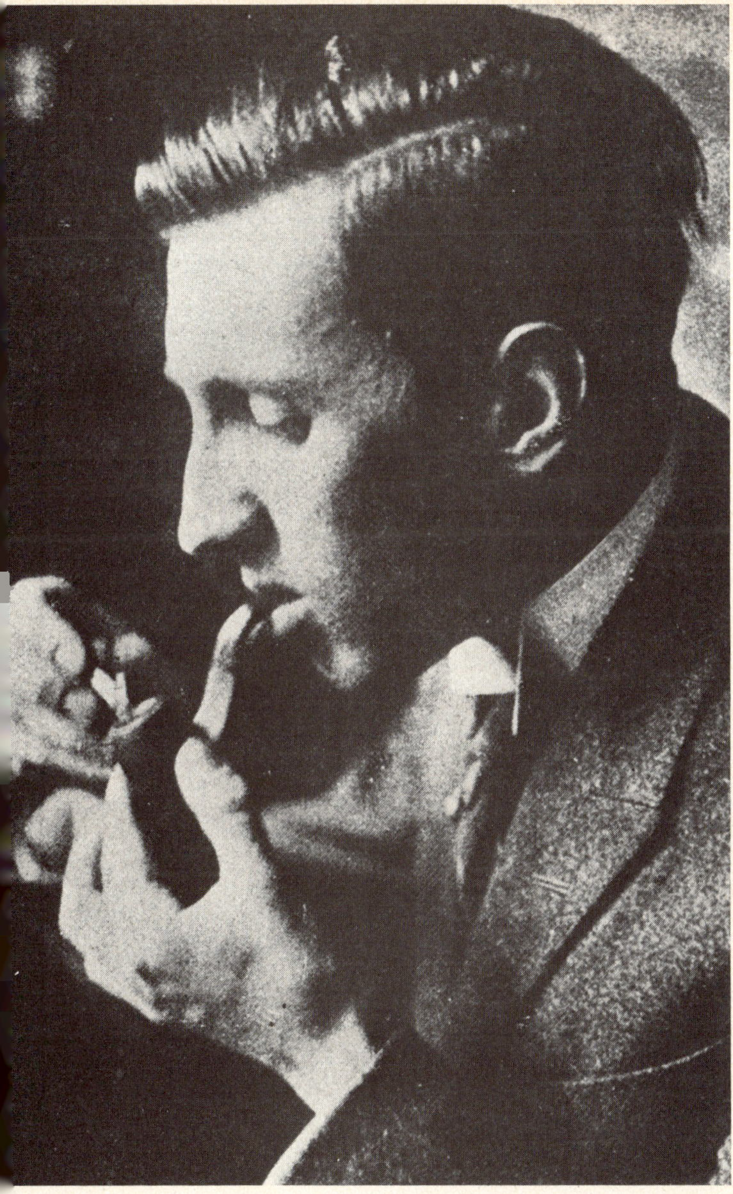

Walter Mehring

schwinden! Da oben ist die Hakenkreuz-Hilfspolizei mit einem Haftbefehl für Sie!‹ Ich wollte weg. Aber das Haus war schon umstellt. Einer dieser Polizisten fragte mich: ›Gehen Sie zu dem Mehring-Vortrag?‹ Und ich antwortete ihm: ›Ich geh' überhaupt nie zu Vorträgen, ich gehe Kaffee trinken, mein Herr!‹« Der NS-Mann ließ ihn passieren. Mehring setzte sich in den Abendzug nach Paris, im Gepäck die frische Ausgabe der »Weltbühne«, darin sein beschwörendes Gedicht »Die Sage vom großen Krebs«, in dem der Faschismus als Krankheit einer sterbenden Gesellschaft im Tierbild des Rückwärtskriechers und Aasfressers symbolisiert wurde:

Es geht um – es geht um eine böse
Mär
Vom Krebs im Mohriner See...
Ihn ketten zwei Jahrtausende
schwer –
Und wär er frei,
Ging alles rückwärts und verquer,
Rückwärts und verquer.
Läutet die Glocken bim bam bom
Hosiannah!
Gott geb's,
Daß nimmermehr loskomm
Der Große Krebs!

Denn kröche der Krebs aus dem
Morast,
Marschierte ein ganzes Heer,
Das würgt und mordet, hetzt und
haßt
Ihm hinterher.
Im Krebsgang rückwärts und
verquer,
Rückwärts und verquer...
Marschierte das ganze Rückwärtser-
Heer.
Hosiannah!
Gott geb's,
Daß loskomm nimmermehr
Der Große Krebs!

Dann kreiste zurück die Jahrhundert-
uhr
Zur ewigen Mitternacht...
Und wenn die berauschte Kreatur
Vom Traum erwacht,
Geht alles rückwärts und verquer,
Rückwärts und verquer
Zu Hexenbränden und Juden-
pogrom...
Hosiannah!
Gott geb's,
Daß nimmermehr loskomm
Der Große Krebs!

Wohin er kröche, folgt seiner Spur
Die Pest vom Mohriner See,
Und es regierte die Krebs-Diktatur
Und kommandiert:
Das Ganze rückwärts und verquer,
Rückwärts und verquer!
Nieder mit euch! Kadaverfromm!
Hosiannah!
Gott geb's,
Daß nimmermehr loskomm
Der Große Krebs!

Ach, hör mich, Volk – welch du hier
lebst
Und zwischen Berg und See
Um täglich Brot und Freiheit
krebst:
Laß ihn nicht frei –
Sonst geht es rückwärts und verquer
Rückwärts und verquer...
Wir alle, alle hinterher –
Und euer Wille geb's,
Daß loskomm nimmermehr
Nimmermehr
Der Große Krebs
Der Große Krebs!

Als Mehring in Paris ankam, las er in der Tageszeitung vom Reichstagsbrand. Und er las auch die Namen derjenigen, die von den Nazis verhaftet worden waren – darunter auch seinen eigenen Namen.
Das Exil wurde zu seinem Schicksal. Seit jener Zeit hat er nur noch in Hotels gelebt – mit zwei oder

drei Koffern als einziger Habe. 1935 wurde er »wegen Untreue zum Reich« ausgebürgert. Er antwortete darauf mit einer Liebeserklärung an Berlin:

Manchmal berliner ick aus'm Traume –
Und soo'ne Träne kullert mir auf't Schemisett.
Ick höre ümmassu:
»Nu sind wa frei im deutschen Raume!«
Ne, Emil; nich, det ick Dir flaume,
Aber Emil, angter nanu (entre nous):
Jloobst'n det? Jloobst'n det?

Ihr Spreeathener,
Rauh, mit defter Plauze:
Wir kenn'n uns doch – mir kommt ihr doch nich doof.
Der helle Deez – die wunderkesse Schnauze –
Der vierte Hinterhof mit Feez und Schwoof –
Die ›jriene Minna‹ – und die Mutta Jrien –
Und sonntachs nach de Müggelberje peesen –
Mir wollt a was assähl'n von fremden Wesen?
Mir nich, Berlin!
Mir nich, Berlin!
Ick war doch imma mang eich mang mit Herz und Breejen!
Det ist der Dank – is das der Dank?
Von wejen!

Ihr duften Pankejöhr'n – Ihr frechen Bollen!
Wir jing'n uns doch ins jleiche Freibad aal'n.
Een Kissken, Schatz! – Heer Oba, noch swee Mollen!
Der Mond, da drob'n – der konnte uns wat mal'n!
Det war doch soo! – wir hatten doch wat los,
Wenn wir zwei in de Lausekiste pennten.
Jetzt quatschste wat von fremden Elementen?
Ne, sach ma bloß!
Ne, sach ma bloß!
War ick nich ümma mang dir mang mit Seele, Leib und Breej'n?
Det is der Dank – is das dein Dank?
Von wejen!

Ihr Bowkes – und ihr blauen Abführmittel:
Jetzt bin ick Neese, wenn's nach Treptow jeht?
Nu brillt Ihr: Heil? und looft im braunen Kittel?
Wat denn! Da hat woll eener dran jedreht?
Ick weeß doch, wo de Ferdeäppel bliehn –
Ick stand doch du und du mit jedem Zossen.
Mir habt ihr aus de Innung ausjeschlossen?
Sach ma, Berlin,
Schämste dir nich?
Ich bleibe mang dir mang mit Schnauze, Herz und Breejen!
Wat is dein Dank – das is dein Dank?
Von wejen!

Walter Mehring veröffentlichte 1934 seine ersten Emigrationsgedichte (»und euch zum Trotz«):

Daß diese Zeit uns wieder singen lehre
Die guten Lieder eines bösen Spotts
Selbst wenn uns Herz und Sinn danach nicht wäre –
Nur Euch zum Trotz!
Nur Euch zum Trotz...!

Und singen, bis es wider Euch sich kehre –
Und einen Keil treibt in den groben Klotz!
Und daß es etwas uns die Brust entschwere!
Und uns zum Trost! Und Euch zum Trotz...

*

Werft eure Herzen über alle Grenzen!
Und wo ein Blick grüßt, werft die Anker aus!
Zählt auf der Wandrung nicht nach Monden und nach Lenzen.
Starb eine Welt, ihr sollt sie nicht bekränzen!
Schärft das euch ein und sagt »wir sind zu Haus!«
Baut euch ein Nest! Vergeßt! Vergeßt
Was man euch aberkannt und euch gestohlen!
Kommt ihr von Isar, Spree und Waterkant

Was gibts da heut zu holen?
Die ganze Heimat und
Das bißchen Vaterland
Die trägt der Emigrant
Von Mensch zu Mensch
Von Ort zu Ort
An seinen Sohlen
In seinem Sacktuch
Mit sich fort.

Tarnt euch mit Scheuklappen, mit Mönchskapuzen!
Den Schädel drunter wird man euch zerbeuln!
Ihr seid gewarnt: Das Schicksal läßt sich da nicht uzen.
Wir wolln uns lieber mit Hyänen duzen
Als drüben mit den Volksgenossen heuln!
Ich hört' sie schrein und sagte: Nein!
Floh aus dem Land auf leisen Sohlen.
Sie hätten dir, so sagte mein Verstand
»Die Fahne hoch« zu singen, Gott, befohlen.

Doch solche Heimat und
Ein solches Vaterland
Das trägt kein Emigrant
Von Mensch zu Mensch
Von Ort zu Ort
An seinen Sohlen
In seinem Sacktuch
Mit sich fort.

Werft eure Hoffnung über neue Grenzen!
Reißt euch die alte aus wie'n hohlen Zahn!
Es ist nicht alles Gold, wo Uniformen glänzen!
Solln sie verleumden, sich vor Wut besprenzen –
Sie spucken Haß in einen Ozean!
Laß sie allein beim Rachespei'n!
Bis sie erbrechen, was sie euch gestohlen!
Häuser und Äcker, Berg und Waterkant

Der Teufel mag sie holen!
Die ganze Heimat und
Das bißchen Vaterland
Die trägt der Emigrant
Von Mensch zu Mensch
Landauf, landab
Und wenn sein Lebens-
Visum abläuft
Mit ins Grab

Im damals noch nicht angeschlossenen Österreich durfte das Buch »und euch zum Trotz« nicht vertrieben werden. Walter Mehring ging als Korrespondent mehrerer Emigrationszeitungen nach Wien und schrieb dort seinen Roman »Müller – Chronik einer deutschen Sippe von Tacitus bis Hitler«. Gleich nach der Veröffentlichung des Buches wurde der damalige deutsche Gesandte, Franz von Papen, bei der österreichischen Regierung vorstellig und verlangte die Beschlagnahme des Romans, der das »arische Rasse-Empfinden« kränke. Mehring erinnert sich, wie er in die Bundeskanzlei zum österreichischen Pressechef zitiert wurde und wie der ihm sagte, daß »sich unsere Regierung leider genötigt« sähe, »Ihr Werkchen, das ich beiläufig mit viel

Vergnügen gelesen habe, konfiszieren zu lassen, um schlimmeren Maßnahmen vorzubeugen, nämlich die Überstellung Ihrer werten Person an die Großdeutschen Behörden.« Beim Anschluß Österreichs an Deutschland konnte er gerade noch in die Schweiz entkommen. Von der Schweiz gelangte er wieder nach Paris. Nach dem Einmarsch der Deutschen in Frankreich flüchtete Mehring sechseinhalb Wochen quer durch das Land nach Marseille.

In Marseille fand er Kontakt zu dem amerikanischen Journalisten Varian Fry, der im Auftrage der US-Regierung Hilfsmaßnahmen für Emigranten organisierte und dabei von der mit den Deutschen kollaborierenden Petain-Regierung behindert wurde. Varian Fry erinnerte sich in seinem 1945 erschienenen Buch »Surrender on Demand«: »Alles verlief ganz glatt bis Anfang September, bis sich Mehring zur spanischen Grenze aufmachte... Mit einem tschechischen Paß, den ich ihm verschafft hatte, unter anderem Namen... In Perpignan mußte er in einen anderen Güterzug umsteigen. Zu seiner Überraschung und Freude war keine Bahnhofskontrolle anwesend. Unbehelligt ging er hinaus und setzte sich in ein Café, um sein nun nahendes Entkommen zu feiern. Fünf Minuten später wurde er von einem Geheimpolizisten dingfest gemacht. Ich vermute, daß dieser armselige flic sich eingebildet hatte, die Aufklärung für sämtliche Taschendiebstähle und Spitzbubereien der letzten sechs Monate aus Perpignans Kriminalgeschichte gefunden zu haben. Als aber der Polizeifahndungsdienst ermittelte, daß Mehring Ausländer war ohne Reisegenehmigung, ließ man ihn in das nächstgelegene Konzentrationslager schaffen, nach St. Cyprien...« Das Vichy-Regime hatte solche Lager für »feindliche Staatenlose« eingerichtet. Dort verschaffte sich der so fahrlässige Walter Mehring durch Kaltblütigkeit die Freiheit. Er schlich zum Lagerausgang, betrat die Wachbaracke, in der zwei französische Soldaten frühstückten. Die herrschten ihn an: »Was wollen Sie hier?« Und Mehring antwortete: »Ich will meinen Bruder, Herrn Mehring, hier im Lager besuchen. Ich habe gehört, daß er hier interniert ist.« Die beiden fragten, ob er eine Besuchsgenehmigung habe. Mehring sagte: »Nein.« Und hörte dann den Schrei des einen: »Raus mit dir.« Ein Bauer nahm den Schriftsteller für ein paar Tage auf, versteckte ihn. Dann sprang Mehring auf einen Güterzug und gelangte wieder nach Marseille. Dort gelang es ihm, im Laderaum eines Frachters unterzukommen. 1941 kam er in den USA an.

Den toten Freunden widmete er in seinen »Briefen aus der Mitternacht« dieses Gedicht:

Mühsam: Poet und Promethid,
Erdrosselt wie ein räudiger Hund –
Ossietzky, den man so zerschund,
Daß er voltairisch lächelnd schied...
Als man den Friedenspreis ihm bot,
Schloß er grad Frieden mit dem Tod...
Der beste Jahrgang deutscher Reben
Ließ vor der Ernte so sein Leben...

Es weht ein Blatt – kaum leserlich:
»Die Dummheit, die wir persifliert...
Die macht Geschichte. Die regiert...
Herzlichst Tucholsky... Ohne mich!...«
In Schweden, krank, doch unbekehrt,
Hat er den Schierlingstrank geleert...
Der beste Jahrgang deutscher Reben
Ließ vor der Ernte so sein Leben...

Ernst Toller, Freund aus Jugendland,
Bestimmt, um Bühnen, Meetings, Zelln
Mit ernster Tollheit zu erhelln,
Löschte sich aus mit eigner Hand...
In Übersee, weitab der Schlacht –
Warum hat er sich umgebracht...?
Der beste Jahrgang deutscher Reben
Ließ vor der Ernte so sein Leben...

Wo in der Welt wächst nun die Art
Von Stammtisch, nach dem Luxembourg,
Rechtspolitik und Linkskultur,
Die Joseph Roth um sich geschart...?
Von dessen Bart Weissagung troff,
Sich weise drum zu Tode soff...
Welch edler Jahrgang reicher Reben
Ließ vor der Ernte so sein Leben...

Lyrik aus dem Jahre 1931 mit dem Ausruf: »Ich schreibe, und ich werde kein Atom verändern!«

Erste Veröffentlichung 1934 im Exil mit eigenhändigen Zeichnungen

Kurz vor dem Fall der Stadt Paris
Wo ich nach langer Haft Dich fand,
Besucht' uns oft der Emigrant
Ernst Weiss, der dort sein Leben ließ...
Arzt, Dichter: mischt er Giftarznei,
Nahm sie beim ersten Hunnenschrei...
Der beste Jahrgang deutscher Reben
Ließ vor der Ernte so sein Leben...

Theodor Lessing, femgekillt...
Und Hasenclever, einst vernarrt
In den esprit – im Camp verscharrt
Von Frankreich... Welch Komödienbild!
Carl Einstein: auf der Flucht erhenkt...
Olden, vor Kanada versenkt...
Ein edler Jahrgang deutscher Reben,
Nutzlos verschüttet, ließ sein Leben.

Doch Horvath, den ein Baum erschlug,
Damit solch Kleinod im Exil
Den Säuen nicht zum Fraße fiel
Starb ganz er selbst: ein Satyrspuk...

Nach Kriegsende kehrte Mehring nach Europa zurück. Doch in seinem Heimatland fand er kein Echo mehr. 1973 schrieb er seinen letzten »Brief aus der Mitternacht«:

Heut – hier im Nachtexil
Schambloß von Sinnen ohne Ziel
Auf meiner Vor-der-Massen-Flucht
Verkommen verpöpelt und verrucht
Aus der Ekstase ins Allein
– Unzüchtig! Süchtig! Dieses Schwein! – So will ich bleiben
Leiden lieben
Erlöst erst wenn ich ausgeschrieben!

Rund dreißig Bücher hat Mehring bis Kriegsende geschrieben. Mehr als drei Jahrzehnte dauerte es, bis sich ein Buchverlag fand, der 1978 damit begann, die gesammelten Werke dieses Satirikers herauszugeben. Literatur, die zeitlos aktuell in Deutschland geblieben war. Über Berufsverbote schrieb Mehring schon 1920:

Die Ballade von der Lehrerin Elly Maldaque
Welche, kommunistischer Irrlehren bezichtigt
Ins Gefängnis gesteckt wurde, wo sie verstarb
Im zweiten Jahrzehnt unseres Jahrhunderts.
Und nun ihr Mütter lernt und rechnet nach
Ob sich die Lust in euren Betten lohnt –
Ob nicht die Lust, die euren Leib durchbrach
Mal denkt, ihr hättet besser sie verschont...
Da war die Lehrerin Elly Maldaque
Vom Schulkollegium gedungen
Man hat sie aus dem Dienst gejagt
Weil sie »Brüder, zur Freiheit!« gesungen.

Berlin, die Stadt, in der in den siebziger Jahren Berufsverbote an der Tagesordnung waren, verlieh Walter Mehring 1976 den »Professorentitel ehrenhalber«. ■

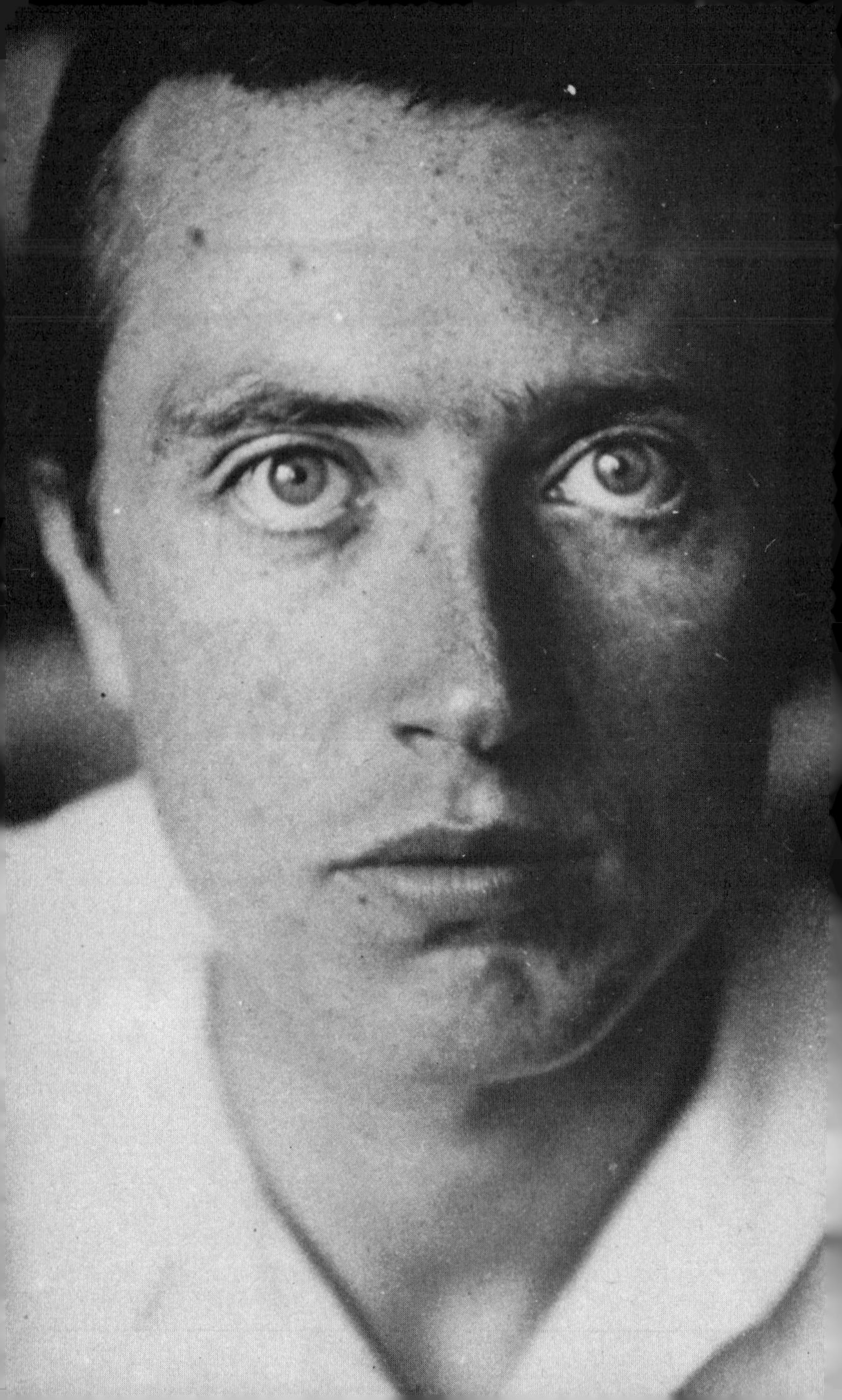

Klabund

Der Frauenfischer aus Crossen

Die Dämmerzustände zwischen Wachsein und Schlaf sind die ehrlichsten Zustände. Sie vermitteln den Zusammenhang von Leben und Tod – und nicht den Riß, den Bruch, mit dem das Bewußtsein schreckt. Der davon gewußt und in unvergleichlicher Weise darüber geschrieben hat, hieß Alfred Henschke und nannte sich Klabund. »Schließ die Augen – so wirst du sehen. Du bist offenbar: / In dir. / Offenbare dich!« Klabund wurde knapp 38 Jahre alt.
Klabund litt an Tuberkulose. Er hätte länger leben können. Aber dann hätte er anders leben müssen, als er gelebt hat. Statt intensiv unbeteiligt, statt zupackend zurückhaltend, statt radikal oberflächlich, statt rauschhaft frustriert, statt vielfältig einfältig, statt frei gefesselt – an die Krankheit.
Klabund mischte Feuer mit Schnee: in seinem Leben und in seiner Dichtung. »Aus deinen Rippen brichst du doch die Sprossen / Der Himmelsleiter, die dich aufwärts führt«, bekannte er und schrieb:

> Das Es der Dinge, dem ich mich verschrieben,
> Es mildert sich im Du der Träumerei.
> Ich werde ewig meine Seele lieben
> In ihrer Ruh, in ihrer Raserei.
> Geliebte, Ewige an meinem Mund:
> Ich bin und war und werde sein
> Klabund

Klabund kam am 4. November 1890 in Crossen zur Welt. Klabund starb am 14. August 1928 im schweizerischen Davos. Dazwischen lag ein turbulentes Leben mit gesundheitlichen Zusammenbrüchen in immer kürzer werdenden Abständen. Er dichtete besessen, er liebte besessen. »Ich hoffte, da war ich schon verzweifelt. Ich lebte. Da starb ich schon«, notierte er. »Seitdem ich langsam sterbe, bin ich Dichter geworden.« Irgendwo in einem seiner Romane sagt jemand: »Man muß selber sein Schicksal spielen, auch sein schlimmes. Schicksal bedeutet nur Einsicht.«
Mit Witz, Schnoddrigkeit, Derbheit umhüllte er den harten Kern des Todes, der in ihm wuchs. In dem Gedicht »Die Kette« heißt es:

> Das tut so weh wie eine Tote lieben:
> Dem abendlichen Tag ins Antlitz sehen.
> Sein Wandertum ist dürr zu Staub zerrieben,
> Von seinen Strahlen ist *ein* Strahl geblieben,

Und alle Wolken müssen westwärts
wehen.

Mich trugen Hände, weicheste und
rauhste.
Kaum Mädchen: dreizehnjährig.
Frauen greisend
So klein – und reinliche! So ganz
verlauste
Voll roter Läuse. Solche: Gott-
behauste
Und solche ohne Ziel im D-Zug rei-
send

Und Wassermädchen, böse Gouver-
nanten
Fräuleins, beim Teufel Zahnarzt sich
ergehend.
Ihr unverwandt und basenhaften
Verwandten!
Ihr Tänzerinnen, die den Tanz nicht
kannten!
Maschine! blonde! Zigaretten dre-
hend!

Ihr aus den ölig funzelnden Kon-
toren!
Du Köchin! Ladnerin! Telegraphi-
stin!
Ihr Mädchen stumm für jeden Dienst
geboren!
Ihr Schicksen, an die Wanderung
verloren –
Wenn ihr den Weg nicht wüßtet, ach,
wer wüßte ihn?
Und die mit großen Hunden sich ver-
mählten
Verrückte, die auf Eisenstangen
saßen
Vergeizte, die die Lust nach Hellern
zählten
Und andre, die sie wie Kartoffeln
schälten.
Und Zärtliche, die keinen Kuß ver-
gaßen.

Du schlanke Amme! Malerin! Ver-
zierte!
Du Frau des Freundes! Und des
Freundes Mutter!
Du Vogel, welcher Hüte braun gar-
nierte!
Du, die den Gymnasiasten einst ver-
führte
Im Kirchenstuhl mit einem Lied von
Luther...

Daß euer aller Leib in einer einzigen
Umarmung sich mit mir verflechte
Im schwarzen Park! Im Glanze des
Gelages!
Das Ende zeugt unendlichere Rechte
Die Freiheit meines nie beherrschten
Tages
Euch dank ich sie: der dunklen
Knechtschaft meiner Nächte

Als Lyriker wurde Klabund im Jahre 1913 von dem berühmt-berüchtigten Alfred Kerr für dessen Zeitschrift »Pan« entdeckt. Die Veröffentlichung dreier seiner Gedichte brachte Klabund öffentlichen Wirbel ein: Strafantrag wegen Gotteslästerung. Klabund wurde in Berlin zu einer Geldstrafe verurteilt – trotz gutachterlicher Unterstützung der Dichter Richard Dehmel, Max Halbe und Frank Wedekind. Die Strafkammer urteilte, daß folgendes Gedicht die Grenzen der Kunst überschritten habe:

Es hat ein Gott mich ausgekotzt,
Nun lieg ich da, ein Haufen Dreck,
Und komm und komme nicht vom
Fleck.

Doch hat er es noch gut gemeint,
Er warf mich auf ein Wiesenland,
Mit Blumen selig bunt bespannt.

Ich bin ja noch so tatenjung.
Ihr Blumen sagt, ach, liebt ihr mich?
Gedeiht ihr nicht so reich durch
mich?
Ich bin der Dung! Ich bin der Dung!

Der Skandal um Klabund machte den Verleger Erich Reiß hellwach.

Er veröffentlichte noch im Jahre 1913 den ersten Gedichtband des jungen Mannes aus Crossen. Den zündenden Gedichten, Bänkelliedern und Songs entsprach der für damalige Zeit knallige Titel des Buches »Morgenrot! Klabund! Die Tage dämmern!«
Alfred Kerr nannte die Lyrik Klabunds »Lieder eines Desperados«. Frank Wedekind urteilte: »Von allem, was jung ist und Verse macht, wird nur einer bestehen: Klabund.« Mit Karl Valentin trat Klabund auf der Brettlbühne auf. Bertolt Brecht, ein Frauenfischer wie Klabund, wurde nach dem Ersten Weltkrieg sein Freund, der fleißig literarische Anleihen bei ihm machte. Kurt Tucholsky, der gestrenge Kritiker, kam ins Schwärmen und schrieb über Klabunds Lyriksammlung »Die Harfenjule«: »Das ist eines von den Heften, das ich einmal – in achtzig Jahren – vergilbt und halb zerbröckelt zur Nachkontrolle lesen möchte. Mindestens zwanzig dieser Lieder werden dann noch frisch sein. Und das ist sehr viel.«
In der »Harfenjule« findet sich manches, was sich losgelöst hat von dem Namen seines Schöpfers:

Meine Mutter liegt im Bette,
Denn sie kriegt das dritte Kind;
Meine Schwester geht zur Mette,
Weil wir so katholisch sind.
Manchmal troppt mir eine Träne
Und im Herzen pupperts schwer;
Und ich baumle mit de Beene,
Mit de Beene vor mich her...

*

Ich lieb ein Mädchen, welches
Margot heißt,
Sie hat zwei Brüste wie zwei Mandarinen.
Wenn wir der holden Göttin Venus
dienen,
Wie gern mein Mund in diese Früchte beißt.

Klabund hinterließ 1928 ein literarisches Werk von 76 Büchern, darunter 17 Gedichtbände, zehn Romane, acht Dramen, zahlreiche Erzählungen, eine Literaturgeschichte, viele Nachdichtungen ostasiatischer Lyrik, Übersetzungen und Bearbeitungen fremder Texte. Seine künstlerische Produktivität war atemberaubend. So atemberaubend, daß im Romanischen Café, dem Berliner Treffpunkt der Poeten, das geflügelte Wort umherging, wenn dort jemand irgendeine Episode erzählte: »Wiederhol das bloß nicht, wenn Klabund kommt. Der macht heute nacht noch ein Chanson daraus oder einen Roman.«
Die Anekdote umschreibt nicht nur die außergewöhnliche literarische Reizbarkeit Klabunds, sie umschreibt auch ein Vorurteil gegen diesen Autor, das sich bis in unsere Tage erhalten hat: Mangelnder Ernst im Umgang mit dem Wort. Die Germanistik – und nicht nur sie – billigt Klabund lediglich literarhistorische Bedeutung zu. Sie sieht in ihm den Bruder Leichtfuß des schwergewichtigen Bertolt Brecht, den Nachempfinder fremder Stile und fremder Inhalte, den Hans-Dampf-in-allen-Gassen des Sentiments.
Ist von Klabund irgendwo heute die Rede, dann kommt mit Sicherheit der alte Totschlagsatz des Ernst Lissauer aus dem Jahre 1926

Klabund mit erster Ehefrau Brunhilde, die er in einem Sanatorium kennenlernt

Klabund mit zweiter Ehefrau Carola Neher, die er in einer Straßenbahn kennenlernt

auf den Tisch: »Klabund ist nach meinem Eindruck durchaus ein Virtuose, das ist: jemand, der Ausdruck besitzt ohne Auszudrückendes.« So dümmlich sahen es noch nicht einmal die Nazis: Den toten Klabund konnten sie zwar nicht mehr verfolgen, aber seine Literatur fürchteten sie. Diese Literatur kam zwar so gut wie nie vordergründig politisch daher, aber ihre politische Wirkung erzielte sie durch Gedichte dieser Art:

Mutter Antonie Henschke

Vater Dr. Alfred Henschke

Ich bin ein Zeitfreiwilliger, und stehle dem lieben Gott die Zeit. Es lebt sich billiger, wenn man: nieder mit den verfluchten Spartakisten schreit. Fuffzehn Märker den Tag. Daneben alles frei. Es ist ein herrliches Leben. Juchei.

Ich verdiente mir meine Sporen bei Kapp. Als dessen Sache verloren, zog ich ab. Ich gehöre wieder zu den Regierungstreu'n und habe den Schutz der Verfassung erkoren. Ich breche alle Eide von acht bis neun, die ich von sieben bis acht geschworen.

Neulich bei Mechterstädt: Pst... zeigten wir's den Arbeiterlaffen, falls es irgendwo ruhig ist, muß man eben künstlich Unruhe schaffen. Laßt die Maschinengewehre streichen! Ins Kabuff. Immer feste druff. Unsere Anatomie braucht Leichen.

Klabund stand politisch links. Doch die organisierte Linke in der Weimarer Republik sah in ihm einen »Individualitätstrottel«. Eine Sicht, die allen galt, die nicht nur den Terror von rechts, sondern auch den von links ablehnten. Klabund machte aus seinem Sozialismus keine großen Worte. Immer, wenn er irgendwo zu Geld kam, half er. Ohne Absenderangabe schickte er Beträge an Arbeiterorganisationen und an die Kollegen, deren Notlage ihm bekannt war. Klabund urteilte: »Die Menschen verwechseln wieder einmal wie so oft in der Geschichte des letzten Jahrhunderts Kultur und Zivilisation. Sozialismus und Demokratie müssen werden. Aber es sind nur Wege – und die Menschen glauben, in ihnen liege das Ziel des Geistes. Das liegt nur in uns selber.«

In seinem schönsten Roman, einer märkischen Eulenspiegel-Geschichte mit dem Titel »Bracke«, schrieb Klabund: »Bracke ging an die Oder und bedachte Anfang und Ende, da sah er ein kleines Mädchen, das Wasser aus der Oder in einen leeren Blumentopf füllte, der unten an seinem Boden ein Loch hatte, durch den das Wasser immer wieder abfloß. Aber unermüdlich schöpfte das Kind. ›Was tust du da‹, fragte Bracke. Das Kind antwortete: ›Ich schöpfe die Oder in diesen Topf...‹ Da besann sich Bracke, daß er sei wie dieses Kind und keinen Deut klüger: daß er, so sehr er sich auch bemühe, den Strom der Ewigkeit zu erfassen, es ihm nicht gelingen werde, mehr davon in seine Schale zu füllen, als dieses kleine spielerische Mädchen aus der Oder in seinen Blumentopf. ›Wenn es mir nur gelingt, die *Richtung* des Stromes zu begreifen, so will ich schon zufrieden sein‹ – und sah, wie die Oder abwärts floß von Crossen nach Frankfurt, von Frankfurt nach Lebus, von Lebus nach Stettin – und bis ins Meer.«

Klabund erkrankte im Alter von 16 Jahren an einer Lungenentzündung. So jedenfalls diagnostizierten die Ärzte, und sie übersahen seine TB-Erkrankung. Wochenlangem Krankenhausaufenthalt folgte eine Erholungspause im milden Klima von Locarno. Klabunds Vater war Apotheker in Crossen. Er begleitete den Sohn, der nach seiner Rückkehr hektisch das Leben in sich hineinfraß. Er tat von nun an alles exzessiv. Er ruderte, schwamm, er fuhr Rad, er spazierte stundenlang durch die Wälder – immer bis zur Erschöpfung.

Da es im heimatlichen Crossen keine Abiturmöglichkeit gab, besuchte er von der Obersekunda an das Humanistische Friedrichsgymnasium in Frankfurt/Oder. Er wurde Klassenprimus. Er lernte leicht. Doch mehr als die Schule interessierte ihn die Literatur, von der er in der Schule nichts erfuhr: Die Bücher der Vaganten unter den Poeten, allen voran die Peter Hilles. Fasziniert las er die »Lieder aus dem Rinnstein«, eine Sammlung von deftigen Versen unbekannter Landstreicher, vergessener Schriftsteller und zeitgenössischer Autoren, die das alte Spottlied wieder aufnahmen und weiterführten. Unter den Neuen: Frank Wedekind, Erich Mühsam, John Henry Mackay und die damals berühmte Margarete Beutler.

An dem Ton dieser Lieder schulte sich der Gymnasiast in seinen freien Stunden. Er schrieb für sich mehr als 500 Gedichte, 30 Erzählungen und 13 Einakter. Als Alfred Henschke 1909 sein Abitur gemacht hatte, stand für ihn fest: ich werde Schriftsteller. An der Münchner Universität besuchte er die Vorlesungen des später zu Ruhm gelangenden Theaterwissenschaftlers Professor Arthur Kutscher. Kutscher verschaffte dem Studenten der Germanistik Zutritt zur Bohème. Er nahm ihn mit an den Stammtisch Frank Wedekinds, des Dramatikers, Balladendichters und Moritatensängers, der die Schönheit des Leibes verherrlichte (»Das Fleisch hat seinen eigenen Geist.«), der ketzerte, lästerte, wider den Stachel löckte, der wegen Majestätsbeleidigung eine Festungsstrafe hinter sich hatte. Nach zwei Semestern wechselte Klabund an die Universität Berlin. Die Bohème tauschte er mit dem Leben unter Proletariern ein. Er studierte sie. Er mietete sich in einer dürftigen Bude in der Gegend zwischen Ackerstraße und Frankfurter Allee ein. Wie immer in seinem Leben, lernte er Leben mit und durch Frauen kennen. Nachts streifte er durch die Tanzsäle, wie der »Walhalla« in der Elsässer Straße, und griff nach dem, was er bekommen konnte.

Und dann ging er wieder zurück nach München, hin zu den Künstlertreffpunkten. Marietta, die Muse vieler, wurde auch seine. Die 21jährige Diseuse, die im »Simplicissimus« in der Türkenstraße auftrat, ließ sich nicht aussuchen, sie suchte aus. Die Liaison dauerte kurz. Doch kurz oder lang – Klabund schickte jeder Geliebten entweder ein Gedicht oder ein Stück Prosa nach. Im Falle der Marietta einen »Liebesroman aus Schwabing«, in der er der Geliebten diese Sätze in den Mund legte:

Es ist fünf Uhr früh
Der junge Tag schwingt seinen gelben Hut
Zwischen Wolken hervor.
Wir wandern durch die Leopoldstraße
Die Pappeln stehen steif wie männliche Glieder, aber belaubt.
Ich erzähle ihm von Paris.
Er schweigt wie ein Parlograph, in den man alles spricht,
der alles treu bewahrt.
O, daß er mich ganz bewahre!
Nicht meine Sprache nur: auch meine Locken.
Meine kleinen Brüste.
Meine schiefen obszönen Augen, meine turmschlanken Füße
Und meinen durstigen Mund.
Ich bin sein Kind.
Ich liege gekrümmt in seinem Bauch.
Die Hände vor meinen blinden Augen zu Fäusten geballt.
Wen wollen sie schlagen, wenn meine Blicke sehend werden?
Er wird mich gebären.

Dieses Stück Erinnerung erschien nach Klabunds erstem Lyrikband »Morgenrot! Klabund! Die Tage dämmern!«. Doch das Liebeserlebnis lag genau in jener Zeit, in der aus Alfred Henschke Klabund wurde. Die ersten Gedichte waren unter bürgerlichem Namen veröffentlicht, ohne Aufsehen erregt zu haben. Auch Alfred Kerr hatte einige von ihnen im »Pan« gebracht. Keine Chance, als Unbekannter mehrmals bei ihm unterzukommen. Alfred Henschke erinnerte sich der »Lieder aus dem

Rinnstein« und spielte gegenüber Kerr den Landstreicher Klabund. Er hatte den Namen aus den beiden Wörtern Klabautermann und Vagabund zusammengezogen. In einem Brief an den Herausgeber der Zeitschrift »Pan« formulierte Klabund: »Entschuldigen Sie, wenn ich auf Telegrammformularen schreibe, aber ich habe kein anderes Papier. Ich habe überhaupt nichts: weder Papier noch Geld noch Beruf noch richtige Wohnung.« Der Trick zog, die mitgeschickten »gotteslästerlichen« Lieder machten den Mann namens Klabund über Nacht bekannt. Kerr nahm die Täuschung nicht übel.

Mit dem Erfolg seines ersten Lyrikbandes beim Berliner Reiß-Verlag stellte sich zugleich die Gewißheit ein, daß Klabund zwar an geschlossener, aber schwerer Lungentuberkulose erkrankt war. Ein Aufenthalt nach einer neuen Schwächeperiode im italienischen Gardone brachte die niederschmetternde Diagnose: beide Lungenflügel von TB befallen! Sein weiterer Lebensweg führte den Dichter von nun an immer wieder auf die »Zauberberge«, in die Sanatorien der Schweiz nach Arosa, Davos und Locarno. Lange vor Thomas Mann nahm Klabund die TB zum Anlaß, um unter dem Titel »Die Krankheit« über die Tuberkulose eine Erzählung zu schreiben.

Klabund hatte eine starke Konstitution. Die Ärzte stellten eine Verlangsamung des Krankheitsverlaufes bei völliger Ruhe in Aussicht. Ruhe erschien ihm als trügerisches Bild. Er lehnte es ab, sich vom Tod, vom Todeszeitpunkt durch ein gebremstes Leben zu entfernen. Gebremstes Leben erschien ihm ein Stück Tod vor dem Tod. Im Angesicht des Todes halfen ihm Frauen. Er liebte viele. Aber immer bedurfte er eines einzigen Wesens, um zu leben und alle anderen zu lobpreisen. In den Verbindungen zu Frauen verlor die Nacht ihre Schrecken. Klabund flocht Licht in Dunkel. Klabund dichtete:

Der Anfang: Das ist nicht der Ur-Anfang
Denn der Ur-Anfang ist kein Anfang
Der Anfang:
Ist das Erwachen der Kreatur zu sich.
Wenn der Stein fällt und aufschlägt: Ich, so ist dies der Anfang.
Wenn der Baum blüht und schattet: Ich, so ist dies der Anfang.
Wenn die Woge rauscht und wirft sich über den Strand: Ich, so ist dies der Anfang.
Aller Anfang ist leicht.
Aber schwer ist das Fortschreiten:

Vom Ich zum Du
Vom Du zum Wir
Vom Wir zum Ihr
Vom Ihr zum Es

Klabund schaute zurück. Klabund schaute weit zurück. Die Angst vor dem Tod spiegelte sich in der Angst vorm Leben. »Dies weiß ich«, schrieb er, »daß ich mich gegen das Erwachen wehrte. Mit Händen und Füßen sträubte ich mich gegen das Geborenwerden. Wenn die Inder verkünden, daß die Seelen sich zur Geburt drängen, so kann ich von mir das Gegenteil beschwören... Nun da ich am Leben bin, in weißer Wiege liege, fühle ich im tiefsten Herzen, daß mit dem Nabelstrang auch das gleichsam seidene Band riß, das mich mit der Seligkeit verknüpfte... Und wie ein Schwalbenfittich rauscht kaum hörbar durch mein kleines Hirn die Erkenntnis: in jenem Blick der Mutter, mit dem sie mich abends bettet, ist ein Strahl des verlorenen Paradieses eingefangen. Und leise hebe ich meine Hände, den Strahl zu halten.«

Klabunds Literatur wurde ein Stück Training für das Sterben. Er trainierte die Verknüpfung von Leben und Tod, das Hinüberfließen. Er trainierte es bei den Frauen. Sie merkten es:

Zuweilen

Geht der Tod durch dich
Heimlich hindurch.
Zum Beispiel: wenn du bei einer Frau liegst.
Du ahnst es nicht
Aber sie
Verschwärmte Schwester des Schwarzen
Wird unruhig
Reißt dich rauh
An die zarte Brust...

Klabund und der Tod – in dieser Verbindung entstanden viele seiner besten Gedichte:

Niemand weiß, daß ich gestorben bin.
Alle sehen freundlich zu mir hin.
Manche meinen mit verglastem Lächeln
Trost und Heiterkeit mir zuzufächeln.
Manche fragen, wie es mir erginge?
Ob wie sonst ich singe oder springe?
Oder ob mein Flötenmund verstummt sei?
Und warum so dunkel ich vermummt sei?

Ärzte diagnostizieren edel
Jemand klopft erstaunt an meinen Schädel.
Und das klingt, als ob an einer Türe
Einlaß heischend wer die Finger rühre...

*

Ewig bist du Meer und rinnst ins Meer,
Quelle, Wolke, Regen – Ahasver...
Tor, wer um vertane Stunden träumt,
Weiser, wer die Jahre weit versäumt.
Trage so die ewige Last der Erde
Und den Dornenkranz mit Frohgebärde.
Schlägst du deine Welt und dich zusammen,
Aus den Trümmern brechen neue Flammen...
Tod ist nur ein Wort, damit man sich vergißt...
Weh, Sterblicher, daß du unsterblich bist!

*

Zwischen meinen Rippen schossen
Hecht und Barsch.
Stichling nistete in meinen Achselhöhlen;
Und ein Schleier Samenfische
Hing
Baldachin
Über meinem kühlen Schlaf.

Klabund schrieb das Leichte, das so schwer ist:

Süden: meine Sehnsucht!
Norden: mein Heim-weh,
Osten: meine Hoffnung,
Westen: mein Ziel.

*

Was wollen die großen Worte?
Sie rollen wie ein Kiesel klein
Am Weg, an der Straßenborte
In den Morgen hinein

Sie hängen in manchem Baume
Wie Früchte halbgereift.
Sie haben von manchem Traume
Den zarten Puder gestreift

Sie schmecken wie Galle so bitter.
So spei sie aus dem Spiel!
Sie sitzen im Fleisch wie Splitter.
Ein Wort ist schon zuviel.

*

Man soll in keiner Stadt länger
bleiben als ein
halbes Jahr.
Wenn man weiß, wie sie wurde und
war,
Wenn man die Männer hat weinen
sehen,
Und die Frauen lachen,
Soll man von dannen gehen,
Neue Städte zu bewachen.

Läßt man Freunde und Geliebte
zurück,
Wandert die Stadt mit einem als ein
ewiges Glück.
Meine Lippen singen zuweilen
Lieder, die ich in ihr gelernt,
Meine Sohlen eilen
Unter einem Himmel, der auch sie
besternt.

*

Hui über drei Oktaven
Glissando unsre Lust.
Laß mich noch einmal schlafen
An deiner Brust.

Fern schleicht der Morgen sachte,
Kein Hahn, kein Köter kläfft.
Du brauchst doch erst um achte
Ins Geschäft.

Laß die Matratzen knarren!
Nach hinten schläft der Wirt.
Wie deine Augen starren!
Dein Atem girrt!

Um deine bleiche Stirn der Morgen
Flicht einen bleichen Kranz
Du ruhst in ihm geborgen
Als eine Heilige und Jungfrau ganz.

Dem Schriftsteller Manfred Sturmann, der heute in Jerusalem den Nachlaß Else Lasker-Schülers verwaltet, schrieb Klabund: »Heute fangen so viele junge Menschen an, mit dem stereotypen, typischen Erlebnis von ›Ideen‹, die sie persönlich gar nicht erlebt haben, die sie sich anlesen, ansuchen, angaffen. Leben, leben und zum dritten Male: leben. Das ist die Hauptsache. Nicht wie der Dichter Axel Martini in Thomas Manns ›Königliche Hoheit‹ das Leben den anderen überlassen und selber nur seinen Senf dazu geben: sondern leben wie Leutnant Glahn in Hamsuns ›Pan‹. Mit beiden Beinen auf der Erde stehen, denn sie hat, wie alle Sonnen, auch alle ›Ideen‹ schon in sich, die desto herrlicher emporblühen werden, je tiefer man in sie verwurzelt ist.« Die totale Verstrickung in sich selbst endet bei Klabund 1916 während des Ersten Weltkrieges. Da lernt er in einem Schweizer Sanatorium die 20jährige Brunhilde Heberle aus Passau, Tochter eines Justizrates, kennen, die an Tuberkulose leidet wie er. Er gewinnt ihre Liebe. Er heiratet sie. Er nennt sie Irene, seinen Frieden. Doch Irene stirbt bei der Geburt eines Siebenmonatskindes, das nur wenige Monate lebt. Der Tod, mit dem Klabund lebt, trifft jemand anderen. In der kurzen Beziehung zu dieser Frau wird er wach für das Elend anderer. Er

Blick vom Bergfriedhof auf die Stadt Crossen in den zwanziger Jahren

schließt sich in der Schweiz den Pazifisten um den Schriftsteller René Schickele an, er, der 1914 glaubte, Deutschland mit Kriegsgedichten unterstützen zu müssen, da er als Kriegsfreiwilliger wegen seiner Krankheit nicht genommen worden ist. Am 3. Juni 1917 fordert Klabund den Kaiser in einem offenen Brief in der »Neuen Zürcher Zeitung« zur Abdankung auf: »Denn das deutsche Volk ist in Jahren unsagbaren Leidens gereift und den Kinderschuhen entwachsen: Es braucht keine Bevormundung mehr. Es hat sie satt...«
In Deutschland wird gegen Klabund ein Verfahren wegen Vaterlandsverrats und Majestätsbeleidigung eingeleitet. Der Haftbefehl wird just in dem Augenblick vollstreckt, als das Kaiserreich zusammengebrochen ist, als Klabund Deutschland in den Wirren der bayerischen Räterepublik besucht. In Nürnberg vollstrecken die Truppen der sozialdemokratischen Regierung den alten Haftbefehl. Durch das Eingreifen seines Schwiegervaters wird Klabund aus der Untersuchungshaft entlassen. Die verratene Revolution von 1918 beschreibt Klabund so:

Und als sie zogen in den Krieg –
Vater war Maikäfer – Maikäfer
flieg –
Da standen am Fenster die zwei,
Vergrämt, verhungert, Mutter und
Kind,
Tränen wuschen die Augen blind:
Vater ist auch dabei –

Der Krieg war zu Ende. Er kam nach Haus.
Er zog die zerlumpte Montur sich aus.
Am Fenster standen die zwei:
»Geh nicht auf die Straße!« »Ich muß, ich muß –«
Und Schuß auf Schuß! Hier Spartakus!
Vater ist auch dabei!

Vorbei der Traum der Revolution;
Wenn früh die Kolonnen ziehn zur Fron,
Stehen am Fenster die zwei:
Es zieht ein Zug von Hunger und Leid
In Ewigkeit – in Ewigkeit –
Vater ist auch dabei.

*

Am Kurfürstendamm da hocken zusamm
die Leute von heute mit großem Tamtam.
Brillanten mit Tanten, ein Frack mit was drin,
Ein Nerzpelz, ein Steinherz, ein Doppelkinn.
Perlen perlen, es perlt der Champagner.
Kokotten spotten: wer will, der kann ja

Fünf Braune für mich auf das Tischtuch
Zählen...
Na, Schieber, mein Lieber? – Nee, uns kanns
Nich fehlen,
Und wenn Millionen vor Hunger krepieren:
Wir wolln uns mal wieder amüsieren...

*

Millionen krepierten in diesem Krieg,
Den nur ein paar Dutzend gewannen.
Sie schlichen nach ihrem teuflischen Sieg
Mit vollen Säcken von dannen.
Im Hauptquartier bei Wein und Sekt
Tät mancher sein Liebchen pressen.
An der Front lag der Kerl,
Verlaust und verdreckt
Und vergessen, vergessen, vergessen.

Es blühte noch nach dem Kriege der Mord,
Es war eine Lust zu knallen.
Es zeigte in diesem traurigen Sport
Sich Deutschland über Allen.
Ein jeder Schurke hielt Gericht,
Die Erde mit Blut zu nässen.
Deutschland, du sollst die Ermordeten nicht
Und nicht die Mörder vergessen.

Klabund schreibt Songs für Max Reinhardts Kabarett »Schall und Rauch« in Berlin. Für die Rechte in der Weimarer Republik ist er ein rotes Tuch – und für die Linke auch. Das Volk mag ihn. Seine Romane »Moreau«, »Bracke«, »Franziskus«, »Mohammed« machen Auflage. Seine Gedichtbände »Die Himmelsleiter«, »Der Himmlische Vagant«, »Dreiklang«, »Das heiße Herz« und vor allem »Die Harfenjule« enthalten Gedichte, die sitzen im Kopf wie Lieder. »Die Harfenjule« bringt Klabund als billiges Heftchen heraus, damit es für jeden erschwinglich wird. Klabund ist es, der in Nachdichtungen ostasiatische Lyrik in Deutschland populär macht:

Wenn der Sommer kommt, gehen die Frauen mit ganz
Langsamen Schritten durch den Garten.
Ihre Füße träumen schwer. Und ihre Brüste warten,
Daß jemand unversehens von hinten sich heranschleicht und

Sie packt: ein Knecht, ein Strolch, ein Hirt –
Und ihre Wehrlosigkeit zur süßen Schande wird.

Im Deutschland der Inflation hat Klabund Mühe, seine kostspieligen Schweizer Sanatoriumsaufenthalte zu finanzieren. Statt sich zu erholen, arbeitet er sich kaputt. Die zu Ruhm und Glanz aufgestiegene Schauspielerin Elisabeth Bergner, die zusammen mit Heinrich George und Alexander Granach das »Schauspieltheater« als Kollektiv gegründet hat, kommt dem kranken Klabund zu Hilfe. Sie bittet ihn, die chinesische Vorlage des »Kreidekreis«-Dramas zu bearbeiten. Bei dem Gespräch stellt sie fest, daß Klabund sich kaum noch verständlich machen kann. Die Krankheit hat auf die Stimmbänder übergegriffen, und Klabund kann ihren Worten nur mit Kopfnicken und Kopfschütteln folgen. Klabund macht sich an die Arbeit. Da bricht das Theaterkollektiv der Bergner und ihrer Freunde auseinander. Doch sie erreicht vom Deutschen Theater in Berlin eine Option auf das Stück und eine Vorauszahlung für Klabund.
Die Uraufführung findet am 1. Januar 1925 in Meißen statt und wird ein Erfolg. Das Deutsche Theater aber führt das Stück Klabunds ein dreiviertel Jahr später zum Triumph. In über hundert Vorstellungen spielt die Bergner die Haitang. Bertolt Brecht greift zum Klabund-Text und schreibt seinen »Kaukasischen Kreidekreis«. Das Klabund-Stück läuft über alle Bühnen Deutschlands und sichert ihm endlich Einnahmen, von denen er leben kann.
An seiner Seite sieht man nun die 23jährige Münchner Schauspielerin Carola Neher. Er hat sie ein Jahr zuvor in der Ringlinie 2a der Münchner Straßenbahn kennengelernt, ist so fasziniert von der ihm bis dahin nicht bekannten Frau gewesen, daß er sie ganz einfach angestarrt hat, bis es ihr zuviel geworden ist und sie ihn angezischt hat: »Wenn Sie mich ganz ungeniert betrachten wollen, müssen Sie ins Theater gehen, ich spiele heute in den Kammerspielen in der ›Büchse der Pandora‹.« Klabund schickt Rosen in die Garderobe, und aus der Straßenbahn-Bekanntschaft entwickelt sich die zweite große Liebesbeziehung Klabunds. Für Carola Neher schreibt er das Gedicht »Kukuli«:

Kleiner Vogel Kukuli, flieh den grauen Norden, flieh,
Flieg nach Indien, nach Ägypten über Gräber, über
Krypten, über Länder, über Meere, kleiner Vogel, laß
Die schwere Erde unter dir und wiege dich im Himmels-
Äther – fliege zwischen Monden, zwischen Sternen bis
Zum Sonnenthron, dem fernen, flieg zum Flammengott
Der Schmerzen und verbrenn' in seinem Herzen!

Über die Beziehung zu Carola Neher notierte Klaus Mann: »Mit Carola Neher ihn zu beobachten war beinahe beunruhigend, so sehr liebte er sie. Ich vergesse nie den werbenden, gedämpften, zarten Ton, den seine Stimme, sprach er

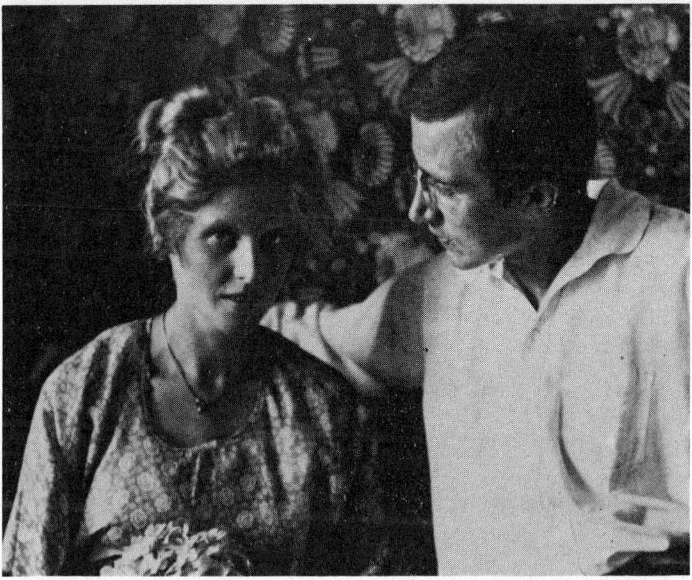

Im Jahre 1918 heiratete Klabund die 22jährige Brunhilde Heberle aus Passau. Sie starb noch im selben Jahr

zu ihr, hatte. Ich weiß noch, daß ich mit den beiden zusammen war in einer kleinen Münchner Bar, die Neher hatte vorher irgendeine Posse gespielt. Sie war kapriziös und mochte nicht essen; ich sehe Klabund, als sei es heute, wie er sich zu ihr neigte und besorgt scherzte: ›Ich als dein Manager muß unbedingt darauf bestehen, daß du eine Kleinigkeit nimmst.‹ Ich glaube, sie bestellte trotzdem nichts.«

Klabund folgt Carola Neher von Engagement zu Engagement: von München nach Breslau, von Breslau nach Berlin – ohne Rücksicht auf seine Krankheit, die immer weniger das Klima in Deutschland verträgt. Er, der in seinen Frauenbeziehungen den Tod vorweggenommen hat, indem er zum wievielten Male den Tod der Liebe bestimmt hatte, stirbt nun selbst vor Angst, er könne diese Frau verlieren. Mächtig und stark war er, solange er sich nicht band. In der Bindung zu Carola Neher verkehrt sich alles.

Als Carola Neher im Frühjahr 1925 an einer Blutvergiftung lebensgefährlich erkrankt, befürchtet er die Wiederholung des Schicksals seiner ersten Frau. Er schwört sich, sie zu heiraten, wenn sie vom Tod verschont bleibe. Carola Neher überlebt. Am 5. Mai 1925 heiraten die beiden. Er ahnt, daß er sich ausliefert: »Aber es

gibt ja Wunder. Ein Wunder hat ihr das Leben gerettet. Vielleicht wird ein Wunder auch unsere Ehe retten.«
An Hermann Hesse schreibt Klabund: »... anbei muß ich Ihnen, eitel wie ich bin, einmal meine Frau vorstellen. Wie gefällt sie Ihnen? Sie ist so schön, so klug, so genial, daß sie, in ihrem Theaterjargon gesprochen, mich völlig an die Wand gespielt hat und Sie von mir nicht mehr viel übrig finden werden. Einmal kommt ja die Frau, die uns unbewußt an allen anderen Frauen rächt und die uns radikal frißt. Mit Haut und Haaren, Leib und Seele. Auch nicht ein Seelenzipfelchen bleibt unverspeist. Denn die gesunde Sphinx hat einen gesunden Appetit...«
Carola Neher probt, spielt Theater, flirtet hier und da. Er schreibt ein Gedicht, in dem er sie sprechen läßt:

Freund meines Herzens –
Kleiner Freund –
Großer Junge –
Sei nicht nervös –
Das bin ich selbst –
Geh – geh –
Bleib – bleib –
Eine Stunde –
Oder zehn Minuten
Ich kann dich nicht länger halten.
Alle Frauen
Die dich früher liebten
Hatten so viel Zeit für dich.
Ich hab gar keine Zeit –
Nicht für dich
Kaum für mich.
Ich habe nur Zeit
Zu einem flüchtigen Kuß
Und einer verwehenden oder bösen Zärtlichkeit.
Je nachdem ich gelaunt bin.
Ich habe den ganzen Tag Probe.
Abends spiele ich Theater.
Dazwischen: Masseure, Friseure, Photographen –
Wann soll ich dich lieben?
Nachts nach der Vorstellung bin ich todmüde.
Verzeih mir, daß ich dich nicht lieben kann.
Vielleicht im Sommer
In Interlaken oder Brioni.
Aber bis dahin wirst du nicht warten wollen.
Schade.

Ein Freund Klabunds notiert: »Da traf ich ihn wie heimatlos mitten durch das Gewühl streifend, er war im Smoking, der um seinen abgemagerten Leib schlotterte... Er trug eine kleine, kostbare Damenhandtasche an sich gepreßt... Ich nahm ihn am Arm. ›Klabund!

Sie sind in diesem eiskalten Winter noch in Berlin?‹ Er sah mich zerstreut und unruhig an. ›Haben Sie meine Frau gesehen?‹«
Der Journalist Stefan Grossmann trifft den Dichter im Winter 1927/28 in einer Berliner Weinstube: »Ein Zeitungshändler brachte uns das Abendblatt, aus dem wir ersahen, daß Carola bei einer Probe eines für sie wichtigen Dramas abgesagt hatte. War sie krank, wirklich krank? Ich traute mich mit der Frage nicht so richtig raus... Klabund hörte, was ich verschwieg. ›Sie hat sich erkältet‹, sagte er endlich, ›aber Sie brauchen nicht um sie fürchten... Gewiß möchte ich immer um sie sein, aber ich wohne nicht mit ihr, seitdem ich so krank bin... Ich kann doch nicht plakatieren: ja, ich bin Carolas Gatte, aber ich habe mich dazu gebracht, mich physisch fern, sehr fern von ihr aufzuhalten. Je länger, je unerwartet länger ich lebe, desto mehr bin ich mit ihr vermählt, aber zwischen meinem Davos und ihrem Berlin liegen Hunderte von Kilometern, und diese Distanz wird größer, wenn es mich nach Berlin reißt!«
Literarisch beschreibt Klabund seine Situation so: »Sie legten mir ein weißes Tuch übers Gesicht wie einem Toten. Ich dachte schon, ich wäre tot. Aber unten auf der Straße, wo ich in das Sanitätsauto geschoben wurde, hob ein neugieriger Junge das weiße Tuch ein wenig ab und sagte enttäuscht: ›Och – der lebt ja!‹«

Klabund / Die Harfenjule

Ich hab' einmal ein Mädel gehabt — Baumblüte in Werder — Hurra, Germania! — Berlin o wie süß ist dein Paradies! — Vergessen, vergessen, vergessen — Und ich baumle mit de Beene — Theater — Die Ballade von den Hofsängern — Nichts bleibt uns, als uns lieb zu haben — Eifersucht — Bürgerliches Weihnachtsidyll — Grabinschriften — Schlaf, mein Stahlbadeengel — Abschiedsworte an einen Nordpolfahrer — Durch Sieg zum Tod! Durch Licht zur Nacht! — Der geistige Arbeiter — Der rumänische Räuberhauptmann Terente — Komm wieder, du geliebtes Leben! — Deutsches Volkslied — Trinklied — Meier — An die Natur — Du sollst schlafen, liebes Kind — Kukuli

Klabund

VERLAG DIE SCHMIEDE

Bücher, mit denen Klabund das Publikum für sich einnahm

Klabund am Ende seines Lebens: Im Mai 1928 erkrankte er auf der Insel Brioni an einer Lungenentzündung. Ärztliche Hilfe, die er in Davos suchte, kam für ihn zu spät. Er starb am 14.8.1928 im Alter von 37 Jahren

Klaus Mann sieht Klabund um jene Zeit beim Vortrag von Gedichten: »Seine heisere und reduzierte Stimme hatte, wenn sie vom Podium sprach, unvergeßliche Intensität. Freilich war sie überspannt, wie eine Saite, die bald reißen muß.«
Im Mai 1928 fährt Klabund mit seiner Frau Carola nach Brioni. Er erkrankt an einer Lungenentzündung und einer Bauchfellreizung. Zu spät kommt er nach Davos. Die ärztliche Behandlung bringt keine Besserung. Seinen Arzt fragt er nach den Symptomen einer Gehirnhautentzündung. Er brauche diese Auskünfte für eine Geschichte, die er schreiben wolle. Der Arzt erklärt ihm die Symptome. Klabund erleidet einen Blutsturz. Er rafft sich auf und schreibt eine Postkarte ohne Datum an seine Eltern nach Crossen: »Liebste Eltern, herzlichsten Gruß aus Davos! Ist es Euch nicht möglich, sagen wir innerhalb acht bis zehn Tagen nach Davos zu kommen?...« Dann telegraphiert er nach Berlin, bittet seine Frau zu kommen. Carola Neher mitten in den Proben zu Brechts »Dreigroschenoper«, in der sie als Polly die Hauptrolle spielen soll, reist zu ihrem Mann. Der dämmert vor sich hin, geplagt von quälenden Kopfschmerzen. Eine neue Blutung schwemmt die Tuberkelbazillen in den Blutkreislauf und erzeugt die todbringende Meningitis. Brecht meldet sich mehrmals täglich telefonisch bei Carola Neher. Er denkt nur an seine bedrohte Theateraufführung. »Ist er schon tot? Ist er schon tot?« ist seine ständige Frage. Am Morgen des 14. August 1928 ist Klabund tot. Die Urne mit seiner Asche wird nach Crossen gebracht.
Gottfried Benn, der um vier Jahre ältere Freund des Dichters, sagt auf der Trauerfeier: »Und wenn ich an seine Urne etwas zu schreiben hätte, wäre es ein Satz aus einem der großen Romane von Joseph Conrad, über die ich in letzter Zeit mit Klabund sprach. Ein Wort, das die Verwirrung des Menschenherzens und der Menschheitsgeschichte raunend erhellt: ›Dem Traum folgen und nochmals dem Traum folgen und so weiter – usque ad finem‹.«
In Klabunds »Himmelsleiter« steht das Gedicht:

Du wanderst deinen kleinen Weg alleine.
Der Wind, der dünengrün am Strande weht,
Er klirrt auch durch die moosigen Gesteine
Und durch der Städte staubiges Gerät.

Doch wenn du stirbst, fühlst du mit dir Erbarmen,
Und müde fällst du schwach auf dein Genick.
Es ruht wohl sinnlich wer in deinen Armen,
Doch sein Gesicht verbirgt sich deinem Blick.

Du wanderst würdig auf betauten Auen.
Der Blumen Farbe dünkt dir königlich.
Und aus den Tälern steigt ein Hauch von Frauen,
Wie sommers er durch die Kastanien strich.

Doch dieser Atem wuchs aus keinem Munde,

Die Tuberkulose zwang Klabund zu zahlreichen Sanatoriumsaufenthalten in Davos

Und seine Zärtlichkeit ist so bedroht
Von dem Gedanken einer irdenen Stunde,
Daß du es weißt: so duftet nur der Tod.
Du ahnst, daß er dir wie ein Sohn bekannt ist
(Wer Ahnung hat, der ist nicht mehr allein...),
Geführt von einer Hand, die keine Hand ist,
Gehst du bestrahlt im Firmamente ein.

Das war Klabund, noch nicht 38 Jahre alt, ein Biß-chen Leben!

*

Carola Neher unterschrieb 1933 einen Aufruf antifaschistischer Künstler gegen Hitler. Nach dem Reichstagsbrand floh sie nach Prag. Dort heiratete sie den deutsch-rumänischen Ingenieur Anatol Becker. Sie ging mit ihrem Mann in die Sowjetunion nach Moskau. In Moskau kam ihr Sohn Georg zur Welt. Im Herbst 1936 wurde das Ehepaar verhaftet. Wegen »Spionage« wurden beide zu zehn Jahren Arbeitslager verurteilt. Die Verurteilung wurde mit dem Kontakt der beiden zu Stalin-Gegner Erich Wollenberg begründet, den sie in Prag kennengelernt hatten. Carola Nehers Mann wurde 1937 im Alter von 34 Jahren im Lager von NKWD-Beamten erschossen. Die Sowjets wollten die 42jährige zwingen, nach Deutschland zurückzugehen und dort für Moskau als Agentin zu arbeiten. Sie weigerte sich. Die NKWD-Beamten liquidierten sie daraufhin am 28. Juni 1942 durch Genickschuß. Carola Nehers Sohn durfte 1975 in die Bundesrepublik ausreisen. ■

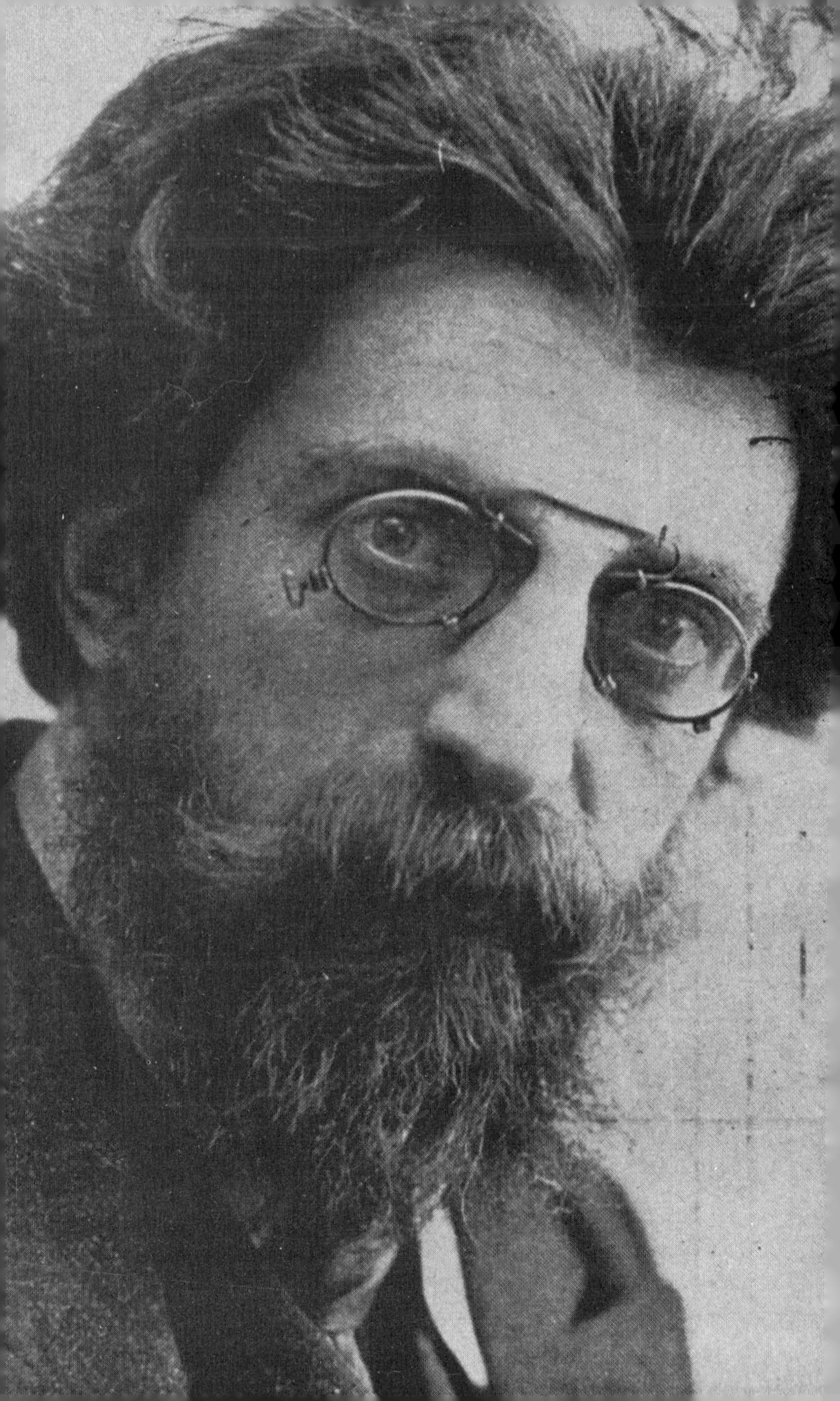

Erich Mühsam

Der Anarchist, der die Gewalt haßte

Er war noch ein Knirps, baute Burgen im Sand und fand, daß man sie errichten und wieder zerstören konnte, wie die Lust des Augenblicks es befahl und die Kraft der Phantasie es zuließ. Und dieser Trieb schien ihm der einzig echte unter Sonne, Mond und Sternen zu sein. Als Elfjähriger dichtete er Tierfabeln. Als Fünfzehnjähriger wob er dem Komiker eines Lübecker Zirkus-Varietés regelmäßig die letzten lokalen und politischen Aktualitäten in die Couplets. Er besuchte dieselbe Schule wie der Dichter Thomas Mann und der Politiker Gustav Radbruch. Nur verließ er sie vorzeitig, als Siebzehnjähriger gefeuert wegen »sozialdemokratischer Umtriebe«: Erich Mühsam, Vagant, Bänkelsänger, Dramatiker – und Anarchist.

Sein Temperament war so widerborstig wie sein Haar. Erich Mühsam kam 1878 in Berlin zur Welt, wuchs in Lübeck auf und war nirgendwo zu Hause. Sein Ideal von sozialer Gerechtigkeit wurde von keiner Partei geteilt, nicht von den Bürgerlichen und nicht von den Sozialisten. Das Kaiserreich internierte ihn, weil er gegen den Ersten Weltkrieg agitierte. Die Weimarer Republik schickte ihn sechs Jahre in den Kerker, weil er für die Abschaffung des Kapitalismus eintrat. Hitlers Chefpropagandist Joseph Goebbels sprach das Todesurteil über ihn: »Dieses rote Judenaas muß krepieren.« Im KZ Oranienburg wurde Erich Mühsam 1934 von SS-Leuten ermordet.

Er hatte ein Gesicht, an dem sich alle Vorurteile festmachen ließen. Über der ewig verrutschten Krawatte lugte ein Kopf mit störrischem, rotem Vollbart, verwildertem Haarschopf und einem schiefsitzenden Kneifer auf der Nase hervor. Er suggerierte den Bürgerschreck und war doch keiner. Professor Alfred Kantorowicz in Hamburg, ein Freund des Dichters, erinnert sich: »Wahrhaftig, wer ihn nicht näher kannte, hätte befürchten können, daß er sogleich eine Bombe aus der Tasche ziehen und unter die Menge werfen würde. Wer ihn aber kannte, wußte, daß er der gütigste, hilfsbereiteste und dabei für seine eigene Person zugleich selbstloseste Mann war, den man sich vorstellen konnte.«

Erich Mühsams Vater besaß in Lübeck eine Apotheke, war immer darum bestrebt, als assimilierter Jude zu gelten, und sah sein Stre-

ben mit einem Sitz in der Lübekker Bürgerschaft belohnt. Über seinem Bett hing der Degen, den er im Feldzug 1866 getragen hatte. In seinem Tagebuch notierte Erich Mühsam später: »Es steigt etwas wie Haß in mir auf, wenn ich daran zurückdenke, wenn ich mir die unsagbaren Prügel vergegenwärtige, mit denen alles, was an natürlicher Regung in mir war, herausgeprügelt werden sollte.«
Der Vater kannte die Neigung seines Sohnes, Bücher zu lesen. Deshalb erhielt der Junge nie welche geschenkt. Im Tagebuch heißt es: »Als man dahinterkam, daß ich nachts heimlich aufstand, an den Bücherschrank der Eltern ging und mir die Werke Kleists, Goethes, Wielands und Jean Pauls herausholte, da verschloß man den Schrank und nahm mir auch die einzige Möglichkeit, meine tiefe Sehnsucht zu befriedigen. Geld bekam ich nie in die Hand.«
In seiner Erziehung erlebte Erich Mühsam alles, wogegen er dann ein Leben lang ankämpfte: Gewalt, irrationale Autorität, Intoleranz und Ungerechtigkeit. Nach dem Willen des Vaters wurde er Apothekerlehrling. Bei dem Lehrherrn, der mit seinem Vater befreundet war, machte sich Erich Mühsam gleich unbeliebt. Er setzte sich für die Konkurrenz ein. Die Konkurrenz saß in einem historischen Gebäude. Das Gebäude sollte abgerissen werden und einem Geschäftshaus weichen. Erich Mühsam lancierte in die sechs Lübecker Zeitungen gleichlautende Meldungen, die die Pläne der Spekulanten vorzeitig bekanntmachten. Auf den Druck der Öffentlichkeit hin blieb das alte Gebäude mit der Löwen-Apotheke in der Dr.-Julius-Leber-Straße erhalten – bis zum heutigen Tag.
Dem Wirbel, den der 18jährige verursachte, folgte die »Strafversetzung« durch den Vater: Er schickte den Sohn nach Berlin, wo dieser seine Lehre fortsetzte. Im Berlin der Jahrhundertwende fand Erich Mühsam Anschluß an die Gesellschaft der Literaten, Soziallehrer und Weltverbesserer. Die Stadt schwirrte vor verrückten Gedanken. Überall sprossen Heilslehren aus dem Boden. In der Wochenschrift »Der arme Teufel« erschienen die ersten Gedichte des 24jährigen, er wurde der Freund des Vaganten Peter Hille, des Satirikers Paul Scheerbart, der Lyrikerin Else Lasker-Schüler und des norwegischen Malers Edvard Munch.
Der Shakespeare-Forscher Gustav Landauer, bedeutendster Kopf des freiheitlichen Sozialismus in jener Zeit, gab dem Apothekergehilfen eine politische Hoffnung: die Utopie vom Abbau aller Herrschaftsstrukturen innerhalb der Gesellschaft, Ziel der Anarchisten. Später wird Mühsam den gescheiterten Weg zum Sozialismus in der Weimarer Republik so beschreiben. »Der wirkliche Grund der schrecklichen Erfolglosigkeit des Proletariats in seinem Ringen um Befreiung aus den Fesseln der

Mühsam 1931 auf einer Kundgebung in Berlin mit dem Kommunisten Wilhelm Pieck, nach dem Krieg DDR-Präsident

Beim Poeten Peter Hille in Berlin-Schlachtensee

Mit Heinrich Mann (rechts unten) gemeinsamer Kampf

Mit dem Kommunisten Max Levien 1933 im KZ

ökonomischen Unterdrückung ist die Verunreinigung seiner Kampfmittel durch die jede Idealität der Gesinnung verachtende Dogmatik des Marxismus.«

In der Atmosphäre der Bohème begann Mühsams anarchistischer Klärungsprozeß. Die Bohème war eine spielerische Lebensform, der die meisten Künstler jener Zeit verfielen, die aber jederzeit den Rückweg zur bürgerlichen Reputierlichkeit offenließ. Doch Mühsam spielte nicht, auch wenn er Bänkellieder schrieb und vortrug:

Ich bin ein Pilger, der sein Ziel nicht kennt;
Der Feuer sieht und weiß nicht, wo es brennt;
Vor dem die Welt in fremde Sonnen rennt.

Ich bin ein Träumer, den ein Lichtschein narrt;
Der in dem Sonnenstrahl nach Golde scharrt;
Der das Erwachen flieht, auf das er harrt.

Ich bin ein Stern, der seinen Gott erhellt;
Der seinen Glanz in dunkle Seelen stellt;
Der einst in fahle Ewigkeiten fällt.

Ich bin ein Wasser, das nie mündend fließt;
Das tauentströmt in Wolken sich ergießt;
Das küßt und fortschwemmt – weint und froh genießt.

Wo ist, der meines Wesens Namen nennt?

Der meine Welt von meiner Sehnsucht trennt?
Ich bin ein Pilger, der sein Ziel nicht kennt.

In Berlin erschien 1904 sein erster Gedichtband »Die Wüste«. Dann fuhr er nach München, war begeistert von der Stadt und blieb dort. Er trat im berühmten Kabarett der »Elf Scharfrichter« mit seinen Liedern auf, suchte sich Schachgegner im Café Leopold oder im Café Stefanie und schrieb für den »Simplicissimus«:

Mädchen mit den krummen Beinen,
Wie dein Dackel schief im Gang,
Glätte mir dein weißes Leinen.
Grade will dein Wuchs mir scheinen,
Liegst du lang.

Deine Haut, die fleckig, kreidig,
Dir verunziert Stirn und Wang,
Rötet sich und wird geschmeidig
Und dein Borstenhaar wird seidig,
Liegst du lang.

Dein Organ ist wie der Spatzen
Kreischend krächzender Gesang.
Komm auf schwellende Matratzen!
Wohllaut wird dein heisres Kratzen,
Liegst du lang.

Armes Kind, nie kam ein Freier,
Der dich auf sein Lager dang,
Komm zu mir zur Liebesfeier!
Mir schwillt Mut und Blut und Leier,
Liegst du lang.

Max Krell erinnert sich: »In München herrschte ein geradezu familiärer Geist. Der Nationalist Max Halbe saß mit dem Kommunisten Erich Mühsam hinter dem Bierseidel, der soziale Rabulist Wedekind kletterte zu Diskussionen in die Junggesellenwohnung des feinen, stillen Eduard Keyserling hinauf, und der reiche Lion Feuchtwanger verband sich in freundlicher Zusammenarbeit mit dem damals armen Bert Brecht.« Von München aus unternahm Mühsam Streifzüge durch ganz Europa. In München schrieb er sein Gedicht »Der Revoluzzer«, das er 1907 der verbürgerlichten Sozialdemokratie widmete und das der Sänger Ernst Busch berühmt machte:

War einmal ein Revoluzzer,
Im Zivilstand Lampenputzer;
Ging im Revoluzzerschritt
Mit den Revoluzzern mit.

Und er schrie: ›Ich revolüzze!‹
Und die Revoluzzermütze
Schob er auf das linke Ohr,
Kam sich höchst gefährlich vor.

Doch die Revoluzzer schritten
Mitten auf der Straßenmitten,
Wo er sonsten unverdrutzt
Alle Gaslaternen putzt.

Sie vom Boden zu entfernen,
Rupfte man die Gaslaternen
Aus dem Straßenpflaster aus,
Zwecks des Barrikadenbaus.

Aber unser Revoluzzer
Schrie: ›Ich bin der Lampenputzer
Dieses guten Leuchtelichts.
Bitte, bitte, tut ihm nichts!

Wenn wir ihnen 's Licht ausdrehen,
Kann kein Bürger nichts mehr sehen.
Laßt die Lampen stehn, ich bitt! –
Denn sonst spiel ich nicht mehr mit!‹

Doch die Revoluzzer lachten,
Und die Gaslaternen krachten,
Und der Lampenputzer schlich
fort und weinte bitterlich.

Dann ist er zu Haus geblieben!
Und hat dort ein Buch geschrieben:
Nämlich, wie man revoluzzt
Und dabei doch Lampen ›putzt‹.

Mit der Gründung des Blattes »Kain. Zeitschrift für Menschlichkeit«, deren Beiträge er ausschließlich selbst verfaßte, strebte Mühsam früher als die meisten Expressionisten danach, Dichtung und politisches Engagement zu vereinen. Er distanzierte sich »von den pomadenhaften impotenten Ästheten« und dachte an den Tag, »da die Massen sich ihrer Sklaverei wütend bewußt werden und in gesundem Haß gegen ihre Peiniger ohne Sentimentalität zum eigenen Nutzen verfahren«.

Der Dramatiker Frank Wedekind warnte den Freund Mühsam: »Sie reiten stehend auf zwei Gäulen, die nach verschiedenen Richtungen streben, sie werden Ihnen die Beine ausreißen.« Erich Mühsam aber antwortete: »Wenn ich einen laufen lasse, verliere ich die Balance und breche mir das Genick.«

Schon in den ersten Jahren des neuen Jahrhunderts ahnte er die verhängnisvollen Folgen für den Arbeiter, der seine Sozialismushoffnungen bei der SPD gut aufgehoben glaubte. 1904 lehnten die Sozialdemokraten auf ihrem Parteitag in Bremen einen Antrag ihres damaligen Mitglieds Karl Liebknecht ab, »die Jugend mit antimilitaristischem Geiste zu beseelen«, ebenso den Antrag, »die Frage des Generalstreiks bei einem Kriegsausbruch zu prüfen«.

Daß die SPD die kaiserliche Kriegspolitik unterstützte, hatte für Mühsam nicht nur den Grund im opportunistischen Verhalten dieser Partei: Er vermißte bereits in den Gedanken von Marx und Engels eine konsequente Ablehnung jeglichen Kriegsgeschehens. »So kam, was kommen mußte«, schrieb er. »Der Charakter, die Gesinnung, die Grundsätze, mit einem Wort: Der Sozialismus war längst gefallen, als der Weltkrieg begann. Es fiel nur noch die Maske. Jetzt war die Bahn frei für alle Erbärmlichkeiten. Der Burgfriede und die Durchhalterei – alles wurde mitgemacht. Die Arbeiterführer waren die willfährigen Lakaien der preußischen Generäle geworden.«

Mühsams wiederholte Versuche, zur schnellen Einstellung des Krieges alle linken Parteien auf internationaler Ebene zu solidarisieren, scheiterten. Das Kaiserreich internierte den unbequemen Pazifisten. Und der nach dem Ersten Weltkrieg von der SPD getragene Staat bestrafte Erich Mühsam wegen seiner Beteiligung an der Münchner Räterepublik mit 15 Jahren Festung, die er im Dezember 1924 nach sechsjähriger Haft vorzeitig verlassen durfte. Ein Amnestieakt, mit dem kaschiert werden sollte, wem man zu Freiheit verhelfen wollte: Hitler, der in Landsberg am Lech in Festungshaft saß und das Wohlwollen reaktionärer Militärs genoß.

Nach Mühsam »kann Macht nicht sein, wo keine Ohnmacht ist«. Und so urteilte er: »Wer aber im Tode in den Himmel will, der will

Mühsam mit seiner Frau Kreszentia, die er 1915 heiratete. Für den dänischen Dichter Andersen-Nexö war sie »die unerschrockenste Frau, die das bayerische Bauernland hervorgebracht hat«

Mühsam als Lyriker, Justizkritiker und politischer Publizist. Nach der Entlassung aus der Festungshaft: literarischer Kampf gegen die Faschisten

im Leben an die Macht, der tröstet seine Opfer mit dem Himmelreich nach dem Tode.« Die Machtbesessenheit der Sozialdemokraten demonstrierte der Dichter an der Figur des bayerischen Militärministers Schneppenhorst, der sich an der Ausrufung der Räterepublik beteiligt hatte, weil er sich Vorteile versprach, und dann zu den Gegnern übergelaufen war. Nach der Melodie »O Tannenbaum« sang Fritz Busch in der Weimarer Republik das Lied Erich Mühsams:

O Schneppenhorst,
O Schneppenhorst,
Wie kühn sind deine Eide!
Du schwörst im Eifer des Gefechts
Bald rechts, bald links, bald links, bald rechts.
O Schneppenhorst,
O Schneppenhorst,
Du Bürgers Augenweide

Während der Haft schrieb Mühsam einen Großteil seines literarischen und politischen Werkes, dessen Anarchismus noch heute mit Terrorismus gleichgesetzt wird. Was wollte er? »Wer in der Meinung, damit seiner Sache dienen zu können, die Waffe gegen einen widerstrebenden Nebenmenschen erhebt, verletzt die Grundidee des Anarchismus, die Gewaltlosigkeit«, schrieb er. Die Grundidee lautete: »Der Anarchist geht keine freiwilligen Verpflichtungen ein, die die Selbstbestimmung beeinträchtigen oder ihn einer Autorität unterwerfen können.«

Praktisch bedeutete dies für Mühsam auch: »Wer seine Kinder prügelt, mißbraucht seine körperliche Überlegenheit zur Errichtung eines Machtverhältnisses, festigt dadurch die Macht und die Autorität von Staat und Kapital, indem er den Machtwahn in sein Kind hineinschlägt.«

Mühsam war kein bequemer Mann, nicht für die Sozialdemo-

Bei der Probe von »Staatsräson« 1929: Dora Gerson, Ernst Busch, Friedrich Gnass, Lotte Lieven, Mühsam, Alexander Granach, Elfriede Liebthal, Leopold Lindtberg (Regie)

kraten und auch nicht für die Kommunisten, weil er Ideologien nicht als säkularisierte Heilslehren hinnahm. Die Freiheit des Denkens ließ er sich von niemandem einschränken. Er wollte etwas in Fluß halten, den letzten Ursprung der Dinge, der die Erde schon nicht mehr frei erreicht. Das war sein Anarchismus. Die davon wußten, setzten sich für seine Entlassung aus der Festungshaft ein: der Physiker Albert Einstein, der Publizist Kurt Tucholsky, die Dichterin Else Lasker-Schüler und Heinrich Mann.

Als Mühsam nach der Entlassung zusammen mit seiner Frau Kreszentia am 22. Dezember 1924 auf dem Anhalter Bahnhof in Berlin

ankam, erwarteten ihn Tausende von Arbeitern. Sie wurden von der Polizei auseinandergeknüppelt, als sie begannen, die »Internationale« zu singen.
Wenige Tage nach seiner Freilassung sprach der Dichter, der sich in der Haft ein schweres Herzleiden zugezogen und auf dem rechten Ohr das Gehör verloren hatte, auf einer Großversammlung zur Befreiung politischer Gefangener.
An Mühsams Seite stand seine Frau Kreszentia. Er hatte die Tochter eines Bauern aus Niederbayern 1915 in München geheiratet. Über die beiden schrieb der dänische Schriftsteller Andersen-Nexö: »Ein prächtiges Ehepaar, von außen waren sie so verschieden wie überhaupt möglich: Sie durch und durch Land und freier Himmel, er die Großstadt mit Ästhetik und Bücherluft. Und dennoch paßten sie zusammen: Erich Mühsam und die unerschrockenste Frau, die das bayerische Bauernland hervorgebracht.«
Für Kreszentia hat Mühsam in der Haft zwei Bilderbücher geschrieben, Gedichte mit getuschten Federzeichnungen. Das eine entstand in der Festungshaft in Niederschönenfeld zum neunten Hochzeitstag 1924, das andere im Konzentrationslager der Nazis. Er dichtete:

Angst packt mich an,
Denn ich ahne, es nahen Tage
Voll großer Klage.
Komm du, komm her zu mir!
Wenn die Blätter im Herbst
ersterben,
Und sich die Flüsse trüber färben,
Und sich die Wolken ineinanderschieben –
Dann komm, du komm!
Schütze mich –
Stütze mich –
Faß meine Hand an.
Hilf mir lieben

In Berlin gab Erich Mühsam eine neue Zeitschrift unter dem Titel »Fanal« heraus und schrieb politische Analysen, die nicht nur den alten Gegensatz zur SPD demonstrierten, sondern auch seine Distanz zur KPD. Seine Grundsatzkritik richtete sich gegen Marx: »Die Lehre des Karl Marx ist eine in Kern und Wesen bürgerliche Lehre. Mag die von ihm vorgenommene Zergliederung der kapitalistischen Ökonomie in allen wesentlichen Einzelheiten richtig sein – es handelt sich hier um die Lösung theoretischer Streitfragen: Die einzig wichtige Aufgabe des Erziehers zur Revolution bleibt er schuldig. Das ist die Rebellierung des Geistes durch Auflockerung der Bindungen, die das Opfer der Gesellschaft ideologisch an deren Grundlagen knüpfen. Diese Grundlagen sind geistiger und moralischer Natur.«
Im Jahre 1929 warnte Mühsam SPD und KPD vor dem faschistischen Staatsstreich: »Die Erfahrungen beweisen ja wohl, daß die Industrieherren, die schon früher die Hitler-Bande finanziert haben, nicht übertrieben bedenklich die Mittel auswählen, die ihre Wünsche erfüllen können...« Besonders für das Proletariat werde eine schreckliche Zeit kommen, »wenn der Tanz des Dritten Reiches losgeht, wenn die Auflösung aller Ar-

beiterkoalitionen von irgendeinem Hitler, Frick oder anderem verhängt wird, wenn die standrechtlichen Erschießungen, die Pogrome, Plünderungen, Massenverhaftungen das Recht in Deutschland darstellen«.

Frühzeitig plädierte Mühsam für ein Zusammengehen aller antifaschistischen Organisationen und für einen Generalstreik: »Die einzige Kraft, die imstande wäre, Hitlers Machtergreifung zu verhindern, ist der verbundene Wille der vom Nationalismus nicht verwirrten deutschen Arbeiterschaft.«

Doch das »Fanal«, das Mühsam setzte, war das Fanal eines Einzelgängers. Unversöhnlich standen sich die beiden großen Arbeiterparteien bis zum Untergang der Weimarer Republik gegenüber.

Nur auf der Bühne hatte Erich Mühsam mit seiner Sicht vom Sozialismus Erfolg: Leopold Lindtberg inszenierte in Berlin Mühsams Stück »Staatsräson«. Und sein Drama »Judas« wurde im Mannheimer Volkstheater vor 5000 Arbeitern ohne Vorhang und ohne Pausen gespielt, teils von Schauspielern, teils von Arbeitern.

In der Nacht des Reichstagsbrandes vom 27. zum 28. Februar 1933 verhafteten die Nazis 4000 kommunistische Funktionäre, viele Sozialdemokraten und Liberale. Unter den Verhafteten war der Anarchist Erich Mühsam. Wochenlang hatte er vergeblich nach einem Geldgeber gesucht, der ihm die Reise nach Prag hätte bezahlen können. Am Abend des Reichstagsbrandes hatte er das Geld beisammen. Am nächsten Morgen wollte er Deutschland verlassen. SA-Leute drangen in seine Wohnung am Laubenheimer Platz und brachten ihn ins Gefängnis Lehrter Straße.

In seinen Taschenkalender notierte er: Freitag, den 31. März: Transport zum Polizeipräsidium. Konfrontierung mit Journalisten. Donnerstag, den 6. April: Abtransport über Schlesischen Bahnhof nach Sonnenburg. Nacht mit Ossietzky und Litten. Sonnabend, den 8. April: Umzug in Einzelhaft (Keller) Bart etc. Besuch von Zenzl. Erdarbeit (mit Ossietzky). Sonntag, den 9. April: Verletzung des Gebisses, des Ohres usw. Mittwoch, den 12. April: Schwere Herzattacken durch Überanstrengungen, frühmorgens. Donnerstag, den 13. April: Anstrengungen wie gestern. Ohrenausspritzung. Mittwoch, den 19. April: Neue große Anstrengungen etc. Sonnabend, den 22. April: Beim Arzt (Zurechtweisung wegen unnötiger Konsultation). Montag, den 24. April: Überfall in der Zelle. Schläge. Donnerstag, den 4. Mai: Beim Arzt (arbeitsverwendungsfähig). 16./17. Mai: Überfall in Zelle. Meldung etc.

Der letzte Leidensweg Erich Mühsams hatte begonnen: Gefängnis Lehrter Straße, KZ Sonnenburg, Strafanstalt Plötzensee, KZ Brandenburg, KZ Oranienburg.

Kreszentia Mühsam schilderte später einen Besuch bei ihrem Mann: »Er war schrecklich zugerichtet. Ich hatte es schwer, mein Entsetzen zu verbergen. Er saß auf einem Stuhl, hatte keine Brille

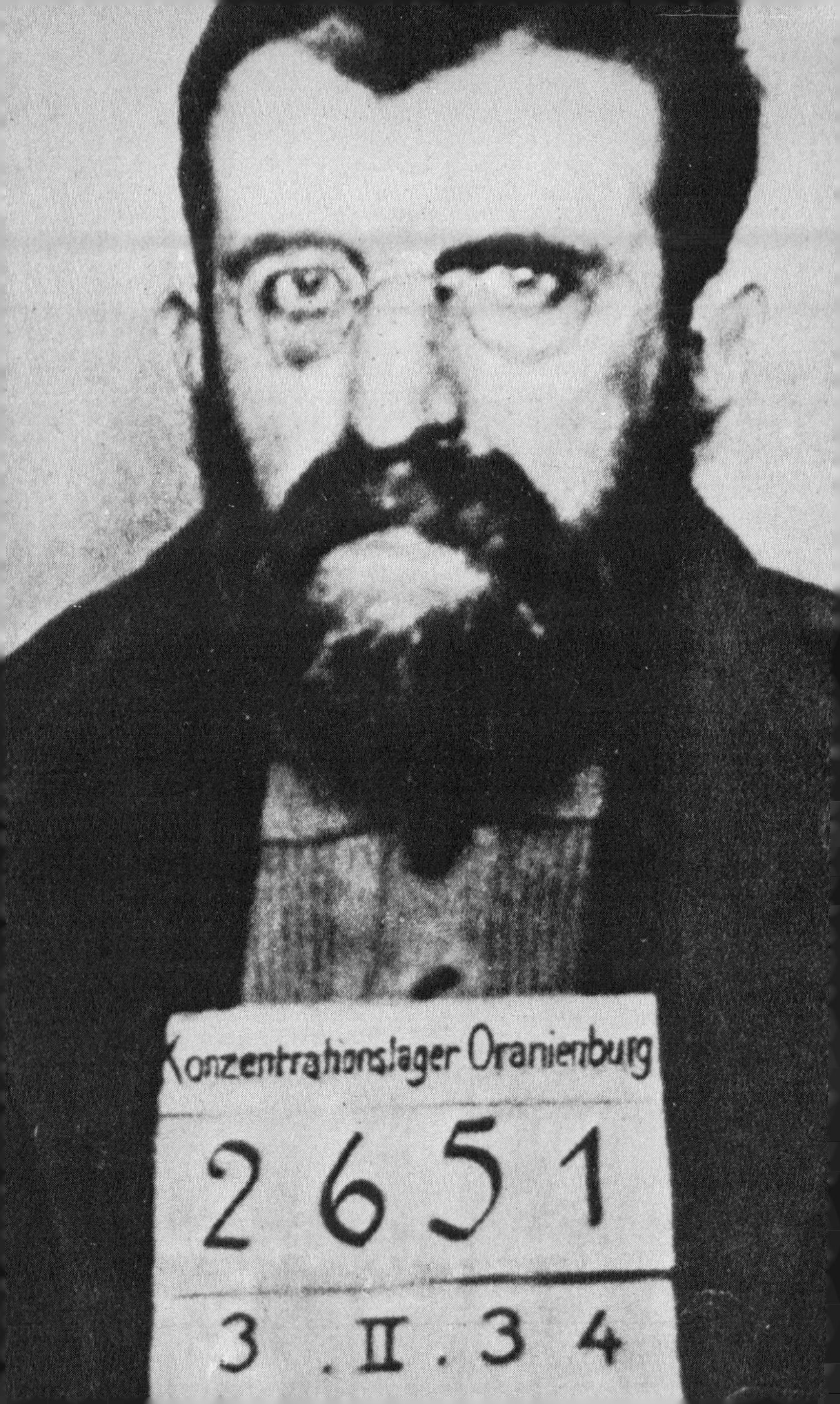
Konzentrationslager Oranienburg
2651
3. II. 34

auf — man hatte sie ihm zerbrochen —, die Zähne waren ihm eingeschlagen, und sein Bart war von den Unmenschen so zugestutzt, daß der jüdische Typ zur Karikatur gewandelt war. Als er mich sah, stieß er hervor: ›Warum bist du in diese Hölle gekommen?‹ Und beim Abschied: ›Eins merke dir, Zenzl, ich werde ganz bestimmt niemals feige sein!‹«

Ein Mithäftling schilderte später seinen Eindruck vom mißhandelten Erich Mühsam: »Das Gesicht war feuerrot und vollkommen verschwollen, die Augen blutunterlaufen. Er fiel kraftlos auf seinen Strohsack. ›Die Schweine‹, stieß er hervor, ›haben mir in den Mund gerotzt.‹ Am nächsten Tag war sein linkes Ohr wie ein Boxerohr ganz dick angeschwollen, und aus dem Gehörgang trat eine Blase heraus. Acht Tage ließ man ihn in diesem Zustand ohne Hilfe. Erich Mühsam sagte zu mir: ›Weißt du, vor dem Sterben habe ich keine Angst, aber dieses langsame Hinmorden, das ist das Grauenhafte.‹«

SA-Männer täuschten ihm vor, er werde erschossen. Mühsam mußte im Gefängnishof sein Grab schaufeln. Dann stellten sie ihn an die Wand und richteten die Waffen gegen ihn. Sie forderten ihn auf, das Horst-Wessel-Lied zu singen, und Erich Mühsam sang die Internationale: »Völker hört die Signale«. Seine Peiniger jagten ihn zurück in die Baracke. Als er an seine Frau schreiben wollte, bog ihm ein KZ-Aufseher die Daumen um und renkte sie aus. Dann sagte er: »So jetzt schreiben Sie Ihrer Frau.«

Im Gespräch mit dem jungen Marxisten Stefan Szende, der mit ihm im KZ Oranienburg saß, sagte er: »Der Nazismus ist die direkte Folge und die Fortsetzung marxistischer Politik, gleich ob sie von feigen, moralisch minderwertigen rechten Sozialdemokraten oder von dogmatischen Kommunisten betrieben wurde. Die Politik der linken Marxisten war in einem bestimmten Sinne immer eindeutig: sie schändet die Menschenwürde. Ihr habt Freiheit, Anständigkeit und Humanität in den Kot gezogen, zertrampelt und zertrümmert. Damit habt ihr die Leidenden für das Böse empfänglich gemacht.«

Erich Mühsam ging seinen Weg zu Ende, so wie er ihn bereits 1918 vorgezeichnet hatte: »Und ob sie mich erschlügen, sich fügen heißt lügen!« Ein anderer Leidensgenosse erzählte später: »Noch an einem seiner letzten Abende sagte Erich Mühsam: ›Wenn ihr hört, daß ich Selbstmord begangen habe, so dürft ihr es nicht glauben.‹«

Am 6. Juli 1934 hielt die SS in dem bisher der SA unterstehenden KZ Oranienburg ihren Einzug. 150 SS-Männer aus Württemberg und Bayern.

Der Arbeiterschriftsteller Karl Grünberg erinnert sich: »Am Nachmittag des 10. Juli 1934 wurde Erich Mühsam in das Wachlokal bestellt. Dort machte ihm der

Der Dichter als KZ-Häftling Nr. 2651: fünf Monate später wurde Mühsam von SS-Männern ermordet

Kreszentia Mühsam suchte Zuflucht in der Sowjetunion und wurde nach Sibirien deportiert

SS-Sturmführer Ehrat in höhnisch-höflicher Form folgende Eröffnung: ›Also Sie sind Herr Mühsam? Doch der Mühsam aus der Münchner Räterepublik? Also hören Sie zu, was ich Ihnen jetzt sage. Bis morgen früh haben Sie sich aufzuhängen. Sie verstehen doch, was ich meine, so um den Hals rum aufhängen. Wenn Sie diesen Befehl nicht ausführen, erledigen wir das selbst!‹
Ganz verstört kehrte Mühsam zu seinen Leidensgefährten zurück,

denen er den Sachverhalt erzählte. Er erklärte, daß er ungeachtet der schon durchlebten Leiden sich auch jetzt keinesfalls selber aufhängen werde.
Um 8.15 Uhr abends wurde Mühsam zum Verwaltungsgebäude geholt. Von diesem Weg kehrte er nicht mehr zurück. Man sah ihn später in Begleitung des SS-Sturmführers Werner über den Hof gehen. Am nächsten Morgen fand man ihn, an einem Strick hängend, auf dem Abtritt Nummer vier; seine Füße hingen in das Abtrittsloch nieder. Der Knoten war so kunstgerecht geknüpft, wie ihn der halbblinde Mühsam niemals fertigbekommen hätte.«
Erich Mühsam war im Kommandantenzimmer ermordet, und die Leiche war, um einen Selbstmord vorzutäuschen, im Klosetthaus aufgehängt worden. Am 16. Juli 1934 wurde Mühsam auf dem Waldfriedhof Dahlem in Berlin beerdigt. Sein Leben und sein Sterben war, wie er es vorausgefühlt hatte:

Wenn Gott mich verstände,
Wie ich sein Werk versteh,
Er gäb in meine Hände
Den Segen für das Weh.

Ich seh auf Feld und Weide
Das Glück der Welt gedeihn.
Für mich wächst kein Getreide,
Am Rebenstock kein Wein.

Ich möcht die Menschen lehren,
Wie man das Leben lebt
Kann selbst mich nicht erwehren
Des Leids, das an mir klebt.

In seiner letzten Rede vor seiner Verhaftung beim »Schutzverband Deutscher Schriftsteller« hatte Mühsam erklärt: »Und ich sage euch, daß wir, die wir hier versammelt sind, uns alle nicht wiedersehen. Wir sind eine Kompanie auf verlorenem Posten. Aber wenn wir hundertmal in den Gefängnissen verrecken werden, so müssen wir heute noch die Wahrheit sagen, hinausrufen, daß wir protestieren.«

*

Kreszentia Mühsam flüchtete am Tage der Beerdigung ihres Mannes mit dessen Nachlaß in die Tschechoslowakei. Erich Mühsam hatte sie während eines KZ-Besuches beschworen: »Versprich mir, Zenzl, niemals nach Rußland zu fahren, solange dort Stalin herrscht. Behüte besonders meine Tagebücher wie deinen Augapfel und laß meine Schriften nicht in die Hände der Kommunisten fallen. Das wäre schlimmer als mein Tod.«
Die Sowjets machten ihr das Angebot, die Werke ihres Mannes zu veröffentlichen. Kreszentia Mühsam fuhr nach Moskau. Dort wurde ihre Broschüre »Der Leidensweg des Erich Mühsam« herausgebracht. Sie faßte Vertrauen, vergaß die Warnung ihres Mannes und ließ seinen Nachlaß aus Prag nach Moskau ins Maxim-Gorki-Institut bringen. Danach wurde sie wegen »Mißbrauchs der Gastfreundschaft der UdSSR« verhaftet und nach Sibirien deportiert. Erst 1956, nach 20 Jahren Arbeitslager, durfte sie nach Deutschland zurückkehren, in die DDR. 1962 starb sie. ■

Jakob Haringer

Ein Schandmaul betet zu Gott

Seine Mutter war eine Zigarrenverkäuferin und sein Vater ein ambulanter Buchhändler. Das Geburtsregister weist den Sohn als einen Sachsen aus, doch Sachse war er nur durch Zufall. Er kam auf einer Reise der Eltern in einem Eisenbahnzug zur Welt – kurz vor Dresden. Seine ersten Kindheitsjahre verbrachte er in München. Sein späteres Schicksal wurde die Landstraße. Er war ein unvergleichlicher Herrgottsdichter, der seinen Glauben pries, verfluchte und wieder pries. Die Behörden aber registrierten nur seine Flüche und verfolgten ihn quer durch Deutschland wegen Gotteslästerung und Beleidigung. Er starb, als er fünfzig war, in der Emigration. Die letzten Zeilen, die man in seiner Schreibmaschine fand, klingen wie eine Erfüllung: »Und die weiße Landschaft lag unberührt vor mir – wie der Weg ins Paradies.«

Er hieß Jakob Haringer. Er schrieb tausend und mehr Gedichte. Mit seinen Gedichten weinte und schimpfte er sich in den Himmel:

Für euch blöde Schullehrer und verschißne Affen –
Für euch feige Richtertrichinen und Abortbanditen,
Für eure Gerechtigkeit, eure Ehre –
O ihr falschen Hottentotten, bin ich nicht auf der Welt!
Wenn ihr lang verfault in fünfzig Jahren –
Ihr feigen Schufte, blöden Kamele
Denken die Einsamen meiner Wehmut –
Denn für euren Krempel war ich nicht auf der Welt!!
Rührt euch Polizisten noch ein Maronibrater –
Senkt ihr vor Gott noch eure Scheißgesichter?
Leckt mich am Arsch, ihr Arschlöcher, nein,
Er ist für euch zu gut –
Denn für euch, merkt euch's, bin ich nicht
Auf der Welt...
Gottes sind Frösche und Nachtigallen!
Aber nicht ihr standesgemäße Rotznasen!!
O ihr bürgerlichen und geistigen Henker –
Für euch war ich nicht auf der Welt!
Flöh und Wanzen, Freund! und andere Menschlein
Kannst du leider nicht so ganz ignorieren. Doch Gott, Du! was bildest du dir überhaupt ein?
Ist das noch leben... pah! für das bin ich nicht auf
Der Welt.
Feiges Herz Du! bang – für Was denn überhaupt??
O ihr Götter! ich verachte euch –
Bin ich nicht stärker als ihr Alle...
Wenn nur das Herz nicht so feig, ach so feig wär

Seine Wehmut faßte Jakob Haringer in Verse wie diesen:

Maria wäscht ihr Hemdelein,
Ihr Kindlein spielt im Sand.
Der Joseph muß im Wirtshaus sein.
Der Mond zieht schon ins Land –
Und weil ich nicht dabei sein kann,
Muß ich halt einsam sein...
Maria fängt zu weinen an,
Der Josef kommt schon heim –––

Jakob Haringer war ein Bettler. Jakob Haringer war ein Vagant. Seine Lust war das Fortgehen, der lange Rausch der Straße, der Gedanke: du reist hier nur durch. Im Blickwinkel hatte er die Ferne, die Unendlichkeit. Die aber wieder ganz handfest, ganz gegen alle Logik erreichbar: Was sich seinem Auge darbot, war sichtbar das Zusammenwachsen von Landschaft und Himmel am Horizont; unsichtbar, daß es da für den Menschen einen Übergang geben könnte. An der Verknüpfung von Erde und Himmel nähte er ein Leben lang – mit dem Mut der Verzweiflung, dem Trotz und der Resignation:

Gott

Ich hab Dir so viele Gelübde gemacht,
Und ich konnte nicht eines Dir halten;
Und es war ja auch immer bloß finsterste Nacht,
Da vergißt man die Hände zu falten.
Die Meere von Unglück, die hart Du geschickt,
Ach alles ist elend zersplittert.
O hättest Du einmal bloß milde geblickt,
Ich wär nie so versteint und verbittert.
Mein Herz blieb immer das ärmste Stück,
Sonst kam Dein Lächeln zu allen –
Mit einem kleinen, ganz kleinen Glück,
Wär ich für Dich gefallen!

Stern der Toten

Und Dank, mein Gott, für all das Schöne, Große,
Und Liebe, ach und ewig nie Gewährte,
Für alles dies, ach, was Du nie gegeben!
Und daß ich immer bloß der Hoffnungslose;
Und daß nur Sterben dieses ganze Leben...
Was Du auch schenkst, ist stets das nie Bescherte,
Und was Du gibst, hast Du nicht nur genommen:
Es machte krank und müd wie arges Fieber –
Nur, was im Wahn bloß, und was nie gekommen,
Das duftet heute noch wie Gras und Flieder
Und rauscht wie Regen auf dies tote Herze nieder –

Lange vor dem Spanier Federico García Lorca schrieb Jakob Haringer Sätze, die den gleichen Zauber haben:

»Ein weißes Lied schlägt seine toten Augen auf«
»Mond legt silberne Schiefertafeln in die Kammern des Leids...«
»Am Fluß singt leis ein Kind die Kähne an...«
»Ein Winterzweig macht deine Schneeterrassen sommertraurig«
»Des Betens Geheimnis harft, – ein Wolkenschiff fährt am Himmel«
»Auf deinem Haar liegt schon der tote Reif der Sorge...«
»Gott ist lang zerquetscht wie eine Fliege«

Jakob Haringer war ein Mann am Rand der Gesellschaft, wohin die Frömmigkeit verbannt ist, wo der Glaube seine radikalen Anhänger hat. Sein Leben lang teilte er das Elend der Armen und die Einsamkeit der Elenden, die von ihrer Einsamkeit gesteinigt werden. Er konnte gütig und bitterböse sein. Seine Stimmung wechselte schnell wie das Wetter im Hochgebirge. Er zog die Menschen an und drückte sie mit ein paar giftigen Worten urplötzlich an die Wand. Er hatte ein Bedürfnis, sich unmöglich zu machen, um sich selbst möglich machen zu können:

Die Bergpredigt oder Resignation
Ob ich in dies dreckige Loch noch meinen
Schwanz stecke,
Oder lieber nach Haus geh und das Geld spar –
Und mich dann selber schön am Arsch lecke,
Ich bin und bleib doch so wie so bloß
Derselbe Narr!
Ob ich dies Geld noch hab oder gar keins,
Ihr müßt mich ja so wie so kostenlos begraben,
Und wir sind halt einfach alle Kinder des Schweins,
Überhaupt was kümmert mich euer ganzer Saft- und Sargladen!
Ob ich auch meinen eignen Schwanz auffriß,
Frißt doch Gott die ganze dreckige Welt leer –
Ob ich auch alle Stern in meinem Scheißhaus
Ausgeschifft...
Jesus, auch der liebe Herr Jesu kehrt nimmermehr!!

Jakob Haringer führte ein Leben ohne Rücksicht auf Sicherheit. In sich trug er das Heimweh nach einem nie erlebten Glück. Einem Glück, in dem sich alle Problematik auflöst.

Die toten Sünden
Man kommt nicht heraus aus dem Hirn!
Und man kommt nicht hinein in den Traum,
Und das Herz flög so gern doch spaziern...
Ach man möcht gern heraus aus dem Herz;
Es half kein Gebet und kein Gott –
Uns hält auch der Teufel zum Narrn,
Unsere Liebe ward Falschheit und Spott,
Unser Herz heult im Schinderkarrn.
So zerschlägt man sein eigenes Herz,
So vergießt man sein eigenes Blut –
Wo hat dies Fragen schon Wert,
Was hat das Hoffen noch Sinn:
Dem einen ist alles beschert,
Und uns geht alles verkehrt!
Man kommt nicht heraus aus dem Hirn –
Und man möcht gern heraus aus dem Herz...
Aber hin ist hin!

Der Gott
Woher mag wohl der erste Atem kommen?
Auf daß sich Totes plötzlich lebend regt;
So wie ein Wind auf einmal sich bewegt,
So wie ein Zündholz durch die Hand entglommen.
Erstes Erinnern! Erstes banges Sehnen –
Wer fragt, der rührt schon an die Ewigkeit.
Und wer erklärt, ist ein verbranntes Scheit,
Denn letzte Stern stehn bei ersten Tränen.
Ob weh wir morgen, ob ich lustig heut,
Ob heut noch der und jener Stern dann sinkt,

Ob einer hungert oder sich betrinkt –
Du dummes Herz, laß ab dein ganzes
Fragen:
Solang du lebst, solang ist Frühlingszeit,
Das Herz, das lebt, wird immer wieder Ernte tragen!

Als Haringer einen Namen als Dichter hatte, schlug er diesen Ruf anders als die anderen in bare Münze um: Er bettelte bei seinen Künstlerkollegen. Mit Hilfe von »Kürschners Deutschen Literatur-Kalender« stellte er Gottes Gerechtigkeit auf seine Weise her. Er stahl nicht, und er raubte keine Bank aus. Und er wollte nichts für nichts haben. Er nahm Papier, Federhalter und Schere. Er fertigte Hefte an, in die er eigenhändig seine Gedichte hineinschrieb. Dann steckte er die Hefte in Briefumschläge, schrieb prominente Anschriften aus Kürschners Literatur-Kalender darauf und verschickte sie mit den Worten: »Verzeihen Sie bitte diese Fetzen. Aber ich bin ärmer als arm. Mir geht's elender als einem Straßenhund...« Da übertrieb jemand, dem das Geld in den Händen zerrann.

So brachte er sein poetisches Renommee und die Tatsache, daß der Erlös aus seinen Büchern zu gering zum Leben und zuviel zum Sterben war, immer wieder in ein finanzielles Gleichgewicht. Mit dem Geld, das er auf seine Bettelbriefe bekam, kaufte er sich Wein und Zigarren – immer von der besten Sorte. Zu trinken und zu rauchen erhielt bei ihm jeder, dem es schlechter ging als ihm. Und oft spielte Jakob Haringer mit dem geschenkten Geld den Verleger seiner Werke, die von den großen Buchverlagen nicht angenommen wurden. Es waren seine besten Bücher. Er gab sie im Selbstdruck heraus, legte sie neuen Bettelbriefen bei und erhielt neues Geld. Im Anhang zu diesen Büchern dankte er den Helfenden mit den Worten: »In ewigem Angedenken an die treuen Kameraden in meiner tiefsten Nacht.« Dann zählte er ihre Namen auf: Alfred Döblin, den Autor des Romans »Berlin Alexanderplatz«, Klabund, den Meister der literarischen Kurzform, Franz Jung, den Schriftsteller des Proletariats, Max Herrmann-Neisse, den Lyriker, Carl Sternheim, den aggressiven Dramatiker, Paul Zech, den Arbeiterschriftsteller, und viele andere.

Zu den Geldgebern gehörte auch der Jugendstil-Zeichner Marcus Behmer. Der kam eines Tages in das bayrische Dorf, in dem Haringer lebte. Auf der Straße sprach er einen Mann an, der einen eleganten dunklen Anzug trug: »Können Sie mir sagen, wo hier ein Herr Haringer wohnt?« Der Angesprochene erwiderte: »Haringer? Der bin ich!« Marcus Behmer reagierte empört, denn er fühlte sich vom »armen« Jakob Haringer verschaukelt. Doch der redete beschwichtigend auf Behmer ein und nahm ihn mit in sein Zimmer. Dort öffnete Haringer den Schrank und zeigte dem verblüfften Besucher weitere zehn Anzüge. Die Erklärung: Haringer hatte die Masche mit dem Geldbitten überzogen und schließlich nichts mehr bekommen. Ein neuer Text

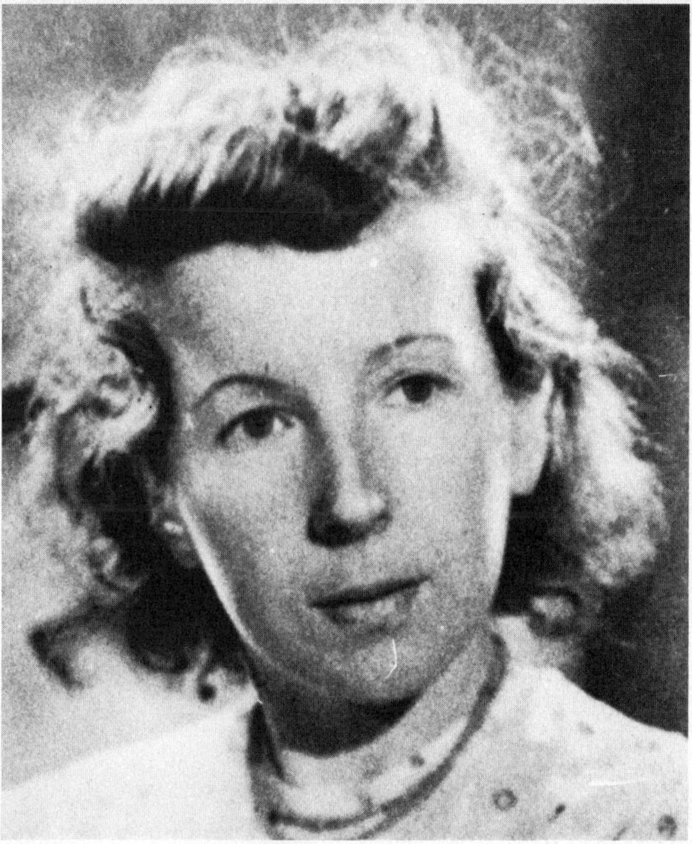

Haringers erste große Liebe: Hertha Grigat bekam zwei Kinder von ihm und verließ ihn

an die alten Spender mußte her. »Bin völlig abgerissen«, hieß es nun in den Bettelbriefen. Der Spruch tat seine Wirkung, noch einmal flossen die Spenden. Der Vagabund wurde ein Herr mit vielen Anzügen.

»Glaubt jenen nie, die da von Glück geschrieben«, dichtete Haringer am Ende seines Lebens, »glaubt keinen Singsang, wie sie sich gefreut: Ach, wenn ich glücklich war, da hab ich nie geschrieben – Da saß ich still und hab mich bloß gefreut.« Von einer Zeit des stillen Sitzens hat Haringer sein Leben lang geträumt. Doch zur Unruhe war er geboren. Es begann im Eisenbahnzug am 16. März 1898. Die Unruhe setzte

sich fort im ständigen Umhergetriebensein der Eltern, die im Bayerischen und Österreichischen Gastwirtschaften übernahmen. Haringer ging in Traunstein, Salzburg und in Ansbach zur Schule. Später schrieb er: »Meine Eltern sind schlichte Leute. Sie haben sich's vom Mund abgespart und mich auf die Schule geschickt, ›damit sich der Bub nicht so plag'n braucht wie unsereins, und daß er vielleicht später, wenn er Beamter oder Pfarrer ist, für seine alten Leut was übrig hat. Aber der Bub ist kein Pfarrer geworden, sondern ein Taugenichts, der dem lieben Herrgott den Tag stiehlt... Er las von Kolumbus, Sokrates, Galilei. Von ihren Fesseln und den tausend Martern, die ihnen hartherzige, verblendete Menschen angetan. Weinte über van Gogh, der elendig, zerknirscht, in unsagbaren Himmelsfarben aufschrie und von nichts lebte als seiner Not.«
Jakob Haringers Schulweg endete nach der vierten Realschulklasse. Er wurde Verkäufer, Tagelöhner, Knecht, Lastträger und Fabrikarbeiter. Mit 19 Jahren zog er als Freiwilliger in den Ersten Weltkrieg, kämpfte als Kanonier in Flandern, brach zusammen, kam ins Feldlazarett, wurde als »kriegsuntauglich« entlassen, schrieb die ersten Gedichte, kämpfte nun mit Lyrik gegen falsches Heldentum. In München schloß er sich 1919 den Führern der bayrischen Räterepublik an, wurde nach der Niederschlagung dieses politischen Versuchs verhaftet, saß im Gefängnis Stadelheim und in der Festung Ingolstadt.

Haringers letzte große Liebe: Else Rüdrich wollte er 1948 heiraten. Auf der Reise zu ihr starb er

Haringers Kinder Johannes und Ingeborg. Sie erfuhren erst nach dem Kriege, wer ihr Vater ist

Nach seiner Entlassung ließ er sich in Gmain bei Bad Reichenhall nieder.

Dort versteckte Haringer den ehemaligen Räterepublikaner und »Militärchef der Nordgruppe/Dachau«, Erich Wollenberg, vor dem Zugriff der Polizei. Dort schrieb er seinen ersten Gedichtband, der unter dem Titel »Hain des Vergessens« noch im gleichen Jahr in dem für Experimente offenen »Dresdner Verlag« erschien. Dort bandelte er mit jedem Mädchen an, das ihm über den Weg lief. Reich war er an Liebschaften und arm an Geld. So sollte es ewig bleiben. Der Ortsgendarm urteilte: »A so a Rotzbua ko do koa Schriftställa sei, a Schriftställa mus do a Geld habn, aba der Depp hot koa Geld.« Und weil er kein Geld hatte, wechselte er immer wieder das Zimmer.

Polizeilich in der Reichenhaller Gegend gemeldet, zigeunerte Haringer durch Deutschland, Österreich, die Schweiz und die Tschechoslowakei. Ein Freund beschrieb ihn damals so: »Auf den ersten Blick überraschte mich seine kräftige, gewandte Gestalt. Die mageren, nervös spielenden Hände glichen denen eines Musikers. Aus dem gutgebildeten Kopf drangen die hochgewölbte, beinahe faltenlose Stirn und das scharf geprägte Kinn. Dazu kamen die tiefliegenden, doch klaren und guten Kinderaugen, die einen in wunderlicher Schärfe anzublicken vermochten, bald in jugendhafter Fröhlichkeit, dann wieder, in raschem Wechsel, in schmerzlicher Resignation. Um den Mund herum herrschte ein Zug von Pfiffigkeit.«

Haringer mischte sich unter die Leute in den Kneipen. Er sprach ihre Sprache, war einer der ihren, ohne von ihnen akzeptiert zu werden. Er liebte ihre Deftigkeit, doch Wirtshausschlägereien ging er aus dem Wege. Sein Prügel war das Wort. Das handhabte er für damalige Ohren in beleidigender und gotteslästerlicher Manier. Gedichte wie dieses, das er mit »Gebet« überschrieb, brachten die Selbstgerechten, die »Frommen« gegen ihn auf:

O lieber Gott! du wirst mich schon beschützen,
Vor Polizisten, Freunden, Schuftenpack –

Vor Allem, was da Amt und Würden, Litzen,
Du Guter, kaufst ja nicht die Katz im Sack!
Du, ach mein Gott! du wirst mich schon bewahren,
Vor all den Blöden, die da stinken groß,
Ob sie in vollen, ob in grauen Haaren –
Du hältst mein Herz und stürzt der Schlechten Los.
Du läßt die Würmer wohl sich Götter dünken,
Bald brennst du nieder doch der Laffen Mist,
Du läßt wohl vielen Dreck zum Himmel stinken,
Bis du Gewitter auf den ärmsten gießt.
Und morgen kann Dein dümmstes Schwein verrecken,
Der Dreck glaubt immer ja, er sei ein HERR.
Was kümmert's uns, wenn kleine Schäflein blöken,
Als ob die Welt schon ganz zu Grunde wär.
O Gott! ich weiß, daß bald du alle findest,
Wenn sie auch leugnen, daß du stets verreist,
Ob du dich gleich im kleinsten Stern schon kündest,
Ob dich auch süß der kleinste Vogel preist.
Du lieber Gott! du läßt mich nicht verkommen
In diesem eklen Polizistenmist,
Und ist mein kleines Herz auch fast verglommen –
Was tut's, wo Du mir Herd und Heimat bist.

Die Staatsanwaltschaften wurden gegen Haringer tätig. Er floh durch die Lande, wurde gefaßt, konnte entkommen, wurde wieder gefaßt. Seine Erfahrungen mit der Justiz hielt er in einem Zweizeiler fest:

Wer zu blöd fürn ärgsten Mist
Wird ein teutscher Sau-Jurist

Und im Gefängnis schrieb er:

Ehrliche Fäuste liebt Gott oft mehr
Als betende Hände, die lügen so sehr,
Die lügen Demut und kindliches Tun,
Und sind voll Ehrgeiz und wollen Ruhm
Gott ist kein Richter, kein Wurm und kein Hund!
Wird ihm die trotzige Faust oft zum Mund,
Wird ihm die Faust oft zur Träne, die fleht –
Mehr als der Frömmler winselnd Gebet.
Öffnet er leis oft die Faust und die Pein –
Legt einen goldenen Stern dann hinein.

Ein Jakob Haringer auf der Flucht war ein denkbar schwieriger Partner für Buchverlage. So wurde er der Hausierer an den Türen seiner prominenten Dichterkollegen, denen er seine Gedichte übergab und die sie ihrerseits den Verlegern anboten. Ein solcher Prominenter war Alfred Döblin. Er verhalf Haringer zum literarischen Durchbruch.
Im alten Gustav Kiepenheuer-Verlag Potsdam setzte er 1925 die Veröffentlichung von Haringers »Dichtungen« durch. Noch im selben Jahr erhielt der 27jährige Vagant den mit 5000 Reichsmark dotierten Gerhart-Hauptmann-Preis, ein Jahr später den Kleist-Preis, die begehrteste deutsche Literatur-Auszeichnung. Das »Berliner Tageblatt« nannte Haringer einen »Stern der Verheißung«, das

Einer der schönsten Privatdrucke Haringers, den der Zeichner Bruno Grosse so sah

»Sächsische Volksblatt« rühmte ihn einen der »genialsten Dichter des neuen Deutschland«.

Die Richtung für diese überschwenglichen Beurteilungen hatte Döblin angegeben: »Die Gedichte sind echtes Gewächs, keine lyrische Ware. Dreierlei gehört zur Kunst: einmal, daß einer etwas ist, einmal, daß er zu sich gefunden hat, einmal, daß er etwas kann. Das ist dreifache Gnade. Haringer schreibt, wie ihm zu Mut ist. Dabei wäre nichts. Aber er ist von Haus aus Lyriker und Könner. Und darum ist alles. Selbst wenn die Gedichte zu einem Teil sich formal nicht schließen, als Einzelwesen schwer bestehen. Woran denke ich bei diesen Stücken? An Tübingen, Hölderlin, die Maler Spitzweg, an Richter, Blechen. Eine sehr deutsche Pflanze. Verschollener Typ eines vagierenden Poeten. Er schreibt von Kinos, Cafés, aber fühlt Rothenburg und Nürnberg.«

»Wie ist ihm denn zu Mute? Schwer zu sagen. Polar. Nämlich so: Von Menschen seiner Art wird das Malheur angelockt. Er hat nichts, wird ignoriert, bekommt Stöße: das färbt ihn waschecht durch, aber – verändert ihn nicht. Es treibt ihn nicht aus Rothenburg hinaus; er baut einige andere Häuser an. Er wird Veteran im Dulden der Misere; wird aber gar nicht weise davon. Die Tücke des Objekts bleibt, aber er bleibt auch. Sie sind oder werden kongenial. Das ist sein Kniff, der andere Pol. Er schreit gegen die Verleger, wird aber kein Gewerkschafter. Das Unglück bleibt sein liebes Privatmalheur. Vor allem: es bleibt seins. Es gibt in der deutschen Lyrik feine Köpfe, kluge Herzen, die manches fühlen, gute Geschmäkker, tüchtige Könner, die es ernst mit ihrer Arbeit nehmen. Dieser Typ ist unerwartet da: ein lyrischer Poet, ins Heute verschlagen, beständig hintapsender Träumer; der wirkliche, komplette, kranke, verängstigte, psychopathische Romantiker. Manche Lyriker hatten das teilweise, manche spielen es. Er ist es, durch Geschick, Unglück, konstitutionell. Haringer ergeht sich lässig, einfach, bis zum Knittelvers, bis zur Trivialität. Er ist bloß Mensch, kein repräsentierender deutscher Dichter.«
Jakob Haringer, »bloß Mensch«, dichtete:

Die Abendglocken klingen
Die Kinder gehn schon heim,
Die letzten Vöglein singen,
Ich denk an dich und wein...
Steh unter rauschenden Linden
Was hat ich geträumt und geirrt!
Laß mich eine Herberge finden
Heilige Mutter Marie...

Der Komponist Arnold Schönberg vertonte mehrere Gedichte dieses Mannes. Es sind die einzigen Lieder, für die Schönberg seine Zwölftontechnik verwandte. Haringer war auf einen Schlag so populär, daß ihn der Schriftsteller Robert Neumann als sentimentalen Herrgottsdichter parodierte. Hermann Hesse aber lobte dieses Sentiment: »Da singt ein vereinsamter Dichter am Abend vor sich hin, krank und hungrig, spielt zärtlich mit den Trümmern seiner Jugend.« Was Hesse außerdem an dem 30jährigen Haringer schätzte, waren dessen ganz einfache Worte:

Ist alles eins
Was liegt daran,
Der hat sein Glück,
Der seinen Wahn.
Was liegt daran!
Ist alles eins,
Der fand sein Glück!
Und ich fand keins.

Die Frauen, die ihn liebten, liefen ihm davon. Seine große Liebe hieß Hertha Grigat. Er hatte die schwarzhaarige Frau in Berlin kennengelernt. Sie war 18 und er 31.
Es kam eine Beständigkeit in sein Leben, wie er sie nie zuvor erfahren hatte. Der renommierte Paul Zsolnay Verlag nahm sich seiner an. 1928 erschien dort sein Lyrikband »Heimweh«, 1930 kamen Gedichte unter dem Titel »Abschied« heraus. 1931 ließ er seine ketzerische dreibändige Lyrikausgabe »Das Schnarchen Gottes«

mit Zeichnungen von Marcus Behmer in 200 Exemplaren erscheinen. Kein Verlag traute sich, diese Gedichte, die schamlos rüde Genialität atmeten, zu veröffentlichen. In jeder Zeile, in jeder Äußerung zeigte er sich da lachhaft nackt.

Von den Toten

Lieber im Grünen sizen,
Als mit euch Idioten schwizen!
Lieber besoffen und tot,
Als von Euch Titel und Lob!
Lieber in den blaun Himmel schaun,
Als eure Freuden und Checks und Fraun!
Ihr verreckt ja viel eher als unsereiner,
Ihr Schweine und alles Schöne Verschleimer.
Wenn die Mädchen lachen und die Blumen blühn,
Müßt ihr zur Börse und für eure Scheißweiber
Wie Esel ziehn...
Wenn die Regen tropfen und Amseln dichten,
Müßt ihr Beamtenwanzen echte Menschen richten!
Aber was ihr mich schlecht macht und narrtet –
Nahm mir's zu Herzen wohl mal...
Heut, wo mein Kind auf mich wartet –
Ist mir doch alles egal!!
Heut wo mein Kind für mich betet –
ist's mir wurscht, was ihr verblödet –
Man kann im Leben nicht immer tanzen –
Freilich Pest bleibt Pest und Wanzen, sind halt Wanzen

*

Ich mein eigenes Versuchskarnickel,
mein ekelhaftestes Laboratorium,
Lade mein Herz mit der Dummheit Dynamit und
Spreng's in die Luft,
Kann nicht schwimmen und schlafe unterm Wasser;
Zerreiße die tausend Pulsschläge wie ein Kind
sein Bilderbuch,
Überquere die Ozeane mit einem Besenstiel –
Ich meines Herzens gräßlichster Lust- und Raubmörder,
Alle Gaskessel des Hirns zünd ich an –
Alle Tunnels verschütt ich, Alles töt ich;
Und immer noch hängt an der Decke explodiertes Hirn.
Immer noch schleimen Pulsschläge wie giftige zerschnittene Natternleiber,
Immer noch ist der ekle Drache nicht zerschmettert,
Immer noch belüg, betrüg ich mich selbst und die tausend Ahnen in mir –
Ich Paracelsus, ich Golem, ich weißer Rabe im
größten Dreck.
Ich Sperma das weiterwächst unterm Kirchdach.
Des Hirns
Tausend Schmeißfliegen millionen ekle schmierige Experimente,
Medizinen, Operationen teuflisch ersinnen. Der dicke Petrus
Pfeift auf dem Schlüsselloch dem Lieben Gott. Und
Das arme Herz ach das blöde Luder trägt Alles –
ah Alles...

Im November 1931 kaufte Haringer in Ebenau bei Salzburg ein kleines Häuschen, und Hertha Grigat lebte bei ihm. 1932 kam ein Sohn zur Welt, Johannes, 1933 eine Tochter, Ingeborg. Bei der Geburt seines Sohnes im efeuüberwucherten Klammhäusl Nr. 9 war er dabei. Als seine Tochter zur Welt kam, lebte er nicht mehr mit Hertha Grigat zusammen. Nach einem Zerwürfnis war sie nach Deutsch-

land zurückgekehrt. Haringer hat sie nie wiedergesehen.
Hertha Grigat überlebte den Krieg in Braunschweig, kurz vor Kriegsende heiratete sie in die Kruppdynastie ein, wurde die Frau von Berndt-Rembrandt v. Bohlen u. Halbach. Haringers Kinder, die zunächst in einem Heim lebten und dann zur Mutter zogen, erfuhren erst nach dem Kriege, wer ihr wirklicher Vater war.
Der Sohn Johannes ist heute 44 Jahre alt und lebt als Restaurator in Norddeutschland. Er sagt: »Ich habe mit meiner Mutter nie über meinen Vater reden können, ohne daß sie Haßausbrüche bekam. Ich weiß nicht, warum. Aber wenn man einen Menschen so haßt, dann muß eine starke Liebe vorausgegangen sein.«

Jakob Haringer hat viele Gedichte über Frauen geschrieben. Als er seine Liebe zu Hertha Grigat besang, schwamm der Dichter im Gefühl davon:

Du mein Trost im Weh,
O du liebes Reh!
Bei den Toren nur und dir ist Trost.
Ach die Welt ist schlecht,
Aber du warst echt –
Schönstes Ostern! Liebste Weihnachtspost!
Alle trogen arg.
Alle waren mein Sarg –
Aber du warst echt und ohne Trug!
Unser Kind – es lacht
Licht die tiefste Nacht,
Hell des Lebens ärgsten Menschenspuk.
O es war zu schön.
Doch auch DU wirst gehn,
Wirst verlöschen wie ein kleiner Stern.

Nach der Trennung von der Geliebten verkaufte Haringer 1933 sein Haus in Ebenau und wurde wieder einmal Untermieter mit Einzelzimmer in Salzburg. Im Deutschland der Nazis war er verfemt, in Österreich konnte er vorerst bleiben. In den »Nationalso-

Literarischer Start mit »Hain des Vergessens«. Für »Die Dichtungen« erhielt er den Kleist-Preis. »Das Fenster« wurde nach dem Kriege der letzte von eigener Hand zusammengestellte Gedichtband

zialistischen Monatsheften« wurde Haringer als »übler Vertreter des jüdischen Kulturbolschewismus« bezeichnet, der »hemmungslos alle religiösen und kulturellen Werte des deutschen Menschen begeifert und lächerlich macht«. Am 22. Juli 1936 wurde ihm die deutsche Staatsbürgerschaft entzogen. Am Tage des Einmarsches der deutschen Truppen in Österreich, am 11. März 1938, wollten ihn die Nazis verhaften. Doch Haringer war am Abend zuvor gewarnt worden und nach Prag geflohen.
An einen Freund in Basel schrieb er aus Prag: »Ich bin den Henkern mit tausend Todesnöten entkommen. Gestern verbrachte ich zehn Stunden im Wasser, um die tschechische Grenze zu erreichen, gehetzt von der Gestapo. Wann endlich sieht die Welt ein, was ihr vom Hakenkreuz blüht?« Mit einem Flugzeug gelangte Haringer nach Frankreich, von Frankreich kam er in die Schweiz. Dort versteckte er sich bei Freunden. Dann wurde er interniert, kam ins Zuchthaus nach Bellechasse, konnte fliehen, wurde wieder gefaßt. Der Kreuzritter-Dienst, eine Organisation, die sich für Emigranten einsetzte, erreichte, daß der schwer herzkranke Dichter privat untergebracht wurde.
Der Sozialist aus urchristlicher Einstellung, der einst für die Räterepublik in München gekämpft hatte, überprüfte ganz prosaisch, ganz kühl seinen politischen Standort. Er schrieb: »Es gibt keine Theorie, die an sich revolutionär ist und sich nicht zu reaktionären Zwecken verwenden ließ. Der Marxismus ist von einer Lehre zur Droge geworden, zu einer Gewissenserleichterung. Vielleicht wird einmal die Losung zu geben sein: der Marxismus ist Opium für das Volk. Lebendig am Marxismus ist vor allem die Ideologiekritik. Marxismus kann als eine kalte Technokratie verstanden werden, ist aber im Wesen eine tragisch-menschliche Schau. Der Sozialismus wird den Marxismus überleben... Es könnte sein, daß der Faschismus militärisch besiegt wird und doch sogar in den Siegerstaaten wiederentsteht, und vielleicht sogar unter demokratischer oder sozialistischer Maske als ›Roter Faschismus‹.«
Nach Kriegsende urteilte Haringer: »Es ist gefährlich, den Kampf aufzunehmen, ohne im tiefsten mit sich selbst einig zu sein. Ich denke an die Geschichte des Eremiten, der, um sich ganz Gott hinzugeben und allen irdischen Gelüsten zu entsagen, sich selbst entmannte. Nun war er zwar frei von allen Anfechtungen, zugleich aber hatte er die Energie der Liebe zu Gott verloren, war aber wegen seiner Kastration unfähig, in das normale Leben zurückzukehren. So steht es mit vielen kommunistischen Bürokraten, die den Glauben zu der stets wechselnden Parteilinie verloren haben, aber durch ihre eigentümliche Deformation auch die Fähigkeit verloren haben, zum normalen Menschentum zurückzukehren. Sie wirken oft wie Schlafwandler und sind – hinter der stählernen Maske – verschüchterte, übervorsichtige Menschlein.«
Was den Dichter Haringer am

Letzte Bleibe für den Dichter im Exil: unter dem Dach dieses Hauses in Köniz bewohnte Haringer nach 1945 zwei Zimmer

Marxismus am meisten störte, ist dessen »Verachtung für das Innenleben«. Dieses »Innenleben« sah er am tiefsten und ehrlichsten repräsentiert durch die bäuerliche Bevölkerung: »Ich habe bei Bauern ein so tiefes Wissen um das menschliche Leben gefunden, wie ich es in der Stadt nie erlebt habe. Die Nähe der Tiere, der Natur, der Unmittelbarkeit der großen Ereignisse, Geburt, Liebe, Tod, geben solchen Menschen oft eine Weisheit, die unermeßlich ist. So ein Bauer ist dann wie ein Gehöft, das von außen klein und unscheinbar wirkt, das aber tiefe, weitläufige Keller besitzt.« Zum Bäuerlichen zog es ihn nach 1945 hin. Die Gemeinde Köniz bei Bern nahm den 47jährigen Dichter auf. Im Dachgeschoß eines Bauernhauses wurden ihm zwei Zimmer zur Verfügung gestellt. Hier schrieb er:

Dies stille Frommsein ist ja gut für Greise –
Die Sünder tun einander nimmer weh.
O in der Sünde festlichem Gewimmel —
Ach, bloß die Laster machen gut und rein.
Ich bin so ungeeignet für den Himmel!
Laß lieber mich ein frommer Heide sein.

Else Rüdrich, Haringers letzte Liebe, lebt heute als Malerin in Berlin

Der Pegasus-Verlag in Zürich veröffentlichte 1946 eine Auswahl unter dem Titel »Das Fenster«.

Unter der Weide

Wenn du betest, bete wie ein Kind,
Weil die Kinder alle Gottes sind.
Ist die Kindheit nur an Wundern reich.
Denn sie glaubt ja an ein Märchenreich.
Bist du müde auch und grau dein Haar,
Denk daran, wie schön es damals war,
War ein Hund bloß, war ein Kieselstein –
Doch wie selig ließ uns alles sein.
Bete nur, als sei noch Kinderzeit,
Und viel linder wird dein größtes Leid.
Müssen immer wieder Kinder sein –
Wird der graue Sand zum Edelstein!
So ein Traum der schönen alten Zeit,
So ein tiefes, süßes Kinderleid
War viel mehr als aller Kaiser Thron;
So ein Mohn trug alle Not davon,
Und beim Beten schlief man weinend ein:
Morgen werd ich wieder glücklich sein!

Der Baum

Der Baum hat auch kein Weib. Vielleicht
Freut er sich, daß er blüht,
Und daß er in die Wolken reicht,
Und manchmal julimüd.
Der Baum ist auch allein – wie Gott,
Und bricht ihm mancher Ast,
Der andre, weil viel Winterpein,
Der eine voll Sommerlast.

Und wo er wurzelt, bleibt er stehn
Und will nur Kampf und Licht...
Das Herz doch, das muß immer gehn,
Bis es in Nacht zerbricht.
So wünsch ich, da der Spuk zu End,
Wenn ich längst Asche, daß
Aus meinem Staub ein Baum aufwächst –
Ein Baum – der Bruder Gottes!

Nur 200 Exemplare konnten verkauft werden. Der Rest wurde eingestampft. Mit der Familie des Polizeisekretärs Hans Jenk in Köniz freundete sich Haringer an. Frau Jenk bereitete dem Dichter immer wieder seine geliebten Dampfnudeln. Zum Essen kam er stets zu spät. Als aber die Familie Jenk einmal eine Einladung nicht einhielt, donnerte er per Brief: »Warum sind die Herrschaften nicht gekommen? Hab vor lauter Wut alles selber gefressen und gesoffen bis 5 Uhr früh... Wenn ich gewußt hätte, hätte ich nicht das alte Geschirr abgewaschen, hätt's noch ein paar Monate stehen lassen. Was mach ich bloß mit dem sauberen Tellerzeugs? Wird bloß wieder staubig.«

In Köniz erinnerte sich Jakob Haringer an eine Angestellte im Berliner Telegrafenamt, Else Rüdrich. Eine stille Liebe aus der Vorkriegszeit. Wann immer die Liebschaften mit den anderen zerbrachen, war er zu ihr gefahren. Doch sie hatte sich nie aus ihrem Schneckenhaus der Ängstlichkeit gewagt. Sein derbes Wesen hatte sie immer wieder abgestoßen. Sie war in der Nacht in Salzburg bei ihm gewesen, als er flüchten mußte. Sie war nicht mit ihm gegangen. Während des Krieges besuchte sie ihn in der Schweiz, wurde von Gestapo-Beamten beschattet und verlor nach der Rückkehr ihre Stellung in Berlin.

Jakob Haringer schrieb Else Rüdrich am 20. März 1948, sie möge nach Gottmadingen an die deutsch-schweizerische Grenze kommen, er wolle sie heiraten. Else Rüdrich kam am 3. April. Sie wartete. Wer nicht eintraf, war Haringer. Sie schrieb ihm nach Köniz. Der Brief kam zurück mit der Aufschrift: »Empfänger am 3. April 1948 gestorben.« Auf der Fahrt von Köniz nach Gottmadingen hatte Haringer in Zürich bei Freunden Station gemacht und die bevorstehende Hochzeit mit etlichen Flaschen Wein gefeiert. Als er sich schlafen legen wollte, brach er vor dem Bett zusammen und war tot. Das Herz hatte versagt.

Else Rüdrich sagt heute: »Er war so vollkommen anders als alle anderen. Er war ein Poet und polterte nur, um Verletzungen durch andere zuvorzukommen. Eigentlich war er im Innersten seines Wesens ein schüchterner Mann.« Hertha Grigat, heutige Frau v. Bohlen u. Halbach in Linz am Rhein, lehnte es ab, über Haringer zu sprechen: »Ich will nicht mehr an ihn erinnert werden.« Ihr gemeinsamer Sohn schaut auf die Fotografie seines Vaters und meint: »Er hatte gütige Augen. Ein solcher Mann kann nicht schlecht gewesen sein.« Und wieder fragt er: »Warum reagiert meine Mutter nur so schroff? Ich weiß es nicht. Ich weiß nur: Er schenkte ihr einmal eine schwere Goldkette. Meine Mutter hat sie

Autor Serke mit dem 44jährigen Haringer-Sohn Johannes (links)

noch getragen, als sie schon meinen Stiefvater kannte. Die Kette zerschmolz, als im Krieg unser Haus in Braunschweig beim Bombenangriff in Flammen aufging. Nur eine Madonna aus Porzellan widerstand den Flammen. Auch sie war ein Geschenk meines Vaters. Die Madonna steht noch heute in Linz.«

Kurz vor seinem Tode schrieb Haringer: »Erwartung ist alles und immer das Schönste. Die in der Sehnsucht leben, wachsen zu Riesen. Man besitzt nie einen Menschen mehr, als wenn man ihn nie besessen. Das Erlebnis ist der Grabstein der Phantasie, schon deshalb flieht der Träumer oft die Erfüllung seiner Sehnsucht.«

Ein solcher Träumer war Jakob Haringer, ein Träumer aus schierer Verzweiflung. Ein Mann, der nicht bekam, was er gesucht hatte, und der nun träumte, der Traum sei alles. Der Fatalismus ist ihm am Ende über den Kopf gewachsen. Er hat es selbst bemerkt. »Da tät die Trauer bitterlich seufzen, wenn sie dich nimmer hätt«, schrieb er. Seine Selbstauflösung hatte er in den Frauen gesucht, die er liebte. Aber er selbst nahm sich wieder zurück. Das Leben zerfiel ihm. Es zerfiel ihm in Dichtung. Die Selbstauflösung in Wörtern:

O in einem sauberen Spital liegen,
In den Grimmschen Märchen lesen,
Am Radio »Poem« von Fibich
hören.
An einen wunderschönen Juliabend
denken,
Oder an die erste Jugendliebe.
Dann vielleicht sterben
Oder einen Brief bekommen,
Man habe ein Schloß geerbt,

Mit Wäldern, Wiesen und alten Mühlen.
Dann Tränen im Aug zu den Sternen aufblicken,
Nachts noch in den Kirchen einbrechen
Und Maria tausend rote Kerzen anzünden –
Und weinen, weinen über ein neues Leben...

*

Und wird es sein wie leises Dunklerwerden
Innen im Kelch der Blumen, wo verstummt
Nun das Fagott der Bienen und der Tanz jäh abbrach
Des Falters, der verliebt am Maiwind hing,
So wie das Schließen weißer Winden, wenn im Dämmern
Der erste Stern der Nacht
goldne Messe leis einorgelt
Oder wird Licht schneien, immer mehr und mehr,
Ach wird es Feuer sein, drin Sonnen schmelzen
Und was auf Erden ward, geschah!
Es war nur eine Handvoll Schmerz und Kummer,
Leid und Erniedrigung – ach alles schmilzt
Wie später Märzschnee in silbernem Mittag.
Oder ist's so: der alte Mittwochsbettler
Räudig und krank und immer eklig zitternd
Schlägt zuckend er um mich die dürren Arme:
Ich mach die müden armen Augen zu und Rosen
Ach, dunkle Rosen duften aus gelobtem Munde...

*

Nach dem Tode des Dichters suchte die Gemeinde Köniz die Erben. Der Nachlaß lag ausgebreitet in seinem Zimmer: neben vielen Originalmanuskripten seiner Bücher Tausende von Zetteln, Papierschnitzeln, Streichholzschachteln, auf die er seine Gedichte geschrieben hatte. Niemand wollte die Hinterlassenschaft haben. Polizeisekretär Jenk packte Papiere und Zettel zusammen, tat sie in drei Kisten und stellte sie auf den Boden des Gemeindeamtes. Dann wurden die Kisten vergessen.
Sechzehn Jahre nach Haringers Tod schrieb der Student Werner Amstad aus Morschach eine Dissertation über Jakob Haringer, die bisher einzige wissenschaftliche Auseinandersetzung mit dem Werk und Leben dieses Dichters.
Als ich 1976 – zehn Jahre nach Amstads Doktorarbeit – nach den letzten Aufzeichnungen Haringers suchte, entsann sich der längst pensionierte Polizeisekretär Jenk der drei Kisten. Darin lagen Bücher Haringers, die niemand kaufen wollte, die Manuskripte seiner erschienenen Werke und alte Briefumschläge, Theaterzettel, Zigarrenpackungen, Zettel, Zeitungen, auf die er seine Einfälle niederschrieb. Da finden sich Sätze wie diese: »Gott ist ein leerer Teller für die Hungernden... Wie erbärmlich klein werden vorm Tode alle Gemeinheiten dieses Lebens... Mit den Dummen ist das Schicksal immer mild... Anstand hat nur der, der fühlt, wie den anderen zu Mute ist... Glückliche sind meistens geistlos... Ja, was Lügen betrifft, da nehmens viele sehr genau... Manchmal schämt sich einer für die ganze Menschheit... Muß doch noch warten auf das Kamel, das mich mal durchs Nadelöhr führt...«

Auf dem Friedhof von Köniz ist die Urne mit der Asche Haringers beigesetzt. Der 50jährige hinterließ ein Werk von mehr als 20 Bänden. Ein Querschnitt durch sein lyrisches Schaffen erschien 1979 unter dem Titel »Das Schnarchen Gottes und andere Gedichte«. ■

Jakob-Haringer-Foto mit Seltenheitswert: der von der Polizei wegen Gotteslästerung häufig gesuchte Schriftsteller ließ sich in den zwanziger Jahren ungern fotografieren

Irmgard Keun

»Heil Hitler – bei mir nicht!«

Gegen Ende der Weimarer Republik stand Irmgard Keun als Schriftstellerin am Anfang. Mit zwei Romanen wirbelte die 22jährige in die Popularität. Als die Nazis an die Macht kamen, wurden Irmgard Keuns Bücher verboten. Sie sollte in die Reichsschrifttumskammer eintreten. Sie sollte sich im Sinne der neuen Machthaber neu bewähren und ein Treuebekenntnis ablegen. Sie weigerte sich. Sie wurde festgenommen, verhört, gefoltert und wieder freigelassen. Sie entkam nach Belgien und ging nach Holland. In Holland wurde sie von den einmarschierenden Truppen Hitlers wieder eingeholt. Sie verschaffte sich einen falschen Paß und überlebte.

Irmgard Keun ist heute 66 Jahre alt und wohnt in Bonn, in einem kleinen Zimmer unter dem Dach. Die Leute im benachbarten Café kennen sie. Bei ihnen beginnt ihr Morgen – ohne Alkohol. Der Blumenhändler, drei Häuser weiter, kennt sie ebenfalls. An ihm vorbei geht Irmgard Keun in den Tag hinaus und in die Kneipen hinein. Sie hat eine große Tochter, eine kleine Rente und keinen Halt mehr. Die Freunde von einst sind tot. Es ist schwer, etwas Totes mit sich herumzutragen. Sie friert sich tot vor Alleinsein, klagt aber nicht.

Wir sitzen 1977 zusammen und »sprechen Gespräche«. Sie hat eine panische Angst, in ihrem Elend erkannt zu werden. Sie sagt: »Gejammere werden Sie von mir nicht hören!« Sie geht mit der Provokation in die vollen: »Ich habe nie Emanzipation nötig gehabt. Ich war zwangsweise emanzipiert und empfand es als selbstverständlich. Das heutige Emanzipationsgerede geht einem auf die Nerven. Die Frauen sollten sich merken: Die Männer haben zwar politisch die größte Scheiße gebaut – bis zum heutigen Tag. Aber ich möchte nicht wissen, was Frauen machen würden. Außerdem steht einwandfrei fest, es hat genug Frauen in der Geschichte gegeben, die alle Möglichkeiten hatten wie die Männer. Aber wo ist der weibliche Euripides, der weibliche Archimedes, der weibliche Sophokles, der weibliche Kepler, der weibliche Rembrandt, der weibliche Leonardo da Vinci?«

Gejammere kommt nicht über ihre Lippen. Sie hält das so durch. Sie bleibt souverän, selbst wenn sie viel getrunken hat. Sie erzählt druckreif. Sie erzählt so, wie sie früher geschrieben hat. Kurze Sätze. Unsentimental. Ironisch. Witzig. Erbarmungslos witzig. Glück erschien ihr immer befristet in Momenten. In einem ihrer sieben Romane stellt jemand fest, daß der Mensch höchstens drei Minuten am Tag gut sei, und Glück bestehe darin, ihm in diesen drei Minuten zu begegnen. Diese Feststellung wird in einem ihrer Bücher als einfaches Rechenexempel präsentiert: »Der Tag hat 24 Stunden, und die Hälfte davon ist Nacht, bleibt: 12. Und 12 Stunden sind 12 mal 60 = 720 Minuten, und 3 Minuten Gutsein zieh ich ab – 717 Minuten böser, allgemeiner Mensch bleibt. Das muß man doch wissen, weil man ja nicht kaputtgemacht werden will.« Irmgard Keun schreibt über das Alltagsleben des Kleinbürgers, seinen Hang zur Bequemlichkeit, über sein Besitzstreben, seinen Drang nach Höherem, seine Engstirnigkeit, sein Selbstmitleid, seinen Neid, seine Schwachsinnslüste.

Schneller Ruhm mit dem ersten Roman 1931

Ihr erster Roman »Gilgi, eine von uns« war 1931 der Sensationserfolg in Deutschland. Kurt Tucholsky notierte in der »Weltbühne« seine Sympathie für die 21jährige Autorin: »Eine schreibende Frau mit Humor, sieh mal an! Hurra! Hier ist ein Talent. Wenn die noch arbeitet, reist, eine große Liebe hinter sich und eine mittlere bei sich hat: aus dieser Frau kann einmal was werden.« Das Buch wurde ein Bestseller. Da hatte endlich einmal ein Schriftsteller den Volkston getroffen.

Die Eltern Gilgis werden charakterisiert: »Der vollkommene Mangel an Unterhaltung kennzeichnet das Anständige, Legitimierte der Familie... Die Langeweile ist die Gewähr für das Stabile ihrer Beziehungen, und daß man sich nichts zu sagen hat, macht einander unverdächtig.« Gilgi will da raus, will da drüber weg: »Nein, sie hat keine Zeit zu verlieren, keine Minute. Ihr Tag ist vollgepfropft mit Arbeiten aller Art. Kaum, daß hier und da eine winzige Lücke zum Atemholen bleibt. Arbeit, ein hartes Wort. Gilgi liebt es um ihrer Härte willen.«

Gilgi sitzt in der Straßenbahn, um zur Arbeit zu fahren: »Alle sehen einander ähnlich. Gleichheit des Tagesablaufs und der Empfindungen hat ihnen den Serienstempel aufgedrückt. Jemand zugestiegen – sonst noch jemand ohne Fahrschein? Keiner tut gern, was er tut, keiner ist gern, was er ist... Man fährt. Fährt und fährt. Achtstundentag, schreibt Maschine, Stenogrammblock, Gehaltskürzung, Ultimo – immer dasselbe, immer dasselbe. Gestern, heute, morgen – und in zehn Jahren.« Gilgi träumt, träumt in Schlagermelodien: »I want to be happy...« Und sie sagt sich: Wenn man drei fremde Sprachen perfekt kann, ist man gegen Stellungslosigkeit wohl ziemlich gesichert.
Gilgi und ihr Chef, ihr Arbeitgeber: »Plötzlich überkommt ihn das Bedürfnis, sich unglücklich zu fühlen. Seine Ehe ist ganz und gar nicht gut, sein Leben ist verpfuscht, man ist ein alter Trottel in einem Krämerberuf.« Herr Reuter lädt Gilgi ein: »Am Sonntag sitzen Gilgi und Herr Reuter zusammen im Domhotel. Gilgi hat das Gefühl, zu Abend gegessen, Herr Reuter das Gefühl, soupiert zu haben.« Und: »Er breitet sein Innenleben vor ihr aus wie eine offene Skatkarte.« Und: »Gilgi nimmt zur gefälligen Kenntnis, höflich und mäßig interessiert. Armer Idiot, wenn du ein Junger wärst, brauchte man keine Zeit mit dir zu verlieren. Hör auf, nicht soviel Lyrik, paßt nicht zu deinem Pickel am Kinn... Armer Alter, deine Mischung barock-merkantil verträgt kein glattes Nein.«

Gilgi begegnet dem Lebenskünstler Martin, Schriftsteller. Der stellt fest: »Trauriges Land, jeder Mund, der sich auftut, atmet schlechte Laune. Ob man mit Kellnern, Putzfrauen, Straßenbahnschaffnern, Taxichauffeuren, Buchhändlern, Gastwirten, Verkäufern spricht – das dritte Wort Sorgen. Trauriges Land, wo man mit jedem Atemzug Pessimismus schluckt. Es scheint so, als ob in diesem Land Nichtstun kein Genuß sein, eher Qual werden könnte.« Gilgi über ihre Beziehung zu Martin: »Hübsch ist das, so still

Ihr letzter großer Roman blieb 1950 ohne Resonanz

nebeneinander zu liegen. Man denkt und spricht sich nicht auseinander. Man atmet sich zusammen.« Und dann der Gedanke bei ihr: »Nichts ist gut. Vielleicht will man zuviel. Man will sein ganzes bisheriges Leben behalten, mit seiner Freude am Weiterkommen, seiner gutgeölten Arbeitsmethode... Und man will doch ein anderes Leben dazu, ein weiches, zerflossenes, bedenkenloses Leben.«
Martin will mit ihr weg aus diesem Deutschland, das die Nazis immer stärker okkupieren. Gilgi will nicht: »Ich – Martin – ich gehöre hier her – mich geht das was an hier – alles. Trauriges Land, sagst du? Martin, ich habe mich schon auf der Schule geschämt, wenn ›Deutschland, Deutschland über alles‹ gesungen wurde – so ein widerwärtiges Lied – so fett zu sprechen, so fett zu denken, den ganzen Mund voll Lebertran. – Die – mit ihrer aufdringlichen Vaterlandsliebe – verstehst du das –: Statt ganz demütig und dankbar zu sein, wenn's ihnen nun gegeben ist, was zu lieben – sind sie stolz darauf wie auf einen persönlichen Verdienst – und was für sie persönlich Verdienst ist, machen sie für andere zur Pflicht. So'n furchtbarer Quatsch. Ich hab damit nichts zu tun – aber ich bin hier hineingeboren, und Sprache, Luft, Geräusche – was weiß ich – ist mir alles vertraut – das Alltägliche hier, das Praktische, Sichbegnügen, die grauen Pflastersteine – ist mir alles so wichtig, und ich liebe das alles auf meine Art. Häßliches Land! Vielleicht...«
Gilgi spürt den Abstand zu Martin: »Da sind zwei Schichten in mir – und die obere, die diktiert – alltägliche Worte, alltägliche Handlung – kleines Mädchen, kleines Maschinenmädchen, kleines Uhrwerkmädchen – drunter die untere Schicht – immer ein Wollen, immer ein Suchen, immer Sehnsucht und Dunkel und Nichtwissen – kein Wissen um wohin, kein Wissen um woher. Denken ohne Worte... Und einer sagt Leid, und einer sagt Schmerz und einer Verbrechen – Schmutz – oder Gott – kein Wort trifft zutiefst hinein. Was – bin – ich – denn – nur? Alles Böse und alles Gute – das ist der Mensch – und Himmel und Hölle – das ist der Mensch – das Traurigste und Lächerlichste – ein Mensch. Das Verschlossenste und Bereiteste – ein Mensch. Und Krieg und Frieden – das ist ein Mensch – und Mordgier und Mariawunsch, zu gebären – ein Mensch... Zweigespaltenes Ich – tausendgespaltenes Ich...«
Gilgi erwartet von Martin ein Kind und verläßt ihn, den Unbeständigen, den sie liebt: »Mensch sein – das heißt was – da gibt's kein Unterkriechen in Gesamtheit mehr – da heißt's allein sein. Das muß man lernen – zu wissen, daß ein Lachen tausend Tränen kostet, das muß man lernen – zu wissen, daß eine Stunde Glück mit tausend Stunden Weh bezahlt wird...«
Irmgard Keun veröffentlichte ein Jahr nach der »Gilgi« einen zweiten Roman: »Das kunstseidene Mädchen«. Wieder ein Erfolg. Als die Nazis an die Macht kamen, war sie 23. Ihre Bücher wurden

verboten. Dennoch hätte sie bleiben können. Anpassung wurde verlangt. Doch Irmgard Keun lehnte es ab, in die Reichsschrifttumskammer einzutreten. Sie blieb bis 1935 in Deutschland. Sie nahm kein Blatt vor den Mund in ihrer Ablehnung der Nationalsozialisten. Von der Gestapo wurde sie abgeholt. Sie wurde verwarnt, sie wurde bedroht und schließlich gefoltert. Sie hielt den Torturen stand. Sie gab sich nicht auf. Sie ließ sich das Genick nicht brechen.

Im Jahre 1935 gelang es Irmgard Keun, nach Belgien zu entkommen. Von Belgien ging sie nach Holland. Sie lernte den österreichischen Dichter Joseph Roth kennen und lieben. Roth starb 1938. In Holland wurde Irmgard Keun 1940 von den einrückenden deutschen Truppen überrascht. Mit einem falschen Paß gelangte sie nach Köln zu ihren Eltern. Mit falschem Paß überlebte sie den Krieg. Als Schriftstellerin überlebte sie nicht. Zwar schrieb sie 1950 unter dem Titel: »Ferdinand, der Mann mit dem freundlichen Herzen« einen der besten Romane über die Nachkriegszeit, doch das Buch blieb unbeachtet.

Irmgard Keun kam in Berlin zur Welt 1910. Ihr Vater war Fabrikant. Ein gebildeter Mann, der neun Sprachen sprach. Als die Tochter acht war, zog die Familie nach Köln. Dort leitete der Vater eine Ölraffinerie. Die Eltern ließen ihr alle Freiheiten. Die Ferien verbrachte sie Jahr für Jahr im belgischen Ostende. Am Meer fühlte sie sich wohl.

Irmgard Keun heute: »Ich liebe diese großen Flächen. Ein Gebirge zerquetscht mich. Ich habe nie das Bedürfnis gehabt, ein Edelweiß zu pflücken.« Sie wuchs mit Kindermädchen und privaten Sprachlehrerinnen auf. Sie hat noch immer das Wort ihres Vaters im Gehör: »In einem fremden Land mußt du wenigstens ein paar Worte verstehen und sprechen können. Zumindest bitte und danke und dazu ein unanständiges Wort. Dann kommst du zurecht.«

Auf den Bruder war Irmgard Keun eifersüchtig. Er war fünf Jahre jünger als sie. »Als mein Bruder zur Welt kam«, so erinnert sie sich heute, »bin ich in den Garten gegangen, habe eine Schippe genommen und habe geschaufelt. Ich wollte mir mein eigenes Grab graben. Ich wollte nicht mehr leben. Und dann habe ich plötzlich vergessen, warum ich grub. Ich stand ganz fasziniert vor den Steinen, die ich bei meiner Arbeit umgekehrt hatte, und ich sah, wie es da wimmelte vor Leben. Ich sah lauter kleine Tiere. Die beobachtete ich und vergaß völlig dieses widerwärtige Lebewesen, das meine Mutter in der Wohnung zur Welt brachte.«

Später spielte sie den Hüter ihres Bruders. Sie ging mit ihm in den Kölner Stadtwald. Er kletterte auf einen Baum. Da kam der Stadtwaldwächter. »Ich versuchte, meinem Bruder runterzuhelfen«, sagt Irmgard Keun. »Ich hätte es auch geschafft. Da schlug der Wärter ihm einfach auf den Kopf, weil das Klettern verboten war.« Die neunjährige Irmgard Keun reagierte

mit Empörung: »Das werden Sie büßen.« Sie bekam eine Ohrfeige. Das Mädchen: »Das werden Sie noch mehr büßen.« Sie ging mit dem Bruder an der Hand zur Polizeistation und erstattete Anzeige. Die Beamten protokollierten. Dann brachten sie die beiden Kinder nach Hause. Es kam zur Gerichtsverhandlung. Der Stadtwaldwärter wurde verurteilt, und er wurde entlassen. Der Richter sagte in seiner Urteilsbegründung: »Dieses Mädchen ist von nicht zu widerlegender Glaubwürdigkeit.«

In Köln besuchte Irmgard Keun mit 16 die Schauspielschule. Als Schauspielerin sah sie sehr schnell die Grenzen ihrer Möglichkeiten. Am Hamburger Thalia-Theater bekam sie ihre ersten Rollen in Stücken für Kinder: »Ich engelte durch die Gegend.« In Greifswald spielte sie die »Salondame«. »Aber ich war überhaupt nicht zufrieden mit mir«, erinnert sie sich. Sie war eine Schönheit. Irmgard Keun sagt: »Ich war nie mein Typ.«

Daheim bei ihren Eltern in Köln besuchte sie eine Veranstaltung Alfred Döblins, der aus seinem noch nicht veröffentlichten Roman »Berlin Alexanderplatz« vorlas. Irmgard Keun: »Als er fertig war, stand ich auf, ging einfach zu ihm und sagte, was man so sagt: ›Dankeschön, es hat mir so gut gefallen.‹ Ich guckte ihn so an, und er guckte mich an. Er zu mir: ›Ich bin jetzt zum Abendbrotessen eingeladen. Ich möchte lieber mit Ihnen essen.‹ Ich zu ihm: ›Da haben Sie vollkommen recht.‹ Er zu mir: ›Machen wir schnell, daß wir

Irmgard Keun und zwei Männer, die ihr Leben beeinflußten: Alfred Döblin und Joseph Roth

hier fortkommen.‹ Ich zu ihm: ›Brauchen Sie nicht noch Geld?‹ Er zu mir: ›Das hol ich mir später.‹
Die beiden verschwanden ganz schnell in den Kölner »Schwerthof«: »Da redeten wir uns dusselig und lahm. Er war so verschmitzt linkisch.« An jenem Abend sagte Döblin zu Irmgard Keun: »Jetzt bleibe ich auch morgen noch in Köln.« Döblin blieb auch noch übermorgen. Die Veranstalter des Leseabends suchten ihn vergeblich. Und seine Frau Erna auch.

Roman in der Emigration 1936

Döblin schlug vor, daß ihm Irmgard Keun die Kölner Altstadt zeige. Und die 18jährige schlug vor, nicht normale Wege zu beschreiten: »Man soll sich nicht in eine Stadt hineindrängeln. Man soll immer über eine Brücke gehen und langsam in die Stadt schauen.« So gingen beide über die Hohenzollernbrücke auf die alten Häuser zu. Als sich Alfred Döblin von der jungen Schauspielerin trennte, sagte er: »Wenn Sie nur halb so gut schreiben, wie Sie sprechen, erzählen und beobachten, dann werden Sie die beste Schriftstellerin, die Deutschland je gehabt hat.« Ans Bücherschreiben hatte sie noch nicht gedacht. Nur daran, das Theater aufzugeben.
Es ging dann alles ziemlich rasant durcheinander. Sie verliebte sich in einen Psychiater. Der verfolgte sie mit ständiger Eifersucht. Wenn sie sich mit anderen Männern unterhielt, machte er ihr Szenen. Und wenn sie nichts tat und still vor sich hinträumte, war er eifersüchtig auf ihre Gedanken: »In dieser Panikstimmung entschied ich mich für einen anderen.« Sie heiratete als 18jährige den 45 Jahre alten Romanautor, Dramatiker und Regisseur Johannes Tralow, der, wie sie sagt, nach 1933 mit den Nazis paktierte, bis die ihn nicht mehr haben wollten, nach 1945 fälschlich als NS-Gegner angesehen wurde und als Kommunist zum Aushängeschild in der DDR wurde.
Die Verbindung zu Döblin riß nach der ersten Begegnung in Köln nicht ab. Er schrieb ihr Briefe, und sie besuchte ihn in Berlin.

In ihr rumorte Döblins Satz: »Schreiben Sie ein Buch!« Und sie schrieb »Gilgi, eine von uns«. Irmgard Keun heute: »Als ich fertig war, setzte ich mich in Köln in den Zug und fuhr nach Berlin. Ich war jenseits jeglicher Hemmungen. Ich war überzeugt, den besten Roman geschrieben zu haben. An mein Alter dachte ich nicht. Ich war ja uralt von jeher. Ich nahm mir ein Zimmer im Christlichen Hospiz in der Meineckestraße und dachte nach: Was nu? Ich dachte ein paar Tage. Mein Geld reichte nicht. Ich telegrafierte nach Köln. Ich wartete, ging zur Post, wartete, nichts. Da hat mir der Schalterbeamte aus seiner eigenen Tasche 100 Mark geliehen.«

Die Hilfe dieses wildfremden Mannes hat sich ihr eingeprägt. In den so schlimmen Situationen nach 1933 hat es immer wieder Menschen gegeben, die ihr – auch und gerade in Deutschland – aus der Patsche geholfen haben. Irmgard Keun: »Das ist das Merkwürdige in meinem Leben: Das Gute hat sich bei mir stärker eingegraben als das Schlechte.« In ihrem Hotelzimmer nahm sie das Telefon in die Hand und suchte nach dem erstbesten Verlag, dem sie ihr Romanmanuskript anbieten könne. Das war der Universitas-Verlag, gleich um die Ecke, in der Tauentzienstraße. Dort ging sie hin. Völlig von sich überzeugt.

Sie verschaffte sich Einlaß ins Zimmer des Verlegers Wolfgang Krüger. Der blinzelte sie an und wurde leutselig: »Ich bin mal zur See gefahren.« Irmgard Keun: »Dann müssen Sie ein guter Verleger sein. Ich habe hier ein Manuskript von mir und wünsche bis spätestens übermorgen Antwort.« Am nächsten Morgen schob ihr die Wirtin einen Brief durch die Türritze. Sie las: »Bitte sofort kommen und Vertrag machen. Wolfgang Krüger.« Sie kam sofort. Krüger empfing sie mit den Worten: »Wir haben die ganze Nacht gelesen. Sind Sie zufrieden?« Und ironisch fügte er hinzu: »Der Klofrau haben wir das Manuskript auch zum Lesen gegeben. Und die war entscheidend. Wir drucken

Roman in der Emigration 1937

es.« Sie bekam einen Vorschuß von 400 Mark.
Das erste Buch brachte den Ruhm, das zweite das Geld. Da konnte sie die Vertragsbedingungen bestimmen. »Und ich denke, daß es gut ist, wenn ich alles beschreibe, weil ich ein ungewöhnlicher Mensch bin«, läßt sie in dem Roman »Das kunstseidene Mädchen« die Sekretärin Doris sprechen, die die Provinz verläßt und auszieht, um in Berlin die große Welt zu erobern. »Ich denke nicht an Tagebuch – das ist lächerlich für ein Mädchen von achtzehn und auch sonst auf der Höhe. Aber ich will schreiben wie im Film, denn so ist mein Leben und wird noch mehr so sein. Und ich sehe aus wie Colleen Moore, wenn sie Dauerwellen hätte und die Nase mehr schick ein bißchen nach oben. Und wenn ich später lese, ist alles wie Kino – ich sehe mich in Bildern.«
Diese Doris bezieht ihre Verhaltensformen von der Leinwand, dem Theater des kleinen Mannes. Der Glanz der Filmwelt wird ihr Orientierungsmuster. Sie stiehlt sich einen Pelzmantel, der wertsteigernd auf seinen Besitzer zurückstrahlt. Denn was in der Gesellschaft zählt, ist nicht der Mensch, sondern die Person je nach ihrer Zahlungsfähigkeit. Die kann vorgetäuscht werden. Die Hochstapelei einer Konsumgesellschaft wird von Irmgard Keun entlarvend dargestellt.
Im Roman der Keun sagt die Doris: »Natürlich hatte ich den richtigen Blick: eben kennengelernt, und er bestellt Zigaretten zu acht, wo er sonst bestimmt nur zu vier raucht. Das Schwein. Wenn einer welche zu acht bestellt, weiß man ja Bescheid, was für Absichten er hat. Und wenn er wirklich solide ist, raucht er zu sechs mit einer Dame, denn das ist anständig und nicht übertrieben, und der Umschwung ist später nicht zu kraß. Mir hat ein Alter mal welche zu zehn bestellt – was soll ich sagen, der war Sadist, und was er genau gewollt hat, ist mir peinlich niederzuschreiben.«
Und: »Ein Mann aus der Großindustrie hatte mich eingeladen, indem er im Schauspielhaus Freikarten holte beim Portier für morgen, denn wer Geld hat, hat Beziehungen und braucht nicht zu zahlen. Man kann furchtbar billig leben, wenn man reich ist.« Über einen anderen Mann sagt Doris: »Er sagte mir: Kleine – und blähte seinen Bauch in Überlegenheit. Wie er fünfzig war, haben alle Zeitungen sich vor ihm gebeugt. Und er hat einen Leserkreis. Und er hat auch studiert und Grundlagen von Kultur. Und er gilt... Er hat viele Romane geschrieben auf das deutsche Volk hin und jetzt wird Zersetzung geschrieben von kleinen Juden. Da macht er nicht mit... Er hat auch Grundsätze: Männer dürfen, und Frauen dürfen nicht. Nun frage ich mich nur, wie Männer ihr Dürfen ausüben können ohne Frauen? Idiot.«
Irmgard Keun läßt ihre Doris Sätze wie diese formulieren: »Ich möchte gern furchtbar glücklich sein... Was mache ich wohl falsch mit meinem Leben?... Manchmal hat man eine Lust, eine Laterne zu

streicheln... Ich will alles tun, aber arbeiten will ich nicht... Liebe an sich strengt an... Man kann ja wohl ruhig jeder für sich weinen, aber es ist das Herrlichste, wenn man mit einem zusammen über dasselbe lacht...« Empfindungen, die zugleich ein Stück von Irmgard Keun sind, ein Stück ihrer eigenen seelischen Verfassung. Sie artikuliert verschlüsselt ihre persönlichen Schwierigkeiten, ihr Elend, ihre Wünsche: »So sind die Männer. Und sie haben gar keine Ahnung, wie man sie mehr durchschaut als sich selber... Wo ist denn nur Liebe und etwas, was nicht immer gleich entzwei geht?... Ich wünschte mir sehr mal die Stimme von einem Mann, die wie eine dunkelblaue Glocke ist und in mir sagt: Hör auf mich; was ich sage, ist richtig. Und wünsche mir dann ein Blut in mein Herz, was ihm glaubt... Manchmal ist das Erotische nur dafür gut, daß man du zusammen sagen lernt – und mir fiel es in jeder Situation schwer... Nur wenn man unglücklich ist, kommt man weiter, darum bin ich froh, daß ich unglücklich bin... Ich ahnte im voraus, aber mein Gefühl hatte keine Lust, es zu wissen.«
Irmgard Keun schrieb an ihrem dritten Roman – »Der hungrige Ernährer« –, als die Nazis an die Macht kamen. »Gilgi, eine von uns« und »Das kunstseidene Mädchen« wurden in die Liste des »schädlichen und unerwünschten Schrifttums« eingereiht, beschlagnahmt und eingezogen. Da Irmgard Keun keine Jüdin war, warb das NS-Regime um die sich Sträubende, so wie es auch gern Thomas Mann gehalten hätte. Der »Blut-und-Boden«-Autor, Hans Friedrich Blunck, erster Präsident der von den Nazis ins Leben gerufenen Reichsschrifttumskammer, schrieb der 23jährigen: »Sie stehen vor einer sehr schweren Entscheidung.«
Irmgard Keun heute: »Ich stand vor keiner schweren Entscheidung. Ich hatte mich entschieden. Gewiß, ich war politisch nicht so beschlagen wie Ernst Toller, Johannes R. Becher oder Heinrich Mann. Aber ich war für das, was ihre Grundhaltung, ihre Moral ausmachte.« Im Universitas-Verlag wurde Irmgard Keun 1934 von einem Mann in SS-Uniform belehrt, daß ihr neuer Roman geändert werden müsse. Der Mann begrüßte sie mit »Heil Hitler«. Die Keun reagierte barsch: »Bei mir nicht. ›Guten Tag‹ oder grüßen Sie gar nicht!« Der SS-Mann, von dem sie wußte, daß er NS-Literatur fabrizierte, kritisierte: »Sie sind zu negativ.« Irmgard Keun fuhr ihm in die Parade: »Und Sie können das überhaupt nicht beurteilen. Sie können ja nicht schreiben. Ob ich ein guter oder schlechter Schriftsteller bin, das wird sich zeigen. Aber ich bin einer. Sie sind wie Blunck, nicht gut und nicht schlecht, Sie sind zum Kotzen.«
Ihre Offenheit blieb vorerst ohne Folgen: Irmgard Keun wundert sich noch heute darüber. »Vielleicht rettete mich der Ruf meines Vaters als Unternehmer«, sagt sie heute. Sie steckte auch nach dieser Auseinandersetzung nicht zurück. Am 29. Oktober 1935 meldete sie

beim Landgericht Berlin Schadenersatzanspruch an: »Die Geheime Staatspolizei hat im Juli 1933 die gesamten Bestände meiner Bücher... beschlagnahmt und an sich genommen. Ein Gerichtsurteil, das diese Beschlagnahme rechtfertigte, ist bis jetzt nicht erfolgt und auch nicht angestrebt worden...«
Da sie nichts mehr verdiente, verlangte Irmgard Keun vom Berliner Landgericht, ihr für diesen Prozeß Armenrecht zu gewähren. Das Schreiben wurde der Gestapo übergeben. Die reagieren mit Vernehmungen.
Den Vernehmungen folgten »verschärfte Vernehmungen«. Irmgard Keun heute: »Die haben kein Wort aus mir herausgekriegt. Die wollten Adressen von Freunden haben, die wie ich über die Nazis dachten. Die wollten etwas über meine Beziehungen zu Leuten wissen, die inzwischen Deutschland verlassen hatten. Können Sie verstehen, daß man irgendwann keinen Schmerz mehr spürt? Das Einzige, was mich gerettet hat, war mein Vater.« Diesmal war sie da sicher.
Als sie aus der Haft entlassen wurde, ging sie nach Frankfurt zu ihrem Mann, der dort am Theater Regie führte. Nach dem Krieg erfuhr sie, daß ihr Vater sie damals bei der Gestapo mit 200000 Mark ausgelöst hatte. Die Mutter erzählte es. Der Vater nicht. Irmgard Keun kann sich erinnern, wie sie ihn einmal fragte: »Vater, was hast du damals bezahlt für mich?« Ihr Vater habe geantwortet: »Nicht mehr, als ich immer für dich bezahlen würde.« Ihren Mann, Johannes Tralow, verachtete sie, weil er sich an die Nazis »ranschmiß«. Sie wollte weg aus Deutschland, bevor der nächste Zugriff kam und dann kein Geld mehr half. Doch Johannes Tralow und Irmgard Keun hatten einen gemeinsamen Paß. Sie brauchte einen eigenen. Die Schriftstellerin ging zur Frankfurter Polizei: »Meine ganze Löwenmäuligkeit zerfiel in nichts vor dem Beamten, den ich nach der Möglichkeit befragte, einen eigenen Paß zu bekommen. Er sagte zu mir: ›Sie wollen raus, junge Frau? Ich wünschte, ich könnte es auch.‹ Ich bekam meinen Paß.« Sie bekam auch im belgischen Konsulat ein Visum. Sie fuhr mit großem Gepäck, wertvollem Schmuck, wertvollen Kleidern, wertvollen Pelzmänteln. Sie fuhr nach Ostende, in ihre alte Ferienstadt. Sie fuhr nach Amsterdam. Sie fand Kontakt zu den Emigrantenverlagen Querido und Allert de Lange. Sie reiste nach Brüssel.
Der Schriftsteller Hermann Kesten erinnerte sich an seine Begegnung mit der 25jährigen im Hotel Métropole: »In der Halle des Hotels fand ich ein hübsches, junges Mädchen, blond und blauäugig, in einer weißen Bluse, das lieb lächelte und wie ein Fräulein aussah, mit dem man gleich tanzen gehen möchte. Aber wir saßen noch nicht am Tisch bei einer Tasse Kaffee und einem Glas Wein, da sprach sie schon von Deutschland, mit blitzenden Augen und roten, witzigen Lippen. Sie erzählte vom neuen exotischen Germanien mit vorsichtig gesenkter Stim-

me und in tollkühnen Wendungen und Bildern. Ihre weiße, seidene Bluse und ihre blonden Haare flatterten wie in einem wilden Wind, ihre Augen und Hände schienen mitzusprechen, und es sprachen ihr Verstand und ihr Herz. Sie war naiv und brillant, witzig und verzweifelt, volkstümlich und feurig und kein Fräulein mehr, mit dem man tanzen gehen wollte, sondern eine Prophetin, die anklagt, ein Prediger, der schilt, ein politischer Mensch, der eine ganze Zivilisation verschlämmen sah. Alles an ihr sprach und lachte und höhnte und trauerte.«

Nicht Thomas und nicht Heinrich Mann, nicht Ernst Toller und nicht Walter Hasenclever, nicht Johannes R. Becher und nicht Anna Seghers schrieben den großen Roman mit der besten psychologischen Deutung des kleinen Mannes im NS-Staat. Es war Irmgard Keun mit ihrem Buch »Nach Mitternacht«, das 1937 bei Querido in Amsterdam erschien. Sie hatte Deutschland über 1933 hinaus erlebt, die anderen waren längst draußen. Sie hatte gesehen, wie sich die Menschen in der Diktatur eingerichtet, wie sie aus ihr Nutzen gezogen, wie sie sich ihr angepaßt hatten.

Der Roman »Nach Mitternacht« ist wie fast alle Keun-Bücher ein Ich-Roman, in dem die 19jährige Susanne Moder die letzten zwei Tage vor ihrer Flucht aus Deutschland beschreibt. Im Wechsel von Rückblick und aktuellem Bericht erfährt der Leser, wie Susanne 1933 ihr Elternhaus in einem Dorf an der Mosel verläßt und zu ihrer Tante nach Köln geht. Die ist von Hitler begeistert und denunziert die mißliebige Nichte bei der Gestapo. Susanne wird festgenommen und wieder freigelassen. Sie verlobt sich mit Franz. Sie taucht unter, geht nach Frankfurt zu ihrem wohlhabenden Stiefbruder Algin. Der ist Schriftsteller und muß mit Berufsverbot rechnen. In Köln baut Susannes Verlobter mit einem Freund ein Geschäft auf. Beide werden von einem Konkurrenten denunziert. Und verhaftet. Nach der Entlassung erfährt Franz, daß sein Freund bei den Vernehmungen von der Gestapo umgebracht worden ist. Er tötet den Denunzianten und fährt zu Susanne nach Frankfurt.

»Nach Mitternacht« fallen bei einem Fest die Entscheidungen: Algin spielt mit Selbstmordgedanken und beschließt dann, für die Nazis zu schreiben. Der Journalist Heinrich (»Heini«) lehnt es ab, sich den Nazis anzupassen, und begeht Selbstmord. Franz und Susanne entscheiden sich zur Flucht nach Holland.

Über Algin heißt es in dem Roman: »Blaß und dunkel sitzt er da... Wieder hat er einen Brief von der Reichsschrifttumskammer bekommen. Eine neue Säuberungsaktion unter den Schriftstellern solle stattfinden, bei der man Algin aussieben würde. Vielleicht könnte es ihn retten, wenn er jetzt ein längeres Gedicht auf den Führer machte... ›Man möchte sich umbringen‹, sagt Algin. ›Das mit dem Umbringen ist eine gute Idee von dir‹, sagt Heini, ›du solltest es wirklich tun. Du hattest mal Talent, du hattest mal Erfolg. Jetzt ist dein Leben arm geworden, schmutzig auch. Deiner Frau zuliebe, deiner albernen Wohnung zuliebe hast du ein paar lächerliche Konzessionen gemacht... hast gegen dein Gefühl, gegen dein Gewissen geschrieben. Ein armer Literat bist du. Einen historischen Roman willst du jetzt schreiben? Als Eunuch wirst du diesen Roman schreiben. Ein Schriftsteller hat sich weder vor den eigenen Sätzen noch vor Gott und der Welt zu fürchten, wenn er schreibt. Ein Schriftsteller, der Angst hat, ist kein Schriftsteller... Aber abgesehen davon: Du bist überflüssig. Durch die Diktatur ist Deutschland jetzt ein vollkommenes Land geworden. Ein vollkommenes Land braucht keine Schriftsteller. Im Paradies gibt es keine Literatur... Wo Vollkommenheit ist, hört Dichtung auf... Das Vollkommene macht jetzt jedes Wort überflüssig. Bring dich um, Algin, oder lern Harfe spielen und mach Sphärenmusik.‹«

Der Journalist Heinrich kurz vor dem Selbstmord: »Ich habe die Menschen geliebt. Länger als ein Jahrzehnt habe ich mir die Finger wundgeschrieben und den Kopf leer gedacht, um sie vor dem Wahnsinn der hereinbrechenden Barbarei zu warnen. Eine Maus, die durch Piepsen eine Lawine aufhalten will. Die Lawine ist gekommen und hat alles begraben,

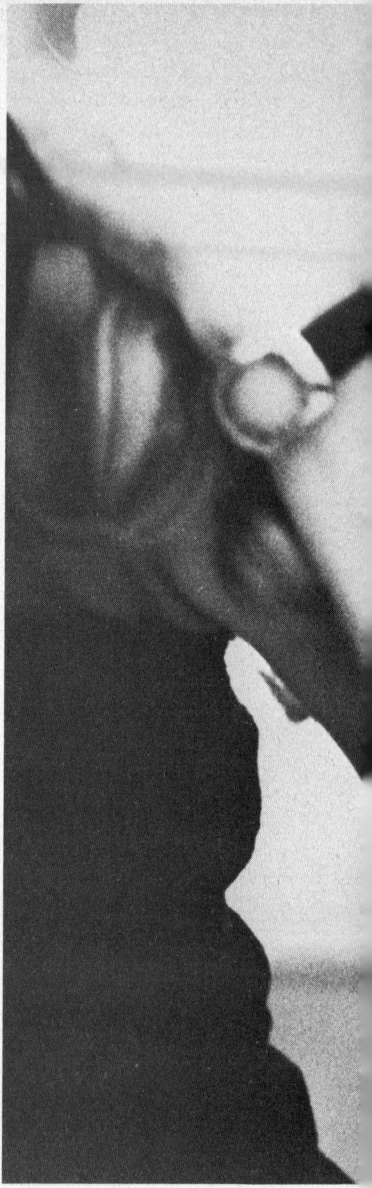

Irmgard Keun 1977 mit ihrer 24jährigen Tochter Martina, die in Köln als Krankenschwester arbeitete und die Mutter in Bonn besuchte

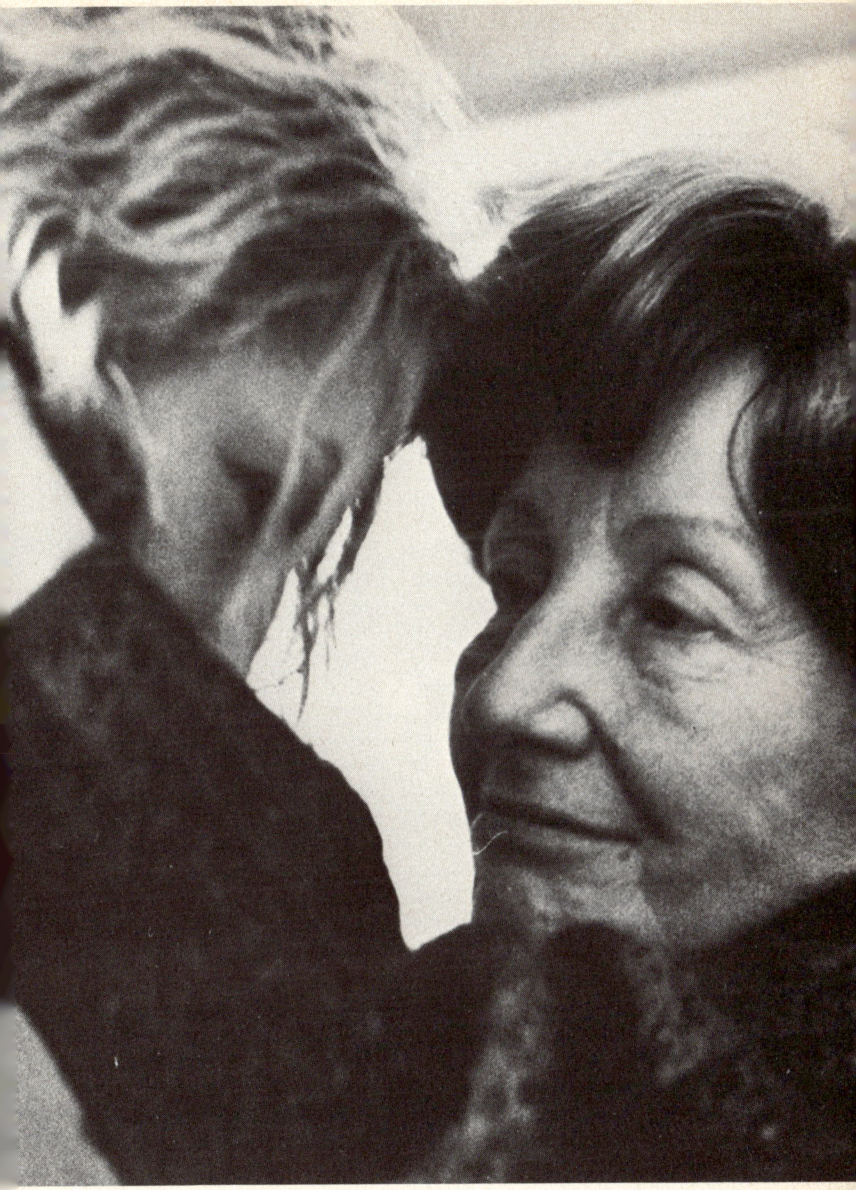

die Maus hat ausgepiepst... Was ich glaubte sagen zu müssen, habe ich gesagt, in meiner Art und Sprache. Was ich noch zu sagen hätte, sagen genug andere für mich. In dieser Zeit der allgemeinen Wortinflation ist es nicht schade, wenn einer sich besinnt und zu schweigen beginnt. Ich war ein geistreicher und witziger Journalist. Man kann weder hier noch im Ausland noch ein geistreicher und witziger Journalist sein, wenn einem ewig die Schreie aus den deutschen Konzentrationslagern in den Ohren gellen.«

Da gibt es in dem Roman der Keun eine Szene, in der die Straßenbahn an dem Kölner Gefängnis Klingelpütz vorbeifährt: »Als die Straßenbahn vorbeifuhr an der Seitenstraße, wo der Klingelpütz, das böse Gefängnis, ist, hörte man schreien. Es schrie, daß die Luft zitterte vor Schmerz. ›Es sind die Kommunisten, die jetzt im Klingelpütz hingerichtet werden‹, sagte ein junger SA-Mann, der beim Wagenführer stand. In seiner Stimme lag Stolz, daß er Bescheid wußte... ›Einen von ihnen kannte ich, ganz junger Mensch noch, höchstens achtzehn‹, sagte der Wagenführer und war auch stolz. Er fuhr, die Schreie fuhren mit...«

Da gibt es den alten Aaron, einen Juden, über den die Keun sagt: »Der findet: die Nazis hätten Ordnung geschaffen in deutschem Sinn und ihn vor den Kommunisten gerettet, die würden ihm alles fortgenommen haben. In den großen, teuren Hotels würde er nie angepöbelt, sondern zuvorkommend behandelt, auf dem Finanzamt böte man ihm sogar einen Stuhl an. Es gäbe sehr minderwertiges Gesindel unter den Juden, er könne den Antisemitismus begreifen. Und unter den Militärs wären prächtige Kerls zur Augenweide.«

Da schreibt die Keun über ein fünfjähriges Mädchen, das seine Eltern im Auftrage der Partei gedrillt haben, die Spaliere zu durchbrechen, um »spontan« dem Führer im vorbeifahrenden Auto einen Blumenstrauß zu überreichen; »denn oft wünscht der Führer, mit Kindern photographiert zu werden«. An jenem Tage nicht. Da beachtete er die »Reihendurchbrecherin« nicht.

Da berichtet die Keun über die Vorgänge im Vernehmungszimmer der Gestapo: »Eine uralte Frau kam und erzählte stundenlang von ihrem Untermieter, der keine Miete zahle und Kommunist wäre. Er hätte die Hakenkreuzfähnchen, mit denen sie den Balkon geschmückt hätte, abgerissen. Nein, gesehen hätte sie es nicht, aber die Hakenkreuzfähnchen wären abgerissen gewesen... Unaufhörlich kommen Leute, die jemanden anzuzeigen haben. Man meint, dies schäbige, graue Gestapozimmer hier wäre der Sammelplatz für ganz Köln geworden... Mütter zeigen ihre Schwiegertöchter an, Töchter ihren Schwiegervater, Brüder ihre Schwestern, Schwestern ihre Brüder, Freunde ihre Freunde, Stammtischgenossen ihre Stammtischgenossen, Nachbarn ihre Nachbarn. Und die Schreibmaschinen klappern, klappern, klappern, alles wird zu Protokoll genommen, alle Anzeigenden werden gut und freundlich behandelt. Zwischendurch kommen Mütter, deren Söhne verschwunden sind, Frauen, deren Männer verschwunden sind, Schwestern, deren Brüder verschwunden sind, Freunde, deren Freunde verschwunden sind. Diese Fragenden werden nicht so freundlich behandelt wie die Anzeigenden.«

In Ostende, wo zahlreiche prominente Emigranten lebten, so Egon Erwin Kisch, Ernst Toller und Stefan Zweig, lernte Irmgard Keun 1935 den Dichter Joseph Roth kennen: »Als ich ihn zum erstenmal sah, da hatte ich das Gefühl, einen Menschen zu sehen, der einfach vor Traurigkeit in den nächsten Stunden stirbt. Seine runden, blauen Augen starrten beinahe blicklos vor Verzweiflung, und seine Stimme klang wie verschüttet unter Lasten von Gram. Später verwischte sich dieser Eindruck, denn Roth war damals nicht nur traurig, sondern auch noch der beste und lebendigste Hasser.«

Er, der Österreicher, duldete nicht den Hinweis von deutschen Emigranten, Adolf Hitler sei schließlich ein Österreicher. Roth: »Bei uns konnte Hitler nichts werden – bei uns war er ein kleiner Strolch. Bei euch ist er groß geworden.« Inquisitorisch fragte Roth Irmgard Keun: »Warum sind Sie so lange bei den Nazis geblieben?« Irmgard Keun: »Das ist kein Gespräch zu dieser Zeit, auch nicht in diesem Ton.« Rechts von ihr saß Stefan Zweig, links Egon Erwin Kisch. Roth beachtete beide nicht. Neue Frage: »Glauben Sie an die unbefleckte Empfängnis?« Irmgard Keun: »Ich habe noch nie eine Empfängnis als befleckt empfunden.« Das Fragespiel ging endlos weiter. Später sagte Kisch zu Irmgard Keun: »Jetzt habe ich zum erstenmal gesehen, wie Roth eine Frau angegangen ist.«

Mit Roth reiste Irmgard Keun nach Paris, Salzburg, Warschau und Lemberg. Mit Roth saß sie in den Cafés. Beide arbeiteten an einem Tisch. Er schrieb dort seine Romane »Die Beichte eines Mörders«, »Das falsche Gewicht« und die »Kapuzinergruft«, sie die Bücher »Das Mädchen, mit dem niemand verkehren durfte«, »Kind aller Länder« und »D-Zug dritter Klasse«. Die Beziehung dauerte zweieinhalb Jahre. Irmgard Keun: »Er war der einzige Mann, der mich je gefesselt hat, so daß manches Wort von ihm in meiner Seele Wurzeln schlug. Er war furchtbar verletzbar, so daß er sich hinter Masken verbarg, auch mir gegenüber. Ich glaube, er hatte Angst, sich preiszugeben. Er ließ niemand ganz an sich heran.«

Irmgard Keuns Mann Johannes Tralow kam zu ihr nach Ostende, um sie nach Deutschland zurückzuholen. Sie lehnte ab. Er reiste ab. Sie bat ihn um die Scheidung. Er lehnte ab. Roth kam auf die Idee: »Dann schreib ihm eine Postkarte mit den Worten ›Ich schlafe mit Juden und Negern‹. Das bringt Dir die Scheidung.« Das brachte die Scheidung. Im Scheidungsurteil von 1937 heißt es: »Die Tatsache, daß die Beklagte

Gesprächspartner in der Bonner Einsamkeit: der Blumenhändler an der Ecke und die Tochter

sich der Volksgemeinschaft nicht einfügen kann und nicht gewillt ist, die hierdurch bedingten persönlichen Opfer zu bringen, sondern daß sie es vorzieht, ihre schriftstellerische Tätigkeit im Ausland auszuüben, nur um sich bei ihren Meinungsäußerungen keinerlei Beschränkungen auferlegen zu müssen, läßt schon für sich allein einen schweren Charaktermangel erkennen. Darüber hinaus hat die Beklagte nach dem glaubhaften Vorbringen des Klägers... ein Verhalten an den Tag gelegt, das für jeden Deutschen eine kaum zu überbietende Pflichtwidrigkeit darstellt und mit politischen Gegensätzen nicht erklärt werden kann.«

Ein Jahr nach der Scheidung von Tralow trennte sich Irmgard Keun auch von Joseph Roth: »Er entwickelte eine hysterische Eifersucht. Das war ganz einfach nicht auszuhalten.« Wiederum ein Jahr später starb der chronische Alkoholiker Roth. In Amsterdam erlebte Irmgard Keun den Einmarsch der deutschen Truppen im Mai 1940. Die holländischen Behörden zogen ihre Papiere ein. Geld hatte sie keins, als sie sich einfach in ein Nobelhotel einquartierte: »Aber ich hatte einen schönen Wimpernaufschlag. Davon habe ich Gebrauch gemacht.« Deutsche Offiziere belegten Zimmer: »Ich habe mich von einem einladen lassen. Zum Essen. Dann habe ich ihn zersetzt. Er schwärmte so romantisch von Hitler. Da dachte ich mir, das kannst du ihm besser bieten als Hitler. Ich tat sehr geheimnisvoll... Gott, habe ich ihn zersetzt. Augenaufschlag sehr sanft. Der hatte nie im Leben einen Roman gelesen. Ihm vertraute ich mich an. Ich ging mit ihm zum Konsulat. Er sagte, daß ich seine Cousine sei und den Paß verloren habe. Ich bekam neue Papiere.«

Die Rückreise nach Deutschland erschien ihr als eine Katastrophe: »Ich saß in einem Zug voller Männer, Offiziere, Diplomaten, Nazis, Nazis, Nazis. Ich ging in den Speisewagen, trank drei Schnäpse. Was mir sonst nie passiert – wenn ich 20 Schnäpse getrunken habe, schlafe ich ein oder ich kotze –, ich fing jedenfalls zu heulen an, hemmungslos. Dieses entsetzliche Zurück nach Deutschland. Die Fremde war ja schon Heimat. Dieses ekelhafte Deutschland. An der deutsch-holländischen Grenze stieg ich aus, noch immer völlig aufgelöst. Da sprang ein ganz schmaler blonder Leutnant heraus, trug meinen Koffer zum Zoll und sagte: ›Seien sie gut zu der jungen Frau. Sie hat es schwer!‹ Dann lief er zurück zum Zug.«

Daß Irmgard Keun von 1940 bis 1945 unerkannt in Deutschland leben konnte, verdankt sie einer Falschmeldung, die Mitte 1940 durch die Weltpresse ging. Darin hieß es, sie habe sich im französischen Internierungslager Les Milles zusammen mit dem Dramatiker Walter Hasenclever das Leben genommen. Der Selbstmord Hasenclevers stimmte. Irmgard Keun war nie in Les Milles gewesen.

Im Jahre 1944 wurden Irmgard Keuns Eltern evakuiert. In das Dorf Hönningen am Rhein. Leute kamen die Treppe des Hotels hoch. Sie öffneten die Tür. Vor ihr standen vier Soldaten. Sie wollten zu ihren Eltern. In der Hand hielt einer einen blutbefleckten Uniformkoffer. Irmgard Keun: »Ich wußte Bescheid. Einer sagte, daß mein Bruder in Rußland gefallen sei.« Sie versteckte den Koffer, verbot den Soldaten, mit ihren Eltern zu sprechen, tat es selbst: »Da nahm mich mein Vater in die Arme, was er sonst nie getan hatte, und sagte: ›Kind, wir haben dich.‹ Dieses Wort hat mich so verpflichtet. Ich bin nach dem Kriege bei den Eltern geblieben. Ich habe nicht mehr geheiratet, aber ich habe meinen Eltern ein neues Kind geschenkt, Martina.« Und sie fügt hinzu: »Dies hier ist das einzige Lamento, was Sie von mir zu hören bekommen.« Der Vater von Martina war Arzt in München. Irmgard Keun: »Er ließ sich einfach nicht in die Familie meiner Eltern einbauen.« Irmgard Keuns Mutter wurde 82, der Vater 93 Jahre alt. Sie hat beide bis zum Tode gepflegt. Der Vater ihrer Tochter ist ebenfalls gestorben. Längst tot die Freunde von einst.

Irmgard Keun möchte noch einen Roman schreiben, in dem alles zusammengefaßt ist, was ihr im Leben zugestoßen ist. Doch ihr Überdruß am Dasein überwuchert alle Vorsätze. Sie schleppt ihr Leben verdrossen durch die Tage. Wozu, wofür, für wen noch Standfestigkeit zeigen? Die Standfestigkeit von einst im Verschlagenwerden. »Das Chaos ist aufgebraucht. Es war die beste Zeit«, heißt es bei Bertolt Brecht. Unter den Sässigen, Satten und Denkfaulen von heute bleibt Irmgard Keun nur noch der Alkohol. Einzige Rettung: die Gefühle niederschlagen, um nicht von ihnen niedergeschlagen zu werden. Nur kein Gejammere!

Irmgard Keun immer in der Anspannung, solange sie glaubte, es lohne sich: in der Bewährung als Kind gegenüber ihrem jüngeren Bruder. In der Bewährung als Geliebte gegenüber dem Geliebten, in der Bewährung als Mensch gegenüber Unmenschen, in der Bewährung als Tochter gegenüber ihren Eltern. Die Liebesbeziehungen grenzten bei ihr immer an den Schrecken, sie schmeckten bitter wie Tod. Alles um sie herum endete tragisch. Sie sah ihr Scheitern schon im Beginn. Sie sah zu klar, sie sah in allem schon immer das

Ende. Gleich am Anfang. So zerstörte sie Anfänge und provozierte sie Abbrüche in ihren Beziehungen zu geliebten Menschen.
Immer wieder ihr Versuch, »auf einer ganz krunkeligen harten Erde« ein Feuer zu machen. »Träume küßten mich durcheinander«, schrieb sie einmal. Und: »Die Sonne macht's, daß der Boden summte und die Luft so zittrig – und ich setzte ihm Ameisen ins Gesicht, wie er schlief, weil ich nie müde bin mit einem Mann, in den ich verliebt bin.« Und: »Sehr bereit ist man, Gemeinsamkeit zu entdekken, sehr vereint in der gegenseitigen Freude an Andershaftigkeit, man weiß viel voneinander. Man wird weniger voneinander wissen, wenn man anfängt, übereinander nachzudenken. Was später kommt – ist Intimität. Man darf Intimität nicht mit Vertrautheit verwechseln. Vertraut bleiben – nicht intim werden, das ist eine Aufgabe. Schwere Aufgabe – sinngleiche Worte – urfeindliche Begriffe...«
Liebe als die zarte, das Eigensein des anderen achtende Berührung hat Irmgard Keun nur bei den Eltern erfahren. Auf die Eltern zog sie sich zurück. Bücher können für einen Autor die Konsistenz eines Felsens besitzen. Für sie war das Schreiben eine subtile Form des Versteckspiels. Hinter so viel Witz, Schnoddrigkeit und Humor erwartet niemand einen einsamen Menschen. Doch die Barrikade der Leichtigkeit ist im Grunde eine schwere Barrikade, mit der sie sich vor den anderen schützt. Ihre Romane sind ein einziges Monolog-Geflecht. Die Intensität des Sprechens weist zurück auf die Einsamkeit des einzelnen, die durch Ansprache eines anderen aufgehoben werden soll. Irmgard Keun ist heute eine Dichterin ohne Publikum. Keines ihrer Bücher ist auf dem Markt.
Ihre Bücher enthüllen eine Sehnsucht: die nach Kommunikation und das bittere Wissen, daß die Sehnsucht sich nicht erfüllen kann. Alles, was in ihren Romanen emporwächst, schrumpft sofort wieder ins Menschlich-Kleinliche, verknüllt sich mit Niederträchtigem. Der Schmerz wächst über die gestörte Vollkommenheit. Der Alpdruck des Alltags schwillt an, erstickt Leben: Leben, das den Rausch erfordert und die Kraft nicht gibt, den Rausch zu halten.
Der Abgrund umwirbt Irmgard Keun schon lange. Der Abgrund verspricht ihr jene vollkommene Nichtigkeit, in der jede Enttäuschung, jedes Elend für immer endet. »Ich will erleben, daß ich nicht mehr erleben will und kann«, heißt es in ihrem letzten großen Roman »Ferdinand, der Mann mit dem freundlichen Herzen«. »Ich will genießen, daß es keinen Genuß mehr für mich gibt. Ich will den ewigen Bestand in der vollkommenen Auflösung. Ich will etwas, das alle Möglichkeiten meiner Vorstellungskraft verdunsten läßt.«
Nachtrag 1980: Ein Verlag hat sich gefunden, der das Gesamtwerk Irmgard Keuns herausgibt. Die Schriftstellerin lebt inzwischen in Köln. ■

Alfred Döblin
Ein Ketzer wird Katholik

Hinter geschlossenen Lidern die Vision von seinem Paradies. Alfred Döblin am Ende seines Lebens. 78 Jahre alt. Pflegefall im Sanatorium von Emmendingen. »Meine Beine tragen mich nicht mehr allein. Meine Arme, meine Hände sind versteift. Ich kann nicht mehr schreiben. Ich erkenne Gottes Wille: Ich soll nicht mehr laufen, nicht mehr schreiben. Ich erkenne seinen Willen an und bin auch nicht traurig über meinen Zustand. Die ganze Bibliothek von mir – das bedeutet mir nichts mehr. Ich nehme am Prozeß des Absterbens teil. Ich bete zu Maria, der Reinen. Unberührt ist sie vom Sündenfall des Menschen. In ihr ist Freude. Licht sehe ich und Freude.«

Denken – allein noch gehalten vom Tod. Der Schriftsteller Alfred Döblin, in den zwanziger Jahren »Großinquisitor des Atheismus« genannt, ist fromm geworden, dieser Gigantomane der deutschen Literatur, der mit seinen Romanen ein ganzes Jahrhundert erschloß, wo sein Antipode Thomas Mann das Vergangene im Gegenwärtigen abschloß. Alfred Döblin: Ein wilder Vorwärtsstürmer, dichtender Ketzer, »jenseits von Gott«, wie er am Anfang formulierte. »Dichter heran müssen wir ans Leben«, forderte er. »Fühlen, wollen, planen, eingreifen... die Erde muß wieder dampfen.« Vor zwei Jahrzehnten starb er.

Alfred Döblin: Das war ein Preuße, ein deutscher Jude, ein Sozialist, ein von den Nazis Verfolgter, ein Heimatloser, ein Emigrant und schließlich ein Katholik. Hinter sich Entsetzen, Not, Haß und Verleumdung. Seinen Landsleuten mit Erkenntnissen meilenweit voraus. Intellektuelle Rasanz war der Vorsprung, der ihm Zeit zu Korrekturen erlaubte. Das Leben als Widerspruch, nicht als Anpassung. Immer mit dem Kopf gegen die Wand: »Wir scheuern uns wund an den Mauern, die uns umgeben. Wir schlagen gegen sie und hören unsere Hände klatschen...«

Die Deutschen haben diesen Schriftsteller nie angenommen. Zu radikal griff er in die Ruhe und Ordnung des Denkens in seinem Land ein. Dort, wo er einmal nicht davonstürmte, in dem Roman Berlin Alexanderplatz, 1929 herausgekommen, erlebte er innerhalb von zwei Jahren 45 Auflagen in Deutschland. Dieses Buch machte den 53jährigen als Schriftsteller finanziell unabhängig.

Döblins Vater verließ die Familie

Mutter allein mit fünf Kindern

Doch die Riesenresonanz war eher ein Mißverständnis. Gekauft wurde das Buch wegen der sicheren Präsentation Berliner Lokalkolorits. Auf Döblins andere Romane wirkte sich der Erfolg nicht aus. Ewig versuchte er die Landkarte seiner Träume mit der Welt in Einklang zu bringen. Seine Vision hinter geschlossenen Lidern: Die Liebe gesucht und gefunden – aber in der Zersplitterung nicht zusammengebracht. Die Vision von der einen Frau, der einzigen, jagt ihn ein ganzes Leben. Die Intimität als bedingungslose Hingabe: Sie weiß keinen Rückzug. Also Religion: Maria. Phantast Döblin auf der Suche nach dem schwebenden Leben, »rücklings auf einer Wolke in den Himmel«, wie es der von ihm bewunderte protestantische Ketzer Sören Kierkegaard formuliert hatte. Auf der Suche nach den Wörtern, die am Himmel hängen.

Die Welt im Kleinen, im Privaten, wirft ihr Schlaglicht auf die Welt im Großen, die er als Schriftsteller gestaltete. Da ist die Figur seines Vaters, die ihn abstößt und zugleich anzieht. Der Vater, der sich vom zehnjährigen Sohn Alfred die Schuhsenkel zubinden läßt und ihm dabei erzählt, er müsse zu einer geschäftlichen Besprechung nach Mainz reisen. Statt dessen brennt der Besitzer einer Zuschneidestube mit seinem Nähfräulein Henriette durch, flieht aus dem bürgerlichen Erwerbsleben und verschwindet nach Amerika. So wie der Vater sollte der Sohn nicht werden, so ohne Ehrgeiz an einer bürgerlichen Karriere. Und war doch so ausschweifend wie der Vater. In ihm bündelte sich zu Genialität, was im Vater angelegt, aber verstreut war: musische Begabungen. Der Vater, Cousin des Operettenkomponisten Léon Jes-

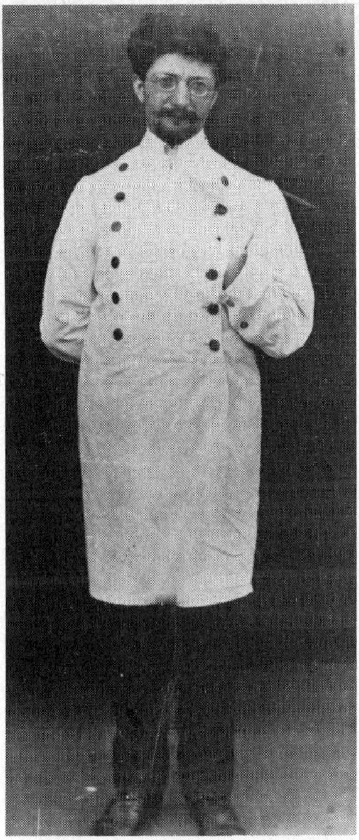

Döblin 1907 als Arzt in der Berliner Irrenanstalt Buch

sel, brachte sich selbst das Violine- und das Klavierspiel bei, in seiner Freizeit komponierte er, zeichnete und schrieb Gedichte. Um den Vater in sich zu unterdrücken, wurde der Sohn Alfred Arzt, Naturwissenschaftler. Im Visier die Psychoanalyse des Sigmund Freud, neueste Erkenntnis seiner Zeit: Das Geheimnis der Seele gelöst, auch sie auf eine mathematische Formel gebracht.

In begrenzter Wissenschaft suchte Alfred Döblin Halt: dem schöpferischen Drang entkommen. Die Kunst dem Leben unterordnen. Kein mieser Lebenskünstler werden wie der Vater, der die Mutter und die fünf Kinder ins Unglück stürzte. Alfred Döblin wollte der Nüchternheit und Vernünftigkeit gehorchen, mit der die Mutter das Leben nach der Flucht des Vaters gemeistert hatte. Diese Nüchternheit und Vernünftigkeit nicht als Erniedrigung empfinden! Dem Vater entkommen. Er entkam nicht, stürzte ins Chaos wie jener.

Die Liebe zu einer Krankenschwester, einem armen, einfachen Mädchen. Ein uneheliches Kind. Die Liebe zu einer Fabrikantentochter. Vier eheliche Kinder. Die Liebe zu einer Fotografin. Keine Kinder. Weglaufen und Ohnmacht gegenüber dem inneren Zwang, gebunden zu sein, zurückkehren zu müssen. Ermattet von soviel ertrunkener Hoffnung. Am Ende der Wirrnisse schwört er seinen Bildern ab und träumt, daß die Sterne ihn lenken werden. Zermalmt an Körper und Seele, aber gelebt haben – das ist der sterbende Döblin: hinter geschlossenen Lidern die Vision von seinem Paradies.

Peinlich? Die Freunde aus alten Tagen empfanden es so. Bertolt Brecht, der sich als Schüler Döblins bekannte, lästerte über die Abwendung seines Vorbildes vom Atheismus und ließ sich als Toter in einen doppelten Zinksarg einlöten in der irrationalen Annahme, vor der Zerstörung durch die Materie geschützt zu sein. Der Lyri-

Heimliche Liebe des Ehemanns Döblin zu der Fotografin Yolla Niclas

Krankenschwester Frieda Kunke, die von Döblin verlassen wurde, als sie ein Kind erwartete.

ker Johannes R. Becher, Kulturminister der DDR, mochte Döblins Hinwendung zum Katholizismus ebenfalls nicht verstehen – und sang dann selbst auf dem Sterbebett die vertrauten Marienlieder seiner bayerischen Heimat. Die Sozialisten Brecht, Becher und Döblin: Einer bekannte sich.

Bereits in einem Brief des 26jährigen Döblin ist angelegt, was am Ende sein Leben bestimmen wird. An die Dichterin Else Lasker-Schüler schreibt er im Jahre 1904: »Ich werde vielleicht noch einmal sehr gläubig werden... immerfort geschieht das Wunderbare; wenn man zu denken versucht, wird alles Bekannte unbekannt; das Rätsel steht unglaublich dicht vor der Tür...«

Die Tatsache, daß Alfred Döblin am 10. August 1878 in Stettin zur Welt kam, nannte er als Schriftsteller seine Vorgeburt. Er fühlte sich zeit seines Lebens als Berliner. Dorthin war die Mutter mit ihm und seinen vier Geschwistern 1888 gezogen, nachdem der Vater die Familie verlassen und sich zudem herausgestellt hatte, daß die Zuschneidestube verschuldet war. Alfred Döblin lernte daheim und in seiner Umgebung bitterste Not kennen. Die Familie wohnte im Berliner Osten, der Armengegend. Sie war abhängig von der knauserigen Unterstützung eines reichen Verwandten.

Das Abitur machte Alfred Döblin

Anbetung des Jüngsten – Döblins Kommentar zu einem Foto, das ihn mit Sohn Stefan und Ehefrau Erna im Jahre 1928 zeigt

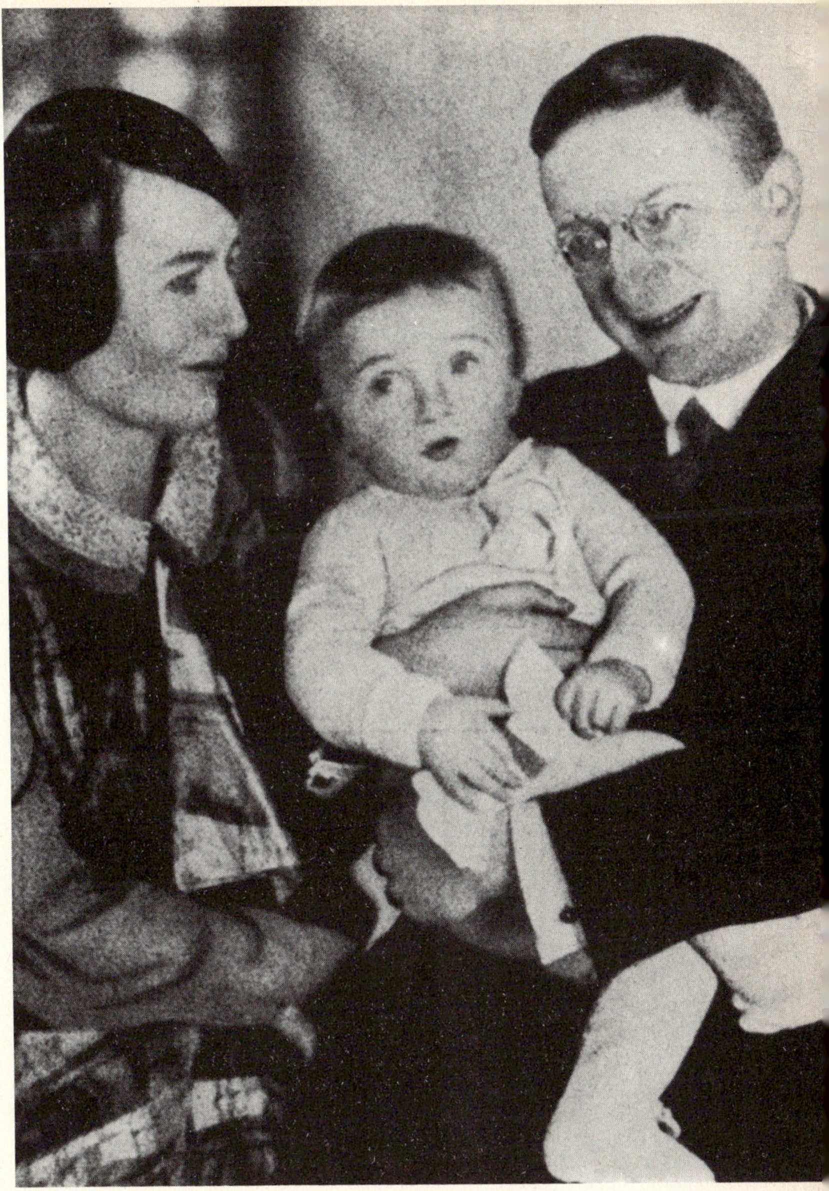

im Jahre 1900 als 22jähriger. Fünf Jahre später war er Arzt. Dazwischen liegen die ersten Schreibversuche unter dem Pseudonym Alfred Börne. Die Mutter soll davon nichts wissen.
Seinen ersten literarischen Erfolg hat er erst als 35jähriger mit dem Buch *Die Ermordung einer Butterblume und andere Erzählungen.* Die Mutter Döblins reagiert verständnislos: »Wozu machst du das? Du hast doch dein Geschäft.« Sie meint die ärztliche Praxis ihres Sohnes. Der versucht seine Kindheit und Jugend verschlüsselt aufzuarbeiten. Immer wieder taucht in seinen literarischen Arbeiten der flüchtige Vater auf. Dessen Verhalten ist ein Schatten, den es zu tilgen gilt, um nicht selbst hineinzugeraten.
Noch als 50jähriger steht Döblin in der Ambivalenz seiner Gefühle gegenüber dem Vater. Da heißt es einmal: »Der Mann hat sich in verbrecherischer Weise aus einer wahrscheinlich schweren Situation gerettet... er war ein Lump, nehmt alles nur in allem.« Und wenige Zeilen später: »Da rückt er einfach aus. Endlich. Endlich. Es tut mir wohl, das so zu sehen. Bei dem blutjungen Mädchen ist er aufgeblüht... ein Windhund, kein unedles Tier.«
Alfred Döblin heiratete am 23. Januar 1912 die Medizinstudentin Erna Reiss. Er 34 Jahre alt, sie 24. Erna Reiss stammt aus einem wohlhabenden Hause. Eine gute Partie, ganz nach dem Geschmack der Mutter Alfred Döblins. Der älteste Sohn Peter kam noch im selben Jahr zur Welt, dann 1915 Wolfgang und 1917 Klaus. Alfred Döblin hat Frau und Kinder während des Ersten Weltkrieges um sich. Er ist als Militärarzt im Elsaß stationiert. Nachkömmling Stefan kam 1926 zur Welt.
Fünf Jahre vor der Geburt Stefans begegnete der 42jährige Alfred Döblin – fast genauso alt wie sein Vater, als dieser aus der Ehe ausbrach – der 21jährigen Fotografin Charlotte Niclas auf einem Berliner Ball und verliebte sich in sie. Die Fotos, die von nun an vom Dichter Döblin entstanden, wurden von Yolla – so nannte er sie – gemacht. Sie behielt diesen Vornamen bis zu ihrem Lebensende bei. Yolla Niclas ging im Hause der Familie Döblin damals aus und ein. Die Kinder nannten sie »Tante Yolla« und ahnten ebenso wenig wie ihre Mutter.
Die Beziehung wurde für die Ehefrau Erna offenbar, als ihr Mann im Sommer 1922 aus dem Hause floh und sich in einer Pension nahe dem Schlachtensee einmietete. Die Flucht endete mit Rückkehr zur Familie. Der Konflikt war damit nicht durchgestanden. Er wurde lediglich gegenüber den Kindern abgeschirmt. Die erfuhren von der Liebe ihres Vaters zu ihrer »Tante Yolla« erst nach dessen Tod.
Bisher hatte der Schriftsteller in seinen Büchern die Beziehung zwischen den Geschlechtern als einen gnadenlosen Kampf geschildert, der meistens erst im gemeinsamen Tod endet. Eine solche Geschichte – *Die Verwandlung* – war der Ehefrau Erna gewidmet. In der Beziehung zu Yolla Niclas ent-

stand nun – verrücktes Unterfangen im 20. Jahrhundert – unter dem Titel »Manas« ein 370 Seiten umfassendes Versepos, in dem er die Liebe einer Frau über den Tod siegen läßt.
Durch alle Katastrophen ehelichen Lebens, das der Dichter nicht aufgab, wahrte er Yolla Niclas Treue auf seine Art: Literarisch blieb sie seine Vision von reiner Liebe. In Berlin führte Yolla Niclas das Leben der Geliebten, die jederzeit für ihn erreichbar war, für die er immer der bewunderte Mann blieb, sie und er losgelöst von den kleinen und großen Alltagssorgen. Döblins Ehefrau Erna ging voll in der Rolle der Hausfrau auf, die mit viel Sinn für das Praktische die Familie versorgte und praktisch als Frau übersehen wurde. Er schrieb, und sie schrieb ab, was er in seiner für den Fremden unleserlichen, für sie aber lesbaren Schrift gedichtet hatte.
Alfred Döblin nahm Yolla Niclas von Berlin aus für ein paar Tage mit in den nahen Spreewald. Er machte sie zur Begleiterin auf Lesereisen und bei Premieren seiner Theaterstücke. In der Erzählung *Sommerliebe* schrieb er über sie: »Ja, sie ist ein Naturwesen von ungeheurem Liebreiz für mich.« Und: »Diese Geste des Körpers, die große und besondere Rolle, die der Körper spielt. Nirgendwo steht er so sehr, so völlig, so hundertprozentig im Dienst der Seele. Wie das Körperliche durchsichtig wird. Da war man sonst ein starres, isoliertes und gefrorenes Tier, man war wie in Stücke gehauen. Man hatte da seine Gedanken, anderswo seine Neigungen, anderswo bewegte man sich. Jeden Teil ließ man einzeln laufen.«
In Yolla Niclas sah Döblin ein Stück Paradies. Paradies, dieses uralte Bild der Menschheit, das er immer wieder in seinem literarischen Werk beschwört. In dem Roman *Wallenstein* rufen die verhetzten Menschen des Dreißigjährigen Krieges »die nie versagende Fürbitte Marias, der paradiesischen Wundertäterin, an, und die Siedler in seinem Buch *Berge, Meere und Giganten* träumen davon, daß sie außerhalb der Stadtstaaten erstarken und gesunden können, daß »die Herren, die Gewaltigen der Apparate« endlich von ihnen ablassen; »ungestört würden sie sich über weiche Bodenflächen bewegen. Sie würden leben unter sprießenden Bäumen, Pflanzen, zwischen Tieren und flatternden Vögeln. Das Licht der alten Gestirne würde vom Himmel auf sie scheinen.« Franz Biberkopf erinnert sich in *Berlin Alexanderplatz* an die Zeit, da er noch niemanden totgeschlagen hatte, an die Zeit vor seinem Fall, als er Ida begegnete: »Das ist Treptow, Paradiesgarten mit Brillantfeuerwerk.« Ein Zustand, in dem Biberkopf gern verweilt wäre und aus dem der Mord an Ida ihn herausgerissen hat.
Die Utopie und die Realität. Alfred Döblin erinnert sich an den Selbstmord seines ältesten Bruders, auch er einer, der ausbrechen wollte aus dem bürgerlichen Leben, der nach den Sternen griff und abstürzte. Dieser Bruder, verheiratet, Vater von drei Kindern,

als Kaufmann erfolgreich, verliebt sich in eine Polin, die ihren kranken Ehemann verläßt. Eine Beziehung, die in dem Augenblick zerbricht, in dem der Mann der Polin stirbt. Die Polin wendet sich von dem Kaufmann ab, der schießt sich eine Kugel durch den Kopf. Seine Ehefrau nimmt alle Bilder ihres Mannes von der Wand, als sie von der Existenz der Polin erfährt.
Alfred Döblin zwischen Handeln und Nichthandeln. Da ist nun seinerseits die Erinnerung an die 19jährige Krankenschwester Frieda Kunke. Vier Jahre – zwischen 1907 und 1911 – dauerte diese Beziehung. Er hatte Frieda Kunke damals am Anfang seiner Arztlaufbahn in der Irrenanstalt Berlin-Buch kennengelernt, wo sie beschäftigt war. Von dort kam Dr. Döblin ins Berliner Urban-Krankenhaus, wo er der Medizinstudentin Erna Reiss, seiner späteren Frau, begegnete, die vorerst nach Jena ging.
Was in der Zeit der Liebe zu Frieda Kunke in Döblin vorgegangen ist, hat er dann später in eine Erzählung eingebracht: »Es ist mir eine schreckliche Erinnerung, ich brachte sie zu meiner Mutter, und die sagte nein. Es war ein wochenlanger Kampf, aber meine Mutter hatte schon recht, und ich weiß, daß man Pflichten hat und daß man seinem Gefühl nicht blind folgen darf. Es war ein schreckliches Ende, ein schreckliches langes Jahr. Ich bin aus der Sache nicht herausgekommen, wie ich hineingeraten bin.«
Frieda Kunke erwartete von Al-

Sohn Wolfgang kämpfte auf seiten der Franzosen gegen die Nazitruppen. Der Gefangenschaft entzog er sich durch Selbstmord

Yolla Niclas überlebte den Krieg wie Döblin in den USA

Als französischer Kulturoffizier kehrte Döblin nach dem Krieg nach Deutschland zurück und stieß auf die Ablehnung seiner einstigen Landsleute

fred Döblin ein Kind, als er sie verließ. Er verlobte sich mit Erna Reiss und heiratete sie ein Jahr später. Frieda Kunke gab ihr Kind zu ihren Eltern weg. Der uneheliche Sohn Bodo wuchs in Schleswig-Holstein auf, wurde Polizeibeamter, besuchte den Vater gelegentlich in Berlin. Doch die ehelichen Kinder erfuhren erst nach dessen Tod von der Existenz ihres Halbbruders. Bodo Kunkes Mutter, die einstige Geliebte Döblins, starb als 26jährige sechs Jahre nach der Geburt Bodos an Tuberkulose.

»Hin zu den Quellen ... das Zentrum finden. Sich reinigen, sich erkennen«, so spornt sich der schreibende Alfred Döblin an. Da war also Frieda Kunke, die Einfache. Eine Beziehung ohne große Worte. Sinnlichkeit, Lust, Wollust. »Der anständige Mensch ist nie in das Geheimnis des Lebens eingeweiht«, schreibt er. »Wer nicht außer sich ist, kennt sich nicht.« Anständigkeit ist das Erziehungsprinzip, unter dem er aufgewachsen ist: »Preußische Strenge, Sachlichkeit, Nüchternheit, Fleiß sind mir anerzogen worden.« Er will beides: Anständig bleiben und sich kennenlernen. Döblin erkennt den Konflikt, erkennt ihn als Verzweiflung. Die Verzweiflung sieht aus wie der Schmerz, den er liebt. Ist er der Hoffnung vorzuziehen?

Yolla Niclas, die Geliebte des Ehemanns Döblin, erinnert sich am Ende ihres Lebens: »Der Schmerz seiner Einsamkeit. Und meine eigene Verzweiflung, nicht da sein zu können. Der qualvolle Kampf, denn Erna liebte Döblin auf ihre Art. Er sagte mir, sie sei eine gute Mutter. Es waren zuerst drei Kinder. Wie sollte ich das Band zerschneiden? Er erwartete es von mir. Es war mir nicht gegeben. Meine Natur konnte nicht mit Schwertern kämpfen. Und er – ebenfalls zu sanft und nicht fähig. Dennoch entwickelte sich eine Innigkeit zwischen uns beiden ohnegleichen.«

In einem Brief Döblins an seine Frau Erna heißt es: »Du schreibst, ich bin ein Hornochse, weil ich Dir ein paar Zeilen, die Du gern möchtest, nicht schreibe. Also

Ein Erzählwerk, das die französische Zensur nach 1945 nur gekürzt passieren ließ

muß ich mich von diesem schweren Vorwurf befreien. Und was soll ich Dir nun schreiben? Das Einfachste vom Einfachen, und zugleich das Wahrste vom Wahren, und ich sage es in aller Ehrlichkeit vor mir selbst, es geht da kein Fehler aus meiner Feder: Völlig und vollkommen hänge ich an Dir; so völlig, daß ich nicht weiß, was das sein sollte: mich von Dir ablösen. Darum wird mir oft das so leichte Wort: ›Ich habe Dich lieb, Dich gern‹ so schwer. Ich fühle mich doch viel mehr mit Dir als verheiratet. Würden mich alle Dinge mit Dir denn so aufregen?

Ich habe ein unvergeßliches Faktum in Erinnerung: Als ich einmal vom Hause wegging, wie ich die Yolla kennenlernte – da waren diese Tage so greulich und so unerträglich für mich, daß ich keine Nacht schlief, wie gemartert war ich – als ich wieder zu Hause, gleich die erste Nacht schlief ich fest, Du warst da, ich war zu Hause; es war das Urteil über die ganze Sache gesprochen. Du warst und bist für mich ein Stück von mir selbst – manchmal, zu oft haben wir uns gestritten – was besagt das dagegen, daß ich über eine ›bloße‹ Neigung für Dich empfinde: Liebe, Zusammengehörigkeit, Zugehörigkeit zu mir.

Ich habe bestimmt davon gefühlt, daß ich zu wenig Liebe und gute Worte zu Dir sage, daß ich zu wenig Zärtlichkeiten spreche und Dir antue, aber trag mir das nicht nach – ich fühle all das doch, und will mich sehr darin bessern, weil ich sehe, was es Dir bedeutet, ich bin aus einer so verschlossenen Familie. Ich will zarter und lieber auch äußerlich, auch mit Worten zu Dir sein, Erni – (und vergiß nicht meine blöde Erregtheit, für die ich nichts kann). Ich war, seit ich Dich kenne, Dein und will es immer bleiben, und Du bist mein.«

Der liebende Alfred Döblin sucht sich die Liebe stückerlweis zusammen: Frieda, Erna, Yolla. Niemanden verraten, um sich selbst nicht zu verraten. Im Privaten versucht er das, was er unter Liebe versteht, zusammenzuhalten, den Streit zu vermeiden. In der Öffentlichkeit entfaltet er sich als streitbarer politischer Schriftsteller, Gesellschaftskritiker, Philosoph und Naturforscher. Als Sozialist ist er ein Einzelgänger zwischen den Fronten.

Durchgängig seine Absage an den Kapitalismus, die er bereits als Gymnasiast so formuliert hatte: »Und die Hauptursache allen Übels: der Kapitalismus.« Das Elend im Berliner Osten, in dem er aufgewachsen war, hatte er nie vergessen: »Es blieb in mir, daß wir, daß ich zu den Armen gehörte. Das hat meine ganze Art bestimmt.« Er habe bis hin zu Karl Marx alle Philosophen gelesen: »Aber mein größter Lehrer ist dieses kleine Leben gewesen, waren Fabrikmauern und diese Straßen und diese Menschen, deren Art ich kenne und zu denen ich selbst gehöre.«

Nach dem Ersten Weltkrieg votierte Alfred Döblin für die sozialistische Revolution und für eine deutsche Räterepublik. Im Gegensatz zur SPD, die sich 1918 mit den

alten Machthabern des Reiches arrangierte, bekannte er sich zur von der Sozialdemokratie abgespaltenen USPD, um dann 1921 doch SPD-Mitglied zu werden. Er tat dies trotz der an den Sozialdemokraten erkannten Fehler. Er geißelte ihre kleinbürgerliche Haltung, ihr feiges Zurückweichen vor den entscheidenden Machtfragen, ihr schamloses Paktieren mit den alten Mächten Militär und Großindustrie. Und doch hoffte er mit seiner heftigen Kritik an der Politik der SPD innerhalb der Partei mehr ausrichten zu können als ein Außenstehender.
Acht Jahre später bekannte er dies als Irrtum, sah die Halbheiten des »Sozialdemokratismus« als irreparabel an und trat aus Protest gegen das »Bonzentum in der SPD« und aus Protest gegen die Annahme des »Schund- und Schmutzgesetzes« durch die Sozialdemokratie, mit der die progressiven Autoren der Weimarer Republik geknebelt werden sollten und wurden, aus der Partei aus.
Döblins ethischer Sozialismus, sein Bestehen auf Moral, allein auf Moral, machte ihn schon vor der Flucht aus Deutschland, mit der er 1933 dem Zugriff der Nazis entkam, zum Heimatlosen. Die Forderungen der Kommunisten waren ihm zu ökonomisch verengt. Bei ihnen stagnierte seiner Ansicht nach die Lehre zu »schroffem Zentralismus und Wissenschaftsgläubigkeit«. Döblin verlangte: »Es gilt, die Lehre loszueisen.« Er zielte weit über jegliche Parteidoktrin hinaus: »Man muß alles ständig revidieren.« Und: »Freundschaft, Liebe, Sehnsucht, Wissen durchziehen die Welt und müssen unaufhörlich die Erstarrung und den kalten winterlichen Tod lösen, in den die Gewalt alles werfen will.«
Als die Nazis am 27. Februar 1933 den Reichstag in Brand setzten, stand Döblin auf der Verhaftungsliste. Er konnte mit dem Zug unerkannt nach Süddeutschland entkommen. Als Spaziergänger getarnt, schlenderte er über eine unbewachte Wiese längs der Schweizer Grenze bei Kreuzlingen. Doch dann wollte er aus der Schweiz nach Deutschland zurückkehren, wollte nicht glauben, daß sein Wort in Deutschland kein Gewicht mehr hatte. Freunde in Zürich konnten ihn mit Mühe an der Fahrt nach Deutschland hindern, wo er seinen Landsleuten ins Gewissen reden wollte.
Daß seine Bücher in Deutschland verbrannt werden würden, wußte Döblin bereits am 2. April 1933. Da schrieb er seinem Freund Ferdinand Lion: »Es ist da jetzt so eine Sache im Lande. Am 10. Mai ist Autodafé, ich glaube, der Jude meines Namens ist auch dabei, erfreulicherweise nur papieren. So ehrt man uns...« Im Herbst 1933 ging Döblin nach Paris. Drei Jahre später erhielten er und drei seiner Söhne – der vierte ging in die USA – die französische Staatsan-

Alfred Döblin 1950 mit seinem unehelichen Sohn Bodo Kunke und dessen Familie in Wiesbaden. Bodo Kunke war von den Nazis wegen seiner jüdischen Herkunft aus dem Polizeidienst entlassen worden

gehörigkeit. Im Büro des Dichters Jean Giraudoux wurde Döblin Mitarbeiter des französischen Informationsministeriums. Am 10. Mai 1940 griffen die Deutschen Frankreich an. Im Juni verließ Döblin Paris und suchte nach Frau und Söhnen im Süden des Landes, wo sie Zuflucht gefunden hatten. Nach einer langen Irrfahrt fand er sie.

Bei sich trug Alfred Döblin die Briefe Rosa Luxemburgs, Arbeitsmaterial für seinen Romanzyklus *November 1918,* die Geschichte der gescheiterten deutschen Revolution. Döblin und seine Frau konnten nach Amerika entkommen. In den USA ließ er sich katholisch taufen. Wolfgang Döblin, einer der Söhne, als mathematisches Genie in Frankreich geschätzt, kämpfte auf seiten der Franzosen gegen die Nazitruppen. Der Gefangennahme durch die Deutschen entzog er sich durch Selbstmord. Er erschoß sich.

Schon vor Beginn des Zweiten Weltkrieges hat Alfred Döblin die Folgen des Krieges für Deutschland vorausgesehen. In einem Brief an seinen Sohn Bodo hatte er am 19. August 1939 geschrieben: »Es täte mir leid, wenn es Krieg gäbe, es würden wieder Millionen bleiben, die Zeit von 1918–33 aber hat bewiesen, daß Deutschland von sich aus sich nicht demokratisch regieren kann und zu allem Malheur fiele nach dem Krieg Deutschland noch unter Zwangsverwaltung oder Aufteilung...«

Alfred Döblin gehörte zu den ersten Emigranten, die nach Deutschland zurückkehrten. Als Kulturoffizier im Oberstenrang ging er für die französische Kulturbehörde nach Baden-Baden und dann nach Mainz. In Mainz gründete er die literarische Zeitschrift *Das goldene Tor,* eine der besten Nachkriegspublikationen. Und er half dabei, die Akademie der Wissenschaften und Literatur aufzubauen. Er blieb auch, was er immer gewesen ist: ein scharfer Kritiker der Restauration.

In einem Brief an den Freund Ludwig Marcuse heißt es 1951: »Wie die Dinge hier laufen, siehst du ja selbst. Wir hatten in Deutschland nie eine solche politische Situation, rein nationalistisch und unfrei, reaktionär, wie jetzt. Die Sozis sind nie und nimmer eine linke Partei. Das alte Bürgertum ist hin. Die Literaten sind Opportunisten, geistig sehr belanglos...«

Über die deutsche Schuld urteilte der Dichter: »Es gibt zweierlei Schuld: Die, die planmäßig ein Verbrechen begangen haben und die, eins zu ermöglichen und zuzulassen. Wir haben dies und jenes nicht gewollt und nicht gewußt. Aber es lag an uns, zu wollen und zu wissen. Es wäre schwer gewesen, aber wir hätten es gemußt. 1918 war es sogar leicht, aber nicht einmal da wollten wir. Wir wollten Ruhe und Ordnung und ermöglichten den Nazi.«

November 1918 – die gescheiterte deutsche Revolution. Niedergeschlagen von der Sozialdemokratie. Alfred Döblin schrieb darüber einen Romanzyklus, eines seiner besten Werke. Der erste der vier

Bände umfassenden Auseinandersetzung mit der deutschen Geschichte erschien bereits in der Emigration, durfte aber nach 1945 in Deutschland nicht veröffentlicht werden, weil in ihm die einstigen Revolutionswirren im Elsaß geschildert wurden. Der französische Kulturoffizier Döblin, der nach dem Zweiten Weltkrieg über das Erscheinen deutscher Bücher zu befinden hatte, wurde selbst das Opfer ihm übergeordneter Zensurstellen. So arbeitete er Passagen des ersten Bandes unverfänglich in den zweiten dieses Werkes hinein, das als Trilogie 1950 in kleiner Auflage herauskam, aber stillem Boykott zum Opfer fiel.
Im Westen fand man es zu links und im Osten nicht links genug. Der Walter-Verlag, der das Werk Döblins seit dessen Tod betreut, brachte zwar eine noch nicht abgeschlossene Gesamtausgabe des Dichters und eine Jubiläumsausgabe zum 100. Geburtstag heraus, aber das unbequemste Werk Döblins erschien bisher nicht dort, es kam 1978 vollständig als Tetralogie beim Deutschen Taschenbuch-Verlag heraus. Sein letzter Roman *Hamlet oder die lange Nacht nimmt ein Ende* fand zu Lebzeiten Döblins in der Bundesrepublik nicht einmal einen Verleger. Das Buch kam in der DDR heraus und wurde ein großer Erfolg.
Drei Jahre zuvor – 1953 – war er zum zweitenmal emigriert, nun aus der Bundesrepublik Deutschland, wieder nach Paris. Ein Zeitgenosse hielt diesen Vorgang in einem Brief fest: »Alfred Döblin ist aus Deutschland ausgezogen. Auf einer Bahre brachten ihn zwei blaugeschürzte Bedienstete des Centralhotels in Mainz auf den Bahnsteig. Dort saß er zusammengekauert, eine Decke auf die Beine gebreitet, auf einem wackeligen Stuhl, im nur gespenstisch erhellten Bahnhofsdunkel und in kalter, rauchiger Luft, ein Großer der deutschen Literatur, verraten und verkauft...«
Zwei Jahre später wurde er wieder nach Deutschland gebracht. Bettlägerig begann sein Weg durch badische Sanatorien. Niemand wollte ihn endgültig als Pflegefall behalten. Er lag im Bett und schaute zum Fenster hinaus. Seiner Pflegerin diktierte er: »Ich sehe die Vögel draußen fliegen, höre ihr harmloses Gezirpe. Ist der Mensch wirklich ein höheres Wesen?«
In der Bibliothek Yolla Niclas' steht Döblins Roman »Pardon wird nicht gegeben«, in das er die Worte geschrieben hat: »Wenn etwas wahr ist, so ist das Gegenteil dieses Titels wahr: Pardon wird immer gegeben.« Yolla Niclas als deutsche Jüdin 1933 eine Verfolgte wie der Mann, den sie liebte. Sie war ihm damals ins Exil nach Paris gefolgt. Dort noch immer in seiner Nähe. Dann nach Amerika, nicht mehr in seiner Nähe. Inzwischen verheiratet mit einem deutschen Emigranten, einem Juristen. Sie lebte in New York, er in Hollywood. Noch einmal sahen sie sich.
Yolla Niclas berichtet: »Es war im Oktober 1945, als ich eine schwere Knieoperation hatte und noch unfähig war, einen Schritt zu gehen – als mich Döblin mit Peter, der ihn

zu mir brachte, hier in New York besuchte.« Peter, der älteste Sohn des damals 67jährigen Schriftstellers. Yolla Niclas: »Erna durfte natürlich davon nichts wissen. Die Hölle wäre losgegangen. Wir hatten unsere letzte Gelegenheit. Es war das letzte Mal und unsere letzte Begegnung. Sie war so schön und unvergeßlich wie die allererste. Döblin war auf dem Rückweg nach Frankreich und Deutschland.«

Alfred Döblin blieb in seinem Verhalten unangetastet für die einstige Geliebte. Was anderes tun, als die Verbitterung über Döblins Unentschiedenheit gegen dessen Frau richten. Yolla Niclas über Erna Döblin: »Das Entscheidende war, daß Döblin sich vor ihr fürchtete. Ihre Zustände, ihre Strafen – Weglaufen für viele Stunden, Heulen, Schweigestrafen und was es sonst noch gewesen sein mag...«

In seinem letzten Roman *Hamlet oder die lange Nacht nimmt ein Ende* bemächtigt sich Döblin noch einmal seiner privaten Lebenskonflikte. Hinter der Figur der Ehefrau Alice verbirgt er Erna Döblin. Die Mühsal ehelichen Lebens wird mit einer Brutalität ohnegleichen geschildert. Noch einmal erinnert sich Döblin an Yolla Niclas, die er als Bauernmädchen Petite Lay auftreten läßt, eingeflochten in die Erzählung von einem Troubadour, der um eine legendäre Prinzessin wirbt. Eine Vorstellung, die den Schriftsteller in die eigene Sterbestunde begleitet. Da sagt er von sich: »Er liebte eine Frau, die er nie gesehen hatte, nie gesehen.«

Der sterbende Alfred Döblin... Wer wird denn seinen Stern in einem Teich ertränken... Er liebte eine Frau, die er nie gesehen hatte, nie gesehen... im Sterben nannte er sie Maria... Hinter geschlossenen Lidern seine Vision vom Paradies.

Alfred Döblin starb am 26. Juni 1957 im Alter von 78 Jahren. Erna Döblin starb am 15. September desselben Jahres im Alter von 69 Jahren. Sie nahm sich das Leben. Yolla Niclas starb 77jährig am 22. Dezember 1977 im amerikanischen East Hartford (Connecticut). Der älteste Sohn Alfred Döblins aus der Beziehung zu Frieda Kunke lebt als pensionierter Polizeidirektor in Wiesbaden, wegen seiner jüdischen Herkunft von den Nazis bis 1945 aus dem Polizeidienst entfernt. Der Sohn Peter lebt in New York und ist Schriftsetzer an der »Daily News«. Der Sohn Klaus betreibt in Nizza ein Unternehmen für Schaufensterdekoration. Der jüngste Sohn, Stefan, ist in Paris Direktor eines pharmazeutischen Unternehmens. ■

Letztes Foto von Alfred Döblin: der 78jährige kranke Schriftsteller im Rollstuhl mit seiner Frau Erna auf der Bank

Hans Henny Jahnn

Vision von Tod und Verwesung

In der norwegischen Hafenstadt Bergen lebt Signe Christie – eine 70jährige Frau. Vor einem halben Jahrhundert ist sie in die Weltliteratur eingegangen – als Vorbild für die schönste Liebesfigur, die der Hamburger Dichter Hans Henny Jahnn geschaffen hat. Doch Signe Christie, von Jahnn als 16jährige einst vergebens umworben, hat nie gelesen, was die Phantasie des Deutschen aus ihr gemacht hat. Signe Christies Vater hatte damals nach der Lektüre des Romans »Perrudja« befunden: »Das schaust du dir besser nicht an. Dein Name wird dort in den Dreck gezogen. Obszön ist dieser Jahnn.«

Für den norwegischen Ingenieur Christie war die Romanfigur Signe die schamlose Darstellung einer triebhaften Frau. Die Roman-Signe provoziert Perrudja zum Mord an dem Mann, dem sie die Ehe versprochen hat, um frei zu werden für eine neue Bindung. Für die Bindung an Perrudja:

»Das war nun Perrudja. Mit den kleinen, braunen, runden Brustwarzen... Und es war der Anfang der glücklichsten Stunden. Und sie waren ohne Erinnerung. Er nahm nun Signes Hände und küßte sie. Er nahm ihren Mund und küßte ihn. Er wisperte über den warmen Lippen, um sie tiefer zu erfühlen. Seine Hände führte er den Weg ihrer Glieder. Das war diesem Perrudja gestattet. Eines Weibes Glieder. Und Signe war seines Glückes Echo... Es war nur eine Bewegung. Das Herz konnte die Minuten nicht fassen. Auf Augenblicke genossen sie einander im Anschauen. Es war eine Feststellung. Dieser Perrudja.«

»Signe mit den hohen Schenkeln. Traubenschwere, apfelgleiche Brüste. Zwei braune bergige Sonnen. Sie preßten einander und stießen sich ab. Sie waren beide von gleicher Wärme, wenn sie sich berührten. Alle Sinne saßen in der Haut. Der Mund konnte nicht singen. Der Mund war trocken. Sie griff nach ihm und schloß die Augen, geblendet von der Nähe seiner Existenz. Heilige schmale Brüste. Es zog sich in ihrem Leibe ein Etwas zusammen. Es war das Weibblut, das ihn empfangen wollte. Nur ihn. Diesen Mann. Das Kindlüsterne. Er sollte zwischen ihren Schenkeln ruhen.«

»Sie schloß die Augen zu lange. Es verging die Heftigkeit ihres Begehrens. Sie wartete darauf, genommen zu werden. Im Warten kam eine verfluchte Eingebung zu ihr, Macht zu Macht zu häufen. Es war eine Liebe oder ein Handel. Sie war ihm verfallen. Verschrieben. Sie mußte das Unbekannte, das er ihr gab, austragen und gebären... Dieser Zweifel, ob die Behauptung kein Irrtum, kein Betrug. Fälschung. Diese Gesetzlosigkeit, daß jedem Besitzer, wahllos, auf seinen Wunsch hin der Himmel einstürzen müsse. Als ob nicht die Voraussetzung: Ein besonderer Mensch. Ein auserwählter Mensch.«

»Es mußte ein Etwas an ihm gefunden werden, das ihn heraushöbe von den anderen. (Kleine, runde, braune Brustwarzen.) Nicht das Sinnbetörende. Das Kluge. Oder das Gräßliche. Das Unbarmherzige... Da schrie sie auf. In diesem Augenblick stürzte ein, was sie für eine Ewigkeit begründet glaubte... Aus tausend Scheiten loderte es wider ihre betäubende Liebe. Jammer einer Anklage: Belogensein. Es geschah etwas, was sie unerbittlich machte. Das

Hans Henny Jahnn, gezeichnet von B. F. Dolbin

Hans Henny Jahnn als Sechsjähriger in Hamburg und als 24jähriger in Norwegen

Weibblut in ihrem Schoß tat den Mund auf und schrie. Es gab ein gurgelndes Geräusch. Ein Anpreisen an die Begehrlichkeit des Mannes. Die Liebe wollte nicht mit der Vernunft gehen. Sie demütigte Signe. (Wie sie meinte.)«
»Es durfte kein Verdacht, daß sie hinfällig, aufkommen. Sie war sehr schnell angekleidet. Perrudja war halb ohnmächtig aufs Bett gesunken. Begriff nicht. Er mußte erst gegen sein Ohr hören, worum es ging. Aus ihrem Munde: ›Du hast Thorstein Hoyer erschossen. Du hast mich belogen. Du hast es geleugnet. Ohne triftigen Grund.‹ Es trieb sie zu fliehen... Fort von ihm. Erlöst von seiner Gegenwart... Alle Hingabe wollte sie zurücknehmen. Nicht den Mörder verachtete sie. Den Lügner. Hatte sie ihm doch gebeichtet, daß sie dem Blutbefleckten sich nicht versagen würde... Unter dem Heiligen eine Lüge verborgen. Ein Gift war ausgeflossen und hatte die Wirkungen der fruchtbaren Zeiten gelöscht. Ein kleiner, furchtsamer Mensch, dieser Perrudja.«
Das ist Hans Henny Jahnns literarisches Leitmotiv: »Wildheit war keine Schande. Doch die Feigheit des Herzens.« Seine Menschen folgen ihrer Natur durch alle Süchte und Sehnsüchte, durch alle Lüste und Wollüste. Und seine Signe gehört dazu als eine Frau ohne Tabus in einer Welt, in der nicht nur die zweigeschlechtliche Liebe ihren Platz hat, sondern auch die zwischen Männern und die zwischen Mensch und Tier. In seiner schroffen Ablehnung traf sich der Ingenieur Christie in Norwegen mit zahlreichen Literaturkritikern in Deutschland. Jahnns erotischer Radikalismus war politisch weder rechts noch links einzuordnen. So pendelte sich das Vorurteil auf die moralische Disqualifikation ein, Jahnn treibe Unzucht mit der schönen Literatur. Kurz, sein Werk sei pervers.

Erstes Theaterstück: Kleist-Preis und Skandal

Einhelliger Beifall für das fünfte Theaterstück

Was Jahnn wollte, war ideologisch nicht zu fixieren: die Entbindung des Menschen von der modernen Technologie und den maßlosen Verheerungen, die sie angerichtet hat. »Niemals noch vor unserer Zeit hat der Mensch angestrengter arbeiten müssen«, schrieb er im »Perrudja«-Roman 1925. »Die Maschinen sind errichtet worden, um zu vergeuden. Die Muskeln der Kreatur und die Schätze der Erde. Es wird nicht gearbeitet, um Bedürfnisse zu befriedigen und Arbeitspotential zu schaffen; die in Wahrheit der einzige Reichtum der Menschheit sein könnten. Es wird ein künstlicher Verbrauch organisiert, um die Opfer der Ausbeutung um so gewisser zu versklaven... Die Luft ist uns verpestet mit dem Schlagwort Umsatz. Und wir essen doch noch Brot wie unsere Vorfahren...«

Hans Henny Jahnn verwarf die abendländische Konzeption einer Moral der Natur und des Lebens, wonach der Mensch selbst sein eigenes Leben als etwas von der Natur Verschiedenes empfindet. Er verwarf jene verheerende Trennung des Geistes von der Materie und die des Bewußtseins vom Leben. Er kämpfte schreibend gegen die Zerstückelung der Natur durch die Naturwissenschaften. Er wehrte sich gegen die Diffamierung der Irrationalität im Menschen zugunsten der Ratio, der Vernunft. Er wußte, daß sich Erkenntnis alogisch und unbewußt entwickelt. Er sah in dem absoluten Glauben an Vernunft und Logik die Feigheit, sich nicht zur eigenen Unwillkürlichkeit bekennen zu wollen. Hans Henny Jahnn befand: »Der Mensch hat eine Ordnung durchbrochen. Er hat sich über das Tier gestellt – die Natur wird in ihm immer dünner – aber er bleibt ein Tier.« Und als solches ist der Mensch nach der Überzeugung dieses Schriftstellers keineswegs das edelste, geschweige denn das älteste, woraus Jahnn seine fast heilige Verehrung des Pferdes herleitet, das für ihn die unschuldige, außermenschliche Natur verkörpert.

Jahnn trug die Ursprungsgeschichte des menschlichen Bewußtseins in sein Werk: die Symbolik des Kentauren, das altiranische Königsepos, die Fabeln um die Kolcherin Medea, den altägyptischen Mythos von Isis und Osiris und das babylonische Gilgamesch-Epos. Jahnn verteidigte den bedrohten Menschen gegen die äußere Wirklichkeit durch die Erschaffung einer neuen mythischen Wirklichkeit, die er aus der alten schöpfte. »Täuschen wir uns nicht«, schrieb er, »eine neue Symbolkraft muß unserer Sprache beigegeben werden, wenn nicht unsere Kultur und die Wirkung unseres Tuns zerfallen sollen. Die Worte, die wir in dieser Zeit gebrauchen, sind zuallermeist ausgekleidet und zerfetzt. Mit ihrer Hilfe kann alles bewiesen werden. Unrecht können sie in Weisheit und Staatskunst verwandeln, Unmenschlichkeit mit Heldentum verkleiden. Die Weisheit der Lächerlichkeit preisgeben.« Und: »Daß die Seele des Menschen als nicht konstant erkannt worden ist, ist nicht unser Unglück, sondern unsere Hoffnung.

Wir wollen sie umbauen und befestigen gegen die Sturmflut rationaler Katastrophen, sie wieder einfügen in das harmonikale Gebäude des Daseins. So sind wir, kraft des Variantenbedürfnisses, wahre Revolutionäre mit guten Zielen.«
Der Lyriker Peter Huchel sagte über den Freund: »Den unverfälschten Menschen sichtbar zu machen, den Menschen, in dem sich Geist und Sinne innig verbinden – ein heidnisches Ethos, wenn man so will – das ist für mich der Urgrund seiner dichterischen Potenz.« In diese dichterische Potenz fand Eingang, was Hans Henny Jahnn an Forschungen nebenher leistete: auf dem Gebiet der Architektur, der Orgelbaukunst, der Musik, der Ernährungswissenschaft. Als Restaurator von Orgeln verdiente er sein täglich Brot. Seinem autodidaktischen Wissen um die Geheimnisse dieser alten Klangkörper ist es zu verdanken, daß die Barockorgeln, die in ihrer Mehrzahl als nicht mehr reparabel galten, nicht auf dem Schrottplatz landeten, sondern erhalten blieben, weil Jahnn die Mängel mit einer für die damalige Fachwelt unbekannten Methode beheben konnte.
Und wenn sich Jahnn dann trotz seiner Erfolge mit seinen Erfolgen nicht zufriedengab, so war da die Klage darüber, daß die elementaren Klangmöglichkeiten der Orgel nicht ausgeschöpft wurden. »Meine Orgel habe ich bis heute noch nie bauen dürfen«, sagte er, »und werde ich wohl niemals bauen. Um nur das eine zu nennen: Man hindert mich, meine Orgel mit der Unterwelt auszustatten.« Titanenhaftes ging zeitlebens von seinem Denken aus: Als Jahnn nach dem ersten Weltkrieg mit Geldern aus privaten Stiftungen ein 1,5 Millionen Quadratmeter großes Heideareal kaufte, um dort die neuheidnische Glaubensgemeinde »Ugrino« zu schaffen. Jahnn: »Es sollten gewaltige Kultstätten aus dem Boden gestampft werden.« Doch die Utopie wurde nur greifbar als Bankrott. Jahrelang mußte Jahnn Schulden tilgen.
Das Einbringen des Elementaren, Jahnns Rückkoppelung an die Natur, seine ertrotzte Natur-Verbundenheit fand das Interesse, die Sympathie und die Nachfolgebereitschaft einer Minderheit. Die Mehrheit fühlte sich von diesem Künstler abgestoßen. So intensiv wollte man nicht mit Maßlosigkeiten konfrontiert werden, die noch dazu mit dem Grauenhaften verbunden waren. »Vom Samenerguß der Väter bis zur Fäulnis, das ist unser Weg«, heißt es da bei Jahnn, »eine große, moralische Menschheit widerspricht mir. Sie muß mir widersprechen. Sie ist nicht mutig genug, nur ein Teil der Natur zu sein. Sie bemüht sich, einen Gott zu verteidigen, der dieser Hilfe nicht bedarf. Für ihn ist die Natur ein Instrument, das Laute und Mißlaute gibt. Indessen: die erträumte Leiter, die bis in die Wolken reicht, das ist die zeitliche Erfindung eines schlecht gepflegten Gehirns.«
Der Vision von Tod und Verwesung (»Die Schöpfung ist von allem Anfang an vom Fressen und Gefressenwerden besudelt.«) setzte

Ein norwegisches Mädchen wurde eine Romanfigur: als 12jährige sah Jahnn Signe Christie zum ersten Mal, wenige Jahre später warb er vergeblich um sie

Jahnn die Liebe entgegen. »Sobald man Liebe für etwas hält, das aufbricht, sobald sich ein Mann einer Frau nähert, so lange ist sie überhaupt nicht«, schreibt er zu Beginn seines literarischen Weges. »Liebe ist etwas, das dauernd geleistet sein will. Es ist der einzige Sinn und das einzige Verhältnis. An wen sie gerichtet wird, ist vollkommen gleich. Nur dies ist ihr eigentümlich: sie ist ohne Maß, ohne Wechsel, ohne Ende.« Sie löscht die Zeit. Und am Ende seines Lebens notierte Jahnn: »Die Liebe ist das Einfallstor des Schicksals, das sich niemand mit seiner Vernunft erwählt. Aber sie drückt doch alles in allem auch das positive Verhalten zur Umwelt aus, das Aufgeschlossensein, das Sichhinneigen zur Schöpfung, das Hinhorchen auf alle Erscheinung. Sie ist die Bereitschaft zu einer Zärtlichkeit, zur Milderung des so unfreundlichen Selbsterhaltungstriebes. Sie ist der Eingang in alle Abgründe der Berührung, der unzweckmäßigen Fürsorge, des widersinnigen unklugen Verhaltens, das das Dasein reich macht.«
Dieser Mann, der die Liebe so elementar beschrieb und sie als den einzigen Sinn im Leben ansah, hat Liebe selber nie gefunden. Seine Hemmungen waren stärker als der Drang, seine Phantasie auszuleben. Aus Verzicht entstand Dichtung. Sein Hauptwerk, die Ro-

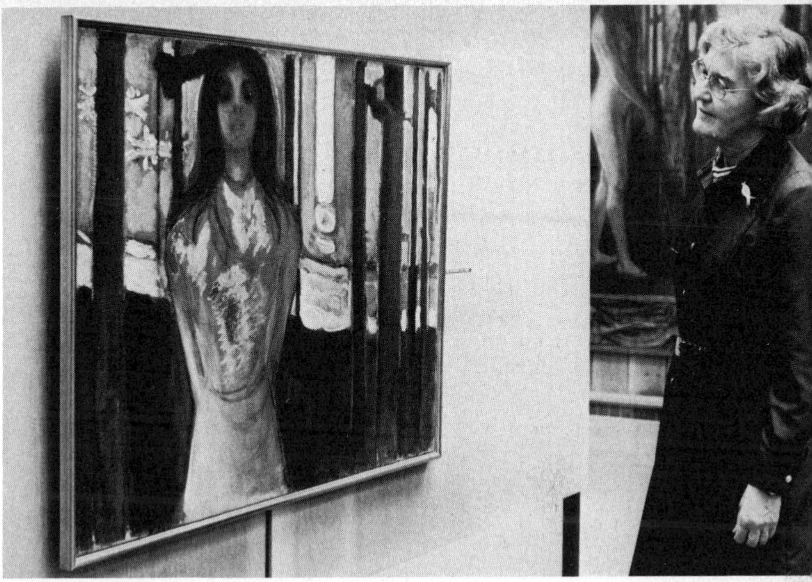

Die 66jährige Signe Christie, in die sich Jahnn ein halbes Jahrhundert zuvor verliebte, 1976 im Munch-Museum Oslo

mantrilogie »Fluß ohne Ufer«, ist das erschütternde Dokument totaler Ausweglosigkeit: »Wozu schreie ich? Es hilft nicht, wenn man schreit. Es hilft nicht, daß die, die niedergemetzelt werden, schreien. Das Mitleid ist nicht von dieser Welt. Es gibt keine moralische Weltordnung. Es gibt keine Schöpfung, die den Denkenden befriedigen kann. – Der Anfang des Geistes war auch der Anfang des Betruges. – Diese Erde und ihr Elend sind nur schön, wenn man nicht genau hinschaut, wenn man sich die Ohren verstopft.«
Hans Henny Jahnn schaute genau hin, schaute auf sich herab. Er war nicht der, den sich die Eltern – der Vater betrieb eine Schifftischlerei – gewünscht hatten. Er erhielt denselben Vornamen wie sein Bruder, der drei Jahre zuvor gestorben war. Jahnn: »Meine Mutter pflegte mich zum Grabstein zu schleppen, auf dem stand: ›Hier ruht Hans Henny Jahnn‹ – Das gehörte zu den furchtbarsten, entscheidenden Erlebnissen meiner Kindheit.« Und: »Sie liebte mich, aber nur als Ersatzkind. Ich war abstoßend häßlich, jener war bildhübsch gewesen.«
Mit seinem Schulfreund Gottlieb Harms floh er dreimal von zu Hause und mußte dreimal kapitulieren. Die beiden versuchten, die christliche Bergpredigt nachzuleben und nie mehr zu lügen. Jahnn

Auf der Nordseeinsel Trischen, die heute nicht mehr bewohnt ist, schrieb Jahnn über Signe Christie seinen Roman »Perrudja«

später: »Der Entschluß beschwor eine Katastrophe. Unmöglich, Einzelheiten der Quälerei zu schildern. Um keinen Preis des Wiederjungseins würde ich diese Zeit zurückwünschen.« Das war die Zeit erster sexueller Erlebnisse. Wann immer Jahnn onanierte, bestrafte er sich danach mit einem Schnitt ins Bein. »Ich kann jetzt noch an meinen Schenkeln ablesen, wie oft ich in einem gewissen Jahr onaniert habe«, erinnerte sich Jahnn zwanzig Jahre später in einem Gespräch mit seinem Schweizer Freund, dem Literaturwissenschaftler Walter Muschg. »Es war eine teuflische Zeit, wo ich jedes Verrats fähig war, um einer Norm zu genügen. Ich betrieb eine vollkommene, radikale Zerstörung meines Körpers, um mich selbst zu überwinden. Ich kämpfte auf Tod und Leben mit allen Gewalten der Welt und blieb Sieger.«

Als 16jähriger begann Hans Henny Jahnn zu schreiben: »Jesus Christus. Die Geschichte desjenigen, den man, um gerecht zu sein, ans Kreuz nagelte oder auf den Richtblock schleppte oder kastriert und geblendet ins Gefängnis warf.« Die Fleischwerdung Gottes präsentierte der Gymnasiast als ein gewaltiges Stück Blasphemie. »Der Gedanke von der lüsternen Liebe« überfällt da Maria. Ein sittenloser König überrascht das Mädchen im Gras und vergewaltigt sie. Maria aber genießt die Notzucht und empfängt den Samen des Bösen: »Die Wolken waren noch da. Das beruhigte sie ein wenig. Sie waren auch vorher gewesen. Danach hatte sie Lüsternheit gefühlt, irgendwie, und in diese Lüsternheit war ein Mann gekommen, der sie besaß. All dieser Dinge erinnerte sie sich. Woher aber war er Mann gekommen? Wohin war er gegangen? Sie wünschte sehr, er möchte von den Wolken gekommen sein. Sie fand auch, daß es möglich und erklärlich sei. Warum sollte nicht ein Mann herniedersteigen? Klar erkannte sie nichts, sie begriff nur, daß dieses köstlich gewesen war, daß Männer köstlich waren, daß Lüste köstlich waren und daß Gott herrlich klug sei, da er all dieses erfand.«

Der König holte sie ein zweites Mal, in seiner Begleitung Paris mit der Flöte, ein Ephebe von traumhafter Schönheit. Der König nimmt sie ein zweites Mal: »Da fühlte sie an seiner Wärme, daß sie selber kalt war wie Glas. Jedoch es war bald vorüber, der König verließ ihren Leib... Auch ging er bald mit seinem Gefolge... Nur Paris folgte nicht des Königs Zug, er blieb heimlich zurück... Als in der Kammer alles still blieb, wagte Paris endlich einzutreten... Da zerbrach sein Herz fast vor Sehnsucht, und er sank vor ihr nieder, bebend. Da begriff Maria, daß er weinte und der war, den sie meinte. Sie hob seinen Kopf und legte ihn in ihren Schoß, daß er ihn reinwasche mit Tränen.«

In der Vereinigung mit Maria stirbt der Engel Paris. Sie hat ihn zu Tode geliebt. Maria sorgt für ein Grab, das den Toten vor den Würmern und dem Zugriff der Grabschänder schützt. Joseph, ein älterer Handwerker, übernimmt diese Arbeit, und sie wird dafür seine Frau. Beide verlassen das Land des sittenlosen Königs. Ein Kind kommt zur Welt. Es ist häßlich, wie sich Hans Henny Jahnn selbst empfand. Ein Abbild des verkommenen Königs. Und doch nur äußerlich. Die Seele des Jungen wird von Jahnn als zart geschildert, als sei sie das Erbe des Flötenspielers Paris. Maria schlägt den häßlichen Jungen: »Er ahnte, daß seine Hingabe ohne Widerhall war, er fürchtete, daß sich die Knospen dieser Brüste von seinen Lippen wenden möchten. Im Gefühl solcher Angst biß er hinein. Aber die Geliebten verstanden ihn nicht, sie entzogen sich ihm nach solcher Heftigkeit. Er erschrak darüber und meinte, daß er nun etwas Erklärendes sagen müßte und entschloß sich dann, Vokale zu sprechen, die er gerade wußte; er glaubte, daß alle Kunst des Sprechens in der Nuancierung läge, er gurgelte, er quiekte, er lachte, er weinte; aber er wurde nicht verstanden.« Und: »Seine Vereinsamung wurde so entsetzlich, daß alle Dinge von ihm gerückt, und er sie nur wie durch einen Nebel sah.«

Das gewaltige Stück Blasphemie erweist sich als ein Stück Kindheitsvita Hans Henny Jahnns. Er transponierte die selbst erfahrenen Kraßheiten in die Geschichte desjenigen, der im Glauben der Christen für die Menschheit gestorben ist. Und er trug die kindliche Erfahrung ins Erwachen, ins Erwachsenwerden hinüber. Jahnn: »In der Frühe meines selbständigen Denkens schon steht die Auffassung, daß alles tragische Geschehen nicht einer tragischen Schuld, der Verfehlung, der Sünde, der Unmäßigkeit aus Willen entspringt, sondern einzig der eingeborenen oder allmählich gewordenen Querstellung zur Umwelt.« Und: »Der menschliche Geist hat nur einen Besitz: nur ein Instrument. Die Daseinsform Mensch entspringt nur einer Quelle: Erinnerung. Erinnerung reicht bis in die Zukunft... Die Erinnerung eines einzelnen Menschen ist länger als ein Leben.«

Die Kindheit – Jahnn erinnerte sie so: »Die Erwachsenen haben den Kindern die Triebe beschnitten, haben sie herausgerissen aus göttlichen Sehnsüchten, wie man Unkraut aus Blumengärten reißt. Sie haben es mit einem unerhört narkotisierten Gewissen getan, sie haben die Kinder von den Brüsten der Mütter fortgerissen. Sie bekommen eine gewisse Übung, mit dem betäubten Gewissen umzugehen. Sie haben eine Menge Scheinbeweise für die Notwendigkeit seines Daseins. Sie verkriechen sich hinter Worte wie Kultur und soziale Not und manchmal hinter Erbsünde.«

Als 16jähriger legte sich Hans Henny Jahnn ein chemisches Labor in seinem Zimmer an: »Ich wollte Phantastisches gestalten.« Er erzeugte mit Hilfe osmotischen Drucks künstliche Pflanzengebilde. Er experimentierte mit Sprengstoffen. Bei einer Explosion im Garten zog er sich schwere Verletzungen an der Hand zu. Er stellte sich die Aufgabe zu untersuchen, ob man in der Narkose zuerst das Bewußtsein oder die Schmerzempfindung verliert. Jahnn: »Ich narkotisierte mich mit Chloroform wohl gegen hundertmal und brachte mir dann in bestimmten Abständen Wunden bei. Ich konstatierte, daß das Schmerzempfinden bei weitem früher verschwand, daß ich mir von einem gewissen Zeitpunkt an ohne Schmerz beliebige Wunden beibringen konnte und daß andererseits das Bewußtsein im letzten Stadium Formen annahm: es war ausgestattet mit rhythmischen Figuren, Gesichten, die sich in Zählvorgängen auflösten, und diese mündeten in die Vorstellung der Unendlichkeit.«

Am Ende der Gymnasialzeit stand der körperliche Zusammenbruch und die völlige Abwendung vom Christentum. Jahnn in einem seiner damaligen Romanfragmente: »Ich habe auf dem Grund meiner Seele eine Welt; aber es ist, als sei sie zertrümmert und zerschlagen, weil sie von hoch herabfiel. So weit ich auch zurückdenken kann, ich habe keine Erinnerung.« Es spricht ein Ich, das um sich selbst nichts weiß und dem seine Welt, an der es sich als Selbst erfahren könnte, zerfallen ist. Eine andere Welt tut sich im Unterbewußtsein auf: »Im Augenblick, wo ich mich zu Bett lege, setzt ein völlig neues Leben ein: eine anarchische Jagd von Bildern und Gedanken, über die ich gar keine Herrschaft habe und die sich schließlich in wilden Träumen fortsetzt.« Jahnn kam zu dem Schluß: »Wer an seinem Anfang den Traum nicht kennt, wird niemals träumen lernen. Das Träumen aber, so lasterhaft, so nutzlos es erscheinen mag, ist eine Quelle des Gestaltens.«

Seine künstlerischen Impulse entfalteten sich in Norwegen. 1914, als sich Kaiser Wilhelm II. für die Beschießung der Kathedrale von Reims erklärte, entzog Jahnn sich der Einberufung und verließ empört Deutschland. Zusammen mit seinem Freund Harms fand er Zuflucht in der Fjordlandschaft um Bergen.

Walter Muschg, dem Jahnn später die Erinnerungen aus jener Zeit zu Protokoll gab, schreibt: »In den Höhlen und Spalten der Granitlandschaft um den kleinen Hafenplatz, in dessen Hotel er hauste, ging Jahnn der älteste Sinn des Bauens auf: daß es Gliederung von Materie sei, nicht Gliederung von Raum. Seit dieser Offenbarung im Fels glaubte er sich zur Baukunst berufen. Er erkannte in den Pyramiden und romanischen Domen solch rhythmisches Gestalten von Massen, die noch den ganzen Menschen angehen, nicht nur das Auge wie die Baukunst der Gotik und der Neuzeit... Nur der Sakralbau beschäftigte ihn, nicht die Erfindung von Schutzräumen für die menschliche Notdurft.«

Jahnns Ideen vom harmonikalen Aufbau des Kosmos leiteten alle seine Unternehmungen. Neben den archaisch-sakralen Baugedanken trat die Beschäftigung mit dem Klangkörper der Orgel. Es begann mit akustischen Halluzinationen: »Ich kann aus Zahlen Klangvorstellungen gewinnen und aus diesen auf die Funktionsgleichungen zurückschließen. Ich gelangte dazu, mir Orgeln zu konstruieren, die nur aus Zahlen bestanden – diese Orgeln konnte ich hören. Ich brauchte diese Zahlen bloß in meine Gleichungen einzusetzen, um einfache Meßwerte zu erhalten, mit denen jeder Handwerker meine Orgel bauen konnte.«

In Norwegen wurden Jahnn und Harms der Spionage verdächtigt. Sie zitterten vor dem Zugriff der staatlichen Stellen. Eine mysteriöse Krankheit in dem Dorf Aurland, an der zahlreiche Bewohner starben und die mit dem Eingreifen Jahnns verschwand, bewahrte die beiden Deutschen vor der Festnahme. Die ganze norwegische Gemeinde verbürgte sich für die Fahnenflüchtigen. Und das kam so: Der Arzt, der das Dorf Aurland nur mit dem Boot über den Fjord erreichen konnte und nicht immer zur Stelle war, stand der Krankheit ratlos gegenüber. Die üblichen Mittel bei Infektionen blieben wirkungslos. Jahnn, der sich in seiner Jugend auch mit medizinischen Fragen beschäftigt hatte, wagte den Tip: »Herr Doktor, machen Sie drei doppelte Morphiumeinspritzungen und geben Sie je Patient zwei Wassergläser voll Sekt.« Der Arzt lachte: »Unsinn. Aber schaden kann's auch nicht.« Der erste Patient, der so behandelt wurde, fiel zwei Tage in einen tiefen Schlaf und gesun-

dete dann innerhalb von sechs Tagen. Das Mittel machte die Runde.
Jahnn: »Ich weiß nicht, woran es lag: ob an der Medizin, an einem Zufall oder daran, daß die Seuche vielleicht im Abklingen war – jedenfalls war sie mitten auf ihrem Höhepunkt erledigt. Wir waren plötzlich im ganzen Dorf hochangesehene Leute.« In Aurland lernte Jahnn die Familie Signe Christies kennen, die dort ihre Ferien verbrachte. Mit dem Vater ging er spazieren, der zwölfjährigen Tochter spielte er Klavierstükke vor.
Gegen Ende des Ersten Weltkrieges entstand in Aurland das Theaterstück »Pastor Ephraim Magnus«, das Hans Henny Jahnn zwei Jahre später in Deutschland auf einen Schlag berühmt und berüchtigt machen sollte. In diesem Werk verzweifelt ein alter Domprediger an Anspruch und Wirklichkeit des Christentums und begeht Selbstmord. »Das Christentum hat in unseren Landen die Natur versperrt«, urteilte Jahnn, »Christentum ist diese zwei Jahrtausende sausende Fahrt in die falsche Richtung.«
Im »Pastor Ephraim Magnus« heißt es: »Es gibt nur zwei Wege, die Sicherheit bergen. Der eine ist köstlich, der andere ist furchtbar. Der eine ist: die Dinge leben, die gewollt sind, ganz restlos, ohne Rücksicht... Und der andere: Gott gleich werden, alle Qualen auf sich nehmen, ohne je erlöst zu werden... Der dritte weglose Weg ist der Tod. Den bin ich gegangen. Meine Seele ist von mir genommen. In mir sind nicht die Kräfte des Guten und Bösen. Was in mir ist, kann ich aus mir sprechen, und wenn es gesagt ist, bin ich leer. Mein Leib verfault, ist ohne Gestalt; er ist wie tausend Leiber. Lebt, daß ihr nicht verfaulen müßt! Vermodern ist entsetzlich...«
Der S. Fischer Verlag nahm sich des Theaterstückes in Deutschland an. Jahnn und Harms kehrten nach Hamburg zurück. Jahnn erfuhr von dem Plan der evangelischen Kirche, die berühmte Arp-Schnitger-Orgel in der St. Jakobi-Kirche wegen Baufälligkeit abzureißen. Er kämpfte für die Restaurierung, die der Kirche unmöglich erschien. Mit Geldern aus eigener Tasche machte er sich an die Arbeit, entdeckte in dem Klangkörper Pfeifengruppen aus dem Jahre 1486, die Schnitger seinerseits aus alten Orgeln genommen hatte. Jahnn, der Autodidakt, erreichte das technisch unmöglich Erscheinende: Er übergab der Kirche ein akustisches Wunderwerk, auf dem Günther Ramin mit seinen Konzerten zu Ruhm gelangte.
Jahnn erhielt in Hamburg die Stelle des amtlichen Orgelsachverständigen, die ihm 1933 durch die Nazis »wegen politischer Unzuverlässigkeit« gekündigt wurde. Er baute in Deutschland, Skandinavien und Frankreich über hundert Orgeln oder setzte sie instand, darunter die Cavaillé-Coll-Orgel im Dom zu Metz. 1920 verlieh ihm

Hans Henny Jahnns Ehefrau Ellinor Philips, mit der er 1933 Deutschland verließ

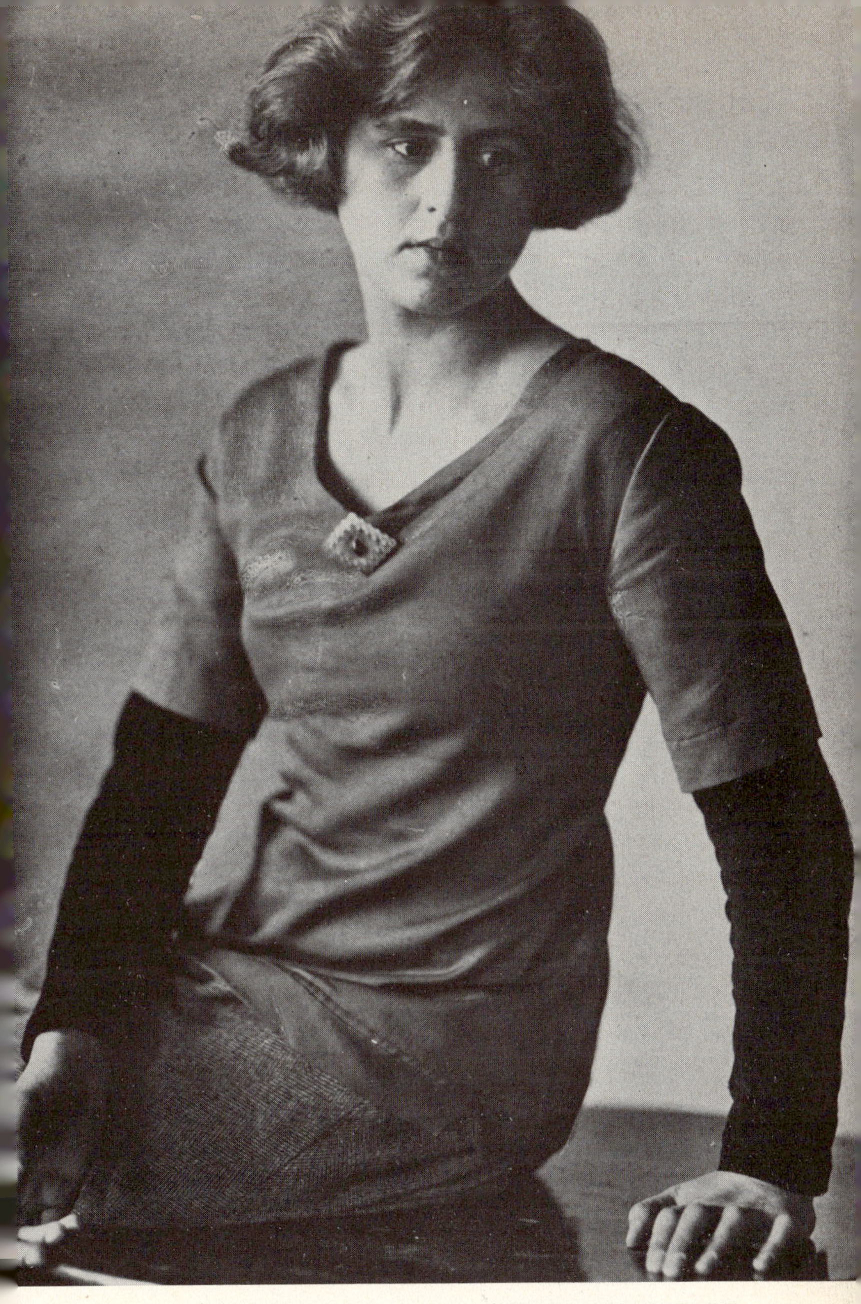

der Lyriker Oskar Loerke den renommierten Kleist-Preis für das Theaterstück »Pastor Ephraim Magnus«. Bei der Uraufführung des Stückes in der Inszenierung von Bertolt Brecht und Arnolt Bronnen war die Empörung so groß, daß Jahnns Werk vom Spielplan abgesetzt werden mußte.
Der konservative »Kritiker-Papst« Julius Bab schäumte vor Wut: »Die qualvollste Lektüre meines Lebens! Sie dauerte Monate – denn immer nach vier, fünf Seiten war ich vor Entsetzen so gelähmt, daß ich nicht weiter konnte. In diesem Buch ist allerdings eine wilde, furchtbare Kraft, aber sie scheint mir keine künstlerische Kraft zu sein – sondern eine Kraft des Wahnsinns. Auch Strindberg war in der Hölle – aber er war zugleich außer ihr, über ihr... Jahnn steckt in ihr und schreit aus ihr hervor... Als das großartig gräßliche Dokument eines äußersten Zustands wird das Buch im Giftschrank der Menschheit zu bewahren sein...«
Der junge Schriftsteller Klaus Mann nahm Jahnn in Schutz und rechnete dessen Werk zu dem »geheimen Reich einer inoffiziellen deutschen Literatur«. Alfred Döblin sprach von einem »faustischen Stück«. Die positiven Stimmen konnten nicht verhindern, daß die Diffamierung des Autors von den Kirchen aufgenommen wurde und ihn eine Reihe von Restaurations-Aufträgen kostete.
Wie kaum ein anderer in diesem Jahrhundert schlich Hans Henny Jahnn in seinem literarischen Werk um das Wort Gott herum, mit Hämmern und Meißeln des Denkens und der Sprache, um in das Geheimnis zu brechen und es aufzureißen wie den Sarg einer Königsleiche; dieses Wort Gott, mit dem sich so viel Schatten auf der Erde verband. Er suchte das Licht hinter dem Wort. Hinter den Schatten wollte er kommen. Jahnn: »Die Dimensionen der Schöpfung stehen in diamantener Konstruktion – und wir hängen darin wie Kirchenräuber am Galgen... Vergeblich wähle ich die Partei der Schwachen und Besiegten – ich errette keinen.« Und: »Es ist, wie es ist, und es ist fürchterlich.«
Das »Fürchterliche« blieb sein Thema: in den Theaterstücken »Die Krönung Richards III.«, »Der Arzt, sein Weib, sein Sohn«, »Der gestohlene Gott« und schließlich in der »Medea«. In der Inszenierung Jürgen Fehlings mit Agnes Straub in der Titelrolle – die Medea ist bei Jahnn eine Negerin – wurde die Uraufführung 1926 in Berlin zu einem grandiosen Erfolg. Jahnn kommentierte: »Ich habe gewagt, allgemeine Wünsche freizumachen, Gedanken als Taten darzustellen.« Den Gedanken: »Du darfst mich töten, wenn du mich nur liebst.«
Als Schriftsteller hatte Jahnn sein Thema gefunden: »Und ich betrachtete das Leid und die Schmerzen, die Schöpfungshärte – und ahnte, daß das menschliche Gehirn eine Fehlkonstruktion ist. Ich stellte mir das Irresein im konfor-

Pferdeliebhaber Hans Henny Jahnn im Exil auf der Insel Bornholm

men Denken, die Scheußlichkeit und nichtige Erhabenheit menschlichen Tuns bis an die Grenzen meiner Einbildungskraft vor. Und schrieb nieder, ohne mich zu zensurieren, was sich mit Worten ausdrücken ließ.« Ein Dostojewski ohne christliche Verankerung. Jahnn: »Ich sehe immer nur den Geifer der Satten oder Unbefriedigten, der Mächtigen oder vor Machtlosigkeit Kranken, niemals das menschliche Antlitz.«

Das Leben, wie es so gemeinhin gelebt wird, wurde dem Dichter zur Grimasse, und dahinter kam gleich der Tod. Der Tod und die Angst davor ließen ihn nicht mehr los. In seinen Büchern stellte er den Menschen in Hoffnung und Angst dar. Auf den Menschen zog er sich zurück und beschrieb ihn mit äußerster Präzision. Er wollte der Angst habhaft werden, der Angst, die der Mensch vor dem Tier hat, weil er im Gegensatz zu ihm seinen Tod voraussieht. Den Tod ins Leben zu tragen und als etwas Unausweichliches darzustellen wurde der Inhalt seiner Literatur.

»Die Liebe kann nur für kurze Zeit die Macht und das Grauen des Todes überwinden«, schrieb er nach dem Ersten Weltkrieg. Dennoch suchte er nach einem Menschen. Er fand keinen. Da erinnerte er sich an das norwegische Mädchen Signe. Der 30jährige machte sich auf den Weg nach Bergen, suchte die Eltern Signe Christies auf, wagte es aber nicht, der jetzt 16jährigen Unterprimanerin seine Liebe zu erklären. Er fuhr zurück, grübelte, ob er ein so junges Mädchen lieben dürfte, und schrieb ihm schließlich doch: »Ich muß Ihnen sagen, daß ich Sie liebe.«

Signe Christie, die ich in Norwegen fand, erinnerte sich: »Mein Gott, ich war damals so verwirrt. Ich wußte nicht, was ich tun sollte. Ich ging zu meinem Vater und sagte nichts anderes als ›hilf mir‹.« Signes Vater schrieb schroff an Jahnn: »...Betrachten Sie Ihren Brief als ungeschrieben und schlagen Sie sich das Ganze aus dem Kopf.«

Hans Henny Jahnn entschuldigte sich in zwei Schreiben, in einem an Signes Vater (»Ich habe wie ein Tor gehandelt«) und in einem anderen an Signe. Statt um seine Liebe zu kämpfen, setzte sich Jahnn an die Schreibmaschine, um den Roman »Perrudja« zu schreiben: eine Liebesgeschichte zwischen dem phantasieausschweifenden und zugleich gehemmten Perrudja und dem Bauernmädchen Signe, die Geschichte, wie zwei nicht zusammenkommen können. Auf dem Papier entstand Signe als Mythos Weib, ein Stück Natur, wie sie Jahnn immer gesucht hat.

In seinem Tagebuch hielt Jahnn fest: »Ich sehe immer wieder, niemand kann sich häuten. Alle sind unglücklich auf ihre Weise.« An anderer Stelle heißt es: »Aber es kann dann plötzlich ein kleiner Schmerz kommen, ein kleines Unwohlsein, ein kleiner Schwindel vor einem Abgrund – und es war zuviel.«

Für Hans Henny Jahnn war die Absage aus Norwegen zuviel. Zwar heiratete er 1926 eine andere Frau, aber seiner Tochter, die drei

Jahre später zur Welt kam, gab er den Namen Signe. Signe Christie blieb unverheiratet, sie wurde Abteilungsleiterin in einer norwegischen Versicherungsgesellschaft und nebenher Chefin der norwegischen Pfadfinderinnen. 1935 hat sie Hans Henny Jahnn zum letztenmal gesehen. Nach dem Zweiten Weltkrieg erfuhr sie, daß der Schriftsteller ein Gegner des Nationalsozialismus gewesen war und auf Bornholm in der Emigration gelebt hatte: »Da wußte ich, daß er auf der richtigen Seite gewesen ist.«

Über seine letzte Begegnung mit Signe Christie schrieb Jahnn: »Ich habe sie wiedergesehen. Ich schlage ein gemeinsames Mittagessen mit der Fremden vor, um zu erkunden, ob es bei ihr Spuren der Erinnerung gibt, die mit den meinen vergleichbar sind. Nur noch ein Experiment, schließlich hoffe ich auf ein Wunder. Ein Auftauen. Aufgraben tiefer Schichten. Am Morgen nach der Verabredung erhielt ich den telefonischen Bescheid, ich möchte mir die Mühe nicht machen. Ich weiß nicht, ob das ein folgerichtiger Ausgang ist. Aber daß die Signe meines Romans jetzt ganz ohne Vorbild ist, das weiß ich.«

Nach Erscheinen des Romans »Perrudja« schlugen die Polen den deutschen Dichter als ihren Kandidaten für den Literatur-Nobelpreis vor, ohne allerdings bei der Jury in Stockholm durchdringen zu können. Hans Henny Jahnn im Perrudja: »Was ist ein reich gedeckter Tisch, wenn Kummer in uns nistet? Was die Zärtlichkeit der Geliebten, wenn Hunger uns krümmt? Oder die Angst? Und vergessen wir nicht, betäuben wir nicht die Abgründe, indem wir Schnaps in uns gießen oder Wein? Pülverchen schlucken oder mit nadelfeiner Spritze uns Gifte ins Blut tropfen? Will der Selbstmörder etwas anderes als das bescheidene Werk, an die Stelle seines Ungemaches eine Handlung zu setzen, die ganz ihm gehört, ganz sich nur auf ihn bezieht, sich so weit in den Schatten zurückzudrängen, daß das Glück seines Todes wie ein Tuch über ihn gehängt wird? Und ihn verbirgt. Ist das Glück, das Vollkommene, nicht immer dem Nebel gleich, der das Peinvolle, das in uns seinen Platz hat, zudeckt? Wie sollte die Zufriedenheit auch gleichermaßen in unseren Körpern sich einnisten und unseren Geist durchtränken? Wann bliebe nicht eine Sehnsucht in uns? Ein ungestilltes Verlangen?... Das vollkommene Glück ist eine Betäubung. Es wuchert aus unserem Hirn hervor oder aus den Akkerfurchen unseres Fleisches. Aber es ist zeitlich. Es kann nicht dauern. Es erledigt sich, wenn das Untere nach oben kommt. Es schwindet mit dem Schlaf einer Nacht. Ein Traum bläst es aus. Ein Gedanke des Mißtrauens, ein Mißverständnis. Es erlischt an einem Schmerz. Das Gewebe der Welt ist nicht voll davon. Die Zeit hat keinen Raum dafür. Die Stunden sind verschieden. Die Sterne wandern am Himmel.«

In seiner Ablehnung des Nationalsozialismus unterschied sich Hans Henny Jahnn von den anderen

Schriftstellern, die Deutschland verließen. Seine Ahnung von der nahenden Katastrophe war in dem Wissen von der Entweihung der Schöpfung verankert. 1932 schrieb Jahnn: »Der europäische Mensch hat nicht vermocht, ethischen Forderungen nachzugeben. Er hat keine allgemeingültige Weltweisheit erfunden, die den Nachbarn ungeschoren läßt. Er ist an der Lehre vom Zweck, Zweckmäßigen und Nützlichen gescheitert. Sein Ich ist in ein Mißverhältnis zum All geraten.« Und: »Das Wachstum und die Materie organisieren sich gegen uns, weil wir sie verachten.«

Dem Nationalsozialismus widersetzte er sich mit Freunden in einer »Radikalen Demokratischen Partei«, die nach ihrer Gründung 1932 keine Anhänger fand. Es war eine Verzweiflungsaktion; denn Jahnn wußte und hatte es rechtzeitig ausgesprochen, was in Deutschland zu beobachten war: »Die Verwilderung der Sitten wächst auf dem Boden falscher Sittlichkeit.« Es war der Boden, auf dem die Nazis groß wurden. Jahnn war sich im klaren: »Erfolgreiche Abwehr gegen Fürchterliches kann nur von innen reifen.« Der Reifeprozeß aber war von den Sozialdemokraten, die sich nicht getraut hatten, nach dem Ersten Weltkrieg gesellschaftspolitische Konsequenzen herbeizuführen, abgewürgt worden. Hans Henny Jahnn stellte deshalb in einem Brief vom 18. Februar 1933 fest: »Die Sache wird vorübergehend in Deutschland so finster werden, wie es überhaupt nur geht.« Neun Tage später brannte der Reichstag. Jahnn bemühte sich bei Walter Muschg um den Erwerb der Schweizer Staatsbürgerschaft – ohne Erfolg.

Jahnns Haltung zum »Dritten Reich« war klar. »Wer Hitler wählt, wählt den Krieg«, hatte er Ende 1932 auf einer öffentlichen Kundgebung im Hamburger Curio-Haus gesagt. Am 17. März 1933 durchsuchten Nazis seine Wohnung. Jahnn fuhr nach Kopenhagen. An Muschg schrieb er am 15. April 1933, daß er sich bedroht fühle und deshalb »eine Pause der Unsichtbarkeit« einlegen wolle. Dann folgte die Entlassung aus seinem Amt als Orgelsachberater in Hamburg.

Jahnn in einem Brief vom 1. Mai 1933: »Ich bin einfach von Angst besessen ... Auch habe ich das Getöse von Deutschland her im Radio gehört. Diese Wildheit, dieser Ungeist, Phrasen. Ich schäme mich ...«

Jahnn in einem Brief vom 21. Mai 1933: »Da ich einen kommunistischen Standpunkt nicht einnehmen kann wie Brecht, sieht die Zukunft bitter aus.«

Jahnn in einem Brief vom 20. Juni 1933: »Das weltbewegende Ereignis dieses Jahrhunderts ist für die Welt die Bücherverbrennung mittels Scheiterhaufen. Nicht die Judenverfolgung hat die zivilisierte Welt gegen Deutschland geeint, sondern diese symbolische Handlung gegen den freien Geist ... Die deutsche Literatur wird von Leuten verwaltet, die nachweislich die deutsche Sprache nicht beherrschen.«

Jahnn gab seiner Tochter den Namen der Norwegerin, die er einst geliebt hatte. Seine Tochter Signe lebt heute in Dänemark

Jahnn in einem Brief Mitte Dezember 1933: »Ich habe mich innerlich mit Händen und Füßen dagegen gesträubt, Deutschland zu verlassen: aber was nützt mich eine Heimat, in der ich verhungern muß?«

Und das war Hans Henny Jahnns Situation im Jahre 1933: Bücher von ihm wanderten auf den Scheiterhaufen. Aber sein Name tauchte nicht auf der Verbotsliste der Nazis auf. Wie Thomas Mann, Hermann Hesse und René Schikkele, die noch 1933 in Deutschland Bücher veröffentlichen durften, wurde Jahnn anfangs geduldet. Jahnn reiste in die Schweiz zu Muschg. Doch in der Schweiz durfte er nicht bleiben. Jahnn reiste erneut nach Dänemark, zu der Schriftstellerin Karin Michaelis, wo sich auch Bertolt Brecht aufhielt. Ende 1934 kaufte er auf Bornholm den Bauernhof Bondegaard. Im Exil schrieb er sein bedeutendstes Buch, die Romantrilogie »Fluß ohne Ufer«, die Geschichte eines Künstlers, der in der bürgerlichen Gesellschaft Schiffbruch erleidet: »So einsam für immer. So voller Verantwortung. Und so machtlos ohne Trost.« Der Todeskampf eines Menschen erstreckt sich in diesem Mammutwerk über 500 von 2200 Druckseiten.

»Nach dem Sinn des Lebens zu fragen ist nicht statthaft«, heißt es da. »Es ist der Sinn des Lebens, daß es darauf keine Antwort gibt. Alle Antworten, die der Mensch erfunden hat, sind schäbige Ausreden – sehr dumme Erklärungen – die Moral einer schlechterfundenen Geschichte... Einen persönlichen Gott erfinden und ihn bemühen, um eine Lügenantwort bereit zu haben – das gelingt mir nicht mehr. Welchen bitteren Namen hat meine Enttäuschung?«

Jahnn bewirtschaftete auf Bornholm einen Bauernhof und beschäftigte sich mit Hormonforschung

An anderer Stelle das Bekenntnis: »Ich glaube nicht, daß das Ich, mit meiner Haut bekleidet, aufersteht. Ich widersetze mich schon seit zwei Jahrzehnten einem dummen menschlichen Trost. Gott hat niemals ein Wort gesagt. Er hat niemals ein Geheimnis verraten. Niemals, niemals.« Über den Tod als Gegner wird gesagt: »Es gibt keine Rettung. Ich habe meinen Gegner nicht vergessen. Er will meine Demütigung bis zum Widerruf. Ich aber will bis zum letzten Augenblick nicht bereuen und nicht berichtigen. Ich will nicht die Verklärung, ich will den Abstieg der Ungetrösteten.« Und: »Wenn der Mond voll am Himmel steht – die Wiesen dampfen – in allen Gräsern nistet Tau, die Kronen der Laubbäume stehen dunkel glänzend in einem Meer aus dünngesponnenem Licht und plötzlich schweigt die Erde – sie schweigt, so daß die Stille dröhnt – dann spüre ich, daß ich mit allem einverstanden bin.«
Neben seiner Arbeit an dem Roman betrieb Jahnn eine Landwirtschaft auf Bornholm, züchtete Pferde und begann mit Hormonforschung. So entdeckte er im Harn trächtiger Stuten einen heilenden Wirkstoff.
Hans Henny Jahnn kehrte nach dem Zweiten Weltkrieg nach Deutschland zurück. Er erhielt den Lessing-Preis, und er wurde Präsident der Freien Akademie der Künste in Hamburg. Er kämpfte auf verlorenem Posten – wie immer: »Front gegen den tötenden materialistischen Ernst des Geistes, der nicht mehr weiß, daß

er in einem lebendigen Körper erzeugt wurde...«
»Ich stehe«, so heißt es in Jahnns Buch »Fluß ohne Ufer«, »voller Trauer und Melancholie über den Zustand der Welt auf dem schwachen Platz eines einzelnen, ein Abtrünniger, der zu denken versucht, in dessen Ohren die Worte gellen, die man spricht, lehrt, verkündet, nach denen man richtet, in denen man stirbt und der ihnen nichts mehr glaubt.« Seiner Literatur blieb nach 1945 der Durchbruch versagt, und auch privat ist er gescheitert. Auf einer Reise erhielt er einen Brief seiner Frau Ellinor: »Ich bin Dir nicht treu gewesen, und ich habe Deine Leidenschaft nicht erwidern können. Aber ich habe mich Dir ganz verschrieben. Ich habe mich Dir so verschrieben, daß nur noch ein zäher Schatten von mir übrig ist. Ich weiß nicht, was Liebe ist.«
Nach seinem ersten Herzinfarkt im Jahre 1952 arbeitete Jahnn literarisch fast überhaupt nicht mehr. Hoffnungen und Mutlosigkeit vermischten sich. Signe Trede-Jahnn, die bei Kopenhagen wohnende Tochter des Schriftstellers, erinnert sich: »Die letzten Jahre meines Vaters waren trostlos, die finanzielle Lage verzweifelter denn je. Ihn quälte es, daß er auf literarischem Gebiet nichts schaffte. Er spürte den Tod näherkommen. Fünf Herzinfarkte überlebte er. Er hatte furchtbare Angst. Aber als er den sechsten Herzinfarkt erlitt, da war diese Angst wie weggewischt. Er fühlte sich glücklich, war wie ein junger Liebhaber, schmiedete Pläne, welche Ausstellungen und Theateraufführungen er mit mir besuchen wollte, wollte sich nicht zu Bett legen, sagte immer, jetzt werde alles gut. Fünf Tage später war er tot.«
Im Nachlaß Hans Henny Jahnns fand sich ein Stück, das zwei Jahre nach seinem Tode an den Städtischen Bühnen Frankfurt uraufgeführt wurde: »Der staubige Regenbogen« oder »Die Trümmer des Gewissens«. Es ist Jahnns Auseinandersetzung mit den Gefahren der Kernenergie. 1957 hatte er nicht nur – wie viele – gegen die Atomrüstung Stellung genommen, sondern als einzelner gegen die Gefahren der friedlichen Nutzung von Kernenergie. Er hatte gewarnt vor dem Bau großer Atomreaktoren in dicht besiedelten Gebieten. In dem Theaterstück beschrieb er, was heute die Schreckensvision der Kernkraftgegner der Bundesrepublik ist: eine Reaktorexplosion, bei der Tausende von Menschen ums Leben kommen. Jahnns Klage: »Das gewaltige Gebäude neuer wissenschaftlicher Erkenntnisse beherbergt keine neue, für uns brauchbare Ethik. Elektronengehirne sind einer Gewissensprüfung nicht fähig. Sie kennen nur zwei Aussagen: Lösung – Nichtlösung. Aber sie greifen in Entscheidungen ein, die möglicherweise das Sein des Lebens oder das Nichtsein bedeuten. Daß eine Unzahl von Technikern und Gelehrten sich einer Gewissensentscheidung enthalten, ist aus ihren Experimenten ableitbar, in denen Tiere und Menschen den entsetzlichsten Foltern ausgesetzt werden...« ■

»Freiheit nur für Anhänger der Regierung, nur für Mitglieder einer Partei – mögen sie noch so zahlreich sein – ist keine Freiheit. Freiheit ist immer nur Freiheit des anders Denkenden.«

Rosa Luxemburg, Mitbegründerin der aus der Spartakusgruppe hervorgegangenen KPD – geboren am 5. 3. 1870, ermordet am 15. 1. 1919 von Truppenangehörigen der sozialdemokratischen Regierung

»Jawohl! Geschlagen wurden die revolutionären Arbeiter Berlins ... Aber es gibt Niederlagen, die Siege sind ... Die Geschlagenen von heute werden die Sieger von morgen sein.«

Karl Liebknecht, Mitbegründer der aus der Spartakusgruppe hervorgegangenen KPD – geboren am 13. 8. 1871, ermordet am 15. 1. 1919 von Truppenangehörigen der sozialdemokratischen Regierung

»Wir haben keine Geduld mehr, unsere Träume von Sozialismus in ferne Zeiten zu stellen. Heute leben wir, und heute wollen wir handeln. Handeln wir!«

Ein Blick zurück nach vorn

»Wenn die Propheten aufständen
In der Nacht der Menschheit,
Wie Liebende, die das Herz des
Geliebten suchen,
Nacht der Menschheit,
Würdest du ein Herz zu vergeben
haben?«

Nelly Sachs

Kurt Eisner, in Bayern Vorsitzender der USPD und erster Ministerpräsident nach der Monarchie – geboren am 14. 5. 1867, ermordet am 21. 2. 1919 von dem nationalistischen Grafen Arco-Valley

*

Der Postinspektor Anton Sittinger ist gegen jede Veränderung. Wirklich ernsthaft engagiert er sich für keine Partei. Er ist einzig und allein für das, was ihn am wenigsten stört. »Mein Standpunkt ist einfach der gesunde Menschenverstand«, sagt er. Der wiederum sagt ihm: »Genau alles beachten – sich nach allen Seiten sichern, jedem Recht geben und nur da stehen, wo die Macht ist.« Anton Sittinger erlebt die deutsche Geschichte vom Sturz der Monarchie bis hin zum Hitler-Reich. Er hat nur *eine* Abneigung, die gegen alles Sozialistische. Das Sozialistische bedeutet ihm Veränderung. Und Veränderung bedeutet ihm Unordnung.

Der Postinspektor Anton Sittinger ist immer auf der Suche nach einer politischen Mitte, die es nicht gibt. Er ist kein wilder Parteigänger Adolf Hitlers. Doch als der an die Macht kommt, hat Anton Sittinger

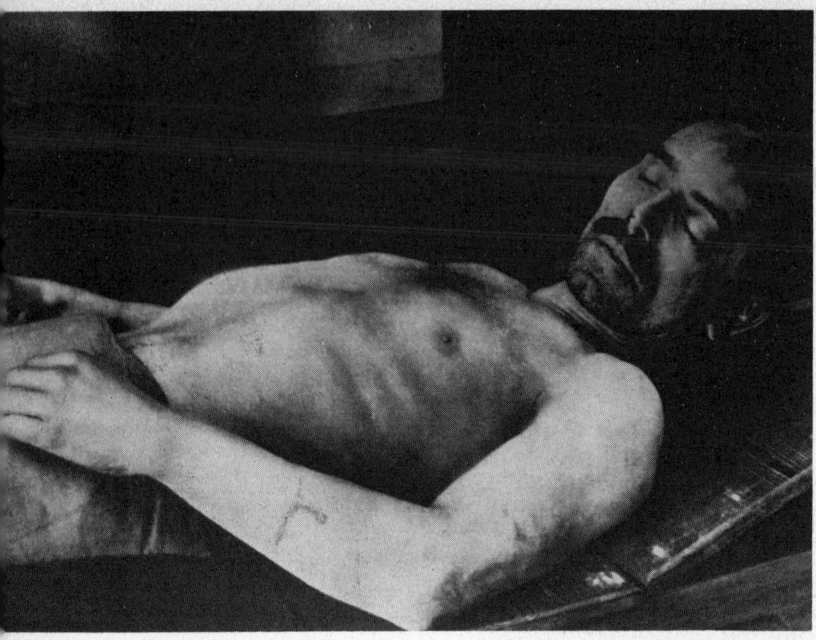

Der ermordete Spartakusführer Karl Liebknecht wurde als »unbekannte Leiche« in einer Berliner Rettungsstation abgegeben und schnell identifiziert. Die »B. Z. am Mittag« erschien mit der groß aufgemachten Falschmeldung »Liebknecht auf der Flucht erschossen – Rosa Luxemburg von der Menge getötet«

sich längst rückversichert und gehört der NSDAP schon heimlich an. Charakter gibt's für ihn nicht, »nur Interessen«. Er sagt von sich: »Ich bin ein unabhängiger Mann.« Er fügt hinzu: »Meine politische Richtung gibt's überhaupt noch nicht.« Der Postinspektor Anton Sittinger ist ein deutscher Bürger. Seine politische Richtung gibt's inzwischen. Es ist das Konzept von der politischen Mitte.

Die im Deutschen Bundestag vertretenen Parteien haben dieses Konzept der politischen Mitte nach 1945 aufgenommen. Jede wirft der anderen vor, dort nicht zu stehen. Und jede beansprucht für sich, die Mitte besetzt zu halten. In der Mitte ist es windstill wie im Kern eines Wirbelsturms. In der Mitte verändert sich nichts. Die in der Mitte stehen, sind nach Oskar Maria Graf »die Totengräber jeder gerechten Gesellschaftsordnung«. Oskar Maria Graf war Sozialist und Schriftsteller. Eine Kombination, die bei Bonner Politikern ein Wort mit drei Buchstaben auslöst: Aha!

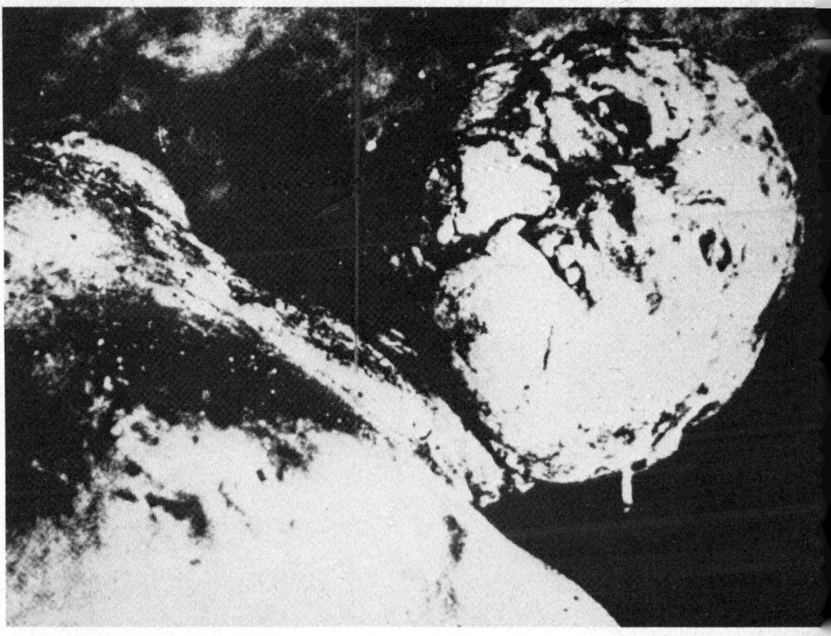

Die Leiche der 48jährigen Rosa Luxemburg wurde erst viereinhalb Monate nach der Tat im Berliner Landwehrkanal gefunden. An der Aufklärung des Verbrechens hatte die Justiz der Weimarer Republik kein Interesse. Die Mörder blieben unbehelligt. Einem der Täter zahlten die Nazis 1934 eine Dankesprämie von 6000 Mark

Anton Sittinger ist ein Beispiel für die Kontinuität deutscher Politik. Sein Typ, den Oskar Maria Graf 1937 zur Titelfigur eines seiner Romane erhob, hatte 1933 die faschistische Diktatur möglich und den Verbleib des Schriftstellers in Deutschland unmöglich gemacht. Den Anbiederungsversuchen der NS-Machthaber, die den »arischen« Autor in Deutschland halten wollten, war Oskar Maria Graf in einem Artikel der »Wiener Arbeiterzeitung« mit der Aufforderung entgegengetreten: »Verbrennt mich!« Die Provokation hatte gesessen: Nach der allgemeinen Bücherverbrennung vom 10. Mai 1933 lieferten sie in München eigens eine für Oskar Maria Graf nach.

Als der 64jährige Bayer im Jahre 1958 das amerikanische Exil kurz verließ und die Bundesrepublik besuchte, stellte er erschrocken fest: »Ich könnte hier nicht mehr atmen, wo die Mehrheit so satt und selbstzufrieden dahinlebt. Die Situation erinnert mich geradezu unheimlich an die Jahre vor 1933!«

276 *Oskar Maria Graf*

Nach weiteren Aufenthalten in der Bundesrepublik präzisierte der Schriftsteller seine Abneigung: »Was mich... in der wirtschaftswunderlichen Bundesrepublik am meisten anwiderte, war das wiedererwachte engstirnig-provinzielle deutsche Tüchtigkeitsprotzentum, gepaart mit der durchgehenden spießbürgerlich-nihilistischen Prasserstimmung.«

Oskar Maria Graf, der seine bayerische Heimat liebte und sich trotzig stolz »Provinzschriftsteller« nannte, war kein Dichter ausschließlich fürs Vergnügen und auch nicht für das »Höhere«. Viele seiner Bücher sind schonungslose Porträts deutscher Gesellschaft in diesem Jahrhundert. Darin unterschied er sich von vielen der von den Nazis verfolgten Autoren. Doch eines verband sie fast alle: das Wissen, daß der Kapitalismus ursächlich mitbeteiligt war am Entstehen des Hitler-Faschismus, und die Vorstellung, daß der Sozialismus eine humanere und gerechtere Welt möglich machen könne. In der Gegnerschaft zum Kapitalismus stand selbst die als unpolitisch geltende Lyrikerin Else Lasker-Schüler.

Dies alles muß man sehen, muß man festhalten, wenn erkannt werden soll, warum die meisten verfemten Dichter nach 1945 in der Bundesrepublik unbeachtet blieben. Sie hätten zumindest die Restauration kapitalistischer Strukturen gestört. Das Feindbild von den

Therese Graf um 1900 mit Kindern, Sohn Oskar in der Mitte sitzend

Juden hatte sich durch Vernichtung erledigt. Die Erhaltung des Feindbildes von den Kommunisten blieb angesichts des »Kalten Krieges« eine Aufgabe über Hitler hinaus für die Bonner Demokratie.

So überlebten von den »Verbrannten Dichtern« nur die, die in die Behaglichkeit des bürgerlichen Bewußtseins paßten: Thomas Mann, Stefan Zweig und Franz Werfel. Da offenbarte sich eine Haltung, von der Albert Ehren-

Oskar Maria Graf 1932 bei seiner 75jährigen Mutter im heimatlichen Berg am Starnberger See

stein vor einem halben Jahrhundert bereits schrieb: »Auf einen Brotstrich kann der deutsche Bürger nicht verzichten, und wenn es Tränen sein müßten.« Die Krokodilstränen ließ er sich von Bertolt Brecht und Kurt Tucholsky in die Augen treiben. Man ist ja liberal, und *ein* Rülpser am Ende einer Mahlzeit hat Salonfähigkeit nicht erst seit Martin Luther.

Gewiß, es wurde noch manches über Brecht und Tucholsky hinaus publiziert und rezensiert. Wiedergutmachung war Programm in der Bundesrepublik. Sie war richtig und wichtig auf vielen Gebieten, in der Literatur kam sie einer Beerdigung erster Klasse gleich. Man ging die Sache fast ausschließlich mit ästhetischen Kriterien an. Das heißt: Man beschränkte seine Kritik auf die Frage nach dem künstlerisch Gelungenen. Die Wertungen bestätigten das Todesurteil der Nazis – freilich mit anderer Begründung, subtiler, man ist ja Feingeist und deutscher dazu.

Die von den Nazis verbrannte Literatur war Moderne in der radikalsten Form. Geschrieben von Autoren, die einmal nicht ihr Werk in der Stille reifen ließen, die ihr Leben lang in einer Kampfposition standen, die sie hinaustrieb aus den Grenzen bürgerlicher Herkunft den neuen gesellschaftlichen Kräften zu, hinaustrieb aber auch über Grenzen literarischer Provenienz hinweg zur Verteidigung der Poesie außerhalb ihres Bereichs. Diese Autoren zogen Menschen aus bis dahin nie erreichten Schichten an und mit. Menschen mit proletarischer Herkunft, die zu schreiben begannen.

»Wenn man vom jungen Schiller absieht und von Lenz und Lessing, Büchner, Börne, Heine und dem Dichter des ›Michael Kohlhaas‹, hat von alten Meistern deutscher Belletristik«, so schrieb damals Albert Ehrenstein, »keiner über ein gelegentlich empfindsames Mitleid hinaus Hilfeschreie in die Welt gebrüllt, revolutionär gedacht und gefühlt, soziale Regungen verspürt: ein Herz gehabt. Die Klassiker lebten und fühlten im Bezirk der gottgewollten Abhängigkeit. In die Arbeiterviertel scheint keiner der frisch geadelten Lackstiefel späterhin geraten zu sein. Hoch über dem Kot der Arbeit und Not, hoch über tausendfach vergossenem Blut hausten die klassischen Eulen von Athen, flogen zum Parnass und krächzten jambisch.«

Von ihnen unterschied sich am krassesten der 1894 in Berg am Starnberger See geborene Oskar Maria Graf, neuntes Kind eines Bäckermeisters und einer Bauerntochter, von denen fünf Söhne und drei Töchter am Leben blieben. Die mußten hart in Haushalt und Backstube anpacken. Mit siebzehn – der Vater war gestorben – verließ Oskar Maria Graf das Heimatdorf: »Ich schaute noch einmal über die Pferdewiese, die inmitten des Talkessels lag, erinnerte mich an alles, an das Schießen, Indianerspielen, Zerstören und Pferdejagen, und mir wurde jämmerlich weich zumute. Aber zwischen diese Gedanken rannen andere von der Stadt, von der Zukunft,

Tschechoslowakei als zweite Station der Emigration: Graf mit der Verlegerin Lotte Lewin und Ehefrau Mirjam in Brünn

Im Jahre 1934 reiste Oskar Maria Graf in die Sowjetunion und traf sich in Moskau mit zahlreichen deutschen Emigranten auf dem Schriftstellerkongreß der UdSSR. In »Krachlederner« ließ er sich mit Freunden fotografieren, neben ihm Willi Bredel, sitzend Ernst Toller. – 1938 emigrierte er in die USA und ließ sich in New York nieder, gründete einen deutschen Stammtisch und traf sich dort mit Bertolt Brecht

alles unklar durcheinander. Ich schluckte fest und ging entschlossener weiter.«
Oskar Maria Graf wollte Schriftsteller werden. Von seinem älteren Bruder Maurus, der das Elternhaus schon früher verlassen hatte, war das Interesse an der schönen Literatur geweckt worden. Der hatte ihm bei Besuchen in Berg Reclam-Ausgaben von Heine, Stifter, Lessing, Ibsen und Shakespeare mitgebracht. Dazu Kleists Novellen und Tolstois Erzählungen. Oskar Maria Graf aber hatte daheim nur in den Pausen beim Brotaustragen oder in den nächtlichen Ruhestunden lesen können. War er bei Tage im Elternhaus bei der Lektüre erwischt worden, hatte es Prügel gehagelt.
Oskar Maria Grafs erstes gedrucktes Wort war auf Visitenkarten zu lesen, die er sich in München anfertigen ließ. Immerhin hatte er bereits in Berg ein Preisausschreiben des Reclam-Verlages gewonnen. Zwanzig Mark und eine in Leder gebundene Ausgabe der »Grashalme« des Amerikaners Walt Whitman für die beste Kurz-

Im Jahre 1921 aus bayerischer Sicht eine Indianergeschichte

Erlebnisse, Intimitäten und Meinungen im Jahre 1932

kritik über Iwan Turgenjews »Gedichte in Prosa«. In München zerrannen Grafs Träume vorerst: »Nächte hindurch schrieb ich. Unruhige Tage voll Verzweiflung und Hunger. Und voll Verlassensein... Aber man muß zäh sein und aushalten, dachte ich.« Als das Ersparte, das er von seinem Sparbuch abgehoben hatte, ausging, wurde er Liftboy, dann Hilfsarbeiter, in einer Mühle schleppte er zwei Zentner schwere Mehlsäkke. Sein Zimmernachbar gab dem Bäckersohn Leo Tolstois »Sklaverei der Zeit« und Gustav Landauers »Aufruf zum Sozialismus« zu lesen. Er nahm ihn mit zu der Gruppe »Tat«, die zum Sozialistischen Bund gehörte. Dort traf er Erich Mühsam. Im Café Stephanie begegneten ihm Münchens Künstler aller Schattierungen: »Ich saß dumm zwischen ihnen und versuchte, ein möglichst bedeutendes Gesicht zu machen. Es wurde philosophiert, gestritten oder psychoanalysiert... Das war eine neue Welt. Hier also, dachte ich, fängt dein Weg an.«
Seine Freunde wurden der Maler Georg Schrimpf, ebenfalls Sohn eines Bäckers, und der aus Neisse stammende Schriftsteller Franz Jung, der zwischen Berlin und München pendelte. Oskar Maria Graf besuchte ihn. Die sozialistische Zeitschrift »Die Aktion« nahm ein Gedicht an:

Wie aus Urtiefen und geheimnisvollen Räumen
Ans Tageslicht gekommen,
Wanken offnen Auges und doch traumversunken
Wir durch Straßen,
Die fremd und lärmend,
Bunt, beklemmend
Uns umbrausen,
Und wissen nicht, wo aus, wo ein!...

Für Münchner Zeitungen schrieb er Buchrezensionen, ohne die Bücher gelesen zu haben, nur um sich finanziell über Wasser zu halten.
Bei Ausbruch des Ersten Weltkrieges wurde er einberufen. Er haßte den Krieg von Anfang an. Auf die Nachricht vom Tode seines ältesten Bruders, der die Geschwister in der Bäckerei mit Prügeln zur Arbeit angetrieben hatte, reagierte Oskar Maria Graf in einem Brief: »Meine Lieben alle! Ja, es ist sicher schrecklich für euch alle, daß der Maxl gefallen ist. Aber ich kann nicht anders: je mehr ich nachdenke, um so grauenhafter sehe ich ein, daß er etwas von dem Element war, das uns alle so unglücklich gemacht hat. Diejenigen, die so sind wie er, haben auch diesen sinnlosen Krieg über uns gebracht. Sie bringen immer Krieg, und in jeder Form! Und sie glauben, es wäre Größe!«
Oskar Maria Graf reagierte mit Aufsässigkeit gegen den Militärdienst, kam immer wieder in Arrest, bis er in der Isolation in Hungerstreik trat. Neun Tage lang verweigerte er die Nahrungsaufnahme, er wurde in ein Lazarett gesteckt, dort spielte er so lange den Deppen, bis ein Arzt diese Diagnose übernahm. Graf kam in die Nervenheilanstalt, wurde aus dem Heeresdienst entlassen und schließlich auch aus dem Irrenhaus. Er schloß sich der USPD an, die 1917 von oppositionellen SPD-

Abgeordneten wegen der Kriegspolitik der Sozialdemokratie gegründet wurde. Er heiratete eine Buchhalterin, die von ihm eine Tochter bekam.
Graf zog in die Versammlungen, in denen die Sozialisten sprachen: »Alles hatte sich zusammengefunden, Arbeiter, Deserteure, pazifistische Dichter und ungeduldige Frauen, Parteimenschen und Gefühlsrebellen. In der Straßenluft lag gleichsam die langsam herannähernde Gärung. Jeder Tag konnte den Umsturz bringen. Brotkrawalle vor dem Rathaus gab es, die Frauen schrien, und es klang furchtbar. Die Polizei kam und drängte die Massen auseinander. Beschimpfungen hagelten auf sie nieder. Es lag eine finstere Wolke über den Häusern.«
Oskar Maria Graf sah, wie aus der Not Deutschlands die Revolution wuchs. Sie war nach seinen eigenen Worten »eigentlich etwas Unvorstellbares für mich... gewissermaßen ein Zustand, dem alles zustrebte. Was aber nach diesem Hereinbrechen geschehen sollte, darüber war sich kaum wer klar.«
Im Jahre 1918 erschien unter dem Titel »Die Revolutionäre« im Dresdner Verlag Grafs erster Gedichtband. Eigentlich hieß Graf nur Oskar mit Vornamen. Ein gleichnamiger Münchner Kunstmaler, der mit dem jungen Schriftsteller nicht verwechselt werden wollte, hatte Graf gegen fünf Hundertmarkscheine bewogen, einen weiteren Vornamen anzunehmen. Graf dachte an Rilke und übernahm dessen zweiten Vornamen.
Der 22jährige fuhr nach Berlin und hörte Karl Liebknecht sprechen. Er fuhr nach München und sympathisierte mit der Münchner Räterepublik, ohne sich in irgendeiner Weise hervorzutun. Noch war der Entwicklungsprozeß hin zum Sozialisten nicht abgeschlossen. Und als er abgeschlossen war, blieb Graf frei von ideologischer Verbohrtheit. »Ich war nie Parteisozialist«, schrieb Graf nach dem Zweiten Weltkrieg, »und habe mir nicht erst von marxistischen Schriftgelehrten sagen lassen müssen, was Sozialismus ist. Mir ist – um mit Gorki zu reden – ›mein Sozialismus von Kind an auf den Rücken geprügelt worden‹. Das hat mich – nicht etwa aus einem inneren Wagnis, sondern gleichsam instinktiv und zwangsläufig – zum Rebellen gemacht.«
Die Zerschlagung der Münchner Räterepublik, mit der sein Buch »Wir sind Gefangene« endet und das 1927 für ihn die große literarische Anerkennung in Deutschland brachte, hatte ihn sehend gemacht:
»Überall zogen lange Reihen verhafteter, zerschundener, blutiggeschlagener Arbeiter mit hochgehaltenen Armen. Seitlich, hinten und vorne marschierten Soldaten, brüllten, wenn ein erlahmter Arm niedersinken wollte, stießen mit Gewehrkolben in die Rippen, schlugen mit Fäusten auf die Zitternden ein. Ich wollte aufschreien, biß aber nur die Zähne aufeinander und schluckte. Das Weinen stand mir hinter den Augen. Ich fing manchen Blick auf und brach fast um, sammelte mich wieder

und sah einem anderen Verhafteten ins Auge.
Das sind alle meine Brüder, dachte ich zerknirscht, man hat sie zur Welt gebracht, großgeprügelt, hinausgeschmissen, sie sind zu einem Meister gekommen, das Prügeln ging weiter, als Gesellen hat man sie ausgenützt, und schließlich sind sie Soldaten geworden und haben für sie gekämpft, die sie prügelten. – Und jetzt?
Sie sind alle Hunde gewesen wie ich, haben ihr Leben lang kuschen und sich ducken müssen, und jetzt, weil sie beißen wollten, schlägt man sie tot.
Wir sind Gefangene! –
Mit großen verstörten Augen schauten die Leute der Arbeitergegend auf die Züge und preßten schweigend die Lippen aufeinander.
Ich kam nach vielen Kreuz- und Querläufen zur Ludwigstraße. Da schoß es schon nicht mehr. Das elegante Volk tummelte sich hier und in den Hofgartencafés. Gutgekleidete, beleibte Bürgerwehrler und Lebemänner mit Monokel unterhielten sich geschäftig mit Soldaten und Offizieren, feine Damen spendeten Zigaretten, Zigarren und Schokolade, kokettierten und schäkerten mit den geschnürten Leutnants.
Ein Zug Verhafteter kam daher. Sofort lief alles drauflos, schrie und johlte, spuckte, schimpfte und drohte. Feine Damen verabreichten heldenmütige Ohrfeigen, altmodische Offiziersfrauen feixten entrüstet und schwangen ihre ausgebleichten Sonnenschirme, Bürgerwehrler versetzten hinterlistige Püffe, und die Lebemänner lächelten beifällig. Niemand verwehrte es ihnen.
Tage hindurch hörte man nichts mehr als Verhaftungen und Erschießungen... Ich wartete auf nichts mehr – als auf meine Verhaftung. Ich wünschte sie mir. Ich wußte endgültig, wohin und zu wem ich gehörte.«
Graf wurde verhaftet. Rainer Maria Rilke, der den jungen Schriftsteller kannte, setzte sich für dessen Freilassung ein. Vom Gefängnis holte ihn die Studentin Mirjam ab, der er ein Jahr zuvor begegnet war, die er liebte und die später seine zweite Ehefrau wurde. Graf: »Wir umarmten uns wie vom Ertrinken Gerettete. ›Nie, nie vergessen!‹ stammelte ich. Wir gingen weiter.« Oskar Maria Grafs Bekenntnisbuch »Wir sind Gefangene« schließt mit den Worten an Mirjam: »Wunder und Rettung, Glaube und Hoffnung sind hereingebrochen. Ich liebe dich! Ich liebe dich unendlich...«
Enthusiastische Zustimmung für dieses Buch kam von Thomas Mann, Romain Rolland, Alfred Kerr, Maxim Gorki und Heinrich Mann. Hitlers »Völkischer Beobachter« drohte, man halte für den »Kriegsdrückeberger« Graf, »der aus dieser Schande von einem schamlosen Judenpublikum hochgelobt und mit schwindelnden Honoraren bedacht wird, den Galgen bereit.« Und so sah ihn Ludwig Marcuse: »Graf war hinterfotzig, glänzend gelaunt, grob und lyrisch. Seine Kaffeetasse war so groß wie ein kleines Waschbekken; er brockte ganze Körbe von

Brot hinein. Sie hatte zwei Henkel, er führte das Ding mit beiden Händen an den ausgiebigen Bauernschädel, der darin verschwand. Über Intellektuelle machte er sich lustig mit breitem Grinsen und allerhand Lauten aus der Eingeborenen-Sprache; listig verbarg er, daß er selbst einer war. Nur von seiner dialektisch-wendigen Mirjam, einem bezaubernden Mädchen mit dem faszinierendsten schwarzen Scheitel, staunte er Bauklötzer. Er sperrte, wenn sie redete, Mund und Nase auf; sie konnte mehr Fremdwörter per Minute in die Welt setzen als er bayerische Urlaute in einer ganzen Stunde. Sie war eine Freundin von Rilke gewesen; das war beinahe zuviel Schmuck für ein Mädchen, das schon von Natur geschmückt war vom Scheitel an.«

Mit Mirjam ging Oskar Maria Graf 1933 in die Emigration – zuerst nach Österreich. Als er zu seinem Entsetzen sah, daß er mit Ausnahme seines Buches »Wir sind Gefangene« von der »Nationalsozialistischen Reichsstelle zur Förderung des deutschen Schrifttums« auf die Liste empfohlener Autoren gesetzt worden war, schrieb er nach Deutschland nicht nur einen Brief mit der Forderung, ihn auf die schwarze Liste zu setzen, sondern auch jenen in aller Welt berühmt gewordenen Aufruf »Verbrennt mich!« in der »Wiener Arbeiterzeitung«:

»Wie fast alle linksgerichteten, entschieden sozialistischen Geistigen in Deutschland habe auch ich etliche Segnungen des neuen Regimes zu spüren bekommen: Während meiner zufälligen Abwesenheit aus München erschien die Polizei in meiner dortigen Wohnung, um mich zu verhaften. Sie beschlagnahmte einen großen Teil unwiederbringlicher Manuskripte, mühsam zusammengetragenes Quellenstudienmaterial, meine sämtlichen Geschäftspapiere und einen großen Teil meiner Bücher. Das alles harrt nun der wahrscheinlichen Verbrennung. Ich habe also mein Heim, meine Arbeit und – was vielleicht am schlimmsten ist – die heimatliche Erde verlassen müssen, um dem Konzentrationslager zu entgehen.

Die schönste Überraschung aber ist mir erst jetzt zuteil geworden: laut ›Berliner Börsencourier‹ stehe ich auf der ›weißen Autorenliste‹ des neuen Deutschlands, und alle meine Bücher, mit Ausnahme meines Hauptwerkes ›Wir sind Gefangene‹, werden empfohlen: Ich bin also dazu berufen, einer der Exponenten des ›neuen‹ deutschen Geistes zu sein!

Vergebens frage ich mich: Womit habe ich diese Schmach verdient?

Das ›Dritte Reich‹ hat fast das ganze deutsche Schrifttum von Bedeutung ausgestoßen, hat sich losgesagt von der wirklichen deutschen Dichtung, hat die größte Zahl seiner wesentlichsten Schriftsteller ins Exil gejagt und das Erscheinen ihrer Werke in Deutschland unmöglich gemacht. Die Ahnungslosigkeit einiger wichtigtuerischer Konjunkturschreiber und der hemmungslose Vandalismus der augenblicklich herrschenden Gewalthaber versuchen all das, was von unserer Dichtung und Kunst Weltgeltung hat, auszurotten und den Begriff ›deutsch‹ durch engstirnigsten Nationalismus zu ersetzen. Ein Nationalismus, auf dessen Eingebung selbst die geringste freiheitliche Regung unterdrückt wird, ein Nationalismus, auf dessen Befehl alle meine aufrechten sozialistischen Freunde verfolgt, eingekerkert, gefoltert, ermordet oder aus Verzweiflung in den Freitod getrieben werden. Und die Vertreter dieses barbarischen Nationalismus, der mit Deutschsein nichts, aber auch rein gar nichts zu tun hat, unterstehen sich, mich als einen ihrer ›Geistigen‹ zu beanspruchen, mich auf ihre sogenannte ›weiße Liste‹ zu setzen, die vor dem Weltgewissen nur eine schwarze Liste sein kann! Diese Unehre habe ich nicht verdient!

Graf mit Ehefrau Gisela, die er nach dem Tode Mirjams heiratete, 1964 zu Besuch in West-Berlin

Nach meinem ganzen Leben und nach meinem ganzen Schreiben habe ich das Recht, zu verlangen, daß meine Bücher der reinen Flamme des Scheiterhaufens überantwortet werden und nicht in die blutigen Hände und die verdorbenen Hirne der braunen Mordbanden gelangen.

Verbrennt die Werke des deutschen Geistes! Er selber wird unauslöschlich sein wie eure Schmach!

Alle anständigen Zeitungen werden um Abdruck dieses Protestes ersucht.

Oskar Maria Graf«

Seinen Brief an die »Reichsstelle zur Förderung des deutschen Schrifttums« formulierte Graf so: »Gesetzt der Fall, in Frankreich, Italien, England und Amerika hätte man nach dem Weltkrieg die eroberten deutschen Regimentsfahnen pietätsloser Weise im Straßenhandel an ganz zufällige Käufer verschachert, welche Empörung würde eine solche Handlungsweise bei allen national gesinnten Deutschen hervorgerufen haben!

Ein Werk, meine Herren, ist für einen wesentlichen Schriftsteller immer so etwas wie eine Fahne. Die Fahne seines unverfälschten Menschentums und seiner politischen Gesinnung.

Darum empfinde ich es als unverwindbare Schmach, wenn die derzeitigen deutschen Regierungsstellen und Sie als deren Amtsverwalter in literarischen Angelegen-

heiten es immer noch dulden, daß Bücher von mir heute noch in Deutschland verbreitet werden dürfen. Ich rechne nun damit, daß Sie meine literarischen Erzeugnisse in meiner Heimat ausrotten.«
In einer Sonderveranstaltung der Münchner Universität wurden daraufhin die Bücher Oskar Maria Grafs nachträglich verbrannt. Im Juni 1933 wurde Graf aus dem Deutschen Reich ausgebürgert. Bertolt Brecht, der wie Graf den Krieg in den Vereinigten Staaten überlebte, schrieb für Oskar Maria Graf dieses Gedicht:

Als das Regime befahl, Bücher mit schädlichem Wissen
öffentlich zu verbrennen, und allenthalben
Ochsen gezwungen wurden, Karren mit Büchern
zu den Scheiterhaufen zu ziehen, entdeckte
ein verjagter Dichter, einer der besten, die Liste der
Verbrannten studierend, entsetzt, daß seine Bücher
vergessen waren. Er eilte zum Schreibtisch,
zornbeflügelt, und schrieb einen Brief an die Machthaber.
»Verbrennt mich!« schrieb er mit fliegender Feder:
»Verbrennt mich!
Tut mir das nicht an! Laßt mich nicht übrig.
Habe ich nicht
immer die Wahrheit berichtet in meinen Büchern?
Und jetzt
werd ich von euch wie ein Lügner behandelt!
Ich befehle euch:
Verbrennt mich!«

Graf hat in den 29 Jahren seines Aufenthaltes in New York nie richtig Englisch gelernt. Er hat sich in der Millionenstadt deutsche Oasen geschaffen. Den Stammtisch, den er einrichtete, gibt es heute noch. Für seine Bücher suchte er in Amerika vergeblich nach amerikanischen Verlegern. Lediglich das Buch »Das Leben meiner Mutter« erschien 1940 in englischer Übersetzung und fand die Unterstützung einer amerikanischen Künstlerstiftung. Dem Buch schickte Graf die Worte voraus: »In einer Zeit, da allenthalben versucht wird, durch alte und neue Schlagworte den gesunden Menschenverstand gleichsam epidemisch zu verwirren, spricht dieses Buch nur von jenen unbeachteten, natürlichen Dingen, die – mögen auch noch so scheinbar entscheidende historische Veränderungen dagegen wirken – einzig und allein das menschliche Leben auf der Welt erhalten und fortzeugend befruchten: von der stillen unentwegten Arbeit, von der standhaften Geduld und der friedfertigen, gelassenen Liebe. Mag sein, daß damit das Leben der Mütter in allen Ländern erzählt worden ist.«
Nach dem Krieg kamen Grafs Bücher in der DDR und in der Bundesrepublik heraus und wurden in der Bundesrepublik bis auf seine bayerischen Schnurren kaum beachtet. Oskar Maria Graf urteilte über die Bürger in der Bundesrepublik: »Es ist ein großer Hang zum Überdecken und Vergessen da. Das wird bei jeder Unterhaltung deutlich. Diese Haltung entspricht dem Gehabe von Neureichen. Man redet nicht gern davon,

wo man herkommt, man kennt nur ein Bestreben: im Geschäft zu bleiben, nach keiner Seite anzustoßen und doch gleichzeitig von den Ellenbogen Gebrauch zu machen.«
Oskar Maria Graf starb am 28. Juni 1967. Er hinterließ elf Romane, vierzehn Bände Erzählungen, acht autobiographische Werke, drei Gedichtbände und ein halbes Dutzend weiterer Texte. Die Urne mit Grafs Asche wurde 1968 auf dem Münchner Friedhof Bogenhausen beigesetzt. In der Emigration schrieb Graf diese Zeilen, die aktuell geblieben sind wie fast alles, was er geschrieben hat:

In der Tiefe sind wir laut geworden,
und die Tiefe macht uns stumm.
Jahre gibt es, die von uns nichts wissen,
doch den Zeiten weisen wir den Weg.
Wenn wir unsre Fahnen blutig hissen,
Bist du, Menschheit, unser Ziel und Golgatha
zugleich...

*

Einer, der das Volk kannte wie Graf, war der Österreicher Theodor Kramer, 1897, drei Jahre später als der Mann aus Berg am Starnberger See geboren. Kramers Vater war Gemeindearzt in Niederhollabrunn (Niederösterreich). Nach dem Abitur 1914 wurde der 17jährige Theodor Kramer eingezogen und kehrte aus dem Ersten Weltkrieg als Schwerinvalide zurück. Den Beruf eines Buchhändlers gab er auf und zog als Tagelöhner durch die abgelegenen Landstriche seiner Heimat:

Aus den Städten folge ich den Gleisen
durch das Hügelland, bis meilenweit
die Gehöfte lagern, durch die Schneisen
und die Meiler, wo der Habicht schreit.
Und man dingt auf manchem Hof den Gänger;
denn im Ödland ward noch nicht gemäht.
Aber meines Bleibens ist nicht länger
als des Halms, der auf den Leiten steht.

Kramer war der Dichter der armen Leute in Österreich. »Für die, die ohne Stimme sind«, schrieb er seine Gedichte, für die Ziegel-, Kalk- und Schnapsbrenner, für die

Seine Gedichte schrieb er »für die, die ohne Stimme sind«

Glasbläser, für die Arbeitslosen, für die Arbeiter. Er war nicht einer der Ihren, aber er wurde es:

Durch die Dachpappe sickert das Rieseln im Schlackenrevier
Und es beugen beim Geben die Männer sich über ihr Bier,
Tief als fehlte den Sparren der niedrigen Decke der Baum
Und als könnte ein Kran ziehn ganz nah seine Bahn durch den Raum.

Carl Zuckmayer nannte Theodor Kramer den »stärksten Lyriker Österreichs seit Georg Trakl«. Kramers erster Gedichtband »Die Gaunerzinke« erschien 1928. Das Buch bekam glänzende Kritiken in Deutschland. Fortan fand man seine Gedichte verstreut in den Feuilletons der meisten deutschen Tageszeitungen. Zwei weitere Gedichtbände folgten. Dann wanderten seine Bücher in die Flammen. Sein schönster Lyrikband »Mit der Ziehharmonika« erschien 1936 nur noch in Österreich. Nach der Besetzung des Landes durch die Deutschen konnte Kramer, der jüdischer Herkunft war, nach England entkommen. Seine Mutter wurde im KZ Theresienstadt ermordet. Theodor Kramer, der 1942 am Country Technical College in Guildford bei London die Stelle eines Bibliothekars bekam, dichtete:

Es steht ein Ofen, ein seltsamer Schacht,
ins Sandfeld gebaut, bei Lublin;
es führten die Züge bei Tag und bei Nacht
das Röstgut in Viehwagen hin.
Es wurden viele Menschen aus jeglichem Land
vergast und auch noch lebendig verbrannt
im feurigen Schacht von Lublin.

Theodor Kramer, Dichter der armen Leute in Österreich

Die flattern ließen drei Jahre am Mast
ihr Hakenkreuz über Lublin,
sie trieb beim Verscharren nicht ängstliche Hast,
hier galt es noch Nutzen zu ziehn.
Es wurde die Asche der Knochen sortiert,
in jutene Säcke gefüllt und plombiert
als Dünger geführt aus Lublin.

Nun flattert der fünffach gezackte Stern
im Sommerwind über Lublin.
Der Schacht ist erkaltet; doch nahe und fern
legt Schwalch auf die Länder sich hin,
und fortfrißt, solang nicht vom Henkerbeil fällt
Des letzten Schinderknechts Haupt, an der Welt
die feurige Schmach von Lublin.

Dieses Gedicht erschien 1946 in dem schmalen Band »Die grünen

Kader«, den er seiner ermordeten Mutter widmete. Darin steht auch das »Requiem für einen Faschisten«:

Du warst in allem einer ihrer Besten,
erschrocken fühl ich heut mich dir verwandt;
du schwelgtest gerne bei den gleichen Festen
und zogst wie ich oft wochenlang durchs Land.
Es füllte dich wie mich der gleiche Ekel
vor dem Geklügel ohne innern Drang,
vor jedem Wortgekletzel und Gehäkel;
nichts galt dir als der schöne Überschwang.

So zog es dich zu ihnen, die marschierten;
wer weiß da, wann du auf dem Marsch ins Nichts
gewahr der Zeichen wurdest, die sie zierten?
Du liegst gefällt am Tage des Gerichts.
Ich hätte dich mit eigner Hand erschlagen;
doch unser keiner hatte die Geduld,
in deiner Sprache dir den Weg zu sagen:
Dein Tod ist unsre, ist auch meine Schuld.

Ich setz für dich zu Abend diese Zeilen,
da schrill die Grille ihre Beine reibt,
wie du es liebtest, und der Seim im geilen
Faulbaum im Kreis die schwarzen Käfer treibt.
Daß wir des Tods und Ursprungs nicht vergessen,
wann jeder Brot hat und zum Brot auch Wein,
vom Überschwang zu singen wie besessen,
soll um dich, Bruder, meine Klage sein.

Theodor Kramer kehrte 1957, als der österreichische Bundespräsident dem 60jährigen eine Gnadenpension zusprach, in sein Vaterland zurück – um zu sterben, am 3. April 1958.

*

Einer, der nicht in sein Heimatland zurückkehrte, hieß Ferdinand Hardekopf, stammte aus Varel bei Oldenburg, war einer der wichtigsten Männer des Frühexpressionismus, lebte in Frankreich, als die Deutschen einmarschierten. Der fast 65jährige floh mit seiner Frau und einem schweren Handkoffer zu Fuß aus Paris in Richtung Schweizer Grenze. Auf der Flucht ging ihm der Koffer verloren. In dem Koffer war das Resultat von 30 Jahren Arbeit, Tausende von Manuskriptseiten, darunter sein unveröffentlichtes Hauptwerk »Die Dekadenz der deutschen Sprache«.
Hardekopf und seine Frau wurden gefaßt und in ein KZ gebracht. André Gide, dessen Werke Hardekopf nach dem Ersten Weltkrieg ins Deutsche übersetzt hatte, intervenierte so hartnäckig, daß das Ehepaar freigelassen wurde. In einer Gasse in Nizza sah Hardekopf, wie sich im Haus gegenüber ein zehnjähriges jüdisches Kind, als seine Eltern von der Gestapo abgeholt wurden, aus dem Fenster stürzte. Hardekopf weigerte sich bis zu seinem Tode im Jahre 1954, seine Staatenlosenpapiere mit einem neuen deutschen Paß einzutauschen. Unter Hinweis auf das Erlebnis in Nizza.

Der Schriftsteller arbeitete vor dem Ersten Weltkrieg als Reichstagsstenograph in Berlin. Seine ersten Gedichte erschienen in der »Aktion« Franz Pfemferts, der wie er ein kompromißloser Kriegsgegner war. Hardekopfs Freund, der Maler Hans Richter, schrieb in seinem Buch »Dada-Profile«: »Gegen jede Gewalt protestierte Hardekopf bis zum Paradox. Als 1914 der Krieg gegen Frankreich erklärt wurde, jenes Land, mit dem er sich zutiefst verbunden fühlte... lief er verbittert in Berlin herum:
›Wenn ich Frankreich wäre, würde ich den Deutschen sagen, bitte ihr wollt uns einnehmen, nehmt uns ein. Wir verteidigen uns nicht, wir benutzen keine Waffen‹.«
Hardekopf veröffentlichte wenig. 1913 erschien in der Bücherreihe des Verlegers Kurt Wolff das Prosastück »Ein kleines Gespräch«, 1916 in der Aktions-Bücherei kamen »Lesestücke« heraus, und 1921 wurde der Band »Privatgedichte« der Öffentlichkeit vorgelegt. Hardekopf über seine Zurückhaltung im Publizieren: »Übt mehr Verheimlichung als Veröffentlichung.« Was er veröffentlichte, klang so:

Spät

Der Mittag ist so karg erhellt.
Ein dunkler See sinkt in sein Grab.
Dies ist das letzte Licht der Welt,
Das bleichste Glimmen, das es gab.
Aus Sümpfen schwankt Gestrüpp und Baum.
Die Birken-Nerven ästeln weh.
Die Zeit erblaßt, es krankt der Raum.
Es gilbt das Schilf im toten See.
Die Luft strömt grau ins Mündungs-All.
Der Rabe schreit. Der Wald schläft ein.
Mich trennt ein rascher Tränenfall
Vom Ende und der Flammenpein.

*

Ode vom seligen Morgen

Süßeste aller Ausschweifungen:
Schon morgens im Café zu sitzen, Wintermorgens.
Die Zigarett: blonder Honig, Opium wölbt mich ein. (Heimlich-gothische Kapelle, Sicherheit.)
Es riecht nach Wärme.
Aus den Revuen knistern blaue Lust-Zungen.
Links von mir sammelt sich eine entzückende Angst.
Liebe Gifte heizen, hetzen.
O ihr guten Drogen: ich bete euch sehr an.
Lesen; blättern, man entknöspelt Zeitschriften wie Mädchen:
Fiebernd-sachlich, weihevoll-zynisch.
Die Eine, die mit mir, mit dir ich alles waren!
Mir Vergangnes, unter Hochdruck, explodiert.
Das habe ich publiziert: diese lakkierten Teufeleien, geschminkten Qualen, ihr kleinen lila Neurosen.
Aber ein bißchen verachte ich euch, ihr meine reizenden Gespenster.
Ich bin eine solide Bestie. Schwer zu töten.
Nur Kaffee und Zigaretten muß man uns natürlich garantieren. Dazu einige erdige Parfums.
Schon vormittags im Café (wie einst –).
So inniglich verbummelt.
Und der Tag ist kompromittiert, der Tag ist süß.
Ermutigt (ach!) singe ich dieser zuckenden Minuten Melodie;
Sing ich euch, ihr gebenedeiten Cafés;
Sing ich die tiefgeliebte décadence.

Die lieben wir, die streicheln wir mit gewürzten Caressen.
(Ihr sprecht sie mit falschem Nasal-Laut aus.)
Wir pfeifen auf was ihr stolz seid,
Euren Auszeichnungen weicht ein Achselzucken aus,
Und was ihr höhnt ist unser maßloser Stolz.
Weltenwild ist unser großes Glück und sehr privat.
Wir sind völlig verdorben und endlos selig;
Wir sind feine Tiere;
Die Mädchen nahe uns werden böse und herrlich, werden sensitiv, instruiert und instruktiv.
Diese Souveränität ist unangreifbar.
Alles können wir entbehren, natürlich außer dem Kaffee (bezaubernder Oliven-Tinte, die Innenränder beschreibend) und dem Café.
Sehr spöttische Herren sind wir weh schwankender Provinzen –
Selig in uns –
O: die geschmeckte Allmacht dieser Stunde!

Hardekopf, der Enkel eines Schmieds, ging 1916 ins Exil, in die Schweiz, wo sich die Kriegsdienstgegner sammelten. Im Zürcher Café »Voltaire« fand er Zugang zum Kreis der Dadaisten Tristan Tzara und Hugo Ball, ohne sich ihnen anzuschließen.
Nach dem Kriege kehrte Hardekopf nach Deutschland zurück und gründete mit Rosa Valetti in Berlin das berühmte Kabarett »Größenwahn«. In Berlin verliebte er

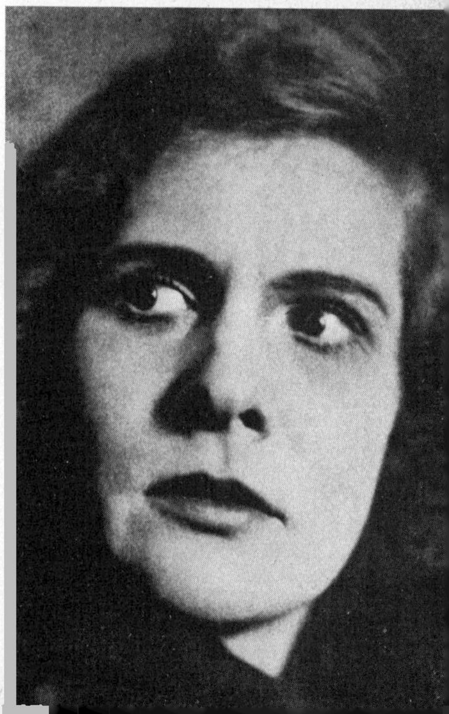

Der aus Varel stammende Lyriker Ferdinand Hardekopf und seine Lebensgefährtin Sita Staub: Nach 1945 aus Scham über die Verbrechen der Deutschen auf einen deutschen Paß verzichtet

sich in Sita Staub, die bei Reinhardt und im Theater am Kurfürstendamm eine gefeierte Schauspielerin war. Mit ihr reiste er in die Schweiz, traf sich mit Freunden und verschwand elf Jahre lang in den französischen Süden, verbarg sich irgendwo an der Riviera mit Sita Staub, die er heiratete. Sein Freund Hans Richter: »Es schien der Traum einer Liebe, gelebt von einem Dichter, aber nicht beschrieben, nicht bedichtet, als fürchte er, der Liebe durch Reflexionen Abbruch zu tun, Momente der Gegenwart zu verlieren. Ein Realist der Romantik.«
Im Jahre 1932 tauchte er mit seiner Frau Sita wieder auf, sprach aber mit niemandem über sein schriftstellerisches Werk. Als die Nazis 1933 an die Macht kamen, veröffentlichte er Artikel in Zeitungen der Schweiz, im Emigrantenblatt »Pariser Tageblatt«, in dem ebenfalls im Exil erscheinenden »Neuen Tagebuch« Leopold Schwarzschilds gegen die braunen Machthaber. Mit den deutschen Verlagen, die seine Gide-Übersetzungen weiter veröffentlichten, führte er einen hartnäckigen Briefwechsel mit dem Ziel, den Druck dieser Bücher zu unterbinden.
Die Angst vor den Deutschen nach deren Einmarsch in Frankreich, die KZ-Haft mit Hunger, Krankheit und Demütigungen zerstörten Sita Staub. Hardekopf ging mit ihr nach dem Zweiten Weltkrieg nach Zürich, übersetzte die Werke der französischen Moderne, finanzierte mit dem kargen Übersetzungshonorar die Krankenbehandlung seiner Frau. Doch für sie gab es keine Hilfe mehr. Hardekopf griff zu Drogen. Das Ehepaar wurde in die Nervenheilanstalt Burghölzli gebracht. Kurz vor seinem Tode schrieb Hardekopf einem Freund: »Erlauben Sie, daß ich still bin.« Sita Staub folgte ihm in den Tod.

*

Carl Einstein, 1885 in Neuwied geboren, der in Karlsruhe aufwuchs, Sohn eines Lehrers am Israelitischen Landesstift, nahm sich 1940 das Leben. Früher als die meisten seiner Kollegen hatte Carl Einstein erkannt und dargelegt, daß die Sozialdemokratie Chancen zur progressiven Veränderung Deutschlands nicht wahrnehmen werde. In der Zeitschrift »Die Aktion« vom 21. März 1914 schrieb er einen Artikel, dessen Inhalt aktuell geblieben ist:
»Die Sozialdemokratie organisiert, das besagt, sie bringt die Massen, deren Bewegung allerdings von vornherein anzuzweifeln ist, zu einer staatsfreundlichen Harmonie. Man stellte die kühne Utopie des befriedigten Kleinbürgers auf und stattete die Parteibücher mit allen Rechten platter Hypothesen aus, dem Darwinismus, diesem Trost des letzten Parvenus. Man versorgte den Frühstücksrevolutionär mit sämtlichen Hemmungen eines pseudowissenschaftlichen Theorems, damit er ja nicht eher losgehe, bevor sämtliche Prämissen zu dem Experiment gegeben sind. Die Sozialdemokratie erklärte sich zu einer konservativen Partei von Beginn an, da sie sich als Klassenpartei aufstellte. Der

Sozialdemokrat, diese Reinkultur des politischen Menschen, dem alles zur öffentlichen Angelegenheit wurde. Man evolutioniert sich von Protest zu Protest, bis bei sämtlichen Mitgliedern die Theorie gut sitzt. Ein Verein von Rationalisten wird nie revolutionieren; nur etwas mehr ordnen. Sozialdemokratie, Militär und Volksschule, wie sind sie identisch. Das Ende der sozialdemokratischen Tätigkeit wird lediglich eine Überfüllung nationalökonomischer Lehrstühle sein. Denn das Menschliche dieses Vereins ist mißverstandenes Plagiat; man eskamotierte aus den Vorbildern jedoch das menschlich Kostbare, das Elementare. Man nahm dem Leidenden seine ihm verliehenen Rechte, man lehrte ihn beneiden und weitaus Schlechteres schätzen; man gab ihm ein Ziel, und der Leidende wurde zum politischen Menschen. Er, der einzig fähig, über unser aller Köpfe zu springen, nicht zu einer Utopie, sondern zu einer gewaltsamen Kraft; nicht zu einer gewogenen Ordnung, sondern zu einem Gericht.

Für den Leidenden können gerade nur die besten Köpfe denken; nur der unbekümmert Unstaatliche.

Nur der Arme, Unorganisierte ist fähig, über das ihm nicht Gegebene zu urteilen; er ist auf die Dinge angewiesen, die nicht durch ökonomische Gehaltsaufbesserung zu erlangen sind. Die Sozialdemokratie wird lediglich die Vollendung des von ihr verpönten Kapitalistenstaates herbeiführen; ein jeder wird bei ihr Kapitalist sein und an der allgemeinen Transaktion schieben; Gott gnade jedem Elementaren.«

Carl Einstein schnitt sich die Pulsadern durch und warf sich in einen Fluß

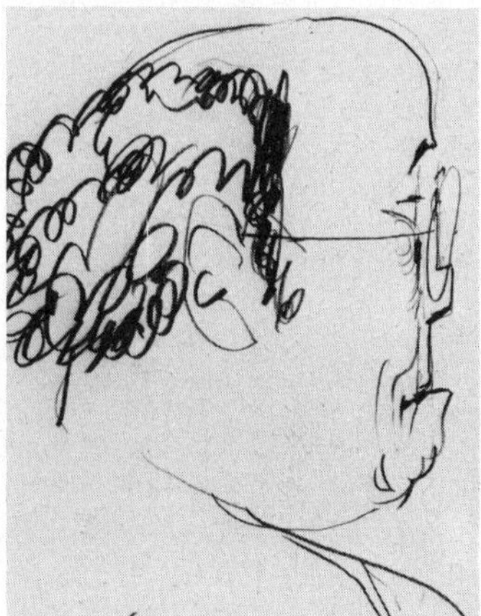

Einstein gezeichnet von Dolbin

Carl Einstein wurde im Jahre 1912 mit seinem Buch »Bebuquin« bekannt, eines der frühesten Zeugnisse absoluter Prosa. Es ist der gelungene Versuch, der empirischen Vernunft zu entkommen. Da heißt es: »Aber in mir ist so viel und gerade das Wertvollste, was über die Tatsache hinausgeht. Die materielle Welt und unsere Vorstellungen decken sich nie.« Die Figur Bebuquin klagt: »Viele Dinge geschehen, die nicht einzuordnen sind, verworfen oder nicht gesehen werden, verdeckt von der tödlichen Vernunft.« Und: »Das Naturgesetz soll sich im Alkohol besaufen, bis es merkt, es gibt irrationale Situationen, und einsieht, gesetzmäßig ist nur der Demokrat mit dem Reichstagswahlrecht und die Schwachheit. Das Gesetz realisiert sich seelisch nie. Es hängt sinnlos an dem Nagel irgendeines schlechten Mathematikaxioms. Wenn etwas auf das Gesetz erkannt wird, beweist es nur, die Sache ist als Erlebnis überlebt. Das Gesetz ist die Vergangenheit, dem Tod unterworfen.«

Für die Zensur wurde dieser Intellektuelle erst greifbar, als sein Stück »Die schlimme Botschaft« erschien, mit dem er sich einen Prozeß wegen Gotteslästerung einhandelte und zu einer Geldstrafe von 15000 Mark verurteilt wurde. »Die schlimme Botschaft« ist Carl Einsteins Version vom Wirken Jesu Christi. Da spricht Jesus zu einem Schriftsteller: »Euer Staat ist Ergebnis der Angst und des Hasses der Menschen untereinander. Dazwischen triefen und schmatzen Sätze und Worte der Schreiber, um dem Schmutz des Tuns einen Sinn zu geben und, was noch ekelhafter: Schönheit... Die Menschen arbeiten an toten Zwecken, am Staat und was ihn ausmacht: Geld. Den toten Zwekken entsprechen Sterbende. Die Haut eures Himmels ist Aussatz, eure Gedanken alter Schmutz. Ihr achtet die Freiheit der Presse und opfert die Freiheit der Menschen den bezahlten Plünderern der Seele. Ihr achtet die Freiheit des Handelns und verkauft das Leben der Menschen.«

Carl Einstein stand nach dem Ersten Weltkrieg der KPD nahe, ohne sich parteipolitisch zu binden. Mit George Grosz gab er die Zeitschrift »Der blutige Ernst« heraus. Dem in Paris lebenden Kunsthändler Daniel-Henry Kahnweiler, mit dem Einstein befreundet war, schrieb er Ende 1924: »Auf jeden Fall bin ich Ende September in Paris, und da werde ich bleiben. Aus Deutschland will ich heraus – man macht uns hier die Nerven allzu kaputt. Das ist kein Land mehr – um konzentriert zu arbeiten.« Er ließ sich in Paris nieder. Im Jahre 1926 erschien als 16. Band der Propyläen-Kunstgeschichte »Die Kunst des 20. Jahrhunderts«, die in Europa als die beste zeitgenössische Kunstanalyse galt. Schon 1915 hatte er mit einem Buch über die »Negerplastik« Aufsehen erregt.

Im Jahre 1937 nahm Carl Einstein auf seiten der Republikaner gegen Franco am spanischen Bürgerkrieg teil. Als Freiwilliger kämpfte er bis zum bitteren Ende. Seine Frau war bei ihm und pflegte die Verwundeten. Mit den Resten der republikanischen Armee wurde Einstein im südfranzösischen Argelès

Fronturlaub im Jahre 1916: Carl Einstein mit Tochter in Berlin

interniert. Als er nach Paris zurückkehrte, war der Schriftsteller ein gebrochener Mann. Im Mai 1940 wurde er wie alle in Frankreich wohnhaften Deutschen interniert. Er kam in das berüchtigte Lager Gurs. Beim Herannahen der Deutschen wurden die Internierten entlassen. Einstein wurde in einem Kloster aufgenommen. Er war Kämpfer gegen Franco gewesen – und er war Jude. Er hatte keine Chance, den Nazis über die Pyrenäen zu entkommen.
Am 5. Juli 1940 verließ Einstein das Kloster, ging zum Fluß, der Gave de Pau, schnitt sich die Pulsadern durch und warf sich ins Wasser. Zwei Tage später wurde seine Leiche gefunden. Bevor er Paris verlassen mußte, hatte er Daniel-Henry Kahnweiler gesagt: »Ich weiß, was passieren wird. Man

wird mich internieren, und französische Gendarmen werden uns bewachen. Eines schönen Tages werden es SS-Leute sein. Aber das will ich nicht. Je me foutrai à l'eau. Ich werde mich ins Wasser werfen.«
In seinem Nachlaß fand sich ein Gebet, das er sich als junger Mensch notiert hatte:

Herr gewiß bin ich verworfen und abtrünnig – da ich Deine
Welt hasse – weil ich selbst eine bereiten will.
Herr bin ich damit nicht Dein treuester Diener – da ich die
Welt hasse – die eine lange Sünde gegen Dich ist...
Herr gib mir einen reinen Willen.

Und in dem Gedicht »Leib des Armen«, das 1917 in der »Aktion« erschien, heißt es:

Ich sehe zu, wie es mir greist.
Grau stürzt der Leib durch Regenguß in Wände.
Die Hand greift Blitz, der an der krummen Müde
Der Gelenke dunkelt.
In meiner Füße Furchen wächst Unkraut,
Ausgetretene Wege sind die hochgequollnen Adern,
Die langsam in die abendlichen Felder rinnen.

Der Baum knickt trocken,
Dessen Schatten mich vermantelt.
Mein Hunger frißt sein Grün.
Luft rostet
Und Schatten eß ich Wiesenboden fort,
Quell trocknet an mir aus.

Regen kämmt mich,
Wagen jagen mich,
Hunde ängsten das zerrißne Kleid,
Häuser stoßen mich ins Irre
Durchs Zerbrochene.

Sparsame Blicke schleudern mich
Ins atemlose Freie.
Dünner Nebel des Leibes
Rollt entglittenen Weg.
Taut in die rasenden Horizonte.

Blicke und Suchen
Zergriff mir das Kleid.
Hose älter denn ich,
Ein Fremder ging mit dir
Wohin, ich weiß nicht wohin.
So wölbte fremd Geschick die Hand um mich.
Und mein Gewand
Weiß älteres.
Und ist mir vorgeboren
Dem Enkel seiner Kleider.
Geeckt stößt Luft mich auf,
Feindlicher Strahl zeigt schamlos meine Brust,
Zurückgezogenen Stilleseins.

Ich wollte ohne dieses all verharren,
Das ich nicht fassen darf,
Luft fingert mir die Haut,
Vertiert bin ich in nacktes Gelb gekleidet.
Mein Herz spielt mit der Wolke und den Plätzen,
Entkleidet vor dem furchtbar vielen,
das ich nicht weiß.

So wirst du ganz mir magern,
Wegziehen Zehrung des Windes in riechende Wolke,
In Gräben sanft verströmen,
Unter Brücken gebeugt vernachten.
Immer ferner
Gehst du von mir.
Kaum noch bin ich
Gehauchte Luft.

Er gehört mir nicht,
Zahl ich ihn nicht;
Flieht mir in fettiger Wolke,
Umstrauchelt höhnisch was blieb
Höhle meines Gefühls.
Blaut flach in einen Baum,
Fahne peitscht es mich nach.
Ach er verflieht.

Blut kannte ich vorerst,
Jetzt ist es mir entfremdet

Und ich vergaß des raschen Rots,
Das meine Backe kränklich ausbarst.
Wohl halten Untergänge vielleicht rot,
Doch sehe ich den Tag,
Da Licht ergreist in meiner trüben Hand.

Fremd bohren alle
Mein Nacktes.
Ein jeder dringt durch Gänge meines Hungers,
Ich wanke jedem Kauf und preisgegebne Feile.
Enger schnür ich mich zusammen.
Hunger speit mich über Dächer und durch Mauern.
Ich taube Augen, daß sie Ungefaßtes lidbedeckt vergessen
Und die Pupille zirkelt in gedrängter Blindheit,
Daß ich Hände nicht mehr spüre.

Die Hände kann ich nicht vergraben,
Die nach mir witterten
Mit der Gewalt des Gebers.
Die mir die Haut rasch öffneten
Zu prüfen
Herkunft und Weg.
Wohin, was weiß ich, wo ich gehe
In Hunger vernetzt.
Und Haar, das Erde düngt,
Ist mir ein spitzer Strauch.
Der Mond zeigt eine schmale stillberingte Hand.
Er bohrt sich ein.
Kann ich den Mond bezahlen?

Entfließe Leib
Und zahle Luft,
Die mir zu atmen
Mit Recht verwehrt ist.
Ich sinke eng in mich.
O Stein.
Ich gehe von dir,
Nicht mehr dich zu pressen,
Und lege, daß du mir nicht zürnst
Einen welken, kaum blutenden Finger
In deine Höhle.

Ich stehe spitz gerichtet
Auf den blauen Zehen.
Greift mich Luft und füttert mir das Kleid.
Wind weht in Stern.
Mich trifft er Taumelnden.
Geh mit ihm lieber mir genommener Leib.
Ich schneide dich von mir.
Und du verfällst
An Luft und Wanken stillen Baums.
Du gleitest weg
Ins Nährende.
Was schreist du?

*

Selbstmord beging auch der sieben Jahre jüngere, aus Berlin stammende Schriftsteller Walter Benjamin im selben Jahr wie Carl Einstein. Er rettete damit einer Gruppe Flüchtlinge das Leben, die bei ihm war und die von den Spaniern am Grenzort Port Bou nicht ins Land gelassen wurde. Das von Frankfurt in die Vereinigten Staaten ausgewichene »Institut für Sozialforschung« mit Max Horkheimer an der Spitze hatte dem 48jährigen Benjamin ein Visum der USA und ein spanisches Durchreisevisum besorgt, damit er nach Portugal gelange und von dort mit dem Schiff in die Vereinigten Staaten.
Nach einem beschwerlichen Weg über die Berge – Benjamin litt an einer Herzmuskelentzündung – stellte sich heraus, daß die Spanier gerade an jenem Tage die Grenze gesperrt hatten. Außerdem erkannten sie die Papiere Benjamins und der ihn begleitenden Gruppe nicht an. Benjamin wurde mit Auslieferung an die Gestapo bedroht. Was er nämlich nicht besaß,

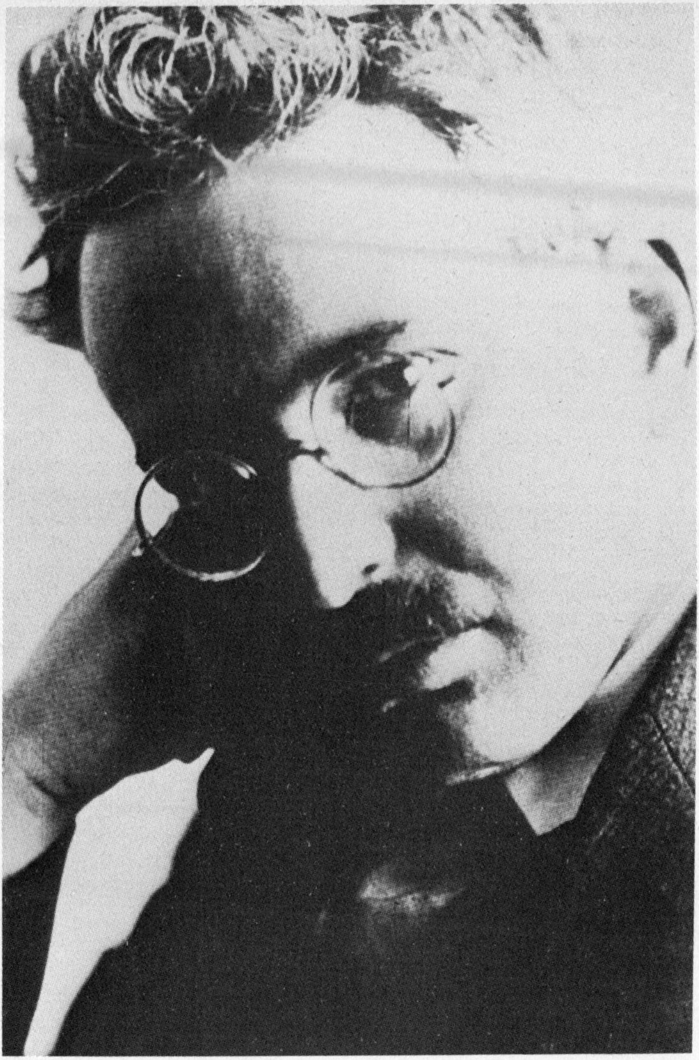

Mit seinem Selbstmord rettete Walter Benjamin eine Gruppe von Flüchtlingen vor der Auslieferung an die Nazis

war ein Ausreisevisum aus Frankreich, das die Vichy-Regierung damals prinzipiell verweigerte, um der Gestapo gefällig zu sein. Wal-

ter Benjamin nahm sich in der Nacht zum 27. September 1940 mit Gift das Leben. Der Selbstmord des Schriftstellers veränderte die Haltung der spanischen Grenzbeamten. Sie ließen die übrigen Flüchtlinge passieren.
Walter Benjamin, Sohn eines Bankkaufmanns, war 1933 nach Paris ins Exil gegangen, um sein großes literarisches Werk vollenden zu können. Doch »Paris, die Hauptstadt des 19. Jahrhunderts« blieb unvollendet, obwohl in seinem Nachlaß nach dem Kriege ein großes Konvulut aus Manuskripten, Zetteln, Notizen gefunden wurde.
Was von Benjamin nach dem Kriege systematisch veröffentlicht wurde, waren seine literaturwissenschaftlichen Werke, Buchrezensionen, die er für die »Frankfurter Zeitung« schrieb, und seine Schriften »Berliner Kindheit um 1900«, »Einbahnstraße« und »Städtebilder«. Walter Benjamins Bruder, der als Mitglied der KPD gegen Hitler im Lande kämpfte, wurde gefaßt und kam im KZ um. Seine Frau Hilde überlebte das Vernichtungslager und wurde nach dem Kriege Justizminister der DDR.

*

Unvollendet wie so vieles blieb Walter Benjamins Übersetzung von Marcel Prousts »Die Suche nach der verlorenen Zeit«, die er mit dem Rowohlt-Lektor Franz Hessel in Angriff genommen hatte. Franz Hessel ist heute eine der ganz vergessenen Gestalten der deutschen Literatur. Er schrieb eine herrlich zarte Prosa. Handlungsplätze waren die Städte, die er liebte: Berlin und Paris. In Berlin – so lautet die Anekdote – sei er zur Verwunderung von Passanten bei strahlendem Sonnenschein mit einem aufgespannten schwarzen Regenschirm spazierengegangen. Auf verwunderte Fragen habe er mit dem stereotypen Satz reagiert: »Aber in Paris regnet es.« War Franz Hessel dann in Paris, verzehrte er sich nach Berlin.
Hessel kam wie Alfred Döblin aus Stettin, wurde dort 1880 geboren. Der Vater, ein erfolgreicher Bankier, starb früh. Die Familie übersiedelte nach Berlin an den Kurfürstendamm. Mit einer großen Erbschaft konnte er sich das unabhängige Leben eines Intellektuellen leisten. Er studierte in München Literaturgeschichte. Zusammen mit Franziska Gräfin Reventlow, die die Konventionen des Adels weit hinter sich gelassen hatte und ein freies Leben führte, von Spießern als eine femme fatale eingeschätzt, gab Hessel den »Schwabinger Beobachter« heraus. Er knüpfte Beziehungen zum Stefan-George-Kreis, zu dem Lyriker Karl Wolfskehl, der 1933 vor den Nazis um den halben Erdball nach Neuseeland floh und dort 1948 starb, er gewann die Freundschaft der amerikanischen Schriftstellerin Gertrude Stein.
Im Jahre 1905 erschien sein erstes Buch, der Gedichtband »Verlorene Gespielen«, bei S. Fischer. Bekannt wurde Hessel 1920 mit dem Roman »Pariser Romanze«. Oskar Loerke rezensierte: »Erinne-

Franz Hessel, im Internierungslager zu Tode zermürbt

Das Buch, das Franz Hessel populär machte

rung komponiert die Erzählung, sie betupft die vorübergehenden Bilder mit Worten, sie ordnet die Worte nach einer einfachen Melodie, sie ruft die Treue und die Wehmut auf, sie dämpft die Stimme zum gleichmäßigen Halbton, als wäre es am schönsten, in der Zeit des Todes vom Vergangenen nur zu plaudern, nicht zu klagen und nicht zu richten.«

Für den Rowohlt Verlag gab Hessel die Zeitschrift »Vers und Prosa« heraus und gewann zur Mitarbeit Robert Musil, Robert Walser und Albert Ehrenstein. In der Inflation verlor Hessel sein Vermögen. Nun mußte er vom Erlös seiner Bücher leben. In Paris ließ er sich 1925 mit seiner Frau nieder. 1927 erschien sein Roman »Heimliches Berlin«, 1929 »Spazieren in Berlin«, eine der schönsten Beschreibungen der Stadt Berlin. Er kehrte nach Berlin zurück und arbeitete für den Verleger Rowohlt als Lektor. Er blieb in Deutschland auch nach 1933. Er sträubte sich gegen das Exil. Seine Bücher wurden konfisziert. Er erhielt Schreibverbot. Kurz vor der Reichskristallnacht, in der die Synagogen in Flammen aufgingen, gelang es seiner Frau, ihren zögernden Mann nach Frankreich zu schleusen.

Nach Kriegsausbruch im Herbst 1939 meldete sich Hessel im Internierungslager Colombes, wurde aber wieder freigelassen, weil sein Sohn bereits die französische Staatsbürgerschaft erhalten hatte. Hessel zog nach Sanary-sur-Mer in den französischen Süden, wo ihm der englische Dichter Aldous Huxley sein Haus zur Verfügung stellte. Nach dem Überfall auf Frankreich mußte er sich wie alle Deutschen wieder im Internierungslager melden. Er hätte freikommen können, doch er lehnte eine Bevorzugung ab. Nachdem er dann mit den übrigen Häftlingen das französische Lager Les Milles verlassen hatte, erreichte er zu Tode erschöpft Sanary-sur-mer und starb am 6. Januar 1941.

*

Im französischen Lager Les Milles befand sich auch der 50jährige Dramatiker Walter Hasenclever, der einst einer der wichtigen Wegbereiter des literarischen Expressionismus in Deutschland war, Träger des Kleistpreises im Jahre 1917. »Wir Verbannten. Wir Heimatlosen. Wir Verfluchten«, schrieb Hasenclever in Frankreich, »was haben wir noch für ein Recht zu leben?... Was wir gedacht und geschrieben haben, was wir, Angehörige eines Volkes, das nie seine Dichter begriffen hat, dennoch glaubten verkünden zu müssen – es versinkt im Gespensterzug der Dämonen.«

Damals sprach Lion Feuchtwanger, der ebenfalls in Les Milles saß, mit Hasenclever und meinte resigniert: »Wir haben allenfalls fünf Prozent Hoffnung, hier noch rauszukommen, ehe uns die Deutschen fassen.« Man wartete seit Tagen auf den Abtransport mit einem Zug, der die Häftlinge vor dem Zugriff der Nazis retten sollte. In der Nacht zum 21. Juni 1940 vergiftete sich Hasenclever mit Veronal. Franz Schoenberner, der letzte leitende Redakteur des »Simplizissimus« und ebenfalls Häftling in Les Milles, erinnerte sich: »Kurz bevor das Licht ausgeschaltet wurde, kam Hasenclever, der seinen Schlafplatz in der Nähe auf der anderen Seite des Ganges hatte, um mir und meinen beiden Nachbarn... gute Nacht zu sagen. Hasenclever schien ruhiger und gefaßter als am Vortage. Es überraschte mich ein wenig, daß er uns mit so ungewöhnlicher Wärme und einer Art Feierlichkeit die Hände schüttelte, ehe er zu seinem Platz zurückkehrte... Es kam mir nicht der Gedanke, daß für ihn die Reise beendet sein würde, ehe sie begann, und daß er als einziger des Zieles gewiß war.«

Hasenclever lebte am nächsten Tag noch. Doch eine sachgemäße Behandlung unterblieb. Erst kam er in die Krankenbaracke, dann in das Hospital von Aix-en-Provence, wo er starb. Es war der Tag, an dem der erhoffte Zug eintraf und die Häftlinge in Sicherheit brachte. Der nationalsozialistische »Stürmer« schrieb zum Tode Hasenclevers in Deutschland: »Er machte es also, wie Judas Ischariot es getan hat. Und dies ist das einzige, was an Hasenclever als lobenswert vermerkt werden kann.«

Walter Hasenclever hatte sich schon lange mit Selbstmordabsichten getragen. In der französischen Emigration hatte sich der Bühnenautor der Prosa zugewandt und zwei Romane geschrieben, die erst nach 1945 in Deutschland erscheinen konnten, aber keine Resonanz fanden: »Die Rechtlosen« und »Irrtum und Leidenschaft«. Im letzten Buch heißt es: »Ich habe fünf Tuben Veronal bei mir. Gutes, echtes Veronal: für alle Fälle.« Dieser Roman ist eine schonungslose Abrechnung des Dichters mit sich selbst und seinen Freunden. Was sein Privatleben anbelangt, heißt es in »Irrtum und Leidenschaft«:

Der Ruhm kam später: Kurt Pinthus, Franz Werfel und Walter Hasenclever (v. rechts n. links) im Winter 1912 auf dem Leipziger Augustusplatz

»Die Leidenschaft des Genusses, die Verworrenheit der Gefühle, die Souveränität der Erkenntnis entsprangen einer selbstbetrügerischen Absicht... Ich ging von falschen Voraussetzungen aus. Alle Frauen, die ich geliebt, alle Freunde, die ich besessen hatte, existierten im Schatten meiner Ichbezogenheit. Ihr Eigentliches war mir niemals aufgegangen. Sie waren Reflexe meiner eigenen Spiegelung... Der Fehler lag in der Anschauung. Mein Irrtum war, daß

ich jeden Vorgang aus der Perspektive einer egozentrischen Totalität betrachtete, was notgedrungen zur Lebensvernichtung führen mußte... Wen hatte ich in Wahrheit geliebt? Nur mich selber. Frauen waren für mich Mittelspersonen gewesen. Verkörperte Vorstellungen. Transsubstantiationen des Liebesstoffes. Wie die Hostie sich im Mund des Priesters in den Leib Gottes verwandelt. Daher die Leidenschaft. Und daher der Irrtum. Die Leidenschaft des Selbstgenusses. Und der Irrtum, Gefühle zu überschätzen. Gefangener, du hast falsch gelebt!«

Seine Popularität bezog Walter Hasenclever aus den epochemachenden Inszenierungen seiner ersten beiden Theaterstücke: »Der Sohn« und »Antigone«. Das erste, ein Kampfaufruf der Jugend gegen

Walter Hasenclever erhielt als 27jähriger im Jahre 1917 den Kleistpreis für sein pazifistisches Stück »Antigone«

das Alter, während des Ersten Krieges nur für eine geschlossene Vorstellung zugelassen, in der der Stern des Schauspielers Ernst Deutsch aufging, wurde einen Tag nach dem Ausbruch der deutschen Revolution durch Proklamation des Arbeiter- und Soldatenrates in Berlin für die öffentliche Aufführung freigegeben. Die »Antigone«, ein Antikriegsstück, für das Hasenclever schon 1917 den Kleist-Preis erhielt, wurde 1919 mit Gerda Müller in der Titelrolle in Frankfurt ein großer Erfolg. In den späten zwanziger Jahren wandte sich Hasenclever der Komödie zu. Seine erste, »Ein besserer Herr«, wurde von 90 Theatern angenommen. Der Erfolg machte ihn finanziell unabhängig.

Hasenclever reiste durch die Welt. Er ließ sich von der Metro Goldwyn-Mayer in Hollywood engagieren, um für Greta Garbo eine deutsche Version des Melodramas »Anna Christie« von Eugene O'Neill herzustellen. Der Verbrennung seiner Bücher 1933 folgte noch im gleichen Jahr seine Ausbürgerung. Hasenclever fand zuerst Zuflucht bei dem Verleger Kurt Wolff in Nizza. 1937 kaufte sich der Dichter in der Nähe von Florenz einen Landsitz mit eigener Strom- und Wasserversorgung, mit eigenem Wein, Vieh und Äkkern. Dort lebte er mit seiner Frau als Selbstversorger, bis er am 28. April 1938 von zwei Carabinieri verhaftet wurde. Er kam für einige Tage in die Festung von Massa. Es war der Zeitraum, in dem Mussolini von Hitler in Italien besucht wurde. Alle deutschen Hitler-Gegner wurden für die Dauer dieses Besuches ins Gefängnis gesteckt.

Im Jahre 1919 erschien Hasenclevers Bekenntnis zum Sozialismus mit einer Umschlagzeichnung Ludwig Meidners

Diese Maßnahme hinterließ bei Hasenclever einen Schock. Er kam nicht mehr von dem Gedanken los, irgendwann von der Gestapo gefaßt und zu Tode gemartert zu werden. Hasenclever verkaufte seinen italienischen Besitz und erwarb in Süd-Frankreich in Cagnes-sur-mer ein zweistöckiges Haus. Nach Kriegsausbruch wurde er dreimal von den Franzosen interniert. Beim dritten Mal nahm er sich das Leben. In seinen beiden Theaterstücken »Napoleon greift ein« und »Konflikt in Assyrien« hatte er den Faschismus verhöhnt.

Als Emigrant lernte Walter Hasenclever zu Pfingsten 1934 Edith Schäfer kennen. Mit ihr zog er sich auf einen italienischen Bauernhof zurück

Nach dem deutschen Überfall auf Frankreich sah er für sich keine Chance mehr.
Aus dem Jahre 1917 stammt das Gedicht »Die Mörder sitzen in der Oper«, das Hasenclever hellsichtig Karl Liebknecht widmete:

Der Zug entgleist. Zwanzig Kinder krepieren.
Die Fliegerbomben töten Mensch und Tier.
Darüber ist kein Wort zu verlieren.
Die Mörder sitzen im Rosenkavalier.

Soldaten verachtet durch die Straßen ziehen.
Generäle prangen im Ordensstern.

Deserteure, die vor dem Angriff fliehen,
Erschießt man im Namen des obersten Herrn.

Auf, Dirigent, von deinem Orchesterstuhle!
Du hast Menschen getötet. Wie war dir zu Mut?
Waren es viel? Die Mörder machen Schule.
Was dachtest du beim ersten spritzenden Blut?

Der Mensch ist billig, und das Brot wird teuer.
Die Offiziere schreiten auf und ab.
Zwei große Städte sind verkohlt im Feuer.
Ich werde langsam wach im Massengrab.

Ein gelber Leutnant brüllt an meiner Seite:
»Sei still, du Schwein!« Ich gehe stramm vorbei:
Im Schein der ungeheuren Todesweite
Vor Kälte grau in alter Leichen Brei.

Das Feld der Ehre hat mich ausgespieen;
Ich trete in die Königsloge ein.
Schreiende Schwärme schwarzer Vögel ziehen
Durch goldene Tore ins Foyer hinein.

Sie halten blutige Därme in den Krallen,
Entrissen einem armen Grenadier.
Zweitausend sind in dieser Nacht gefallen!
Die Mörder sitzen im Rosenkavalier.

Verlauste Krüppel sehen aus den Fenstern.
Der Mob schreit: »Sieg!« Die Betten sind verwaist.
Stabsärzte halten Musterung bei Gespenstern;
Der dicke König ist zur Front gereist.

»Hier, Majestät, fand statt das große Ringen!«
Es naht der Feldmarschall mit Eichenlaub.
Die Tafel klirrt. Champagnergläser klingen.
Ein silbernes Tablett ist Kirchenraub.

Noch strafen Kriegsgerichte das Verbrechen
Und hängen den Gerechten in der Welt.
Geh hin, mein Freund, du kannst dich an mir rächen!
Ich bin der Feind. Wer mich verrät, kriegt Geld.

Der Unteroffizier mit Herrscherfratze
Steigt aus geschundenem Fleisch ins Morgenrot.
Noch ruft Karl Liebknecht auf dem Platze:
»Nieder der Krieg!« Sie hungern ihn zu Tod.

Wir alle hungern hinter Zuchthaussteinen,
Indes die Oper tönt im Kriegsgewinn.
Mißhandelte Gefangene stehn und weinen
Am Gittertor der ewigen Knechtschaft hin.

Die Länder sind verteilt. Die Knochen bleichen.
Der Geist spinnt Hanf und leistet Zwangsarbeit.
Ein Denkmal steht im Meilenfeld der Leichen
Und macht Reklame für die Ewigkeit.

Man rührt die Trommel. Sie zerspringt im Klange.
Brot wird Ersatz und Blut wird Bier.
Mein Vaterland, mir ist nicht bange!
Die Mörder sitzen im Rosenkavalier.

*

»Die dümmste und unehrlichste Methode, Geschichte zu schreiben, ist die, das Bestehende zu rechtfertigen«

»Entweder kommt bald der Geist über uns, der nicht Revolution, sondern Regeneration heißt; oder wir müssen noch einmal und noch mehr als einmal ins Bad der Revolution steigen«

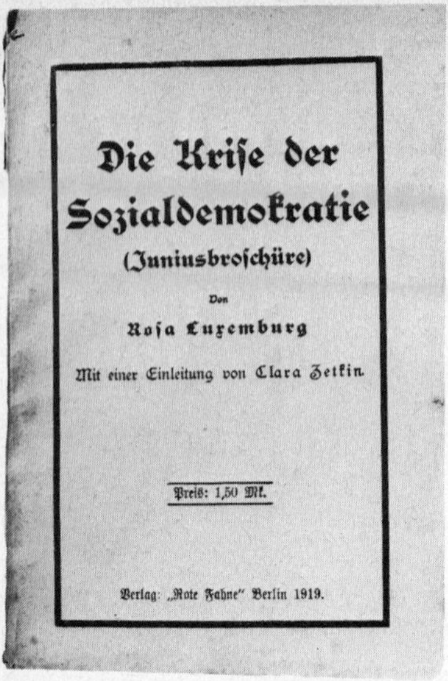

»Geschändet, entehrt, im Blute watend, von Schmutz triefend, so steht die bürgerliche Gesellschaft da, so ist sie«

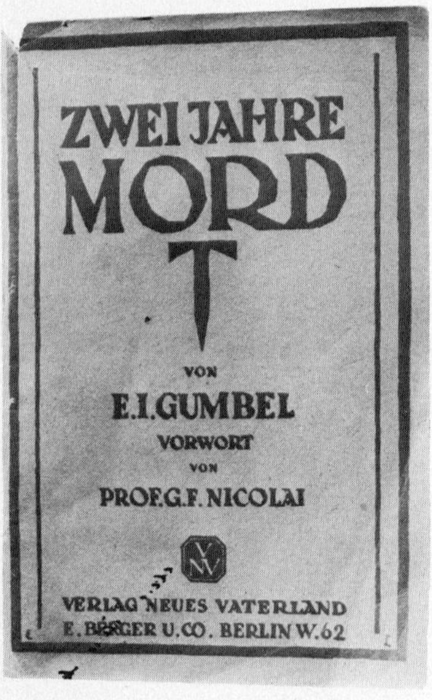

Der Mathematiker Gumbel untersuchte die politischen Morde der Jahre 1918–1920. Ergebnis: die deutsche Justiz deckte fast jeden Gegner des Sozialismus

»Strafe ist das Schlimmste, Erbärmlichste, Feigste und Dümmste, was es gibt... Den Mangel an Zärtlichkeit betrachte ich als die unerhörteste Grausamkeit im ›humanen‹ Strafvollzug«

Feindbild der Nazis: »Träger der marxistischen Pest sind fast ausnahmslos Juden und Judenweiber«

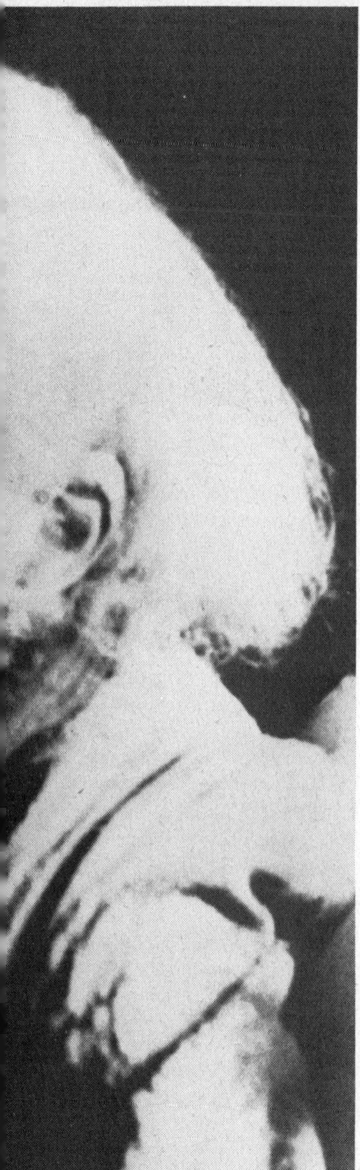

Und dies gab es auch: Der Philosoph Dr. Salomo Friedländer, der sich als Groteskenschreiber Mynona nannte, überlebte die deutsche Besatzung in Frankreich. Er war 62 Jahre alt, als er 1933 emigrieren mußte und sich in dem Pariser Arbeiterviertel Ménilmontant niederließ. Sein letzter Groteskenband, der 1935 in Frankreich herauskam, hieß »Der lachende Hiob«. Da ging es Mynona bereits dreckig in seiner »Matratzengruft«. Die Gestapo übersah den deutschen Juden nach der Besetzung zunächst. Der Schriftsteller René Schickele, der sich im Süden des Landes niedergelassen hatte, setzte sich vergeblich für Mynona bei Thomas Mann in den USA ein. Thomas Mann antwortete: »Mynona mag ich nicht und wünsche ihn bei uns nicht zu sehen...« Im Frühjahr 1943 sollte Mynona deportiert werden. Der gesundheitlich vollkommen heruntergekommene Dichter war nicht transportfähig. Seine Frau ging für ihn in das Lager von Drancy. Als »nonjuive« wurde sie im April 1943 wieder entlassen. Das Ehepaar lebte in der Angst eines neuen Zugriffs, blieb aber unbehelligt. Völlig entkräftet erlebte Mynona die Befreiung der französischen Hauptstadt und starb am 9. September 1946. Auf dem israelitischen Teil des Friedhofs Pantin wurde er begraben.
Zurück blieb ein philosophisches Buch mit dem Titel »Das magische

Salomo Friedländer, der sich Mynona nannte, 1946 mit seiner Frau in Paris

Der Mann, dem Thomas Mann nicht helfen wollte

Ich«, das er während des Krieges schrieb und das bisher nicht veröffentlicht wurde. Darin heißt es: »Der Mensch sucht außen, was nur innen zu haben ist: Herrschaft über das Leben, Magie, die physische Wirksamkeit des Vernunftswillens.« Salomo Friedländer begann als Philosoph und endete als Philosoph. Salomo – ein Weiser, der mit seinen Grotesken ein Großer der deutschen Literatur dieses Jahrhunderts ist, ohne als solcher erkannt zu werden: »Der groteske Humorist speziell hat den Willen, die Erinnerung an das göttlich geheimnisvolle Urbild des echten Lebens dadurch aufzufrischen, daß er das Zerrbild dieses verschlossenen Paradieses bis ins Unmögliche absichtlich übertreibt. Er kuriert das verweichlichte Gemüt mit Härte, das Sentimentale durch Zynismen, das in Gewohnheiten Abgestandene durch Paradoxie: er ärgert und schockiert...«
An solchen Leuten wie Mynona – dieses Pseudonym ist eine Verkehrung des Wortes anonym – haben die Deutschen nie ihre Freude gehabt. Sie straften mit Vergessen. Und auch diejenigen, die mit Mynona ins Exil gingen, mochten Mynona nicht. Er hatte sie irgendwann einmal – meist verschlüsselt, aber deutlich – angegriffen. Unverzeihlich erschien vielen sein Buch »Hat Erich Maria Remarque wirklich gelebt«, in dem er dessen Bestseller »Im Westen nichts Neues« als das enthüllte, was er wirklich war: ein oberflächliches, ein durchschnittliches Buch. Der beste Roman zum Ersten Weltkrieg, »Die Pflasterkästen« von dem Münchner Alexander Moritz Frey, wurde, weil er nicht so knallig geschrieben war, wenig beachtet. Frey, der ebenfalls vor den Nazis flüchten mußte, überlebte den Zweiten Weltkrieg in der Schweiz.
Mynona schrieb 1931 in seinem Buch »Der Holzweg zurück oder Knackes Umgang mit Flöhen«: »Grimmig-vergnügt bin heute ganz allein ich, Mynona, der Flohknacker, der von Rathenau bis Remarque das ganze Hemd der Moderne abgesucht hat.« Von seinen Grotesken blieb lediglich eine kleine Auswahl unter dem Titel »Rosa, die schöne Schutzmannsfrau« erhalten.

*

Ernst Weiß aus dem deutschen Kulturkreis in Prag, 1884 in Brünn geboren, im bürgerlichen Beruf Arzt, ein Meister des psychologischen Romans, wohnte 1933 in Berlin, als er vor den Nazis fliehen mußte. Er ging zurück nach Prag. Nach der Okkupation der Tschechoslowakei durch die Deutschen gelang ihm die Flucht nach Paris. Dort schrieb er seinen letzten Roman »Ich – der Augenzeuge«, den er 1939 zu einem literarischen Preisausschreiben nach New York schickte. In dem Roman behandelt der Ich-Erzähler, ein Arzt, im Feldlazarett den Gefreiten Adolf Hitler und diagnostiziert bei ihm eine hysterische Blindheit. Der Arzt heilt den Hysteriker Hitler, dessen Opfer er und sein Volk später werden. Der Arzt setzt also mit seiner Heilung die politische Dynamik des Diktators frei.

Dieser Roman wurde durch Zufall nach 1945 gefunden und mit 23jähriger Verspätung gedruckt. Weiß, der die Arztfigur in dem Roman zum politischen Engagement führt und sie auf seiten der Republikaner gegen Franco kämpfen läßt, war psychisch fertig, als der deutsche Angriff auf Frankreich begann. Er ließ sich auch nicht von Walter Mehring bewegen, Paris zu verlassen. Nach dem Einmarsch der deutschen Armee in der französischen Hauptstadt nahm er in seinem Hotelzimmer Gift, legte sich in die Badewanne und schnitt sich die Pulsadern auf.

Zu seinen Lebzeiten war Weiß mit Franz Kafka, Egon Erwin Kisch und Max Brod befreundet. Nach dem Ersten Weltkrieg schloß er sich keiner Partei an. Er betrachtete alle Zukunftsvisionen als Fluchtwege. Zu seinen besten Werken gehören die Romane »Boëtius von Orlamünde«, der 1966 unter dem Titel »Der Aristokrat« erschien, »Der arme Verschwender«, »Georg Letham, Arzt und Mörder«, »Tiere in Ketten«. Ernst Weiß hinterließ 15 Romane, fünf Bände Erzählungen, zwei Dramen, einen Band Gedichte und einen Band Essays.

Selbstmord beim Einmarsch der Deutschen: Ernst Weiß

*

Mit dem Namen Ernst Weiß verbindet sich in den Jahren nach dem Ersten Weltkrieg der der 24jährigen Rahel Sanzara. Sie war eine Tänzerin, die durch Böhmen tingelte. Dort hatte sie Weiß ken-

nengelernt. Ihr wirklicher Name war Johanna Blaschke. Sie war 1894 in Jena geboren, Tochter eines Musikers. Weiß hatte gerade sein Revolutionsstück »Tanja« fertig. Die Hauptrolle sollte nach dem Willen des Dichters Rahel Sanzara spielen. Weiß setzte dies durch. Er probte mit ihr. Das Stück fiel bei der Uraufführung durch, Rahel Sanzara begeisterte.
Gustav Hartung, Intendant am Hessischen Landestheater Darmstadt, holte sie, nahm die Debütantin unter seine Fuchtel. Es ging weiter aufwärts. Sie verkörperte die Johanna von Orléans und dann die lebensgierige Teresita in Hamsuns »Spiel des Lebens«. Die Weltstadt Berlin holte die Schauspielerin. Und da versagte sie. Sie verschwand von der Bühne. Und tauchte wieder auf als Schriftstellerin. Im Ullstein-Verlag staunte der Lektor Max Krell, als er ein Manuskript mit dem Titel »Das verlorene Kind« in die Hände bekam: »Es war ein unheimliches Buch, in dem dumpf wühlend die Geister des Bösen wirkten, umweglos hart in der Aussage, aggressiv heftig im dramatischen Geschehen, überzeugend in der Gradlinigkeit der Logik. Eine Leistung, mit der Faust geschrieben.«
Die Geschichte von dem Lustmord eines jungen Mannes an einem Kind auf einem Bauernhof, die Geschichte der Verhüllung dieses Mordes, die Geschichte seiner Entdeckung, die Geschichte der Kastration durch den Täter im Gefängnis und die Geschichte seines weiteren Lebens in der Familie, in der er gemordet hatte.
Krell nahm das Buch an. Zur Vertragsverhandlung erschien Rahel Sanzara mit Ernst Weiß. Der Roman wurde in der »Vossischen Zeitung« vorabgedruckt und rief stürmische Zustimmung und stürmische Proteste hervor. Das Buch wurde ein sensationeller Verkaufserfolg. Frankreich, Holland, Italien, England, Norwegen, Dänemark brachten Übersetzungen. Der Kleist-Preis sollte Rahel Sanzara verliehen werden. Sie wurde unterrichtet, doch sie lehnte ab. Es ging das Gerücht herum, Ernst Weiß habe den Roman für sie geschrieben. Weiss wehrte sich: »Rahel Sanzara war eine Membrane, die Schwingungen aufnahm. Etwas fing an in ihr zu brennen. Ich konnte nichts anderes tun, als sie unter Arbeitsdruck halten. Regiearbeit, wenn Sie so wollen. Bis sie, fast ohne eine Korrektur, bei der letzten Seite angelangt war und plötzlich wie ein ausgewrungener Lappen zusammenfiel. Diese ganze Zeit über befand ich mich in ihrer Nähe. Ich habe das Manuskript erst kennengelernt, als es abgeschrieben vor mir lag, und ich versichere, ich habe weder ein Wort noch ein Komma daran geändert.«
Albert Ehrenstein kam zu dem Schluß: »›Das verlorene Kind‹ scheint mir das beste Prosawerk zu sein, das von einer deutschen Dichterin während der letzten Jahrhunderte geschrieben wurde... Das Buch ist nämlich, auf

Rahel Sanzara begann als Tänzerin, wurde Schauspielerin, schrieb einen Roman und lehnte den Kleist-Preis ab

der ethischen Höhe eines Tolstoi, eine sprachlich vollkommene Meisterleistung...« Rahel Sanzara schrieb noch zwei Bücher, einen Roman, der nicht mehr veröffentlicht wurde, und eine Erzählung, die im Schweizer Exil herauskam. Dort starb sie 1938 im Alter von 44 Jahren an Krebs.

*

Die Schweiz suchte auch der schlesische Dichter Max Herrmann-Neisse als erste Station auf seinem Weg ins englische Exil auf. In einem Zürcher Café sitzend, schrieb er an seine schon nach London vorausgereiste Frau Leni: »... habe auch alles gelesen, aber was nutzt das, wenn die anderen Völker nichts Ernstliches unternehmen und den deutschen Verbrechern Zeit lassen, ihre Luftflotte und ihre sonstigen Mordinstrumente auszubauen. Na, und hast Du diese schädlichen Scenen der Bücherverbrennung gelesen – ja, nun muß ich Euch ernsthaft sagen, daß es ausgeschlossen ist, daß *ich* jemals wieder in dieses Land zurückkehre, solange diese Zustände herrschen, und das dürfte zumindest das nächste Jahrzehnt sein...«

Empört über »die Mord- und Gewaltsphäre, diesen Blutgeruch, der von Deutschland ausgeht«, stellte Max Herrmann-Neisse fest: »Ich, selber rein-arischer Deutscher, lyrischer, unexaltierter Mensch, erkläre, daß dort eine Mörder- und Verbrecherbande herrscht, von der man sich alles vergegenwärtigen kann und gegen die jeder zivilisierte Mensch Stellung nehmen muß.« Der 1886 in der alten Bischofsstadt Neisse geborene Dichter, der seinem Namen den der Stadt anfügte, schrieb im Exil:

Ein deutscher Dichter bin ich einst
gewesen,
Die Heimat klang in meiner
Melodie,
Ihr Leben war in meinem Lied zu
lesen,
Das mit ihr welkte und mit ihr
gedieh.

Die Heimat hat mir Treue nicht
gehalten,
Sie gab sich ganz den bösen Trieben
hin,
So kann ich nur ihr Traumbild noch
gestalten,
Der ich ihr trotzdem treu geblieben
bin.

Die seelische Not, aus der Heimat verbannt zu sein, beschrieb Max Herrmann-Neisse in einzigartigen Gedichten, die besten, die er je verfaßt hatte. Seit Ende 1933 in London ansässig, dauerte es drei Jahre, bis sich ein Verlag fand, der einen Teil seiner Exil-Gedichte veröffentlichte. Im Schweizer Verlag Oprecht erschien der Lyrikband »Um uns die Fremde« – in einer Auflage von 500 Exemplaren. Im gleichen Jahr arrangierte Ernst Toller für den 50jährigen in London eine Geburtstagsfeier, die ihn für einen Tag aus seiner Verlorenheit in der Millionenstadt riß. Danach streifte er wieder durch den Hyde-Park oder den Regent's Park, setzte sich auf eine Bank und schrieb hier seine Gedichte weiter.

Einmal wöchentlich durchquerte er die große Stadt, um im Eastend einen Hotelportier zu besuchen, der aus Schlesien stammte, mit

Max Herrmann-Neisse: Ewig das Gefühl, ein Ausgestoßener zu sein

dem er schlesisch sprechen konnte. Die ergreifende Art, wie Max Herrmann-Neisse schuldlos die deutsche Schuld im Exil mit sich herumtrug, kommentierte Heinrich Mann so: »Da ist einer von den Deutschen davongelaufen, wozu sie ihm jeden erdenklichen Anlaß gegeben hatten. Anstatt die Deutschen zu vergessen, wie sie es verdient hätten, lebte er weiterhin mit ihnen, bezieht auf sie allein, was eine ganze Welt ihm fortan von Problemen aufgibt, fühlt Reue an ihrer Statt und Sehnsucht nach ihnen bis in das Unmögliche.«

Max Herrmann-Neisse war ein Krüppel, gnomisch kurz gewachsen wie der Malter Toulouse-Lautrec. Auf einem schmächtigen Körper saß ein übergroßer Schädel

Max Herrmann-Neisse dichtete:

Wie haben sie ein ganzes Volk zerstört!
Wo blieb der Männer ehrliches Vertrauen,
Das mild Beschauliche mit Kind und Frauen,
Das Grübeln, das die Ewigkeit beschwört?
Wo blieb des Elternhauses Harmonie?
Wer konnte dies Bestehn in Maß und Ehren
Zu räuberischer Raserei verkehren
Und welken lassen, was einst frei gedieh?

Das Gefühl, ein Ausgestoßener zu sein, ging durch Max Herrmann-Neisses ganzes Leben. Er war ein Krüppel, gnomisch kurz gewachsen wie Toulouse-Lautrec: Auf einem fragilen, schmächtigen Körper saß ein übergroßer Schädel. George Grosz und Ludwig Meidner hielten den Dichter in mehreren Zeichnungen in all seiner Hinfälligkeit fest. Max Herrmann-Neisse war der Sohn eines Gastwirts und einer Bauersfrau. Als der Vater 1916 starb, nahm sich dessen Frau an seinem Grabe das Leben. Der Sohn, nach nicht beendetem Studium in München und Breslau Theaterkritiker für eine Zeitung in Neisse, verließ die Heimatstadt und ging nach Berlin.

Von den überschaubaren Linien der schlesischen Stadt träumte und schrieb er sein ganzes Leben. In Berlin veröffentlichte der Schlesier Gedichte in der »Aktion« und im »Pan«. Doch es blieb still um ihn, bis der gefürchtete Kritiker Alfred Kerr in der Zeitung donnerte: »Findet sich in drei Teufels Namen nicht endlich ein großer Verlag für diesen Dichter!« Es reagierte der S. Fischer Verlag und veröffentlichte Max Herrmann-Neisses Gedichtband »Sie und die Stadt«. »Sie« war Leni Gebeck, die Frau, die Max Herrmann-Neisse liebte, die ihm aus Neisse nach Berlin gefolgt war.

Immer wieder kreiste sein literarisches Schaffen um diese Frau. In dem Gedichtband »Verbannung« schrieb er:

Ich weiß, du gäbest gern dein Leben hin,

Dem Dunkel meiner Not mich zu entreißen,
Von dem ich rettungslos umgeben bin –
Nur einen Tag nur, einen festlich weißen,
Aus Flieder und aus Rosen ganz verklärten,
Den Mächten abzuringen, die mich hassen,
Im Glück der Weite und im Glanz der Gärten
Mich einen Tag den Tod vergessen lassen!

Immer wieder gewannen Ohnmachtsgefühle in Max Herrmann-Neisses Leben die Übermacht. Sein leidenschaftlicher Ruf gegen den Kriegstaumel 1914 verhallte ungehört. »Unserer Ohnmacht Grabgesang« hieß ein Gedicht aus jener Zeit:

Ob wir auch zürnen – wir vermögen nichts!
Und keine Schindel fällt um uns vom Dache;
Wenn ich auch noch so spöttisch ihrer lache
Und nehme sie zu Narren des Gedichts:

Sie ordnen mich wie eine fremde Sprache
Kühl in die Kästen ihres Weltgerichts,
Sie zählen meines herben Angesichts
Jedwedes Zucken in geheimer Rache.

Ob wir auch zürnen – wir sind stets besiegt!
Sie sielen sich gesättigter im Seichten
Mit Glatzen, die der Henkers-Ruhm beglänzte.

Wenn unser Leben unter Leid erliegt
Und keucht in Krämpfen nach dem nie Erreichten,
So prangen unverwüstlich ihre Wänste.

Die Revolution 1918/19 wurde für Max Herrmann-Neisse eine Hoffnung. »Hoffnung kann jetzt allein bei der unverbrauchten Klasse der Proletarier sein«, schrieb er, »daß sie den Zwangbau der kapitalistischen Gesellschaft überwinden...« Mit einem Abgesang auf die Revolution holt Max Herrmann-Neisse die Welt in seine private Situation hinein. In »Golgatha der fruchtlosen Revolten« heißt es:

Bitterlich in eure Not versponnen,
Bang' ich, ob er je sich noch erbarme,
Dürre Zweige am versiegten Brunnen
Meines Herzens welken mir die Arme.

Eure Schreie prallen wie verlorne,
Längst verratne Proben der Empörung
An den Kerker, wo das Ungeborne
Bleibt die Fron despotischer Beschwörung.

Arme Brüder in den Jägernetzen
Böser Ängste, die euch ganz entstellten,
Gnadenlos erwürgt: auch mir zerfetzen
Sie das Goldgewebe meiner Welten.

Unter kältrem Himmel, unbehausten
Wolken häng' ich ohne Halt am Ringe
Der Verlassenheit, Teil der zerzausten,
Sinnlos ewiglich zerstörten Dinge.

Höllensturz der Dome, Buchten, Sonnen,
Und das letzte Strahlenherz verarmt:
Bitterlich in jeden Tod versponnen
Weiß ich, daß er nie mehr sich erbarmt!

Max Herrmann-Neisses Deutung der politischen Situation ist scheinbar ganz weit weg von dem, was passierte. Doch eben nur scheinbar! In »Weltuntergang« heißt es:

In den Felderfurchen nächtigten Attentäter
Vor dem Morgen, der allen Tod verheißt,
Fluchend wurden die Armen der Ärmsten Väter,
Der Hilflose erwachte und war verwaist.

Sterne regneten Aussatz über Nackte,
In dem Gräbergestrüpp faulte das Altartuch.
Eines Mühlrads Geklapper mit hallendem Takte
Höhnte für Liebender Leben Verwesungsgeruch.

Lache gellte und jagte aus Sträuchern die Vögel,
Zertrat dem Acker den Schlaf und schlug das Getier,
Kam von dem Wolkenschiff mit dem blutroten Segel
Und fuhr klirrend hinab ins Höllenrevier.

Die Gestorbnen unter der Scholle wandern.
Nirgends war ein Obdach im Aufruhr der Tiefe gewiß.
Fremd das Gleiche, unkenntlich ein Bruder dem andern.
Die Vernichtung begann: durch die Welt ging mitten ein Riß.

Max Herrmann-Neisse schrieb neben Gedichten Romane und Theaterstücke. Im Jahr 1919 wurde am Kleinen Schauspielhaus in Berlin unter der Regie von Carl Heinz Martin sein Stück »Albine und Aujust« aufgeführt. Es wurde ein Serienerfolg von 37 Vorstellungen. »Sich verteidigen, indem man sich selbst preisgibt«, hatte er geschrieben. Auf der Bühne präsentierte er seine verhutzelte Gestalt, machte sie sichtbar für alle und versteckte seinen Schmerz darüber mit zynisch-intellektuellen Bemerkungen als Kommentator seines eigenen Stückes.

Else Lasker-Schüler sah in Max Herrmann-Neisse den Seelenverwandten. Für sie war er ihr »grüner Heinrich«: »...und alle glauben, wenn ich das sage... seine Augen sind grün, sein Haar ein geschorener grüner Wiesenfleck; seine Eidechsennase – immer schlängelt sie sich. Und sein grüner Primanermund schwellt an vor Erwartung. Und seine Seele ist grün und tief, ein heller Schilfteich, man kann daraus Schachtelhalme, Leuchtkäfer, Jesusblumen und gesprenkelte Blätter fürs Herbarium sammeln.«

Max Herrmann-Neisse widmete ihr Zeilen wie diese:

Mitternacht lädt zu Gast die Gelähmten,
Hat für die Blinden Früchte und Wein;
Die sich des Leids vor der Sonne schämten,
Hüllt sie behutsam ein.

Bucklige, die sich mit Eifersucht grämten,
Finden den Sesam, Götter zu sein –
Die sich des Leids vor der Sonne schämten,
Gehn durch den Mond in den Himmel hinein.

Sein bester Freund war ein Vagabund »mit dem niederträchtigen Dichterblick für die Kleinzüge allen Außenseitertums«. Er hieß

Ringelnatz. Mit ihm erprobte er seine Trinkfestigkeit. Ihn nannte er »etwas herrlich Veralkoholisiertes, Urviechiges«. Ihm schrieb er das Gedicht: »Nächtliche Begegnung«:

Wenn wir nächtlich uns begegnen,
Sind wir uns so fern, so nah,
Daß sich unsre Seelen segnen,
Auch wenn mich dein Blick nicht sah.

Ich saß hinter meinem Glase,
Eingesargt in meinem Gram;
Zärtlich deine Vogelnase
Vom Liköre Abschied nahm.

Zwischen uns die fremden Säufer,
Dummheit, Weiber, Lärm und Rauch,
Die Verkauften und die Käufer,
Und vielleicht ein Heilger auch.

Keiner kann sich keinem geben,
Einsamkeit geht auf den Strich,
Und man lebt sich um sein Leben.
So entschwandest du für mich.

Sachte fing es an zu regnen,
Als ich traurig heimwärts kroch...
Wenn wir nächtlich uns begegnen,
Lieben wir uns schließlich doch.

Max Hermann-Neisse erhielt 1914 den Eichendorff-Preis, eine Auszeichnung also, die den Namen des Mannes trug, der in Max Herrmann-Neisses Geburtsstadt sein letztes Refugium gefunden und dort gestorben war. Und er bekam 1927 den Gerhart-Hauptmann-Preis. Doch moralisch schwach wie der Alte von Agnetendorf war, wurde Max Herrmann-Neisse nicht. Er wußte, wo sein Platz 1933 war: bei denen, die Adolf Hitler verfolgte. Dabei blieb ihm im englischen Exil die Einsicht nicht versagt, »daß Opposition nirgends beliebt ist. Daß es eine international einige Ablehnung grundsätzlicher Störenfriede gibt. Eher läßt man den erfolgreichen Verbrecher gelten, der die Macht erobert hat, als daß man einem machtlosen Empörer aus Überzeugung, einem anhanglosen Freiheitskämpfer, Gerechtigkeit widerfahren läßt.«
Der 52jährige Dichter schrieb 1938 über die Beziehung zu seiner Frau Leni so:

Wir wollen näher aneinanderrücken,
Und laß mir auch im Schlafe deine Hand!
Nur so vertrag ich der Verbannung Tücken
Und bin geborgen in dem fremden Land.
Wenn schlimmer noch die Zeiten sich verstricken
Und näher treiben an den Weltenbrand,
Befriede meine Furcht mit deinen Blicken
Und laß mir auch im Schlafe deine Hand!

Doch dann verband sich Leni Herrmann mit einem Bankier in London. Max Herrmann-Neisse nahm es hin, schrieb weiter, schrieb, daß er nun sterben werde:

Ihr merkt es nicht: es geht mit mir zu Ende;
Halt' ich mich aufrecht heut – wie lange noch?
Das Sterben steht an jeder Wegeswende
Und findet den auch, der sich feig verkroch.
Ich ließ mich auf ein totes Gleise schieben,
Dem Leben fern, das in die Zukunft fährt.

Von allen Gütern ist mir nichts
geblieben
Als dieses Dämmern, das nicht lang
mehr währt.
Ihr sprecht, ihr scherzt, ihr seid auch
wohl betroffen;
Doch alles hat mit mir nichts mehr zu
tun.
Ich kann mir keine Besserung
erhoffen,
Mein Wunsch ist nur: mich endlich
auszuruhn,
Dies doch verfehlte Treiben
abzuschließen,
Schmerzlos auf einmal nicht mehr
dazusein.
Und schien ich immer wieder zu
genießen
Das Buch, den Park, die Speise und
den Wein,
Es gleicht ja doch dem grausen
Henkersmahle,
Das keinen Schrecken mir ersparen
kann
Und das ich viel zu teuer stets
bezahle
Mit aller Lust, die ungenutzt
verrann.

Dazu der stumme Vorwurf deiner
Blicke,
Die dunkel auf dem Schuldbewußten
ruhn.
Daß ich mit deinem leichteren
Geschicke
Vereinigte mein unheilvolles Tun,
Ist nicht durch all die Verse gutzu-
machen,
Die ich dir band zum ewigen Hoch-
zeits-Strauß.
Am besten wär's: hier nicht mehr zu
erwachen;
Ich schliefe sanft mich aus der Welt
hinaus
In eine andre mit ganz andren
Wesen,
die nichts von unsrer tollgewordenen
weiß,
Und dürfte, wie nach langem Leid
genesen,
Dann auferstehn als überlegner
Greis,
Der lächelt über die vergangnen
Lasten,
Weil ihm nichts Menschliches zu
nahn vermag,
Und endlich kann er ungefährdet
rasten
In holdem Frieden bis zum jüngsten
Tag,
In goldnen Strophen dichten die
Legende
Verklärten Daseins ohne Not und
Joch...
Die Erde bebt, es geht mit mir zu
Ende;
Scheint heut sie leidlich heil – wie
lange noch?

Am 8. April 1941 erlag der 55jährige einem Herzschlag. Sein letztes Gedicht, das er schrieb und das mit anderem Unveröffentlichtem aus dem Exil von Leni Herrmann 1941 herausgegeben wurde, lautete:

Vernichtung ließ und Weltenbrand
Den Spiegel an der Trümmerwand,
Die der Zerstörung widerstand,
In dem sich nun der Mond besieht,
Eh ihn die Wolke zu sich zieht
Und mit ihm in das Dunkel flieht.

Fremd hängt der Spiegel, ganz allein,
Nichts Eitles blickt in ihn hinein,
Bis jäh darin der Widerschein
Der frevelhaften Flammenschrift,
Wenn wieder Mord die Nacht durch-
schifft,
Mit Gottes Glanz zusammentrifft.

Denn, ist verwüstet auch sein Haus
Und gingen alle Lichter aus,
Verkroch im Dunst sich Mensch und
Maus:
Ein Stern tritt aus dem Nebelflor
Doch immer wieder hell hervor,
Wenn schon das Herz den Mut
verlor.
Und schützt uns, bis der Morgen
glüht
Und sich der Tag von neuem müht

Und wer den Schrecken überstand,
Die Zauberkräfte wiederfand
Des Spiegels an der Trümmerwand.

»Spieglein, Spieglein an der Wand,
Wann kommt der Friede diesem Land?«

In der Nachbarschaft des von ihm so oft aufgesuchten Regent's Park auf dem Marylebone Cemetery in London fand Max Herrmann-Neisse seine letzte Ruhestätte. Seine Frau Leni nahm sich nach dem Kriege das Leben.

*

In Südamerika, in Buenos Aires, sang Paul Zech sein Lied »vom verruchten Ausgestoßensein«. Der 1881 im westpreußischen Briesen geborene Dichter, der 1919 für seine Arbeiterliteratur aus den Händen Heinrich Manns den Kleist-Preis erhalten hatte, mußte sich in der argentinischen Emigration als Hausierer, Nachtwächter und Klavierspieler in einer Hafenschenke sein Geld verdienen. Von dem, was er im Exil schrieb, konnte er nicht leben. So wurden beispielsweise von seinem Lyrikband »Neue Welt«, der 1939 in Buenos Aires in 200 Exemplaren erschien, elf Bände verkauft.
Emma Barta-Mikl, damals Angestellte der deutschen Buchhandlung von Buenos Aires, eine Österreicherin, erinnert sich an Paul Zech: »Unvergeßlich sind mir die vielen Gespräche, die immer wieder um die Heimat, immer wieder um Deutschland gingen, unvergeßlich das quälende Warten auf das Ende, das einmal kommen

So zeichnete Ludwig Meidner den Schriftsteller Paul Zech im Jahre 1913. Die beiden Künstler gaben die Zeitschrift »Das Neue Pathos« heraus

mußte, und die namenlose Erschütterung, als es dann endlich gekommen war. Die Nachrichten im Rundfunk waren eingestellt, von den nächtlichen Straßen tönte der Jubel der Bevölkerung herauf, und über des Freundes Antlitz glitten unablässig die Tränen... ›Wird Deutschland sich je wieder erheben können?‹ Mit diesen Worten verabschiedete sich Zech an jenem Abend.«
Paul Zech war der Sohn eines Lehrers, der seinen Beruf aufgeben mußte, weil er Sozialdemokrat war. Die Familie zog von Westpreußen nach Wuppertal-Elberfeld. Im Industrierevier wuchs Zech auf. Aus sozialem Engage-

Paul Zech im Alter von 33 Jahren: Der Sohn eines Lehrers wurde aus sozialem Engagement Kumpel

ment wurde Paul Zech nach seinem Studium Kumpel. Mehrere Jahre arbeitete er in Bottrop und Elberfeld als Hauer und Steiger. In den Eisenhütten Belgiens und Nordfrankreichs heizte er die Kessel an. Die Welt der Kohlengruben, des Industrieproletariats und der Städte wurde sein literarisches Thema:

Rauchschwarze Stadt, du Lästerbank und Mörderzelle,
Du Nichts, du siebenmal verruchtes Fluchsymbol,
Zerstäubtes Weh, wurmangefressner Baum, ganz hohl,
Ganz morsch und Nacht für Nacht in Irrlichthelle...

»Das schwarze Revier«, »Schollenbruch«, »Schwarz sind die Wasser der Ruhr«, »Der schwarze Baal« heißen seine ersten Bücher. Und in ihnen gestaltete er das schwere Leben der Grubenleute, schrieb er von der »Einfahrt«, dem »Hauer«, dem »Wagenschieber«, den »Streikbrechern«, den »Kohlenbaronen«. Das »Elend unterer

Gedichte in der Emigration

Erzählung aus dem Jahre 1924

Gedichte aus dem Jahre 1913 mit einer Zeichnung von Ludwig Meidner

Menschenschichtungen« machte ihn zum Sozialisten:

Sommerstunden,
Krummgeschlossen
An Maschinen,
Vor Turbinen,
Schweißbegossen,
Schwarz voll Wunden:
Kannst du deine Brust noch heben?
Bruder, kannst du so noch leben?

Mit den Tieren
In den Gassen
Hingekauert,
Frostumschauert,
Hinkrepieren:
Bruder, schon so tief gefallen,
Wachsen dir nicht endlich Krallen?

Paul Zech – das war für die ebenfalls aus Elberfeld kommende Else Lasker-Schüler einer, der »mit der Axt seine Verse« schrieb: »Man kann sie in die Hand nehmen, so hart sind sie. Sein Vers wird zum Geschick und zum murrenden Volk.«

Wir mit Narben,
Wir mit Schwielen
Vor Maschinen,
An Turbinen
Mit den vielen,
Die schon starben:
Brüder, laßt die Glocke toben,
Rote Fahnen, wir sind oben!

Das war ein Wunschtraum, der nicht in Erfüllung ging. Sozialismus, in dem sich Karl Marx und Meister Eckhart vereinen: »Sozialrevolutionäre Schwingung zum Himmelreich auf Erden ist nur dann ein Heilsweg, wenn wir alle erst wieder wie die Kinder werden.« Das war die Vision. Und wenn er sie mit der Wirklichkeit koppelte, erklangen solche Verse:

Ein neues Lebenslied

So schwarz ist keine Nacht wie die,
Die uns im Berg zum Vieh erniedrigt hat,
Die viele Stufen tiefer als die Stadt
Sich Mauern auferbaut aus schwarzem Rauch;
Das sind nicht Stern, nicht Baum, nicht Blumenhauch,
Nur wir im Wasser bis zum Knie.

Die schwarze Nacht, so tief voll Gier
Ins Herz der Welt gebohrt mit schwarzem Stahl:
Da dunkeln dumpf Gewölbe Saal in Saal
Mit Schienenspur, Kanal und Gletscherspalt,
Mit Gasgewalten im Gestein verkrallt
Und Pferden so verflucht wie wir.

Wir tragen den verdammten Tod,
Der Adam traf und uns so bös entstellt
Wie keinen mehr auf dieser Elend-Welt,
Nicht mit Gelassenheit. Wir sind bereit!
Wir heben Fäuste wider diese Zeit,
Und unsere Fahne, die ist rot.

Wir sind nicht zehn, nicht tausend bloß:
Wir sind Millionen schon zum Schwur geballt.
Und oben, in dem schwarzen Schornstein-Wald,
da murrt der Sturm, da zuckt der weiße Blitz:
Wie lange noch regiert der Baal Besitz?!
Wann reißt geducktes Vieh sich los?

Das Vieh steht auf. Das Vieh bricht Bahn,
Der Bergmann und das blinde Grubenpferd.
Da knallt kein Schuß mehr, und da steht kein Schwert
Mehr wider uns. Wir sind so tief gefeit,
Wir haben uns weit aufgetan.
Wir warten nur am Meilenstein
Auf euch, die ihr noch nicht erkennen wollt,
Wohin uns Volk die rote Brandung rollt,
Wenn abgewogen wird und ausgezählt...
Nicht wir, nicht ihr allein sind auserwählt,
Die ganze Menschheit soll es sein.

Das ist, wie keine Nacht vorher,
Die Nacht von Bethlehem, die Weihnachts-Nacht,
Die uns zu urgeborenen Kindern macht,
Die uns mit Baum und Tier und Wurm und Stein
Zurückgibt ewigem Lebendigsein
Von Wiederkehr zu Wiederkehr.

Mit dem Verleger Gustaf Kiepenheuer, dem Schriftsteller Bernhard Kellermann, der den Roman »Der neunte November« schrieb, gründete Zech noch während des Ersten Weltkrieges den »Werbedienst der sozialistischen deutschen Republik«. In dem Glauben, die SPD werde die Umschichtung zum Sozialismus hin durchsetzen. Auf ihr Vorgehen in der Revolution 1918/19 reagierte Zech mit Empörung. Verbittert sprach er von der »Installierung einer neuen, von Wirtschaftsmagnaten und Bankdirektoren geleiteten Regierungsform unter dem Protektorat der schwarzen und der sozialdemokratischen Parteibürokratie«, von der »Abwanderung der gehobenen Arbeiter in die bürgerliche Gefühlswelt der Sechszimmerwohnung«, von der »zunehmenden Verelendung der proletarischen Massen am Fließband«.

Paul Zech war nicht bereit, den Arbeiter zu verraten. Dessen Erfahrung blieb seine Erfahrung. Sie verwischte sich nicht, auch als er sich nach dem Zweiten Weltkrieg in zahlreichen bürgerlichen Berufen versuchte: als Bibliothekar, Redakteur, künstlerischer Leiter der deutschen Eisenbahn-Reklame, Mitarbeiter der Volksbühne, Dramaturg beim dramatischen Theater Wilhelm Dieterles und als Kommunalbeamter. Seine Lyrik aus der Arbeitswelt klingt so:

Kleine Katastrophe

Zwölf Männer wurden vom Gestein
erschlagen!
Zwölf Tote hat die Erde aus-
gespien;
Der Steiger hat's bewegt hinaus-
geschrien
Und ließ die Leichen in das Schau-
haus tragen.

Zerstückt und schwarz verbrannt
und rot zerschunden,
So lagen sie in Reih und Glied;
Wer in der Früh noch sang ein
Morgenlied
Verblutet aus unverbundnen
Wunden.

Da schwätzten sich des Aufruhrs
blinde Boten
Ins Dorf hinunter und von Haus zu
Haus
Und trieben die erschrocknen Fraun
hinaus;

Die stürmten das vergitterte Portal
Des Beingebäudes in verbissner
Qual
Und schlugen sich verzweifelt um die
Toten.

Zech arbeitete wie ein Besessener an seinem literarischen Werk. Etwa 30 Gedichtbände, 28 Dramen und acht Romane kamen von ihm zu Lebzeiten heraus. Außerdem übersetzte er Rimbaud, Verlaine, Villon und Valery ins Deutsche. Kurt Pinthus nahm von ihm 13 Gedichte in die 1919 erschienene Anthologie »Menschheitsdämmerung« auf, ein Werk von epochaler Bedeutung. Als Zech nach dem Ersten Weltkrieg nach Berlin gezogen war, rückten Verse über den zerstörerischen Charakter der Großstadt in den Vordergrund, der Mensch im entmenschlichten Bereich »der Eiseskälte und der dunklen Mauern«: In dieser »Eiseskälte« schrieb er Gedichte wie diese:

Weil er vorbestraft war (einst, vor
zwanzig Jahren),
Gottlos lebte und auch nicht im
»Stahlhelm« war,
Mann von fünfzig mit fast weißen
Haaren,
Hielt es das Gericht für sonnenklar,

Daß er ihn in schwarzer Regennacht von hinten,
Seinen Brotherrn, raubgemordet hat.
Tag für Tag versuchten sie mit Finten
Ihn zu fassen oder sterbensmatt

In dem ausgekochten Kreuzverhör zu machen.
Manchmal blieben ihm vor lauter Qual
Die Gedanken stehn und fingen an zu lachen,
Und die Luft war dick wie Teer im Saal.

Alle dachten, der wird freigesprochen
Nach dem Paragraphen einundfünfzig oder so...
Gestern hat der Henker ihm den Hals gebrochen,
Und ein Pastor drosch dazu sein leeres Stroh.

Damals ging Hitlers späterer Propagandaminister Joseph Goebbels mit einem autobiographischen Kitschroman – Titel: »Michael« – hausieren. Paul Zech fertigte für einen Verlag, dem das Manuskript vorlag, ein vernichtendes Gutachten an. Als Hitler an die Macht kam, wurde Zech auf einer Geburtstagsfeier verhaftet. Als er freigelassen und in seine Wohnung zurückgekehrt war, hatten die Nazis ihm seine ganze Bibliothek ausgeräumt. Über Prag und Paris gelangte er nach Genua. In Genua gelang es ihm, auf einem Schiff unterzukommen, das Buenos Aires anlief. Dort lebte Zechs Bruder Paul, der sich sehr schnell von dem Schriftsteller distanzierte. Die deutschsprachige Kolonie gab sich damals in Buenos Aires in ihrer Mehrheit faschistischer als die Faschisten.

Als unfreiwilliger Rimbaud hatte Paul Zech »alles Europäische radikal hinter sich gelassen«, um festzustellen, daß die »Neue Welt«, wie sein dort entstandener Gedichtband hieß, doch die alte Welt war. Überall spürte er eine den »Yankees nacheifernde Zivilisation«. In den ersten Jahren der Emigration wurde Zech von Dieterle, der sich in den USA William nannte, und von Stefan Zweig finanziell unterstützt. Zweig versuchte, dem Freund Paul Zech das demokratische System der USA schmackhaft zu machen, und Zech antwortete: »Das Ideal einer unverfälschten Demokratie, das Dir vorschwebt, ist auch dort nicht mehr vorhanden, wo Du es zu sehen meinst. Der Begriff Freiheit ist abgenutzt... Gewaltlosigkeit und Vernunft sind keine Werte mehr.«

Werner Bock, Sohn des Vogelsberger Bauerndichters Alfred Bock, zeichnete Paul Zechs Bild in Argentinien so: »Der untersetzte Mann mit dem schweren massigen Körper, auf dem ein riesiger, fast kahler Kopf saß, wirkte unschön und plump. Im fast zahnlosen Mund hing meist ein billiger Zigarello. Keiner vermutete hinter solch robustem Äußeren einen Dichter. Aber dieses beinahe abstoßende Gesicht konnte plötzlich im Gespräch sich derartig vergeistigen, daß es eine verklärende Aura ausstrahlte.«

Weit entfernt von Deutschland schrieb er Erschütterndes:

Die Züge, die nach Süden fuhren,
Ich sah sie oft aus dem Versteck

Und hörte sie wie Weckeruhren
Und kam noch immer nicht vom Fleck.

Die Not zerquälte mein Gewissen,
Als wäre es Verrat, zu fliehn.
Vom Zweifel hin- und hergerissen:
Oft sah ich Brüder starr wie Büßer knien.

Sie riefen Gott an, irgendeinen,
Die Last war ihnen schon zu schwer,
Sie wollten wie die Kinder scheinen,
Es half auch dieser Gott nicht mehr.

Da warfen sie sich auf die Schienen,
Da hingen sie sich auf im Baum,
Es gab die Mutter Erde ihnen
Nur für den Aschenrest noch Raum.

Die Heimatlosigkeit zehrte Zech genauso aus wie Max Herrmann-Neisse:

Wer auf der Flucht ist, so wir, belastet
Mit schrecklichen Gesichten, einem Schrei im Ohr,
Der nie verhallt, wer so von Haus zu Haus sich tastet

Nach einem Loch, wo man sich endlich bergen kann,
Der kommt zuletzt sich selber schon so vor,
Als sähe man von weitem ihm den Aussatz an.

Paul Zech klagte, Paul Zech fragte:

Wir kannten einst ein Vaterland, doch dieses nicht,
Wo sich die Erde rötet,
Wo ohne Spruch, als gäb es kein Gericht,
Gestäupt wird und getötet

*

Wir sehn uns ratlos in die Augen,
Und jeder glaubt von jedem: er sei schuld,
Daß wir zu nichts mehr taugen,
Und keiner hat mit keinem mehr Geduld.

*

Es blutet fort und fort in uns aus Wunden,
Die sich nicht schließen, bitterweh und Schrei:
Deutschland, wann bist du wieder frei?!

Paul Zech, seit Jahrzehnten herzleidend, brach am Abend des 7. September 1946 nach einem Besuch bei Freunden vor seiner Wohnungstür tot zusammen. Er hinterließ an die 50 Buchmanuskripte, die in der Emigration entstanden waren. Fast nichts davon wurde nach 1945 veröffentlicht.

*

Paul Kornfeld wurde von den Nazis gefaßt. Der 1889 in Prag geborene Schriftsteller lebte in Frankfurt und arbeitete als Dramaturg bei Reinhardt in Berlin und am Hessischen Landestheater in Darmstadt. Er schrieb Theaterstücke. 1916 wurde in Frankfurt sein erstes Drama »Die Verführung« uraufgeführt. Es ist die Geschichte eines Mannes, der die Gemeinheit der Welt durchschaut, ihr noch einmal verfällt, weil die Liebe ihn fortreißt, und der am Ende feststellt, daß er getäuscht wurde. In der Komödie »Palme oder der Gekränkte« finden sich 1924 die Worte: »Nichts mehr von Krieg und Revolution und Welterlösung! Laßt uns bescheiden sein und uns anderen, kleineren Dingen zuwenden –: einen Menschen betrachten, eine Seele, einen Narren, laßt uns ein wenig spielen, ein wenig schauen, und wenn wir können, ein wenig lachen oder lächeln...« 1933 ging Kornfeld zurück in seine Heimatstadt Prag. Die wollte er nicht verlassen, als die Deutschen das Land besetzten. Die Möglichkeit der Flucht schlug er aus. Im Jahre 1941 wurde der deutschsprachige Jude verhaftet und ins Vernichtungslager nach Lodz deportiert. Er kam nicht mehr zurück.

Was erhalten blieb, war ein Romanmanuskript, an dem der 53jährige arbeitete, als man ihn abholte. Ernst Rowohlt hatte den Schriftsteller vor 1933 ermuntert, endlich ein Stück Prosa zu schreiben. Rowohlt wurde dieses Manuskript nach der Deportation Kornfelds zugespielt. Sechzehn Jahre später wurde das Buch unter dem Titel »Blanche oder das Atelier im Garten« 1957 veröffentlicht. Es ist die detaillierte Schilderung einer vergangenen Gesellschaft, in deren Auseinandersetzungen die Barbarei einbricht. Die stumme Hauptrolle spielt ein Vorrat von Veronaltabletten, der bald in diese, bald in jene Hände gerät und den jeweiligen Besitzer zum Selbstmord verführt.

Paul Kornfeld, von den Deutschen nach Lodz deportiert

*

Im Konzentrationslager kam auch Gertrud Kolmar um, die mit richtigem Namen Chodziesner hieß. Die 1894 in Berlin geborene Lyrikerin war die Tochter eines bekannten Strafverteidigers um die Jahrhundertwende. Sie machte das Examen als Sprachlehrerin in Französisch und Russisch, war

Kornfeld gezeichnet von Dolbin

während des Ersten Weltkrieges Dolmetscherin im Gefangenenlager Döberitz, lernte in jener Zeit einen Mann kennen, dem sie sich hingab und der sie dann verließ:

Du. Ich will dich in den Wassern wecken!
Du. Ich will dich aus den Sternen schweißen!
Du. Ich will dich von dem Irdnen lecken,
Eine Hündin! Dich aus Früchten beißen,
Eine Wilde! Du. Ich will so vieles –
Liebes. Liebstes. Kannst du dich nicht spenden?
Nicht am Ende des Levkojenstieles
Deine weiße Blüte zu mir wenden?

*

Deine Hände keimen in Finsternissen,
Und ich seh nicht, wie sie blühn,
Atmend aus dem Schnee der Kissen.
Meeresgrün,
Wogengrau verglitzern deine Augen;
Meine Wange leckt ihr Schaum.
Nelkenrote Quallen saugen...
Süßes Harz von weißem Birkenbaum...

*

Ich habe dich lieb gehabt. So lieb.
Ich habe so geweint mit heißen Bitten
Und ich liebe dich noch mehr, weil ich um dich gelitten,
Als deine Feder keinen Brief, mir keinen Brief mehr schrieb.

Im Jahre 1917 erschien im Egon Fleischel-Verlag, der auch Armin T. Wegner verlegte, eine erste Sammlung ihrer Gedichte. Schon früh schrieb Gertrud Kolmar Verse, die ihr späteres Schicksal vorwegnahmen:

Not steht an dem Wege, den ich schreiten will,
Tod steht an dem Wege, den ich schreiten will,
Kummer und Klage, graue Plage.
Ich weiß es – und schreit ihn doch!

Im Jahre 1930 starb Gertrud Kolmars Mutter. Als einzige der vier Geschwister blieb die Dichterin 1933 in Deutschland, da sie den alten Vater, der die Heimat nicht aufgeben wollte, nicht allein lassen wollte. Im Jahre 1941 wurde der 80jährige Vater in ein KZ verschleppt. Gertrud Kolmar klebte bis 1943 als Zwangsarbeiterin in einer Munitionsfabrik Kartons. Dann wurde sie deportiert. Ort und Datum ihres Todes blieben unbekannt. Ihre Gedichte, zum größten Teil unveröffentlicht, wie auch ein Roman mit dem Titel »Eine Mutter«, wurden gerettet und nach dem Zweiten Weltkrieg vollständig gedruckt. Zwischen 1937 und 1940 entstand das Gedicht »Nachruf«:

Ich werde sterben, wie die Vielen sterben;
Durch dieses Leben wird die Harke gehn
Und meinen Namen in die Scholle kerben.
Ich werde leicht und still und ohne Erben
Mit müden Augen kahle Wolken sehn,

Den Kopf so neigen, so die Arme strecken
Und tot sein, ganz vergangen sein, ein Nichts,
Und Bettler klammern noch die Wanderstecken
Wie Zauberruten, stehn an Straßenecken,
In leeren Hut das Gold des Abendlichts,

Die zehnjährige Gertrud Kolmar mit Tennisschläger, Tochter eines Berliner Strafverteidigers, und ihre Geschwister

Gertrud Kolmar wollte ihren Vater nach 1933 nicht allein in Deutschland lassen. Sie wurde deportiert und umgebracht

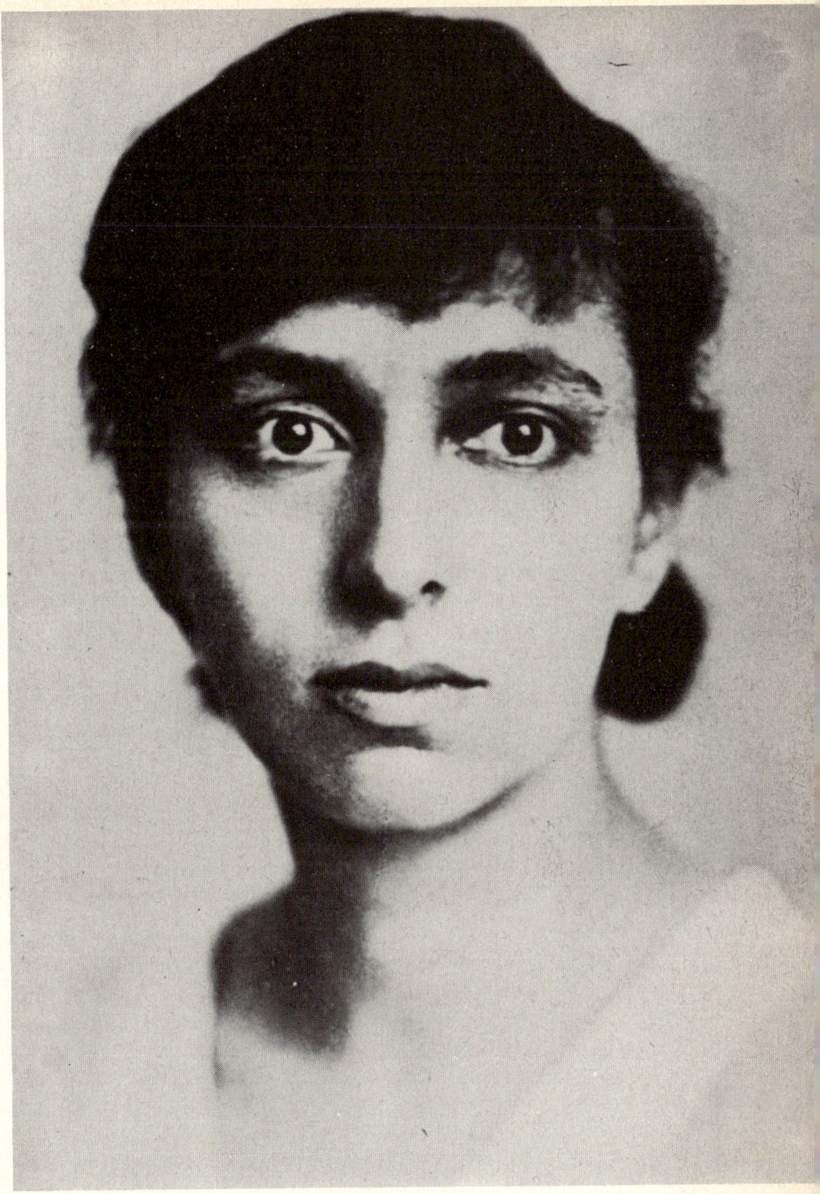

Gertrud Kolmar

Das ihre magren Finger doch nicht halten,
Dafür der Händler nie Kartoffeln tauscht.
Ich aber liege satt und warm im Kalten,
Und Zorn und Gram und Lust und Händefalten
Sind Meer, davon die große Muschel rauscht...

Im Jahre 1933 entstand dieses Gedicht:

Er hielt an einer Straßenecke.
Bald wuchs um ihn die Menschenhecke.

Sein Bart war schwarz, sein Haar war schlicht
Ein großes östliches Gesicht,

doch schwer und wie erschöpft von Leid.
Ein härenes verschollenes Kleid.

Er sprach und rührte mit der Hand
sein Kind, das arm und frostig stand:

»Ihr macht es krank, ihr schafft es blaß;
wie Aussatz schmückt es euer Haß,

ihr lehrt es stammeln euern Fluch,
ihr schnürt sein Haupt ins Fahnentuch,

zerfreßt sein Herz mit eurer Pest,
daß es den kleinen Himmel läßt –«

Da griff ins Wort die nackte Faust:
»Schluck selbst den Unflat, den du braust!

Du putzt dich auf als Jesus Christ
und bist ein Jud und Kommunist.

Du krumme Nase, Levi, Saul
hier, nimm den Blutzins und halt's Maul!«

Ihn warf der Stoß, ihn brach der Hieb.
Die Leute zogen mit. Er blieb.

Gen Abend trat im Krankenhaus
der Arzt ans Bett. Es war schon aus. –

Ein Galgenkreuz, ein Dornenkranz
im fernen Staub des Morgenlands.

Ein Stiefeltritt, ein Knüppelstreich
im dritten, christlich-deutschen Reich

Über das Schicksal der Juden schrieb Gertrud Kolmar dieses Gedicht:

Nur Nacht hört zu. Ich liebe dich, ich liebe dich, mein Volk,
Und will dich ganz mit Armen umschlingen heiß und fest,
So wie ein Weib den Gatten, der am Pranger steht, am Kolk
Die Mutter den geschmähten Sohn nicht einsam sinken läßt.

Und wenn ein Knebel dir im Mund den blutenden Schrei verhält,
Wenn deine zitternden Arme nun grausam eingeschnürt,
So laß mich Ruf, der in den Schacht der Ewigkeiten fällt.
Die Hand mich sein, die aufgereckt an Gottes hohen Himmel rührt.

Denn der Grieche schlug aus Berggestein seine weißen Götter hervor,
Und Rom warf über die Erde einen ehernen Schild,
Mongolische Horden wirbelten aus Asiens Tiefen empor,
Und die Kaiser in Aachen schauten ein südwärts gaukelndes Bild.

Und Deutschland trägt und Frankreich trägt ein Buch und ein blitzendes Schwert,
Und England wandelt auf Meeresschiffen bläulich silbernen Pfad,
Und Rußland ward riesiger Schatten mit der Flamme auf seinem Herd,
Und wir, wir sind geworden durch den Galgen und durch das Rad.

Dies Herzzerspringen, der Todesschweiß, ein tränenloser Blick
Und der ewige Seufzer am Marterpfahl, den heulender Wind verschlang,
Und die dürre Kralle, die elende Faust, die aus Scheiterhaufen und Strick
Ihre Adern grün wie Vipernbrut dem Würger entgegenrang,

Der greise Bart, in Höllen versengt, von Teufelsgriff zerfetzt,
Verstümmelt Ohr, zerrissene Brau und dunkelnder Augen Fliehn:
Ihr! Wenn die bittere Stunde reift, so will ich aufstehn hier und jetzt,
So will ich wie ihr Triumphtor sein, durch das die Qualen ziehn!

Ich will den Arm nicht küssen, den ein strotzendes Zepter schwellt,
Nicht das erzene Knie, den tönernen Fuß des Abgotts harter Zeit;
O könnt ich wie lodernde Fackel in die finstere Wüste der Welt
Meine Stimme heben: Gerechtigkeit! Gerechtigkeit!
Gerechtigkeit!

Knöchel. Ihr schleppt doch Ketten, und gefangen klirrt mein Gehn.
Lippen. Ihr seid versiegelt, in glühendes Wachs gesperrt.
Seele. In Käfiggittern einer Schwalbe flatterndes Flehn.
Und ich fühle die Faust, die das weinende Haupt auf den Aschenhügeln mir zerrt.

Nur Nacht hört zu. Ich liebe dich, mein Volk im Plunderkleid.
Wie der heidnischen Erde, Gäas Sohn entkräftet zur Mutter glitt,
So wirf dich zu dem Niederen hin, sei schwach, umarme das Leid,
Bis einst dein müder Wanderschuh auf den Nacken der Starken tritt!

*

Adam Kuckhoff: 1943 in Plötzensee mit dem Handbeil hingerichtet

Der 1887 in Aachen geborene Adam Kuckhoff, Sohn eines Fabrikanten, kurz vor Beginn des »Dritten Reiches« mit dem Roman »Scherry« hervorgetreten, blieb über 1933 hinaus ebenfalls in Deutschland und schloß sich der Widerstandsgruppe um Harry Schulze-Boysen an. In der Weimarer Republik hatte er als Spielleiter und Dramaturg in Frankfurt und Elberfeld gearbeitet, war journalistischer Mitarbeiter der »Frankfurter Zeitung«. Es gelang Kuckhoff sogar, 1937 mit Hilfe des Rowohlt-Verlages den Antikriegsroman »Der Deutsche von Bayencourt« zu veröffentlichen.
Im Jahre 1942 wurde er von der Gestapo verhaftet. In der Haft schrieb er das Gedicht:

Schwimme hinaus, Schwimmer,
Hafte nicht an der Küste.
Das Wasser ist schon die andre.
Wer an der hängt, die er verließ,
ist kein Schwimmer, er hat nie
geschwommen.

Daß ihn der Tod erwarte,
Schrecke ihn nicht;
Auch der ist Küste.
Der Aufbruch gilt,
Der ohne Rückkehr ist.

Ich fürchtete den Tod,
Bevor ich ihn sah.
Aber dann sah ich den Sterbenden
Und den Toten.

Es ist schwer zu sterben,
Aber der Tod ist nicht schwer,
Möchte ich denken,
Daß er nicht schwer ist,
Wenn ich ihn sterben soll,
Ob er mich von innen befällt,
Ob er eine Kugel ist
In den Hinterkopf.

Der Vater starb,
Er war alt, aber noch rüstig.
Ich fand ihn vollendet.
Ein Freund starb
In der Mitte des Lebens.
Er hatte geschaffen, was er
vermochte.
Ich fand ihn vollendet.
Ein Flieger fiel herunter,
Er hatte alles Glück erfahren.
Aber das Unglück wartete sichtbar
auf ihn.
Ich fand ihn vollendet.

So brich denn auf
Und denke nicht, was dich erwartet.
Einmal ist es immer der Tod,
Darum fürchte ihn nicht.

Adam Kuckhoff wurde am 3. Februar 1943 wegen Hochverrats zum Tode verurteilt und am 6. August 1943 in Plötzensee mit dem Handbeil hingerichtet. Unmittelbar vor dem Gang zur Richtstätte schrieb er an seinen fünfjährigen Sohn:

Mein lieber Sohn, du großes spätes
Glück,
So lasse ich dich vaterlos zurück?
Ein ganzes Volk – nein, das ist viel zu
klein,
Das Menschenvolk wird dir dein
Vater sein!

*

Jakob van Hoddis holten die Nationalsozialisten aus einer Heil- und Pflegeanstalt ab. Er, der mit seiner Lyrik wegweisend für den literarischen Expressionismus war, wurde ein Opfer der Euthanasie-Aktion. Der Schriftsteller, dessen bürgerlicher Name Hans David-

Ruhm mit einem Gedicht: Jakob van Hoddis, 1914 gezeichnet von Ludwig Meidner

Jakob van Hoddis wurde 1942 Opfer der Euthanasie-Aktion

sohn war, befand sich in der Heil- und Pflegeanstalt Sayn bei Koblenz. Am 30. April 1942 wurden die Insassen des Heimes deportiert, unter ihnen der 55jährige Dichter, dessen 1911 erschienenes Gedicht »Weltende« für eine ganze Generation von deutschen Schriftstellern Signalwirkung hatte:

Dem Bürger fliegt vom spitzen Kopf der Hut,
In allen Lüften hallt es wie Geschrei,
Dachdecker stürzen ab und gehn entzwei
Und an den Küsten – liest man – steigt die Flut.

Der Sturm ist da, die wilden Meere hupfen
An Land, um dicke Dämme zu zerdrücken.
Die meisten Menschen haben einen Schnupfen.
Die Eisenbahnen fallen von den Brücken.

*

Einer, der 1933 am Anfang stand, hieß Eugen Gottlob Winkler. Der 21jährige Student, Sohn eines schwäbischen Ingenieurs, wurde unter der Beschuldigung, nationalsozialistische Wahlplakate beschädigt zu haben, verhaftet. Er mußte daraufhin das Studium in Tübingen abbrechen. In jener Zeit entstanden Gedichte und Prosafragmente. Eugen Gottlob Winkler

Eugen Gottlob Winkler nahm sich nach Vernehmungen durch die Gestapo das Leben

wich vor den Nazis nach München aus. Immer wieder von der Gestapo zu Vernehmungen bestellt, befürchtete er eine neue Verhaftung und nahm sich im Alter von 24 Jahren das Leben. Zwanzig Jahre später wurde sein Gesamtwerk in der Bundesrepublik veröffentlicht, 547 Seiten Dichtung. Sie wanderten in den Ramsch, so gering war das Interesse. Eugen Gottlob Winkler schrieb:

Bang sitzen wir im Gitter
Und zählen die Dinge auf.
Krone und goldner Knauf
Sinkt vor der letzten Zither.

Wir zählen noch einmal die Frauen
Und Sterne feierlich nach,
Bis der Galgenvogel im Dach
Lang und laut schreit: »Grauen«!

Und die Spieluhr der Welt tickt
Schneller und schneller und hörbar.
Hunderttausend stehn wehrbar
Um den Weltbaum, der knickt.

Und Stund um Stund
flattert ein schwarzes Band.
Hinten im traurigen Land
Geht die Sonne zu grund.

*

Ernst Ottwalt, Jahrgang 1901 und in patriotischem Geiste erzogen, kämpfte nach dem verlorengegangenen Ersten Weltkrieg für die Restaurierung der alten Machtstrukturen. Als nationalsozialistischer Freikorpsmann nutzte er unter dem Schein der von den Sozialdemokraten gewährten Legalität alle Möglichkeiten, den deutschen Arbeiter auf das herabzustufen, was er gewesen war: ein Arbeitstier zur Mehrung der Macht und des Reichtums weniger. Ottwalt, der im pommerschen Zippnow (Kreis Deutsch-Krohne) als Sohn eines Pastors zur Welt gekommen war, in Halle sein Abitur gemacht hatte, war im »Freikorps Halle« an der Niederschlagung der Revolution 1918/19 in Deutschland beteiligt. Im Kapp-Putsch 1920 kämpfte er für die Errichtung einer Militärdiktatur. In den nachfolgenden Auseinandersetzungen mit den Arbeitern, die im mitteldeutschen Aufstand 1921 gipfelten, wurde der Freikorpsmann in Arbeiterversammlungen geschickt – zu Spitzeldiensten.

In der Auseinandersetzung mit dem Proletariat vollzog sich Ottwalts Wandlung zum Kommunisten: »Es war für mich eine erschütternde und im höchsten Maße beunruhigende Entdeckung, daß die Arbeiter sich den Anteil an den Bildungsgütern des Bürgertums, den die Schule ihnen vorenthielt, selbständig und in erbitterter Arbeit errangen... Lange habe ich mich gegen diese Gefühle und Erkenntnisse gesträubt. Ich versuchte qualvoll, mein ins Nichts zerfließendes und zerbrechendes Weltbild zusammenzuhalten...«

In seinem ersten Roman »Ruhe und Ordnung«, der 1929 im Malik-Verlag erschien, zeigte er in autobiographischer Schilderung die Verführung der Jugend durch nationalistische Demagogie, führte er die politische Dummheit der Sozialdemokratie vor, die sich gerade mit solchen Demagogen nach 1918 verbündet hatte. Kurt Tucholsky schrieb in seiner Rezension dieses Buches in Hinblick auf

Ernst Ottwalt mit seiner Schwägerin Ilse Mattenklott um 1924

Mord und Totschlag an Arbeitern, begangen von den Freikorps: »Die Widmung fehlt dem Buch; eine schöne, hübsch gesetzte Widmung: Unseren sozialdemokratischen Auftraggebern in Dankbarkeit.«

Dem Roman »Ruhe und Ordnung« folgte die literarische Abrechnung mit der deutschen Justiz unter dem Titel »Denn sie wissen, was sie tun«. Dieser Roman nahm zum Anlaß, was der Mathematiker

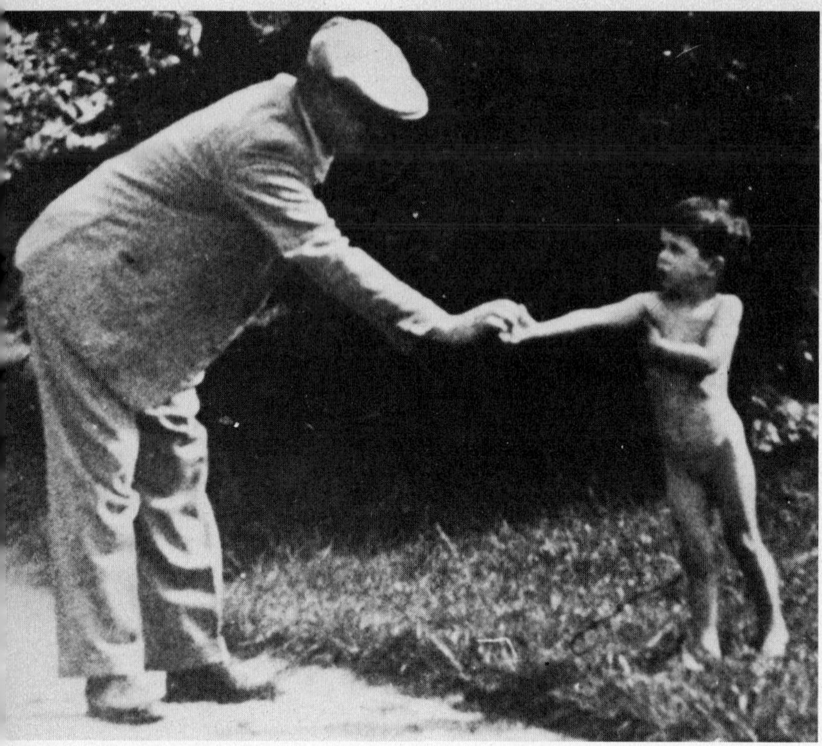

Ernst Ottwalt mit der Brecht-Tochter Barbara 1933 auf der dänischen Insel Thurö, wo Brecht und Ottwalt Zuflucht gefunden hatten

Emil Julius Gumbel in einer Dokumentation und Tucholsky immer wieder in der »Weltbühne« gesagt und bewiesen hatten: daß die Justiz in der Weimarer Republik das Verbrechen von rechts schützte. Was an Ottwalts Buch auffiel, war der Verzicht auf Schwarz-Weiß-Malerei. Kurt Tucholsky: »Es ist gut gesehen, wie die Rädchen des großen Unrechtsgetriebes ineinandergreifen, Akte auf Akte, Paragraph auf Paragraph, die Verantwortung ist in unendlich winzige Teile verteilt, zum Schluß ist es keiner gewesen.« So war es dann auch nach 1945. Kein deutscher Richter wurde in der Bundesrepublik rechtskräftig für seine Verbrechen verurteilt.

Im Jahre 1932 erschien von Ernst Ottwalt unter dem Titel »Deutschland erwache« die beste zeitgenössische Analyse der »Geschichte des Nationalsozialismus«. Als die Nationalsozialisten 1933 die Staatsgewalt übernahmen, entkam

Ottwalt ihrem Zugriff nur, weil er und seine Frau Waltraut Ottwalt-Nicolas sich versteckt hielten. Bertolt Brecht ließ das Ehepaar Ottwalt nach Dänemark nachkommen, wo es bei der Schriftstellerin Karin Michaelis auf der Insel Thurö seinen ersten Unterschlupf nach der Flucht fand.
Der Kommunist Ottwalt entschied sich für Moskau als endgültiges Exil. Dort schrieb er seine Novelle »Der Spitzel«, die Geschichte eines Mannes, der, um sein Leben zu retten, den Pakt mit der Gestapo eingeht und dem nach gelungener Flucht in die Sowjetunion die Rechnung präsentiert wird. Die Sowjets bezogen die Geschichte auf Ottwalt und verhafteten ihn und seine Frau. Verhaftungen von deutschen Emigranten waren damals an der Tagesordnung. Waltraut Ottwalt-Nicolas urteilte nach dem Zweiten Weltkrieg in ihrem Buch »Viele tausend Tage«: »Man rechnete wohl so: Wenn wir unter hundert einen wirklichen Spion fassen, hat sich die Sache gelohnt. Sie hatten gar kein Anklagematerial, behaupteten einfach: Du bist Spion, nun beweise mal das Gegenteil. Und wer einmal saß, kam nicht wieder heraus...«
Die Festnahme der Ottwalts erfolgte am 7. November 1936, am Vorabend des Jahrestages der sowjetischen Revolution. Bei ihrem abendlichen Spaziergang trat ein Fremder auf sie zu und beschuldigte Ottwalt des Diebstahls seiner Uhr und seiner Ausweispapiere. Die Ottwalts sagten, es müsse eine Verwechslung vorliegen. Der Fremde bat sie, mit ihm auf die nächste Polizeiwache zu kommen, wo sie sich ausweisen könnten. Auf der Polizeiwache war vom Uhrendiebstahl nicht mehr die Rede, sondern von Spionage, Trotzkismus und Agitation gegen den sowjetischen Staat. Das Ehepaar kam ins Gefängnis und wurde zu fünf Jahren Arbeitslager verurteilt.

Letztes Foto, das Ernst Ottwalt und seine Frau Waltraut in Deutschland gemeinsam zeigt. Kurz danach floh das Ehepaar nach Dänemark. Die Ottwalts kamen schließlich in Moskau unter, wurden von den Sowjets verhaftet und zu Arbeitslager verurteilt. Ottwalt kam ums Leben, seine Frau Waltraut mußte Zwangsarbeit leisten und wurde später nach Deutschland abgeschoben

Waltraut Ottwalt-Nicolas kam schließlich wieder frei, ihr Mann nicht. Im Westen schrieb sie nach

1945 in ihrem Buch »Die Kraft, das Ärgste zu ertragen«, wie sich ihre beiden Wege durch die sowjetischen Lager durch Zufall noch einmal kreuzten und die Frau ihren Mann wiedersah:
»Dicht neben meinem Ohr höre ich plötzlich wieder diese flüsternde Stimme: ›Schau her, aber gib acht, daß die Konvois (Wachtposten) nichts merken.‹ Vorsichtig wende ich den Kopf nach der Richtung, aus der die Stimme kam. Da sehe ich neben mir hinter einem Gitter bleiche Männergesichter sich aus dem Dunkel herausschälen. Mager und ausgehöhlt sind sie, von struppigen Bärten umrahmt; aus tiefen Schattenhöhlen starren leuchtende Augen auf mich. Und eines dieser graublassen, bärtigen Gesichter, das von einem unbeschreiblichen Lächeln erhellt ist, erkenne ich. ›Du – Du bist noch da?‹ flüsterte ich. ›Ja, ich bin noch da‹, sagt er mit einer Betonung, die viel mehr ausdrückt... Wie schmal sein Gesicht geworden ist, wie schrecklich verändert! Tiefe Falten haben es durchzogen, das Haar über der hohen Stirn ist weiß geworden. Ein alter Mann – und er ist erst 36 Jahre alt! Aber das Lächeln, das nur den einen Mundwinkel verzieht, wenn ihn etwas innerlich anrührt – das ist dasselbe geblieben wie früher...
›Bist du gesund?‹ fragt er leise.
›Ja‹, lüge ich, ›ganz gesund! Und du?‹
›Ich auch‹, lächelt er, aber die tiefen Schatten unter seinen Augen sagen das Gegenteil. ›Wie war die Untersuchung?‹ ... ›Scher dich

Ernst Ottwalt – als Kommunist Opfer der Sowjets

nicht darum, das ist ja alles Theater‹, lacht er. ›Sie verhaften Deutsche; aber zum Verhör haben sie mich nur ein einziges Mal geholt und nicht einmal Protokoll geführt.‹
Mir wird ganz leicht ums Herz. Nur ein Verhör und ohne Protokoll – sie werden ihn nicht erschießen...!«
Zwei Tage blieben Ernst und Waltraut Ottwalt zusammen. Im Zug nach Stalingrad. Auf dem Weg in ein neues Gefängnis. Nach Stalingrad sahen sie sich nie mehr wieder. Die letzte Nachricht Ernst Ottwalts kam im Herbst 1940 aus Archangelsk. Ernst Ottwalt kehrte nicht mehr heim nach Deutsch-

land. Wie er zugrunde gerichtet wurde, wissen nur die Sowjets.
In den Nürnberger Prozessen gegen die NS-Machthaber wurde Ernst Ottwalt zum Kronzeugen der Anklage gegen die Nazis ausgerechnet vom Hauptankläger der Sowjetunion, Rudenko, ausgerufen, dessen Land den deutschen Schriftsteller auf dem Gewissen hatte. In ihrem Buch »Viele tausend Tage« berichtet Waltraut Ottwalt, die 1962 starb: »... und nun verlas der sowjetische Ankläger Sätze aus dem Buch, nannte die Seitenzahl, nannte den Buchtitel und den Namen des Autors ›Deutschland erwache, Geschichte des Nationalsozialismus‹ von Ernst Ottwalt. Ich wollte es nicht glauben, als ich es in der Zeitung las. Aber da stand es mit aller Deutlichkeit; der Vertreter der Sowjetmacht berief sich in seiner Anklage gegen den Nationalsozialismus einzig auf Ernst, den die gleiche Sowjetmacht als Feind in die Arktis verbannt hatte.«
Ernst Ottwalts Frau schrieb Rudenko, bat um Aufklärung des Schicksals ihres Mannes: »Eine Antwort kam nie. Augenscheinlich machte es der Macht, die über diesen Appell an die Gerechtigkeit zu entscheiden hatte, nichts aus, einen als schuldig verdammten Sträfling gleichzeitig als Propheten zu loben, der einem verblendeten Volk sein Unheil vorausgesagt hatte: Bitte sehr, schwarz auf weiß... Unwiderlegbarer Wahrheitszeuge der Anklagebehörde. Heute wurde er gebraucht, seine Stimme als Fanfare des Prozesses; mochte er morgen wieder verstoßen werden in das Schweigen des Verleumdetseins, die Verdammnis der Geächteten...«
Erst am 18. Januar 1958 unterrichtete das Rote Kreuz der UdSSR Bonn davon, daß der Deutsche Ernst Ottwalt am 24. August 1943 gestorben sei, ohne ein Wort über die Todesursache zu verlieren.

*

Johannes R. Becher, 1891 in München gebürtig, Mitglied der KPD seit 1918, literarischer Draufgänger im Kampf gegen Faschismus und Kapitalismus, überlebte die »braune Ära« im »roten Moskau«. Er organisierte nach 1945 das kulturelle Leben im sowjetischen Machtbereich Deutschlands. Er holte Bertolt Brecht, Anna Seghers, Arnold Zweig und zahlreiche andere exilierte Künstler nach Ost-Berlin. Er gewann Heinrich Mann für den Osten – als Präsident der Akademie der Künste. Doch Heinrich Mann starb unmittelbar vor der Rückkehr nach Deutschland. Johannes R. Becher wurde 1954 DDR-Minister für Kultur. Er starb am 11. Oktober 1958.
Johannes R. Becher war im »Dritten Reich« ein Verfemter. Er blieb es im westlichen Teil Deutschlands über 1945 hinaus. Haß und Verachtung in der Bundesrepublik entzündeten sich an einem Gedicht, dessen erste Strophe so lautet:

> Auferstanden aus Ruinen
> Und der Zukunft zugewandt,
> Laß uns dir zum Guten dienen,
> Deutschland, einig Vaterland.

Alte Not gilt es zu zwingen,
Und wir zwingen sie vereint,
Denn es muß uns doch gelingen,
Daß die Sonne schön wie nie
Über Deutschland scheint.

Der Text des Gedichtes wurde in der Vertonung Hanns Eislers die Nationalhymne der DDR, in der Bundesrepublik »Spalter-Hymne« genannt. Das Lied mit dem Text Johannes R. Bechers ging um die Welt und wird nicht nur bei Olympischen Spielen häufiger gespielt als die Hymne der Bundesrepublik, das Deutschland-Lied Hoffmann von Fallerslebens. »Auferstanden aus Ruinen« wurde das erfolgreichste deutschsprachige Gedicht dieses Jahrhunderts. Über die literarischen Qualitäten Johannes R. Bechers sagt dieses Gedicht nichts aus. Sie gründen sich auf dem Expressionismus, zu dessen Wortführern er gehörte:

Verfall
Unsere Leiber zerfallen,
Graben uns singend ein:
Berauschte Abende wir,
Nachtsturm- und meerverscharrt.
Heißes Blut vertrocknet,
Eitergeschwür verrinnt.
Mund, Ohr, Auge verhüllet
Schlaf, Traum, Erde, der Wind.

Gelblich träger Würmer
Enggewundener Gang.
Pochen rollender Stürme.
Wimpern, blutrot lang.
... *»Bin ich zerbröckelnde Mauer,*
Säule am Wegrand, die schweigt?
Oder Baum der Trauer,
Über den Abgrund geneigt?« ...
Süßer Geruch der Verwesung,
Raum, Haus, Haupt erfüllend.
Blumen, flatternde Gräser,
Vögel, Lieder quillend.

»Ja –: verfaulter Stamm...«
Schimmel. Geächz. Gestöhn.
Unter wimmelnder Himmel Flucht
Furchtbarer Laut ertönt:
Pauke, Tubegedröhn.
Donner. Wildflammiges Licht.
Zymbel. Schlagender Ton.
Trommelgeschrill. Das zerbricht. –

Der ich mich dir, weite Welt,
Hingab, leicht vertrauend,
Sieh, der arme Leib verfällt,
Doch mein Geist die Heimat schaut.
Nacht, dein Schlummer tröstet mich,
Mund ruht tief und Arm.
Heller Tag, du lösest mich
Auf in Unruh ganz und Harm.

Daß ich keinen Ausweg finde,
Ach, so weh zerteilt!
Blende bald, bald blind und Binde.
Daß kein Kuß mich heilt!
Daß ich keinen Ausweg finde,
Trag wohl ich nur Schuld:
Wildstrom, Blut und Feuerwind,
Schande, Ungeduld.

Tag, du herbe Bitternis!
Nacht, gib Traum und Rat!
Kot, Verzerrung, Schnitt und Riß –
Kühle Lagerstatt...
Alles muß noch ferne sein,
Fern, o fern von mir –
Blüh empor im Sternenschein,
Heimat, über mir!

Einmal werde ich am Wege stehn,
Versonnen, im Anschaun einer
großen Stadt.
Umronnen von goldener Winde
Wehn.
Licht fällt durch der Wolken Flucht
matt.
Verzückte Gestalten, in Weiß
gehüllt...
Meine Hände rühren
An Himmel, die von Gold erfüllt,
Sich öffnen gleich Wundertüren.

Wiesen, Wälder ziehen herauf.
Gewässer sich wälzen. Brücken.
Gewölbe. Endloser Ströme Lauf.
Grauer Gebirge Rücken.

Rotes Gedonner entsetzlich schwillt.
Drachen, Erde speiend.
Aufgerissener Rachen, die Sonne brüllt.
Empörung. Lachen. Geschrei.

Verfinsterung. Erde- und Blutgeschmack.
Knäuel. Gemetzel weit...
... *»Wann erscheinest du, ewiger Tag?*
Oder hat es noch Zeit?
Wann ertönest du, schallendes Horn,
Schrei du der Meerflut schwer?
Aus Dickicht, Moorgrund, Grab und Dorn
Rufend die Schläfer her?«...

Johannes R. Becher war der Sohn eines Oberlandesgerichtspräsidenten. Er wuchs in einer Umgebung auf, die »mit Bach, Beethoven, Schiller und Goethe zusammenlebte«. Den Drangsalierungen mit Kulturgut nach Art des Vaters, der in der Praxis alles beiseite schob, was er privatim anbetete, setzte der Sohn Widerstand entgegen. In einer Hinwendung zu einer extremen katholischen Religiosität provozierte er das protestantische Elternhaus. Religiosität blieb ein durchgehendes Element in seiner Dichtung. Kompensation des Unbehagens an seiner Zeit. Die Titel seiner frühen Lyrikbände lauten: »Die Gnade eines Frühlings«, »De profundis domine«, »Der Gestorbene«, »Um Gott«, »Verklärung«, »Hymnen«.

»Was ist das: dieses Zu-sich-selber-Kommen des Menschen«, schrieb Becher bohrend am Ende seines Lebens. Zuerst einmal war es der Ausbruch aus dem Bürgertum, das Becher dichtend in der Figur des Vaters so durchschaute:

Mittags kommt der Vater nach Haus.
Er trägt Zylinder und Frack.
Er legt auf den Schreibtisch feierlich
Einen großen unheimlichen Akt.

»Vater«, fragt die Mutter, »wie war es denn?!«
»Na, wie Hinrichtungen eben sind –«
Der Vater nahm die Mutter beiseite:
»Pst. Ruhig. Nicht vor dem Kind!«

Der Vater hat den Braten zerteilt.
Der Braten schmeckte ihm gut.
Ich sah an seiner Hand ein Beil.
Seine Augen standen voll Blut.

Satt stand er auf: »Wie geht's
Hans, mit den Schulaufgaben?!«
Viele haben gemordet wohl, dachte ich,
Weil sie gehungert haben...

Ausgerechnet diesem Vater verdankte der Sohn, daß er nicht für Jahre ins Gefängnis mußte. Johannes R. Becher stand noch im Schüleralter unter Mordanklage. Um die Reinheit seiner Liebe zu retten, hatte er die Prostituierte Fanny Fuß – Little Lunch genannt – erschossen und dann die Pistole auf sich gerichtet und dreimal abgedrückt. Mit lebensgefährlichen Verletzungen gefunden und ins Krankenhaus eingeliefert, hatte Johannes R. Becher überlebt. Dank des Einflusses seines Vaters billigte ein Münchner Gericht dem Sohn den Paragraphen 51 (Zurechnungsunfähigkeit zum Zeitpunkt der Tat) zu. Becher beschrieb seine Tat im Gedicht so:

Wir suchten den Ostersonntag uns aus.
Ich erschoß sie und schoß dreimal auf mich.
Sie ist wie ein Fisch aus dem Bett hochgeschnellt,

Little Lunch,
Durchbiß sich die Zunge.
Ich habe ihre Augen verglasen sehn.
Ich ließ sie bluten. Sie ließ mich schrein.
Wir ließen einander im Sterben allein.

Johannes R. Becher – wieder gesundet – stürzte sich in die Welt des Rauschgifts, wurde morphiumsüchtig und beging den nächsten Selbstmordversuch, als er davon erfuhr, daß sich sein Bruder am Weihnachtsabend das Leben genommen hatte.

»Eine fanatische Vernichtung«, schrieb Johannes R. Becher. »Überschwemmung, Brand, Lawinen... ein spitzer Blitz von Konsonanten, wie viel von euch vergriffenen Worte, muß ich noch durchleiden?!... Sätze!! Feuer, Wirbel und Fieber, in jagendster Ungeduld, überstürzt, Gewitter, Explosionen Katarakte.« Unbändig und ungebärdig vergewaltigte Becher alle Wortkonventionen. Und er schrieb auch so:

Noch nie war ich so tief gelegen
Wie unter dieser Nacht und ohne Kleid.
Der Brunnen meines Bluts verbraust im Regen.
O Osten meines Herzens: ferne Zeit.

Unheilbar wurzelt Wahn auf meinem Grunde.
Hoch oben schwelgt in Kronen eine Frucht.
Und eine Hymne glänzt in meinem Munde –
Nach Sternen habe ich dich abgesucht,

Uralter Raum, und nach zu seltenen Farben,
Nach einem Ton weh-braun und trunkenem Quell.
Doch ach mein Leib verschnürte sich mit Narben.
Auch diese Nacht dünkt mir noch allzu hell.

Die Saiten meiner Harfe sind zergriffen.
Jetzt hab ich Blitz und Feuer aufgespannt.
Und riß Geleit und Steuer von den Schiffen –
Ein neuer Klang. Und es verkohlt die Hand.

Und meine Füße treiben ins Gebirge.
Doch diese Stirn sie lechzt nur noch nach Meer.
Kein Licht wird sein, nur Sturm, wenn ich mich stumm erwürge.
Leb wohl. Ein Ruf durch deinen Traum. Nicht mehr. –

Becher gehörte zu den wenigen bedeutenden Schriftstellern, die sich nach der gescheiterten Revolution nach dem Ersten Weltkrieg eng mit der KPD verbanden.

Sein literarisches Werk blieb aggressiv, ging aber nicht mehr über die Verständnismöglichkeiten einfacher Leute hinaus. Für das Empfinden bürgerlicher Ästheten hatte der Dichter zugunsten des Agitators abgedankt. Bechers »Glaubensbekenntnis« zeigt Religiosität ohne den Gott im Himmel. Es spricht ein Jesuit des Kommunismus:

Vater unser,
Der du nicht bist im Himmel,
Nicht auf der Erde,
Nicht unter der Erde,
Entheiligt ist längst dein Name...
Dein Reich, deine Herrlichkeit, sie kam,

Ein stinkender Pfuhl,
Darin sich im Haufen die Ermordeten wälzten.
Dein Wille geschah,
Dein Wille, der gebot,
Der eine soll Herr,
Der andere soll Knecht sein...
Ja, aber in Versuchung hast du oft uns geführt,
In die Versuchung,
Mich angedeihen zu lassen unseren Peinigern.
Erlöst hast du uns zwar vom Übel nicht,
Sonst hättest in einer Stunde
Du Allmächtiger,
Hinweggerafft durch eine Seuche du
Alle Menschenbedrücker.
Wir beten nicht: vergib uns unsere Schuld!
Wir werden unsere Schuld uns selbst vergeben,
Vergeben wird sein uns die Schuld
In dem Augenblick,
Da wir das Messer hindurch die Rippen
Unseres Zwingherrn gestoßen haben,
Da wir den Geist der Knechtschaft in uns gemordet haben...
Dann,
Wenn wir allwissend,
Allfühlend,
Allsehend,
Allerkennend,
Allmächtig,
Dann,
Wenn wir frei sind –!
Amen.

Ich bekenne:
Der historische Materialismus,
Die revolutionäre Dialektik,
Der Marxismus-Leninismus:
Er wölbt sich als strahlende Gedankenkuppel
Des Neuen Zeitalters.
Gedankenblut vom Herz-Blut des Proletariats. –
Unerbittlich,
Heroisch glühend,
Wahrhaft groß:
Das ist die eiserne Stirn des Komintern,
Hervorgewachsen aus den Kämpfer-Körpern der Parteien,
Kollektive Erfahrung,
Kollektives Wissen,
Es ist die Bewußtwerdung,
Die Verwirklichung uralten Menschheitstraums,
Die Gewißheit des Siegs...

Fresse dich ein,
Blutfackel,
Entzündet aus Menschenblut,
In das morsche Gerümpel
Metaphysischer Himmel!...

Dieses Gedicht stammt aus dem 1925 erschienenen Buch »Der Leichnam auf dem Thron«, das Becher ein Verfahren wegen Vorbereitung zum Landesverrat einbrachte. Der Anklageerhebung folgte die Verhaftung des unbequemen Schriftstellers. Mit dieser Reaktion durch die Justiz der Weimarer Republik wurde deutlich, daß sie die Verbreitung sozialistischer Ideen strafrechtlich einzuordnen gedachte – bei voller Legalität der KPD. Der Protest gegen das Vorgehen im Falle Becher war so vehement, daß der Dichter nach drei Tagen Haft wieder freigelassen wurde. Für ihn setzten sich Prominente, wie der Russe Maxim Gorki, die Franzosen Henri Barbusse und Romain Rolland und die Deutschen Max Brod, Lion Feuchtwanger, Alfred Döblin, Hermann Hesse, Thomas und Heinrich Mann, Ernst Toller, Ernst Rowohlt und Gerhart Hauptmann ein.

Das Verfahren gegen Becher zog sich fast drei Jahre hin. Dann wurde es aufgrund eines Amnestie-

Der 36jährige Johannes R. Becher 1927 auf seiner ersten Reise in die Sowjetunion

Gesetzes eingestellt. »Gott ist tot. Der Mensch lebt. Der blut- und fleischgewordene Erlösungsgedanke ist der revolutionäre Klassenkampf«, schrieb Becher 1926 und fügte für sich und seine politische Haltung den Satz Leonardo da Vincis an: »Wer einem Stern folgt, kehrt nicht um.«

Johannes R. Becher entkam nach dem Reichstagsbrand am 27. Februar 1933 der von SA-Männern gestellten Falle. Sie hatten sein Haus in Berlin umstellt, doch der Dichter war nicht zu Hause. Becher fand zuerst in Österreich Zuflucht. Er ging schließlich nach Moskau ins Exil. Was er erlebte, stand nicht unter dem Stern von Bethlehem: Stalin paktierte mit Hitler, teilte sich mit den deutschen Faschisten Polen, ließ die polnische KP liquidieren, inszenierte Prozesse gegen ihm mißliebige Personen und bestimmte das Todesurteil für sie. Da entstanden Verse von Becher, die Todesnähe mitteilen:

Das war die Angst: allein
Zu sein im dunklen Zimmer.
Kein Lichtschein. Nicht ein
Schimmer.
Das Dunkel kroch herein.

Das war die Angst, die dich
Und mich oft ließ erbleichen:
Daß wir uns nicht erreichen
Und jeder bleibt für sich.

O aller Ängste Angst:
Woher sind wir geboren?
Wohin gehn wir verloren?
O Himmel – auch du bangst!

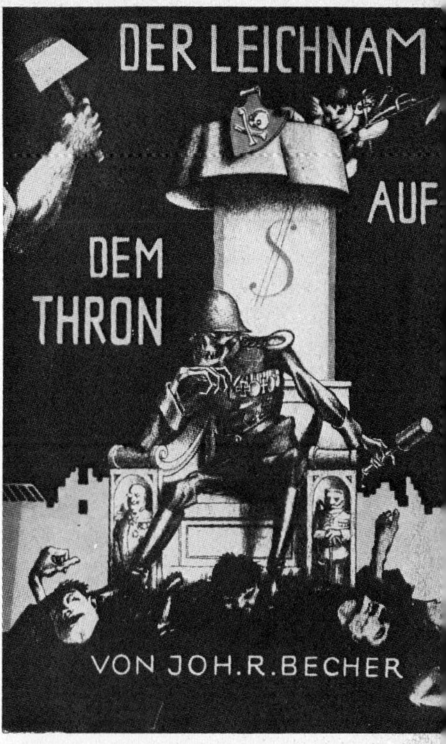

Umschlagzeichnung zu einem Gedichtband aus dem Jahre 1925, der Becher ein Verfahren wegen Vorbereitung zum Landesverrat einbrachte

Becher bekannte:

Ich halte über meine Zeit Gericht,
Wobei mein »schuldig« auch mich
schuldig spricht,

Daß ich zu spät hab, Deutschland,
dich erkannt,
Zu spät hab ich mich ganz dir
zugewandt,

Zu spät hat sich mir deine, meine Art
Im Guten wie im Bösen offenbart.

Was ich als gut erkannt – zu schwach
begehrt,
Zu schlecht bekämpft das, was
verdammenswert,

Zu spät erst schied sich Sinn vom
Widersinn,
Und ich erkannte, wessen Sinns ich
bin.

So beug ich mich und nehme Schuld
auf mich,
Zu spät hab ich, Deutschland, gebangt um dich.

In der Verbannung erst, im
Fernesein,
Ward ich der deine ganz – für immer
dein

*

Ballade von den Dreien

Der Offizier rief: »Grabt den Juden ein!«
Der Russe aber sagte trotzig: »Nein!«

Da stellten sie den in das Grab hinein.
Der Jude aber blickte trotzig: »Nein!«

Der Offizier rief: »Grabt die beiden ein!«
Ein Deutscher trat hervor und sagte: »Nein!«

Der Offizier rief: »Stellt ihn zu den zwein!
Grabt ihn mit ein! Das will ein Deutscher sein!«

Und Deutsche gruben auch den Deutschen ein...

Johannes R. Becher war kein Bertolt Brecht und kein Pablo Neruda, die Kommunisten wie er waren. Brecht hatte nach 1933 die Weisheit gehabt, sich nicht Moskau als Exil zu wählen. Pablo Neruda hatte die Weisheit gehabt, sich nicht in ein politisches Amt zu begeben. Da Brecht und Neruda ihre poetische Integrität wahrten, ließ sich ihre Literatur nicht desavouieren. Johannes R.Becher, der dichtende Politiker in der DDR, dagegen machte Reklame für Stalin und Ulbricht (»Und wir alle, die wir die Heimat lieben, und wir alle, die wir den Frieden lieben, lieben dich, Walter Ulbricht, den deutschen Arbeitersohn«).

Bücher des 21jährigen aus dem Jahre 1912

Bechers Sohn aus zweiter Ehe – Becher war dreimal verheiratet – besuchte den 60jährigen 1951 in Ost-Berlin und kehrte enttäuscht von seinem Vater nach London, wo er wohnte, zurück. Der 21jährige schrieb an den Vater einen offenen Brief:

»Lieber Vater!

Wie Du siehst, bin ich zurück in England. Ich bedaure nicht, Dich besucht zu haben, ich bedaure auch nicht, nach England heimgekehrt zu sein. Es war erfreulich, Dich, Vater, wiederzusehen – nach 12jähriger Trennung. Die wenigen Augenblicke mit Dir zusammen, der Anblick des Zustandes, in dem Du lebst, war für mich ein weit stärkerer Lehrmeister als alle meine Jahre in England. Du wirst Dich erinnern, ich rief Dich per Telephon von der Berliner Westzone an. Es war ein Sonntag, und Du warst gerade vom PEN-Kongreß zurückgekehrt. Mein Verlangen, Dich zu sehen, war der Zweck meiner Reise nach Berlin. Doch Du mußtest mir sagen: Ich kann Dich nicht empfangen in meinem Haus. Ich mußte bis zum nächsten Tage warten, um Dich in Deinem Bureau zu sehen – wie ein Arbeitskollege oder Businessman. Es ist mir nie gelungen, Dich in Deinem Haus hinter Stacheldraht zu besuchen. Niemals werde ich Antwort geben können auf die Frage so vieler Freunde: Warum lebt dein Vater hinter Stacheldraht? – Ist das der Schutz vor der Liebe Deines Volkes? – Vater, ich weiß, wie große Ideale und Zukunftshoffnungen Du in das deutsche Volk gesetzt hattest, das Dir immer am Herzen gelegen hat. – Fürchtest Du Dich jetzt vor Deinem Volk?

Dein freudiger Blick, als wir uns endlich wiedersahen, wird mir in ewiger Erinnerung bleiben. Trotz der langen Trennung fühlte ich, daß die Liebe nicht gemindert war. Du hattest sofort Pläne für mich – für die Zukunft. War es möglich, daß Du den Verhältnissen um Dich so blind gegenüberstandest? – Denn als ich daranging, den ersten Schritt zu Deinen Plänen zu verwirklichen, da fühlte ich bereits, daß Unmögliches von mir verlangt werde.

Ich mußte Erlaubnis haben von der Partei, vom Innenministerium, in der Deutschen Demokratischen Republik bleiben zu dürfen. Du warst überzeugt von Deiner Macht – schließlich bist Du ja eine Persönlichkeit. – Und so ging ich zur Partei mit der Bitte, mir den Aufenthalt zu gewähren, den Aufenthalt in meiner Heimat bei meinem Vater.

Man gab mir einen langen Fragebogen. Man verlangte Auskunft über Dich, mein Vater, und über meine Mutter. Warum von mir? – Ich habe Blut geschwitzt, um dieses Dokument zu beantworten, zumal mein Deutsch nach den vielen Jahren, wie Du weißt, mangelhaft ist.

Wer ist dieser Anton Joos, zu dem man mich geschickt hatte? Da saß er hinter seinem Schreibtisch – ein kleiner, grauhaariger Mann, mit harten kalten Augen im Gesicht, das in den langen Stunden meiner Vernehmung niemals ein Lächeln hervorbrachte.

Letztes Treffen Bechers mit seiner Mutter vor der Emigration in München

Warum alle diese Fragen? Warum die Stenotypistin hinter mir? Er hatte den von mir ausgefüllten Fragebogen in der Hand, und noch mal mußte ich dieselben Fragen beantworten. Sollte es für ihn unbegreiflich sein, daß meine Mutter es vorzieht, im Frieden Englands zu leben, als in ihrem Alter sich nochmals in den Wirbel des verrückten Berlins zu werfen? – Machte er mich für meine Mutter verantwortlich? Und warum konnte er das natürliche Gefühl nicht begreifen, daß alles, was ich wollte, war, mit Dir zu sein – und in meiner Heimat wieder leben zu dürfen? – Ich gefiel ihm nicht, und er war mir von Herzen unsympathisch. Und das entschied meine Zukunft.

Dieser kleine Mann – dieser Wicht im Vergleich zu Dir –, schrieb Dir vor – Dir, einem Führer des Neuen Deutschlands –, wie Du Deinen Sohn zu behandeln hast. Und Du folgtest ohne Widerspruch. Vielleicht hattest Du Dich etwas geschämt, denn Du hast so lange wie möglich gezögert, mir die Entscheidung bekanntzugeben. Ist Dir in dieser Situation die Realität der Verhältnisse, unter denen Du lebst, nicht zum Bewußtsein gekommen? Erkennst Du nicht, daß Deine Macht nur eine Illusion

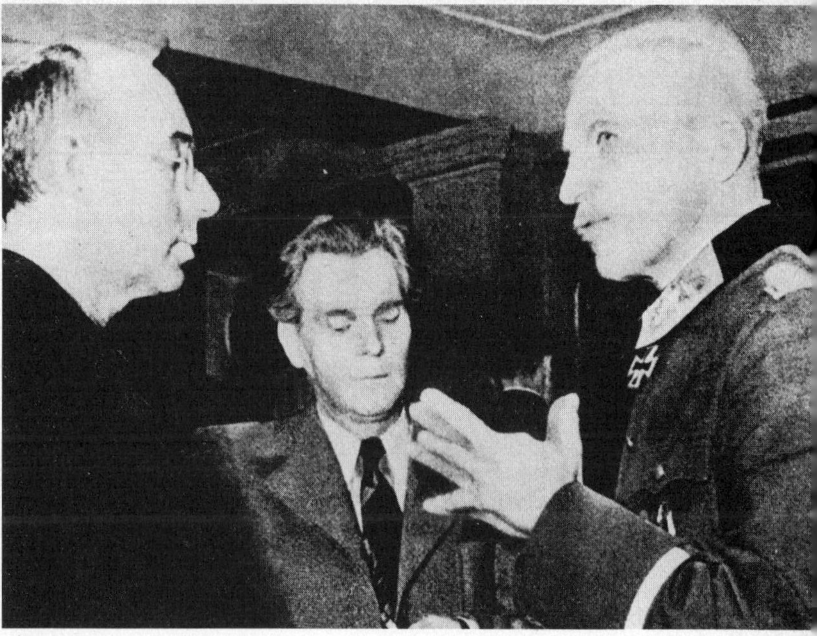

Becher und Erich Weinert im Gespräch mit dem Gefangenen General von Seydlitz in Moskau

ist? – Daß das Deutschland, von dessen Aufbau Du jahrelang geträumt hast, in den Händen von solchen Personen zum Selbstzweck mißbraucht wird? – Und alles das geschieht mit Deinem Namen, ein Name, den jeder Deutsche kennt und dem viele vertrauen.

Muß ich Dir sagen, daß man Dich verwendet wie ein Werkzeug? Daß man nur Deinen Namen und Deine Unterschrift als Aushängeschild dem deutschen Volk hinhält? – Daß Deine Liebe, das deutsche Volk, mit Deiner Hilfe vernichtet wird? – Schau mit offenen Augen! – und Du mußt wahrnehmen, daß die ganze Propaganda, die Plakate und Aufrufe für Frieden umkreist werden von Uniformen – und daß die deutsche Jugend in Deiner Demokratischen Republik vorbereitet und trainiert wird für ein noch größeres und vollkommeneres Blutbad. Wenn Du in Deinem Auto durch die Straßen fährst, versuch die Menschen zu erfassen – so wie sie sind – hungrig und in Angst vor dem Morgen. Sie wünschen nur eins: In friedlicher Sicherheit zu leben! – Blick auf die wieder marschierende Jugend in Uniform und Militärstiefeln; hast Du das nicht schon einmal gesehen?

Brecht und Becher 1954
zu Gast bei dem Westberliner
Arzt Dr. Wallner

Wir hatten wenig zu sagen, als wir uns verabschiedeten. Ich fühlte, Du ahntest, was in mir vorging, nämlich daß ich mich bereits entschieden hatte, niemals an dem Traum von Deinem Deutschland teilzunehmen, der sich zusehends in einen Alpdruck verwandelt.

Als mein Vater besitzt Du meine Liebe. Wenn ich Deine Arbeiten lese, so glaube ich zu begreifen, was Du pflanzen und pflegen wolltest, aber wenn ich sehe, was aus Deinem Werk emporschießt – eine Finsternis, die aufs neue Europa bedroht, dann bin ich froh, daß sich unsere Wege getrennt haben. Dein Sohn John T. Becher.«

In einer Analyse seiner selbst, in der er sein Elend erkannte, es publik und keine Abstriche von seinen Feststellungen machte, gewann Johannes R. Becher etwas von seiner Größe von einst zurück. »Sie waren nicht in Übereinstimmung miteinander zu bringen, der Dichter und der Funktionär, die er beide in einer Person vereinigte«, schrieb Becher. »Es war interessant zu beobachten, wie auch die Menschen, die ganz einfachen, unverderbten Menschen, diese beiden ›Ämter‹ nicht in einer Person vereinigt sehen wollten, und so sprachen sie mit ihm entweder als Dichter oder als Funktio-

Begegnung mit Thomas Mann, der 1955 in die DDR reiste und Weimar besuchte

när, aber niemals gleichzeitig mit ein und demselben.«
Johannes R. Becher befand: »Meine politische Tätigkeit wird in dem Maße schwächlich und unwirksam, als mein poetischer Grund nicht durch sie hindurchschimmert, und meine Poesie beginnt zu versagen, wenn ich eine politische Tätigkeit ausübe, die ihrer Herkunft und Art nach meiner poetischen nicht entspricht.« Becher kämpfte mit sich:

»Du, den ich täglich in mir niederzwinge –
Ich kämpfe mit dir im Schlaf auch unbewußt –
Mit dem ich hart mein ganzes Leben ringe;
Du großer Feind in meiner eignen Brust –

Gefährlicher und schlimmer als das Schlimme
Und die Gefahr, die ringsum mich bedrohn,
Sprichst du mich an mit meiner eignen Stimme,
Und ist es mir, als wärst du längst geflohn,

Daß ich mit mir zufrieden bin und prahle,
Und freue mich, weil ich dem Frieden trau
Dann schleichst du dich heran, wie bist du schlau! –
Und schlägst mich nieder; oh, wie viele Male

Erlitt ich so gewaltigen Verlust,
Du großer Feind in meiner eignen Brust...«

Bechers 21jähriger Sohn John aus London

Johannes R. Becher im Alter seines Sohnes

Johannes R. Becher veröffentlichte in der DDR auch diese Reflexion: »Immer wieder muß ich darüber nachdenken, wie es möglich ist, daß bei uns, die wir zweifellos auf der richtigen Seite stehen, auf der Seite der besten Sache der Welt, auf der Seite der Wahrheit, der Gerechtigkeit, der Freiheit, der Völkerverständigung, des Friedens – daß in unseren Reihen sich Leute befinden, alberne Wichtigtuer, Nichtsnutze und Schwindler, die keineswegs leicht zu entlarven sind, sondern sich schön in Position zu setzen wissen und oft eine nicht unbeachtliche Rolle spielen...«

Am Ende seines Lebens bekannte der DDR-Dichter öffentlich über sich: »Du könntest der Henker deiner eigenen Jugend sein, so blickt mich dein Altersbildnis an, aufgeschwemmt, widerwärtig, ein Professor Unrat, und wäre noch ein Hauch deiner einstigen poetischen Leidenschaften in dir, du könntest dieses dein eignes Bild nicht ertragen und würdest dessen Anblick dir selber und der Welt ersparen... Bekenne dich zu dem, der du einstmals gewesen bist, rette die Reinheit deines einstigen Bilds vor dem Untergang, vernichte den, der du heute geworden bist und dessen greisenhaftes Grimassieren dich verfolgt in alle deine Träume hinein...«

Becher wandte sich 1956 gegen die Pauschalverurteilung des Dichters Gottfried Benn, der 1933 eine kurze Zeit für die Nazis votiert hatte. Er, der Kommunist, bekannte beim Tode Benns:

Er ist geschieden, wie er lebte: streng,
Und die Größe einte uns: die Strenge,
Uns beiden war vormals die Welt zu eng.
Wir blieben beide einsam im Gedrange.

Unwürdig wäre ein: nihil nisi bene.
Der Juli summt ein Lied dir: ›Muß i denn...‹
Mein Vers weint eine harte, strenge Träne,
Denn er nahm Abschied von uns: Gottfried Benn.

Als Kulturminister hätte ein solcher Johannes R. Becher, der zur Offenheit seiner jungen Jahre zurückfand, nicht mehr lange überlebt. Als Dichter, der sich wiedergewann, überlebte er, als er 1958 starb.

In seinem Nachlaß fanden sich diese Zeilen:

Die wenig gelungenen Stellen
Aus meinen kaum gelungenen Gedichten
Wird man auswählen,
Um zu beweisen,
Ich wäre euresgleichen.

Aber dem ist nicht so:
Denn ich bin
Meinesgleichen.

So werde ich auch im Tode
Mich zu wehren haben,
Und über meinen Tod hinaus
– Wie lange wohl? –
Erklären müssen,
Daß ich meinesgleichen war
Und dadurch euresgleichen,
Aber nicht euresgleichen
In eurem Sinne.

Indem ich mir glich,
Glich ich euch.
Aber nur so.

*

Es waren wenige, die Deutschland zwischen 1933 und 1945 verteidigten, als sich die Mehrzahl der Deutschen an Hitler verlor und ihr Land dem Verbrechen preisgab. Die wenigen, die gegen die NS-Machthaber gekämpft, von ihnen gejagt, gefaßt und ermordet wurden oder entkommen konnten, standen fast alle nicht in der Mitte des politischen Spektrums, sondern links. Sie waren Radikale. Der Blick zurück auf sie wäre ein Blick nach vorn. Und konservativ kann nur der sich nennen, ohne braun zu werden, der mit und von den »verbrannten Dichtern«, ihrem Werk, ihrer Erfahrung, ihrem Kampf, ihrem Mut, ihrer Aufrichtigkeit und ihren Schwächen lebt, leben will. Die »verbrannten Dichter« könnten in vorbildarmer Zeit Vorbilder sein. Nicht, weil sie übermenschlich handelten, sondern menschlich in einer Zeit, in der Menschlichkeit nicht gefragt war. ■

Literaturverzeichnis

(Aufgenommen wurden alle mir zugänglichen selbständigen Schriften. Beiträge aus Zeitungen, Zeitschriften oder sonstigen Periodika wurden nur in Ausnahmefällen vermerkt. Die fettgesetzten Zeilen verweisen darauf, daß diese Schriften im Jahre 1980 im Buchhandel erhältlich waren)

ERNST TOLLER

Die Wandlung. Das Ringen eines Menschen. Potsdam, Kiepenheuer, 1919

Masse Mensch. Ein Stück aus der sozialen Revolution des 20. Jahrhunderts, Potsdam, Kiepenheuer, 1921

Gedichte der Gefangenen. Ein Sonettenkreis. München, Wolff, 1921

Der Tag des Proletariats. Ein Chorwerk. Berlin, Verlagsgenossenschaft »Freiheit«, 1921

Die Maschinenstürmer. Ein Drama aus der Zeit der Ludditenbewegung in England. Leipzig–Wien–Zürich, E. P. Tal, 1922

Der entfesselte Wotan. Eine Komödie. Potsdam, Kiepenheuer, 1923

Hinkemann. Eine Tragödie. Potsdam, Kiepenheuer, 1924

Vormorgen. Potsdam, Kiepenheuer, 1924

Das Schwalbenbuch. Potsdam, Kiepenheuer, 1924

Die Rache des verhöhnten Liebhabers oder Frauenlist und Männerlist. Ein galantes Puppenspiel in zwei Akten frei nach einer Geschichte des Bandello. Berlin, Cassirer, 1925

Deutsche Revolution. Rede gehalten vor den Berliner Arbeitern am 8. November 1925 im Großen Schauspielhause zu Berlin, Berlin, Laub, 1925

Hoppla, wir leben! Ein Vorspiel und fünf Akte. Potsdam, Kiepenheuer, 1927

Justiz. Erlebnisse. Berlin, Laub, 1927

Feuer aus den Kesseln. Historisches Schauspiel, Berlin, Kiepenheuer, 1930

Quer durch. Reisebilder und Reden. Berlin, Kiepenheuer, 1930

Verbrüderung. Ausgewählte Dichtungen. Berlin, Arbeiterjugend-Verlag, 1930

Wunder in Amerika. Schauspiel (zusammen mit Hermann Kesten). Berlin, Kiepenheuer, 1931

Nationalsozialismus. Eine Diskussion über den Kulturbankrott des Bürgertums zwischen Ernst Toller und Alfred Mühr, Redakteur der Deutschen Zeitung. Berlin, Kiepenheuer, 1930

Eine Jugend in Deutschland. Amsterdam, Querido, 1933

Die blinde Göttin. Schauspiel. Berlin. Kiepenheuer, 1933

Masses and Man. The Problem of Non-Violence and Peace (in der Übersetzung von Vera Mendel). London, John Lane, 1934

Briefe aus dem Gefängnis. Amsterdam, Querido, 1935

No more Peace! A Play (in der Übersetzung von Edward Crankshaw). New York–Toronto, Farrar & Rinehart, 1937

Blind Man's Bluff (zusammen mit Denis Johnston). London, Jonathan Cape, 1938

Pastor Hall. Schauspiel (in der Übersetzung von Stephan Spender und Hugh Hunt). New York, Random House, 1939

Ausgewählte Schriften. Herausgegeben von der Deutschen Akademie der Künste zu Berlin. Berlin, Verlag Volk und Welt, 1959

Hinkemann. Stuttgart, Reclam, 1975

Gesammelte Werke. Wolfgang Frühwald und John Spalek (Hrsg.). Fünf Textbände. München, Hanser Verlag, 1978

Eine Jugend in Deutschland. Reinbek, Rowohlt, 1978

Prosa, Briefe, Dramen, Gedichte. Reinbek, Rowohlt. 1979

Sekundärliteratur

Daiber, Hans: Ernst Toller. In: Vor Deutschland wird gewarnt. 17 exemplarische Lebensläufe. Sigbert Mohn, 1967

Frühwald, Wolfgang: Kunst als Tat und Leben. Über den Anteil deutscher Schriftsteller an der Revolution in München 1918/1919. In: Sprache und Bekenntnis. Sonderband des Literatur-

wissenschaftlichen Jahrbuchs 1971. Berlin, Duncker & Humblot, 1971
Graf, Oskar Maria: Reise in die Sowjetunion 1934, Darmstadt, Luchterhand, 1974
Grossmann, Stefan: Der Hochverräter Ernst Toller. Die Geschichte eines Prozesses. Berlin, Rowohlt, 1919
Haar, Carelter: Ernst Toller – Appell oder Resignation, München, Tuduv-Verlagsgesellschaft, 1977
Kesten, Hermann: Ernst Toller. In: Meine Freunde die Poeten, München, Desch, 1959
Mehring, Walter: Die verlorene Bibliothek. Autobiographie einer Kultur. Hamburg, Rowohlt, 1952
Niekisch, Ernst: Gewagtes Leben. Begegnungen und Begebnisse. Köln–Berlin, Kiepenheuer & Witsch, 1958
Petersen, Carol: Ernst Toller. In: Expressionismus als Literatur. Bern, Francke, 1969
Soergel, Albert: Ernst Toller. In: Dichtung und Dichter der Zeit. Neue Folge. Im Banne des Expressionismus. Leipzig, R. Voigtländer, 1925
Spalek, John M.: Ernst Tollers Vortragstätigkeit und seine Hilfsaktionen im Exil. In: Exil und innere Emigration II, Internationale Tagung in St. Louis. Herausgegeben von Peter Uwe Hohendahl und Egon Schwarz. Frankfurt, Athenäum, 1973
Frühwald, Wolfgang, und Spalek, John M. (Hrsg.): Der Fall Toller. Kommentar und Materialien. München, Hanser, 1979

ELSE LASKER-SCHÜLER

Styx. Gedichte. Berlin. Axel Juncker, 1902
Der siebente Tag. Gedichte. Berlin, Verlag des Vereins für Kunst, Amelangsche Buchhandlung, 1905
Das Peter Hille-Buch. Stuttgart–Berlin, Axel Juncker, 1906
Die Nächte Tino von Bagdads. Berlin–Stuttgart–Leipzig, Axel Juncker, 1907
Die Wupper. Schauspiel in fünf Aufzügen. Berlin. Oesterheld, 1909
Meine Wunder. Gedichte. Karlsruhe–Leipzig, Dreililien-Verlag, 1911
Mein Herz. Ein Liebesroman mit Bildern und wirklich lebenden Menschen. München–Berlin, F. S. Bachmair, 1912
Gesichte. Essays und andere Geschichten. Leipzig, Wolff, 1913
Hebräische Balladen. Berlin, A. R. Meyer, 1913
Der Prinz von Theben. Ein Geschichtenbuch. Leipzig, Verlag der Weißen Bücher. 1914
Plumm-Pascha. Morgenländische Komödie. In: Das Kinobuch, herausgegeben von Kurt Pinthus, Leipzig, Wolff, 1914
Die gesammelten Gedichte. Leipzig, Verlag der Weißen Bücher, 1917
Der Malik. Eine Kaisergeschichte mit Bildern und Zeichnungen. Berlin, Cassirer, 1919
Hebräische Balladen. Der Gedichte erster Teil. Berlin, Cassirer, 1920
Die Kuppel. Der Gedichte zweiter Teil. Berlin, Cassirer, 1920
Der Wunderrabbiner von Barcelona. Erzählung, Berlin, Cassirer, 1921
Theben. Gedichte und Lithographien, Frankfurt/M.–Berlin, Querschnitt-Verlag, 1923
Ich räume auf! Meine Anklage gegen meine Verleger. Zürich, Lago, 1925
Konzert. Berlin, Rowohlt, 1932
Arthur Aronymus. Die Geschichte meines Vaters. Berlin, Rowohlt, 1932
Arthur Aronymus und seine Väter. Aus meines geliebten Vaters Kinderjahren. Schauspiel in fünfzehn Bildern. Berlin, S. Fischer, 1932
Das Hebräerland. Zürich, Oprecht 1937
Mein blaues Klavier. Neue Gedichte. Jerusalem, Jerusalem Press, 1943
Nachlaß in der Jewish National University Library in Jerusalem. Archiv Else Lasker-Schüler. Nachlaßverwalter Manfred Sturmann
Dichtungen und Dokumente. Gedichte. Prosa. Schauspiele. Briefe. Zeugnis und Erinnerung. Herausgegeben von Ernst Ginsberg. München, Kösel, 1951
Gedichte 1902–1943. Herausgegeben von Friedhelm Kemp (Gesammelte Werke Erster Band). München, Kösel, 1959
Verse und Prosa aus dem Nachlaß. Herausgegeben von Werner Kraft (Gesammelte Werke Dritter Band). München, Kösel, 1961
Prosa und Schauspiele. Hrsg. von Friedhelm Kemp (Gesammelte Werke Zwei-

ter Band). München, Kösel, 1962
Helles Schlafen – dunkles Wachen, herausgegeben von Friedhelm Kemp, München. Deutscher Taschenbuch Verlag, 1962
Die Wupper. – Arthur Aronymus und seine Väter. München, Deutscher Taschenbuch Verlag, 1965
Sämtliche Gedichte. Herausgegeben von Friedhelm Kemp. Bücher der Neunzehn, München, Kösel, 1966
Lieber gestreifter Tiger. Briefe von Else Lasker-Schüler. Erster Band. Herausgegeben von Margarete Kupper. München, Kösel, 1969
Wo ist unser buntes Theben. Briefe von Else Lasker-Schüler. Zweiter Band. Herausgegeben von Margarete Kupper. München, Kösel, 1969
Ich und Ich. Nachlaßschauspiel. Herausgegeben von Margarete Kupper. Sonderdruck aus dem Jahrbuch der Deutschen Schillergesellschaft XIV/1970, Stuttgart, Kröner, 1970
Mein Herz. Ein Liebesroman mit Bildern und wirklichen Menschen. Frankfurt, Suhrkamp, 1976
Was soll ich hier? Exilbriefe an Salman Schocken. Herausgegeben von Sigrid Bauschinger. Heidelberg, Lambert Schneider, 1979

Sekundärliteratur

Aker, Edeltrud: Untersuchungen der Lyrik Else Lasker-Schülers. München, Dissertation, 1956
Bänsch, Dieter: Else Lasker-Schüler. Zur Kritik eines etablierten Bildes. Stuttgart, J. B. Metzler, 1971
Bauschinger, Sigrid: Die Symbolik des Mütterlichen im Werk Else Lasker-Schülers. Frankfurt, Dissertation, 1960
Benn, Gottfried: Rede auf Else Lasker-Schüler. In: Gesammelte Werke 4. Herausgegeben von Dieter Wellershoff. Wiesbaden, Limes, 1968
Cohn, Hans W.: The Broken World. Cambridge (USA), University Press, 1974
Else Lasker-Schüler und Wuppertal. Herausgegeben von Dr. Arthur H. Fink. Auswahl und Kommentar von Dr. Wolfgang Springmann. Wuppertal, Veröffentlichungen der Stadtbibliothek, 1965
Gehlhoff-Claes, Astrid: Else Lasker-Schüler. In: Wuppertaler Biographie 2. Folge. Beiträge zur Geschichte und Heimatkunde des Wuppertals Band 5. Wuppertal, Born-Verlag, 1960
Herzfelde, Wieland: Else Lasker-Schüler. Begegnungen mit der Dichterin und ihrem Werk. In: Sinn und Form, Sechstes Heft. Berlin, Rütten & Loening, 1969
Höltgen, Karl-Josef: Untersuchungen zur Lyrik Else Lasker-Schülers. Dissertation, Bonn, 1958
Höxter, John: So lebten wir. 25 Jahre Berliner Bohème. Berlin, Biko-Verlag, 1929
Kupper, Margarete: Die Weltanschauung Else Lasker-Schülers in ihren poetischen Selbstzeugnissen. Würzburg, Dissertation, 1963
Marc, Franz: Botschaften an den Prinzen Jussuf, München, Piper, 1974
Meyer, André: Vorahnungen der Judenkatastrophe bei Heinrich Heine und Else Lasker-Schüler. In: Bulletin des Leo Baeck Instituts. Jahrgang 8. Heft 29, 1965
Nolte, Jost: Die Träume der Tino von Bagdad. In: Grenzgänge. Berichte über Literatur. Wien, Europa-Verlag, 1972
Politzer, Heinz: Else Lasker-Schüler. In: Expressionismus als Literatur. Bern, Francke, 1969
Schmidt, Michael (Hrsg.): Lasker-Schüler. Ein Buch zum 100. Geburtstag der Dichterin. Wuppertal, Peter Hammer Verlag, 1969
Schühmann, Kurt: Else Lasker-Schüler. Weg und Schaffen der größten Dichterin des Expressionismus. In: Im Bannkreis von Gesicht und Wirken. München, Ner-Tamid-Verlag, 1959
Wallmann, Jürgen P.: Else Lasker-Schüler. Mühlacker, Stieglitz-Verlag-E. Händle, 1966
Wiener, Meir: Else Lasker-Schüler. In: Juden in der Deutschen Literatur, Essays über zeitgenössische Schriftsteller. Herausgegeben von Gustav Kronjanker. Berlin, Welt-Verlag, 1922
Muschg, Walter: Else Lasker-Schüler. In: Von Trakl zu Brecht. Dichter des Expressionismus, München, Piper, 1961
Bauschinger, Sigrid: Else Lasker-Schüler. Ihr Werk und ihre Zeit. Heidelberg, Verlag Lothar Stiehm, 1980

Klüsener, Erika: Else Lasker-Schüler. Reinbek, Rowohlt, 1980

ARMIN T. WEGNER

Im Strome verloren. Gedichte. Breslau, Privatdruck, 1904
Zwischen zwei Städten. Ein Buch Gedichte im Gang einer Entwicklung, Berlin, Fleischel, 1909
Gedichte in Prosa. Ein Skizzenbuch aus Heimat und Wanderschaft, Berlin, Fleischel, 1910
Höre mich reden, Anna-Maria. Eine Rhapsodie. Berlin, Fleischel, 1912
Das Antlitz der Städte. Berlin, Fleischel, 1917
Der Weg ohne Heimkehr. Ein Martyrium in Briefen. Berlin, Fleischel, 1919
Im Hause der Glückseligkeit. Aufzeichnungen aus der Türkei. Dresden, Sibyllen-Verlag, 1920
Der Knabe Hüssein. Türkische Novellen. Dresden, Sibyllen-Verlag, 1921
Der Ankläger. Aufrufe zur Revolution. Berlin, Verlag »Der Syndikalist«, 1921
Die Verbrechen der Stunde – die Verbrechen der Ewigkeit. Drei Reden wider die Gewalt. Berlin, Verlag Neues Deutschland, 1922
Das Geständnis. Roman. Dresden. Sibyllen-Verlag, 1922
Die Straße mit den tausend Zielen. Dresden, Sibyllen-Verlag, 1924
Wasif und Akif oder Die Frau mit zwei Ehemännern. Ein türkisches Puppenspiel in 8 Bildern (gemeinsam mit Lola Landau). Berlin, Oesterheld, 1926
Das Zelt. Aufzeichnungen, Briefe, Erzählungen aus der Türkei. Eine Auswahl. Berlin, Büchergilde Gutenberg, 1926
Wie ich Stierkämpfer wurde und andere Erzählungen. Berlin, Weltgeist-Bücher, 1928
Moni oder die Welt von unten. Der Roman eines Kindes. Stuttgart–Berlin–Leipzig, Deutsche Verlags-Anstalt, 1929
Am Kreuzweg der Welten. Eine Reise vom Kaspischen Meer zum Nil. Berlin, Volksverband der Bücherfreunde – Wegweiser Verlag, 1930
Fünf Finger über Dir. Bekenntnis eines Menschen in dieser Zeit. Stuttgart–Berlin–Leipzig, Deutsche Verlags-Anstalt, 1930
Maschinen im Märchenland. Tausend Kilometer durch die mesopotamische Wüste. Berlin, Sibyllen-Verlag, 1932
Jagd durch das Tausendjährige Land. Berlin, Büchergilde Gutenberg, 1932
Fällst du, umarme auch die Erde oder der Mann, der an das Wort glaubt. Prosa-Lyrik-Dokumente. Wuppertal, Peter Hammer Verlag, 1974
Odyssee der Seele. Ausgewählte Werke. Herausgegeben von Ronald Steckel. Wuppertal, Peter Hammer Verlag, 1976
Fünf Finger über Dir. Aufzeichnungen einer Reise durch Rußland, den Kaukasus und Persien 1927/28. Wuppertal, Peter Hammer Verlag, 1979

LOLA LANDAU

Schimmernde Gelände. Gedichte. München, Georg Muller, 1916
Lied der Mutter. Charlottenburg, Felix Lehmann Verlag, 1919
Noch liebt mich die Erde. Gedichte. Bodmann/Bodensee, Hohenstaufen Verlag, 1969
Hörst du mich kleine Schwester. Sieben Erzählungen. Bodmann/Bodensee, Hohenstaufen Verlag, 1971
Variationen der Liebe. Sieben Erzählungen. Bodmann/Bodensee, Hohenstaufen Verlag, 1973
Das Leben geht weiter. Autobiographischer Roman. Unveröffentlicht

Sekundärliteratur

Hiller, Kurt: Köpfe und Tröpfe. Profile aus einem Vierteljahrhundert. Hamburg–Stuttgart, Rowohlt, 1950
Hiller, Kurt: Leben gegen die Zeit. Band 1. Logos. Reinbek bei Hamburg, Rowohlt, 1969
Soergel, Albert: Armin T. Wegner. In: Dichtung und Dichter der Zeit. Neue Folge: Im Banne des Expressionismus. Leipzig, R. Voigtländer, 1925

FRANZ JUNG

Das Trottelbuch. Leipzig, Theodor Gerstenberg, 1912

Kameraden...!. Heidelberg, Weissbach, 1913
Sophie. Der Kreuzweg der Demut. Ein Roman. Berlin, Die Aktion, 1916
Saul, Berlin. Die Aktion, 1916
Opferung. Ein Roman. Berlin, Die Aktion, 1916
Gnadenreiche, unsere Königin. Leipzig, Wolff. 1918
Der Sprung aus der Welt. Ein Roman. Berlin, Die Aktion, 1918
Jehan. Mühlheim/Donau. Verlag der Saturne, 1919
Reise in Rußland. Berlin, Verlag der Kommunistischen Arbeiterpartei Deutschlands, 1920
Joe Frank illustriert die Welt. Berlin, Die Aktion, 1921
Der Fall Groß. Novelle. Hamburg, Konrad Hanf, 1921
Proletarier. Erzählung. Berlin, Malik, 1921
Die Kanaker. – Wie lange noch? Zwei Schauspiele. Berlin, Malik, 1921
Die Technik des Glücks. Teil 1. Psychologische Ableitung in 4 Übungsfolgen. Berlin, Malik, 1921
Die Rote Woche. Roman, Berlin, Malik 1921
Annemarie. Schauspiel in vier Akten mit Vorspiel und Nachspiel. Berlin, Malik, 1922
An die Arbeitsfront nach Sowjetrußland. Zum Produktionskampf der Klassen. Berlin–Leipzig, Vereinigung internationaler Verlagsanstalten, 1922
Arbeitsfriede. Roman. Berlin, Malik, 1922
Hunger an der Wolga. Berlin, Malik, 1922
Die Eroberung der Maschinen. Roman. Berlin, Malik, 1923
Mehr Tempo! Mehr Glück! Mehr Macht! Ein Taschenbuch für jedermann. Berlin, Malik, 1923
Die Geschichte einer Fabrik. Wien, Verlag für Literatur und Politik, 1924
Der neue Mensch im neuen Rußland. Rückblick über die erste Etappe proletarischer Erzählungskunst. Wien, Verlag für Literatur und Politik, 1924
Das geistige Rußland von heute. Berlin, Ullstein, 1924
Geschäfte. Eine Komödie. Potsdam, Kiepenheuer, 1927
Das Erbe. In: Das Vier-Männer-Buch. Erlebnisnovellen von Barthel, Jung, Scharrer, Wöhrle. Berlin, Der Bücherkreis, 1929
Hausierer. Gesellschaftskritischer Roman. Berlin, Der Bücherkreis, 1931
Der Weg nach unten. Aufzeichnungen aus einer großen Zeit. Neuwied. Luchterhand, 1961, Unter dem Titel: »Der Torpedokäfer«. Neuwied, Luchterhand, 1972
Joe Frank illustriert die Welt – Die rote Woche 1. Darmstadt, Luchterhand, 1972
Die Eroberung der Maschinen – Die roten Jahre 2. Darmstadt, Luchterhand, 1973
Gott verschläft die Zeit. Frühe Prosa. Herausgegeben von Klaus Ramm, München, edition text + kritik, 1976
Claruschka. Erzählung. In: Recherches Germaniques, Straßburg, Heft 7, 1977

Sekundärliteratur

Aufrecht, Ernst Josef: Erzähle, damit du dein Recht erweist, Berlin, Propyläen, 1966
Graf, Oskar Maria: Wir sind Gefangene. Ein Bekenntnis aus diesem Jahrzehnt. München, Drei Masken Verlag, 1927
Graf, Oskar Maria: Gelächter von außen. München, Desch, 1966
Imhof, Arnold: Franz Jung. Leben. Werk. Wirkung. Bonn, Bouvier, 1974
Szittya, Emil: Das Kuriositätenkabinett. Konstanz, See-Verlag, 1923

IVAN GOLL

Lothringische Volkslieder (unter Pseudonym Iwan Lazang). Metz, P. Müller, 1912
Der Panama-Kanal (unter Pseudonym Iwan Lassang). Berlin, A. R. Meyer, 1914
Films (unter Pseudonym Tristan Torsi). Berlin, Verlag der Expressionistischen Hefte, 1914
Elégies Internationales. Pamphlets contre cette Guerre. Lausanne, Cahiers Expressionistes, 1915
Requiem. Für die Gefallenen von Europa. Zürich–Leipzig, Rascher, 1917
Felix. Eine Dithyrambe. Dresden. Kaemmerer, 1917
Dithyramben. Leipzig, Wolff, 1918

Der Torso. München, Roland-Verl., 1918
Der neue Orpheus. Eine Dithyrambe. Berlin, Verlag Die Aktion, 1918
Die Unterwelt. Gedichte. Berlin, S. Fischer, 1919
Die drei guten Geister Frankreichs. Berlin, Reiß, 1919
Die Unsterblichen. Zwei Possen. Potsdam, Kiepenheuer, 1920
Astral. Ein Gesang. Dresden, Dresdner Verlag von 1917, 1920
Die Chapliniade. Eine Kinodichtung. Dresden, Kaemmerer, 1920
Das Lächeln Voltaires. Ein Buch in diese Zeit. Basel, Rhein-Verlag, 1921
Paris brennt. Dichtung. Zagreb, Verlag Zenit, 1921
Methusalem oder Der ewige Bürger. Ein satirisches Drama. Potsdam, Kiepenheuer, 1922
Le nouvel Orphée. Paris, La Sirène, 1923
Der Eiffelturm. Gesammelte Dichtungen. Berlin, Die Schmiede, 1924
Der Stall des Augias. Tragödie in fünf Akten. Berlin, Die Schmiede, 1924
Germaine Berton. Die rote Jungfrau. Berlin, Die Schmiede, 1925
Poèmes d'Amour (gemeinsam mit Claire Goll). Paris, Jean Budry, 1925
Poèmes de Jalousie (gemeinsam mit Claire Goll). Paris, Jean Budry, 1926
Poèmes de la Vie et de la Mort (gemeinsam mit Claire Goll). Paris, Jean Budry, 1927
Le Microbe de l'Or. Paris, Emile-Paul Frères, 1927
Die Eurokokke. Berlin, Martin Wasservogel Verlag, 1927
Die Mitropäer. Basel–Zürich, Rhein-Verlag, 1928
Die siebente Rose. Paris, Verlag Poésie & Co., o.J. (1928)
A bas l'Europe. Paris, Emile-Paul Frères, 1928
Sodome et Berlin. Paris, Emile-Paul Frères, 1929
Agnus Dei, Paris, Emile-Paul Frères, 1929
Noemi. Dichtung. VI Gesänge. Berlin, Baldus-Druck, 1929
Royal Palace. Oper. Musik von Kurt Weill. Wien–New York, Universal Edition, 1929
Gala. Grande nouvelle inédite. Paris, Les Œuvres libres, 1930
Lucifer vieillessant. Paris, Editions Poésie, 1934
Chansons Malaises, Chansons de Manyana. Jeune Fille Malaise. Paris, Editions Poésie, 1935
La Chanson de Jean sans Terre. Paris, Editions Poésie, 1936
Métro de la Mort. Poems. Bruxelles, Editions Les Cahiers du Journal des Poètes, Collection 1936, No. 4, Mars
Deuxième Livre de Jean sans Terre. Paris, Editions Poésie, 1938
Troisième Livre de Jean sans Terre. Paris, Editions Poésie, 1939
Chansons de France. New York, The Gotham Book Mart, 1940
Jeans sans Terre. Landless John. San Francisco, The Grabhorn Press, 1944
Fruit from Saturn. New York, Hemisphères Editions, 1946
Love Poems (gemeinsam mit Claire Goll). New York, Hemisphères, 1944
Le Mythe de la Roche Percée, Paris, Editions Hemisphères, 1947
Elégie d'Iphétonga suivi de Masques de Cendre, Paris, Editions Hemisphères, 1949
Le Char Triomphal de l'Antimoine. Paris, Editions Hemisphères, 1949
Dix Milles Aubes. Poèmes d'amour (gemeinsam mit Claire Goll geschrieben). Paris, Editions Falaize, 1951
Les Cercles Magiques. Paris, Editions Falaize, 1951
Traumkraut. Gedichte aus dem Nachlaß. Wiesbaden, Limes, 1951
Malaiische Liebeslieder. Aus dem Französischen übertragen von Claire Goll. Thal-St. Gallen, Pflug-Verlag, 1952
Abendgesang. Neila. Letzte Gedichte. Aus dem Nachlaß herausgegeben von Claire Goll. Heidelberg, Wolfgang Rothe, 1954
Zehntausend Morgenröten (gemeinsam mit Claire Goll geschrieben). Wiesbaden, Limes, 1954
Multiple Femme. Poèmes. Paris, Caractères, 1956
Pariser Georgika. Französisch und Deutsch. Übertragen von Claire Goll. Neuwied, Luchterhand, 1956
Der Mythus vom Durchbrochenen Felsen. Eine Dichtung. Französisch und deutsch. Übertragen von Claire Goll. Neuwied, Luchterhand, 1956

Jean sans Terre. Paris, Pierre Seghers, 1957
Dichtungen. Lyrik, Prosa, Drama. Herausgegeben von Claire Goll. Darmstadt, Luchterhand, 1960
Briefe. Iwan Goll Claire Goll. Mainz–Berlin, Florian Kupferberg, 1966
Malaiische Liebeslieder (aus dem Original von Paula Ludwig). Ebenhausen bei München, Langewiesche-Brandt, 1967
Œuvres I und II, Editions Emile-Paul Frères, Paris, 1968 und 1970
Gedichte. Eine Auswahl. Meilen/Schweiz, Magica-Verlag, 1968
Gedichte 1924–1950. München, Deutscher Taschenbuch Verlag, 1976
Die Antirose. (Mit Claire Goll.) Nachdruck aus dem Jahre 1967. München, Heyne, 1979
Meiner Seele Töne. Das literarische Dokument eines Lebens zwischen Kunst und Liebe – aufgezeichnet in den Briefen von Iwan Goll und Claire Goll. Bern, Scherz, 1978

CLAIRE GOLL

Mitwelt. Berlin, Verlag Die Aktion, 1918
Die Frauen erwachen. Frauenfeld, Huber, 1918
Der Gläserne Garten. München. Roland-Verlag, 1919
Lyrische Films. Basel–Leipzig, Rhein-Verlag, 1922
Der Neger Jupiter raubt Europa. Basel–Zürich–Leipzig, Rheinverlag, 1928
Une perle. Paris, Editions Crés, 1929
Ein Mensch ertrinkt. Leipzig, E. P. Tal, 1931
Eine Deutsche in Paris. Berlin, Martin Wasservogel Verlag, o.J.
Un crime en province. Paris, Editions de Portiques, 1932
Arsenik. Wien, Bergis-Verlag, 1933
Le Tombeau des amants inconnus. New York, Editions de la Maison, 1940
Contes et Légendes Russes. Montréal, Editions Variétes, 1946
Tagebuch eines Pferdes. St. Gallen, Pflug-Verlag, 1950
Die Taubenwitwe. Zürich, Pflug-Verlag, 1952
Neue Blümelein des heiligen Franziskus. Zürich, Pflug-Verlag, 1952
Tagebuch eines Pferdes. Wiesbaden, Limes, 1956
Das tätowierte Herz. Wiesbaden, Limes, 1957
Klage um Ivan. Wiesbaden, Limes, 1960
Der gestohlene Himmel. München, List, 1962
L'Ignifère, Paris, Librairie Saint-Germain-des-Près, 1969
Traumtänzerin. Jahre der Jugend. München. List, 1971
Zirkus des Lebens. Erzählungen. Berlin, edition »der 2«, 1976
Jedes Opfer tötet seinen Mörder (Arsenik). Roman. Berlin, edition der 2, 1977
Ich verzeihe keinem. Eine literarische Chronique scandaleuse unserer Zeit. Bern, Scherz, 1978
Memoiren eines Spatzen des Jahrhunderts. München, Heyne, 1979

PAULA LUDWIG

Die selige Spur. München, Roland-Verlag, 1920
Der himmlische Spiegel. Berlin, S. Fischer, 1930
Traumlandschaft. Berlin, Waldemar Hoffmann, 1935
Träume. Aufzeichnungen aus den Jahren von 1920 bis 1960. Ebenhausen bei München, Langewiesche-Brandt, 1962
Dem dunklen Gott. Ein Jahresgedicht der Liebe. Ebenhausen bei München, Langewiesche-Brandt, 1974

Sekundärliteratur

Glauert, Barbara: Johann Ohneland in Amerika. Aus unveröffentlichten Briefen Ivan Golls. Manuskript der Südwestfunk-Sendung vom 6. Juni 1971, 2. Programm
Glauert, Barbara: »Liliane«: Rainer Maria Rilke und Claire Studer in ihren Briefen 1918–1925. In: Aus dem Antiquariat. Beilage im Börsenblatt für den Deutschen Buchhandel – Frankfurter Ausgabe – Nr. 7 vom 23. Januar 1976
Hauck, Winfried: Die Bildwelt bei Iwan Goll. München, Dissertation 1965
Müller, Joachim: Yvan Goll im deutschen Expressionismus. Berlin, Akademie-Verlag, 1962

Rainer Maria Rilke: Briefe an Liliane, Wiesbaden, Limes, 1952, durfte wegen Einspruchs der Rilke-Erben nicht ausgeliefert werden
Yvan und Claire Goll. Bücher und Bilder. Katalog zu einer Ausstellung im Mainzer Gutenberg-Museum vom 9. Mai bis 10. Juni 1973

ALBERT EHRENSTEIN

Tubutsch. Wien–Leipzig, Jahoda & Siegel, 1911
Der Selbstmord eines Katers. München, Georg Müller, 1912
Die weiße Zeit. München, Georg Müller, 1914
Nicht da nicht dort. Leipzig, Wolff, 1916
Der Mensch schreit. Leipzig, Wolff, 1916
Die rote Zeit. Berlin, S. Fischer, 1917
Zaubermärchen. Berlin, S. Fischer, 1919
Bericht aus einem Tollhaus. Leipzig, Insel, 1919
Den ermordeten Brüdern. Prosa und Gedichte. Zürich, Rascher, 1919
Die Gedichte. Leipzig–Prag–Wien, Verlag Ed. Strache, 1920
Karl Kraus. Wien, Waldheim, 1920
Die Nacht wird. Gedichte und Erzählungen. Leipzig–Wien, Waldheim, 1920
Wien. Gedichte. Berlin, Rowohlt, 1921
Dem ewigen Olymp. Novellen und Gedichte. Leipzig, Reclam, 1921
Briefe an Gott. Gedichte in Prosa, Leipzig–Wien, Waldheim, 1922
Schi-King. Nachdichtungen chinesischer Lyrik. Wien, E. P. Tal, 1922
Herbst. Berlin, Officina Serpentis, 1923
Pe-Lo-Thien. Nachdichtungen chinesischer Lyrik. Berlin, Rowohlt, 1923
China klagt. Nachdichtungen revolutionärer chinesischer Lyrik aus drei Jahrtausenden. Berlin, Malik, 1924
Lukian. Berlin, Rowohlt, 1925
Ritter des Todes. Die Erzählungen 1900–1919. Berlin, Rowohlt, 1926
Menschen und Affen. Essays. 1910–1925. Berlin, Rowohlt, 1926
Räuber und Soldaten. Roman frei nach dem Chinesischen. Berlin, Ullstein, 1927
Mörder aus Gerechtigkeit. Berlin, Deutsche Buchgemeinschaft, 1931
Mein Lied, Gedichte. 1901–1931. Berlin, Rowohlt, 1931
Das gelbe Lied. Nachdichtungen chinesischer Lyrik. Berlin, Deutsche Buchgemeinschaft. 1933, gedruckt, aber nicht mehr ausgeliefert.
Nachlaß in der Jewish National University Library in Jerusalem, MS Var. 306 Archiv Albert Ehrenstein, Nachlaßverwalter Ruben Klingsberg
Gedichte und Prosa. Herausgegeben und eingeleitet von Karl Otten, Neuwied–Berlin, Luchterhand, 1961
Ausgewählte Aufsätze. Herausgegeben von M. Y. Ben-Gavriel, Heidelberg, Lambert Schneider, 1961
Stimme über Barbaropa. Ausgewählte Gedichte. Berlin–Weimar, Aufbau-Verlag, 1967
Ich bin der unnütze Dichter, verloren in kranker Welt. Nachdichtungen aus dem Chinesischen (aus dem Nachlaß). 1970, Friedenauer Presse, 1970
Wie bin ich vorgespannt den Kohlenwagen meiner Trauer. Herausgegeben von Jörg Drews. München, edition text & kritik, 1977
Briefe an Gott. Mit einem Nachwort von Jörg Drews. Frankfurt, Suhrkamp, 1979

Sekundärliteratur

Beigel, Alfred: Erlebnis und Flucht im Werk Albert Ehrensteins. Frankfurt, Athenäum, 1972
Drews, Jörg: Die Lyrik Albert Ehrensteins. München, Dissertation, 1969
Edschmid, Kasimir: Lebendiger Expressionismus. Auseinandersetzungen, Gestalten, Erinnerungen. Wien–München–Basel, Desch, 1961
Oskar Kokoschka: Mein Leben. München, Bruckmann, 1971
Schaefer, Dietrich: Iwan Goll. In: Expressionismus als Literatur. Gesammelte Studien. Herausgegeben von W. Rothe, Bern, Francke, 1969
Soergel, Albert: Albert Ehrenstein. In: Dichtung und Dichter der Zeit. Neue Folge. Im Banne des Expressionismus. Leipzig, R. Voigtländer, 1925
Ernst Weiß: Albert Ehrenstein. In: Juden in der Deutschen Literatur. Essays über zeitgenössische Schriftsteller, herausgegeben von Gustav Krojanker. Berlin, Welt-Verlag, 1922

WALTER MEHRING

Das politische Cabaret. Chansons Songs Couplets. Mit Zeichnungen vom Verfasser. Dresden, Rudolf Kaemmerer, 1920
Das Ketzerbrevier. Ein Kabarettprogramm. München, Wolff, 1921
Wedding – Montmartre. Berlin, A. R. Meyer, 1923
In Menschenhaut. Aus Menschenhaut. Um Menschenhaut herum. Phantastika. Zeichnungen v. Rudolf Schlichter. Potsdam, Kiepenheuer, 1924
Europäische Nächte. Eine Revue in drei Akten und zwanzig Bildern. Berlin, Gottschalk, 1924
Pottier, E., und J. B. Clément: Französische Revolutionslieder aus der Zeit der Pariser Commune. Übertragen und eingeleitet von Walter Mehring. Berlin, Malik, 1924
Neubestelltes abenteuerliches Tierhaus. Eine Zoologie des Aberglaubens, der Mystik und Mythologie vom Mittelalter bis auf unsere Zeit. Potsdam, Kiepenheuer, 1925
Westnordwestviertelwest oder über die Technik des Seereisens. Berlin, Gottschalk, 1925
Algier oder Die 13 Oasenwunder. Berlin, Verlag Die Schmiede, 1927
Paris in Brand. Berlin, Knaur, 1927
Die Gedichte, Lieder und Chansons. Berlin, S. Fischer, 1929
Der Kaufmann von Berlin. Ein historisches Schauspiel aus der deutschen Inflation. Berlin, S. Fischer, 1929
Arche Noah SOS. Neues trostreiches Liederbuch. Berlin, S. Fischer, 1931
... und euch zum Trotz. Chansons Balladen und Legenden. Paris, Europäischer Merkur, 1934
Müller. Chronik einer deutschen Sippe von Tacitus bis Hitler. Roman. Wien, K. E. Winter, 1935
Die Nacht des Tyrannen. Kurzroman. Zürich, Oprecht, 1938
No Road back. New York, Curl. Publ., 1944
Die verlorene Bibliothek. Autobiographie einer Kultur. Hamburg, Rowohlt, 1952
Der Zeitpuls fliegt. Chansons, Gedichte, Prosa. Reinbek bei Hamburg, Rowohlt, 1958
Verrufene Malerei. Von Malern, Kennern und Sammlern. Berichte aus Paris, Berlin, New York, Florenz. Zürich, Diogenes, 1958
Morgenlied eines Gepäckträgers. Hannover, Fackelträger Verlag, 1959
Berlin Dada. Eine Chronik mit Photos und Dokumenten. Zürich, Arche, 1959
Müller. Chronik einer deutschen Sippe. Hannover, Fackelträger Verlag, 1960
Neues Ketzerbrevier. Balladen und Songs. Köln–Berlin, Kiepenheuer, 1962
Kleines Lumpenbrevier. Zürich, Arche, 1965
Die verlorene Bibliothek. Autobiographie einer Kultur. München, Heyne, 1972
Großes Ketzerbrevier. Die Kunst der lyrischen Fuge. München, Deutscher Taschenbuch Verlag, 1975
Briefe aus der Mitternacht. Heidelberg, Lambert Schneider, 1971
Großes Ketzerbrevier. Die Kunst der lyrischen Fuge. München, Deutscher Taschenbuch Verlag, 1975
In Menschenhaut. Aus Menschenhaut. Um Menschenhaut herum. Berlin, Agora-Verlag, 1977
Müller – Chronik einer deutschen Sippe. Roman, Düsseldorf, claassen, 1978
Die verlorene Bibliothek. Autobiographie einer Kultur. Düsseldorf, claassen, 1978
Wir müssen weiter. Fragmente aus dem Exil. Düsseldorf, claassen, 1979
Die höllische Komödie. Drei Dramen: Die höllische Komödie. Der Kaufmann von Berlin. Die Frühe der Städte. Düsseldorf, claassen, 1979

Sekundärliteratur

Greuner, Ruth: Walter Mehring – Provokation durch Satire. In: Gegenspieler. Profile linksbürgerlicher Publizisten aus Kaiserreich und Weimarer Republik. Berlin, Buchverlag Der Morgen, o.J. (1969)
Kesten, Hermann, Walter Mehring. In: Meine Freunde die Poeten, München, Desch, 1959

KLABUND

Morgenrot! Klabund! Die Tage dämmern! Gedichte. Berlin, Reiss, 1913

Klabunds Karussell. Schwänke. Berlin, Reiss, 1914
Der Marketenderwagen. Ein Kriegsbuch. Berlin, Reiss, 1916
Dragoner und Husaren. Die Soldatenlieder. München, Georg Müller, 1916
Li tai-pe. Nachdichtungen. Leipzig, Insel 1916
Die Himmelsleiter. Neue Gedichte. Berlin, Reiss, 1916
Moreau. Roman eines Soldaten. Berlin, Reiss, 1916
Die Krankheit. Eine Erzählung. Berlin, Reiss, 1917
Der Leierkastenmann. Volkslieder der Gegenwart. Aus dem Mund des Volkes gesammelt und hier zum erstenmal veröffentl. Mit 10 kolorierten Holzschn. v. Szafranski. Berlin, Reiss, 1917
Mohammed. Der Roman eines Propheten. Berlin, Reiss, 1917
Irene oder die Gesinnung. Ein Gesang. Berlin, Reiss, 1917
Bracke. Ein Eulenspiegel-Roman. Berlin, Reiss, 1918
Die Geisha O-sen. Geisha-Lieder. Nach japanischen Motiven. München, Roland-Verlag, 1918
Hört! Hört! Ein politisch-satirisches Gedicht. Mannheim, Verlag Der Revolutionär, 1919
Montezuma. Eine Ballade. Dresden, Dresdner Verlag von 1917, 1919
Der himmlische Vagant. Ein lyrisches Porträt des François Villon. München, Roland, 1919
Dreiklang. Ein Gedichtwerk. Berlin, Reiss, 1920
Hannibals Brautfahrt. Ein Schwank in drei Aufzügen und einem Nachspiel. Berlin, Reiss, 1920
Die Nachtwandler. Ein Schauspiel. Berlin, Reiss, 1920
Die Neger. Dresden, Rudolf Kaemmerer, 1920
Das trunkene Lied. Die schönsten Sauf- und Trinklieder der Weltliteratur. Ausgewählt von Klabund. Zeichnungen von Szafranski. Berlin, Reiss, 1920
Marietta. Ein Liebesroman. Hannover, Steegemann, 1920
Die Sonette auf Irene. Berlin, Reiss, o. J. (1920)
Das Blumenschiff. Nachdichtungen chinesischer Lyrik. Berlin, Reiss, 1921
Franziskus. Ein kleiner Roman. Berlin, Reiss, o. J. (1921)
Heiligenlegenden erzählt von Klabund. Leipzig, Dürr & Weber, 1921
Das heiße Herz. Balladen Mythen Gedichte. Berlin, Reiss, 1922
Kunterbuntergang des Abendlandes. Grotesken. München, Roland Verlag, 1922
Spuk. Roman. Berlin, Reiss, o. J. (1922)
Der letzte Kaiser. Erzählung. Mit Zeichnungen von Erich Büttner. Berlin, Heyder, 1923
Pjotr. Roman eines Zaren. Berlin, Reiss, 1923
Wie ich den Sommernachtstraum im Film sehe. Illustriert von Ernö Metzner. Berlin, Verlag der Lichtbildbühne, 1925
Der Kreidekreis. Spiel in fünf Akten nach dem Chinesischen. Berlin, Spaeth, 1925
Lesebuch. Vers und Prosa. Berlin, Heyder, o. J. (1925)
Gedichte. Berlin, Spaeth, 1926
Die Harfenjule. Neue Zeit-, Streit- und Leidgedichte. Berlin, Die Schmiede, 1927
Borgia. Roman einer Familie. Wien, Phaidon, 1928
Totenklage. Dreißig Sonette. Wien, Phaidon, 1928
XYZ. Spiel zu Dreien in drei Aufzügen. Leipzig, Reclam, 1928
Celestina. Ein Buch Alt-Crossener Geschichten. Titelauflage der ersten Veröffentlichung von 1910. Crossen (Oder), R. Zeidler, 1929
Rasputin. Wien, Phaidon, 1929
Gesammelte Werke in Einzelausgaben. Sechs Bände. Wien, Phaidon, 1930
Tagebuch im Gefängnis. Mit Einführung. Nachwort und Klabund-Schriftenverzeichnis von Leopold Spitzegger. Wien, Der Weltweite Verlag, 1946
Der Kreidekreis. Spiel in fünf Akten nach dem Chinesischen. Zürich, Phaidon, 1961
Briefe an einen Freund. Herausgegeben von Ernst Heinrich. Köln–Berlin, Kiepenheuer & Witsch, 1963
Der himmlische Vagant. Eine Auswahl aus dem Werk. Herausgegeben und mit einem Nachwort von Marianne Kesting. Köln–Berlin, Kiepenheuer & Witsch, 1968

Borgia. Roman einer Familie. München, Fischer Taschenbuch Verlag, 1977
Marietta – Ein Liebesroman aus Schwabing. Nachdruck der Erstausgabe von 1920. Erlangen, Klaus G. Renner, 1977
Klabautermann + Vagabund. Hrsg. v. Guido von Kaulla. Wedemark, Ulrich A. Ackermann der librist, 1977
Der himmlische Vagant. Nachdruck der Auswahl aus dem Jahre 1968. Köln, Kiepenheuer & Witsch, 1978
Die Harfenjule. Gedichte, Lieder und Chansons. Reinbek, Rowohlt, 1978

Sekundärliteratur

Grothe, Heinz: Klabund, Leben und Werk eines Poeten. Berlin, Joachim Goldstein Verlag, 1933
Kaulla von, Guido: Brennendes Herz. Legende und Wirklichkeit. Zürich–Stuttgart, Werner Classen Verlag, 1971
Kaulla von, Guido: Begegnung mit Klabund. Dokumentation in Briefen, Prosa und Versen, bisher nicht veröffentlicht
Reich-Ranicki, Marcel: Klabunds Wettlauf mit dem Tod. In: Nachprüfung. Aufsätze über Deutsche Schriftsteller von gestern, München–Zürich, Piper, 1977

ERICH MÜHSAM

Die Eigenen. Tendenzroman für freie Geister. Berlin, Räde, 1903
Führer durch die moderne Literatur. 300 Würdigungen der hervorragendsten Schriftsteller unserer Zeit. Herausgegeben von Hanns Heinz Ewers unter Mitwirkung der Schriftsteller Victor Hadwiger, Erich Mühsam, René Schickele und Dr. Walter Bläsing. Berlin, Globus Verlag, o.J. (1903)
Die Homosexualität. Ein Beitrag zur Sittengeschichte unserer Zeit. Berlin, Singer, 1903
Billy's Erdengang. Eine Elephantengeschichte für artige Kinder. Verse von Onkel Franz (Hanns Heinz Ewers und Erich Mühsam). Mit lustigen Bildern von Paul Haase. Berlin, Globus Verlag, o.J. (1904)
Die Wüste. Gedichte. Berlin, E. Eisselt, 1904
Rumpelstilzens Erdengang. Verse von Onkel Franz (wiederum Ewers und Mühsam). Mit lustigen Bildern v. Paul Haase. Berlin, Globus Verlag, 1905
Ascona. Eine Broschüre. Locarno, Verlag von Birger Carson, 1905
Die Psychologie der Erbtante; eine Tautologie aus 25 Einzeldarstellungen als Beitrag zur Lösung der Unsterblichkeitsfrage. Zürich, Schweizer Druck- und Verlagshaus, 1905
Die Hochstapler, Lustspiel in vier Aufzügen. München, Piper, 1906
Die Jagd auf Harden. Berlin, Neuer biographischer Verlag, 1908
Der Krater. Berlin, Morgen Verlag, 1909
Die Freivermählten. Polemisches Schauspiel in vier Aufzügen. München, Kain Verlag, 1914
Wüste Krater Wolken. Berlin, Cassirer, 1914
Neunzehnhundertneunzehn. Dem Andenken Gustav Landauers. Berlin, Leon Hirsch, 1919
Brennende Erde. Verse eines Kämpfers. München, Wolff, 1920
Judas. Arbeiterdrama in fünf Akten. Berlin, Malik, 1921
Das Standrecht in Bayern. Berlin, Vereinigung internationaler Verlagsanstalten, 1923
Revolution, Kampf-, Marsch- und Spottlieder. Berlin, »Freie Arbeiter«, 1925
Alarm. Manifeste aus 20 Jahren. Berlin, Verlag »Der Syndikalist«, 1925
Gerechtigkeit für Max Hölz. Berlin, Verlag Rote Hilfe, 1926
Sammlung 1898–1928. Auswahl aus dem dichterischen Werk. Berlin, J. M. Spaeth, vom Verlag Gilde freiheitlicher Bücherfreunde übernommen, 1928
Staatsräson. Ein Denkmal für Sacco und Vanzetti. Berlin, Verlag Gilde freiheitlicher Bücherfreunde, 1928
Von Eisner bis Leviné. Die Entstehung der bayerischen Räterepublik. Persönlicher Rechenschaftsbericht über die Revolutionsereignisse in München vom 7. November 1918 bis zum 13. April 1919. Berlin, Fanal Verlag, 1929
Unpolitische Erinnerungen. Leipzig, Sonderdruck mehrerer in der »Vossischen Zeitung« erschienener Aufsätze für die Gäste des Leipziger Bibliophilen-Abends, 1931

Die Befreiung der Gesellschaft vom Staat. Was ist kommunistischer Anarchismus? Berlin, Fanal-Verlag (Sonderheft), 1933
Namen und Menschen. Unpolitische Erinnerungen. (Vollständiger Abdruck der in der Vossischen Zeitung in 25 Teilen zwischen dem 4. September 1927 und dem 19. April 1929 erschienenen Mühsam-Aufsätze). Leipzig, Volk und Buch, 1949
Gedichte. Eine Auswahl. Berlin, Volk und Welt, 1958
Auswahl. Gedichte, Dramen, Prosa. Mit einem Nachruf von Erich Weinert. Neu zusammengestellt und erweitert von Dieter Schiller. Berlin, Volk und Welt, 1961
War einmal ein Revoluzzer. Bänkellieder und Gedichte, Berlin, Henschel Verlag, 1968
Befreiung der Gesellschaft vom Staat. Berlin, Karin Kramer Verlag, 1973
Fanal. Neudruck der Zeitschrift, die Mühsam von 1926 bis 1931 herausgab. Glashütten im Taunus, Detlev Auvermann Verlag, 1973
Bäder und Verse für Zenzl, mit 24 Faksimile-Drucken. Düsseldorf, Claassen, 1975
Von Eisner bis Leviné. Mit einem Vorwort von H. J. Viesel. Hamburg, MaD Verlag Lutz Schulenburg, 1976
Sammlung. 1898–1928. Berlin, Verlag Klaus Guhl, 1976
Briefe aus seinem Leben. Unveröffentlichte Dokumente. Herausgegeben von Gerd Jungblut. Berlin, Verlag Klaus Guhl, 1977
Gerechtigkeit für Max Hoelz. Berlin, Verlag Klaus Guhl, 1977
Kain – Zeitschrift für Menschlichkeit. Vorwort von Gerd Jungblut. Berlin, Verlag Klaus Guhl, 1977
Der Krater. Dokumente 1904–1933. Berlin, Verlag Klaus Guhl, 1977
Namen und Menschen. Unpolitische Erinnerungen. Berlin, Verlag Klaus Guhl, 1977
Alle Wetter. Ein Theaterstück gegen den Faschismus. Vorwort von Gerd Jungblut. Berlin, Verlag Klaus Guhl, 1977
Gesamtausgabe. Günther Emig (Hrsg.), Fünf Bände (Bd. 2: Dramen und Bd. 4: Prosaschriften liegen vor). Berlin, Verlag europäische ideen, 1978ff.
Brennende Erde. Verse eines Kämpfers. Berlin, Verlag Klaus Guhl, 1978
Die Freivermählten. Polemisches Schauspiel in drei Aufzügen. Berlin, Verlag Klaus Guhl, 1978
Wüste – Krater – Wolken. Gedichte. Berlin, Verlag Klaus Guhl, 1978
Handzeichnungen und Gedichte, verfaßt in Niederschönenfeld. Für Leon Hirsch 1925. Vorwort von H. Viesel und Wolfgang Schütte. Berlin, Verlag Klaus Guhl, 1978
Judas. Arbeiterdrama in fünf Akten. Berlin, Verlag Klaus Guhl, 1978
Fanal. Zum Alltag der Weimarer Republik. Herausgegeben von Peter Hamm. Berlin, Wagenbach, 1978
War einmal ein Revoluzzer. Bänkellieder und Gedichte. Reinbek, Rowohlt, 1978

Sekundärliteratur

Bartsch, Günter: Anarchismus. Band 1. Hannover, Fackelträger-Verlag, 1972
europäische ideen, herausgegeben von Andreas W. Mytze, Erich Mühsam zum 40. Todestag. Berlin, Heft 5/6, 1974
Francé-Harrar, Annie: Revolution: Erich Mühsam. In: So war's um Neunzehnhundert. Mein fin de siècle. München, Langen-Müller, 1962
Hiller, Kurt: Erich Mühsam und seine Mörder. In: Köpfe und Tröpfe, Hamburg, Rowohlt, 1950
Hug, Heinz: Erich Mühsam. Untersuchungen zu Leben und Werk. Glashütten/Ts. Detlev Auvermann Verlag, 1974
Mühsam, Kreszentia: Der Leidensweg Erich Mühsams. Zürich–Paris, Mopr Verlag, 1935
Radbruch, Gustav: Bekanntschaft mit Erich Mühsam. In: Der innere Weg. Stuttgart, Koehler, 1951
Raddatz, Fritz J.: Erfolg oder Wirkung. Schicksale politischer Publizisten in Deutschland. München, Hanser, 1972
Rocker, Rudolf: Erich Mühsam und die Berliner Anarchisten. In: Aus den Memoiren eines deutschen Anarchisten. Frankfurt, Suhrkamp, 1974
Rocker, Rudolf: Der Leidensweg von Zensl Mühsam. Frankfurt, Verlag die Freie Gesellschaft, o.J. (1949)

JAKOB HARINGER

Hain des Vergessens. Dresden, Dresdner Verlag von 1917, 1919

Abendbergwerk. München, Verlag Die Wende, 1919

Weihnacht im Armenhaus. Amsterdam, Christof Brundel, o.J.

Tobias. Holzschnitte von Betzler. Amsterdam, Christof Brundel, o.J.

Die Kammer. Regensburg, Franz Ludwig Habbel, 1921

Die Dichtungen. Mit einem Vorwort von Alfred Döblin: Einen Gruß für Jakob Haringer. Potsdam, Kiepenheuer, 1925

Das Räubermärchen. Frankfurt, Iris-Verlag, 1925

Kind im grauen Haar. Frankfurt, Iris-Verlag, 1926

Heimweh. Gedichte. Berlin–Wien–Leipzig, Paul Zsolnay Verlag, 1928

Abschied. Gedichte. Berlin–Wien–Leipzig, Paul Zsolnay Verlag, 1930

Der Reisende oder die Träne. Die Denkmäler. Verlegt von Grigat. 1932

Das Schnarchen Gottes (Band I: Heiliger Sebastian. Band II: Gläserner Gott. Band III: Ewig toter Lazarus). Amsterdam, Christof Brundel Verlag. Ausstattung von Marcus Behmer, 1931

Vermischte Schriften. Salzburg–Leipzig, Verlag Anton Pustet, 1935

Neue Verse für Herrn von Janko, mit der Hand und der Schreibmaschine geschrieben, Ebenau, 2.7.1936, in privater Hand

Das Fenster. Zürich, Pegasus Verlag, 1946

Das Rosengrab. Ausgewählte Gedichte. Egnach Tg Schweiz, Steinklopfer Verlag, 2. Auflage, 1963

Der Orgelspieler. Gedichte. Fürstenfeldbruck, Steinklopfer Verlag, 1955

Die Einsiedelei. Ein Stundenblatt, herausgegeben von Jakob Haringer:

Nummer V bis VII. Leichenhaus der Literatur oder über Goethe. Berlin, Strom Verlag, o.J.

Band VIII bis XIV. Chinesische Strofen. Unbekannte Dichter/Verse für einen Freund. Verse aus dem ägyptischen. Lieder von den Salomo-Inseln. Verse nach Ronsard. Verse nach Mathurin Régnier. Amsterdam, Christof Brundel, o.J.

Band XVI. Chinesische Strofen. Amsterdam, Christof Brundel, o.J.

Nummer XXXI. Jakob Haringer zum Gedächtnis. Amsterdam, Christof Brundel, o.J.

Nummer XXXII. Amsterdam, Christof Brundel, o.J.

Lieder eines Lumpen. Zürich/Stuttgart, Werner Classen, 1962

Das Schnarchen Gottes und andere Gedichte. Herausgegeben von Jürgen Serke. München, Hanser, 1979

Sekundärliteratur

Amstad, Werner: Jakob Haringer – Leben und Werk. Freiburg/Schweiz, Dissertation, 1966

Streiter, Cornelius: Der Dichter, der das Räubermärchen lebte. Eine Sendung über Jakob Haringer. Köln, Westdeutscher Rundfunk, Abteilung Kulturelles Wort, 18. Februar 1962

IRMGARD KEUN

Gilgi, eine von uns. Roman. Berlin, Universitas, 1931

Das kunstseidene Mädchen. Roman. Berlin, Universitas, 1932

Das Mädchen mit dem die Kinder nicht verkehren durften. Amsterdam, Allert de Lange, 1936

Nach Mitternacht. Roman. Amsterdam, Querido Verlag, 1937

D-Zug dritter Klasse. Roman. Amsterdam, Querido Verlag, 1938

Kind aller Länder. Roman. Amsterdam, Querido Verlag, 1938

Ferdinand, der Mann mit dem freundlichen Herzen. Roman. Düsseldorf, Droste-Verlag, 1950

Kind aller Länder. Roman. Düsseldorf, Droste-Verlag, 1950

Wenn wir alle gut wären. Kleine Begebenheiten, Erinnerungen und Geschichten. Düsseldorf, Progress-Verlag Johann Fladung, o.J. (1954)

Blühende Neurosen. Flimmerkisten-Blüten. Düsseldorf, Droste-Verlag, 1962

Gilgi, eine von uns. Roman. Düsseldorf, claassen, 1979

Das kunstseidene Mädchen. Roman. Düsseldorf, claassen, 1979

Nach Mitternacht. Roman. Düsseldorf, Claassen. 1980

Sekundärliteratur

Kesten, Hermann: Irmgard Keun. In: Meine Freunde die Poeten. München, Desch, 1959

Bronson, David: Joseph Roth. Eine Biographie. Köln, Kiepenheuer & Witsch, 1974

HANS HENNY JAHNN

Pastor Ephraim Magnus. Drama. Berlin, S. Fischer, 1919

Die Krönung Richards III. Historische Tragödie. Hamburg, Konrad Hanf, 1921

Der Arzt/Sein Weib/Sein Sohn. Drama. Klecken, Ugrino, 1922

Der gestohlene Gott. Tragödie. Potsdam, Kiepenheuer, 1924

Medea. Tragodie. Leipzig, Schauspicl-Verlag, 1926

Perrudja. Roman. 2 Bde.. Berlin, Kiepenheuer im Auftrag der Lichtwark-Stiftung Hamburg, 1929

Der Einfluß der Schleifenwindlage auf die Tonbildung der Orgel. Hamburg, Ugrino, 1931

Straßenecke. Ein Ort. Eine Handlung. Berlin, Kiepenheuer, 1931

Neuer Lübecker Totentanz (gemeinsam mit Werner Helwig). In: Neue Deutsche Rundschau, Berlin, S. Fischer, 1931

Armut, Reichtum, Mensch und Tier. Ein Drama. München, Weismann, 1948

Fluß ohne Ufer. Roman in drei Teilen. Erster Teil: Das Holzschiff. München, Weismann, 1949

Fluß ohne Ufer. Roman in drei Teilen. Zweiter Teil: Die Niederschrift des Gustav Anias Horn, nachdem er 49 Jahre alt geworden war. 2 Bde. München, Weismann, 1949–1950

Spur des dunklen Engels. Drama. Musik Y. J. Trede. München, Weismann, 1952

Dreizehn nicht geheure Geschichten. Hamburg, Rowohlt, 1954

Neuer Lübecker Totentanz (zusammen mit Werner Helwig). Musik Y.J. Trede. Hamburg, Rowohlt, 1954

Thomas Chatterton. Eine Tragödie. Berlin–Frankfurt, Suhrkamp, 1955

Die Nacht aus Blei. Hamburg, Wegner, 1956

Fluß ohne Ufer. Roman in drei Teilen. Dritter Teil: Epilog. Herausgegeben und Nachwort von Walter Muschg. Frankfurt, Europäische Verlagsanstalt, 1961

Die Trümmer des Gewissens. Der staubige Regenbogen. Drama. Hamburg, Hoffmann und Campe, o.J.

Werke und Tagebücher in sieben Bänden. Herausgegeben von Thomas Freeman und Thomas Scheuffelen. Hamburg, Hoffmann und Campe, 1974

Sekundärliteratur

Buchholz, Ernst: Hans Henny Jahnn. In: Kunst, Recht und Freiheit. Reden und Aufsätze. Esslingen, Bechtle, 1966

Deschner, Karlheinz: Kitsch, Konvention und Kunst. Eine literarische Streitschrift. München, List, 1957.

Fichte, Hubert: Versuch über die Pubertät. Roman. Hamburg, Hoffmann und Campe 1974

Hans Henny Jahnn Schriftsteller Orgelbauer 1894. Eine Ausstellung der Akademie der Wissenschaften und der Literatur, Katalog. Mainz, Steiner-Verlag, 1973

Muschg, Walter: Gespräche mit Hans Henny Jahnn. Frankfurt, Heinrich Heine Verlag, o.J. (1967)

Muschg, Walter: Hans Henny Jahnn. In: Von Trakl zu Brecht. Dichter des Expressionismus. München, Piper, 1961

Scheuffelen, Thomas: Hans Henny Jahnn im Exil. Exilmotive in seinem Roman »Fluß ohne Ufer« und eine Chronik von Leben und Werk 1933–1945, München, Dissertation, 1972

Text und Kritik. Zeitschrift für Literatur. Herausgegeben von Heinz Ludwig Arnold. Hans Henny Jahnn. Stuttgart, Richard Boorberg, Heft 2/3, 1970

OSKAR MARIA GRAF

Die Revolutionäre. Dresden, Dresdner Verlag von 1917, 1918

Amen und Anfang. München, Bachmair, 1919

Georg Schrimpf. Konstanz, Verlag der Saturne, 1919
Ua-Pua...! Indianer-Dichtungen. Mit 30 Kreidezeichnungen von Georg Schrimpf. Regensburg, Franz Ludwig Habbel, 1921
Maria Uhden. Mit einer Erinnerung an Maria Uhden von Georg Schrimpf, einem farbigen Titelbild und 52 Abbildungen. Leipzig, Klinkhardt & Biermann, 1921
Frühzeit. Jugenderlebnisse. Berlin, Malik, 1922
Zur freundlichen Erinnerung. Acht Erzählungen. Berlin, Malik, 1922
Georg Schrimpf. Mit einer Selbstbiographie des Künstlers, einer farbigen Tafel und 32 Abbildungen. Leipzig, Klinkhardt & Biermann, 1923
Bayrisches Lesebücherl. Weißblaue Kulturbilder. München, Gunther Langes, 1924
Die Traumdeuter. Aus einer alten bayerischen Familienchronik. Freiburg, Herder, 1924
Die Chronik von Flechting. Ein Dorfroman. München, Drei Masken Verlag, 1925
Die Heimsuchung. Roman. Bonn, Verlag der Buchgemeinde, 1925
Finsternis. Sechs Dorfgeschichten. München, Drei Masken Verlag, 1926
Licht und Schatten. Eine Sammlung zeitgemäßer Märchen. Berlin, Verlag der Neuen Gesellschaft, 1927
Wir sind Gefangene. Ein Bekenntnis aus diesem Jahrzehnt. München, Drei Masken Verlag, 1927
Im Winkel des Lebens. Büchergilde Gutenberg, 1927
Wunderbare Menschen. Heitere Chronik einer Arbeiterbühne nebst meinen drolligen und traurigen Erlebnissen dortselbst. Stuttgart, Engelhorn, 1927
Das bayrische Dekameron. Mit Bildern von Walter Marcuse. Wien–Berlin–Leipzig, Verl. f. Kulturforschung, 1928
Kalendergeschichten. München–Berlin, Drei Masken Verlag, 1929
Bolwieser. Roman eines Ehemannes. München–Berlin, Drei Masken Verlag, 1931
Dorfbanditen. Erlebnisse aus meinen Schul- und Lehrlingsjahren. Berlin, Drei Masken Verlag, 1932
Notizbuch eines Provinzschriftstellers. Erlebnisse. Intimitäten. Meinungen. Basel–Leipzig–Wien, Zinnen-Verlag, 1932
Einer gegen alle. Roman. Berlin, Universitas, 1932
Der harte Handel. Ein bayrischer Bauern-Roman. Amsterdam, Querido Verlag, 1935
Der Abgrund. Ein Zeitroman. London und Moskau–Leningrad, Malik und Verlagsgenossenschaft ausländischer Arbeiter in der UdSSR, 1936
Anton Sittinger. Roman. London, Malik, 1937
Der Quasterl. Moskau, Kleine Volksbücherei, 1938
The life of my mother. A biographical novel. New York, Howell & Soskin, 1940
Der Quasterl und andere Erzählungen. New York, Aurora Verlag, 1945
Das Leben meiner Mutter. München, Desch, o. J. (1946)
Das Aderlassen. Kalendergeschichten. Weimar, Verlag Werden und Wirken, 1947
Unruhe um einen Friedfertigen. Roman. New York, Aurora Verlag, 1947
Die Erben des Untergangs. Roman einer Zukunft. München, Desch, 1949
Mitmenschen. Berlin, Aufbau-Verlag, 1950
Menschen aus meiner Jugend auf dem Dorfe. Drei Erzählungen. Leipzig, Reclam, 1953
Der ewige Kalender. Ein Jahresspiegel. New York, Oskar Maria Graf, 1954
Die Flucht ins Mittelmäßige. Ein New Yorker Roman. Frankfurt, Nest-Verlag, 1959
An manchen Tagen. Reden, Gedanken und Zeitbetrachtungen. Frankfurt, Nest-Verlag, 1961
Der große Bauernspiegel. Dorfgeschichten und Begebnisse von einst, gestern und jetzt. Wien–München–Basel, Desch, 1962
Altmodische Gedichte eines Dutzendmenschen. Frankfurt. Frankfurt, Nest-Verlag, 1962
Größtenteils schimpflich. Von Halbstarken und Leuten, welche dieselben nicht leiden können. München, Feder Verlag, 1962

Er nannte sich Bancho. Der Roman einer Gegend. Berlin–Weimar, Aufbau-Verlag, 1964
Gelächter von außen. Aus meinem Leben 1918–1933. München, Desch, 1966
Bayrisches Lesebücherl. Von Früherszeiten bis heutzutag. Hannover, Fackelträger, 1966
Reise in die Sowjetunion 1934. Mit Briefen von Sergej Tretjakov. Darmstadt, Luchterhand, 1974
Kalendergeschichten. München, Süddeutscher Verlag, 1975
Die Chronik von Flechting. Ein Dorfroman. München, Süddeutscher Verlag, 1975
Unruhe um einen Friedfertigen. Roman. München, Süddeutscher Verlag, 1975
Die Flucht ins Mittelmäßige. Ein New Yorker Roman. München, Süddeutscher Verlag, 1976
Die gezählten Jahre. Roman. München, Süddeutscher Verlag, 1976
Das Leben meiner Mutter. Erinnerungen. München, Süddeutscher Verlag, 1976
Das bayrische Dekameron. München, Süddeutscher Verlag, 1977
Die Ehe des Herrn Bolwieser. Roman. München, Süddeutscher Verlag, 1977
Bayrische Dorfgeschichten. München, Goldmann, 1978
Die Chronik von Flechting. Ein Dorfroman. München, Deutscher Taschenbuch Verlag, 1978
Der harte Handel. Roman. München, Süddeutscher Verlag, 1978
Kalendergeschichten. München, Deutscher Taschenbuch Verlag, 1978
Wir sind Gefangene. München, Süddeutscher Verlag, 1978
Anton Sittinger. Roman. München, Süddeutscher Verlag, 1979
Bayerischer Bauernspiegel. München, Goldmann, 1979
Unruhe um einen Friedfertigen. Roman. München, Süddeutscher Verlag, 1979

Sekundärliteratur

Marcuse, Ludwig: Mein zwanzigstes Jahrhundert. Auf dem Wege zu einer Autobiographie. Zürich, Diogenes, 1975
Oskar Maria Graf. Beschreibung eines Volksschriftstellers. Hrsg. v. Wolfgang Dietz und Helmut F. Pfanner. München, Annedore Leber Verlag, 1974
Pfanner, Helmut F.: Oskar Maria Graf. Eine kritische Bibliographie. Bern–München, Francke Verlag, 1976
Recknagel, Rolf: Ein Bayer in Amerika. Oskar Maria Graf – Leben und Werk. Berlin, Verlag der Nation, 1974

THEODOR KRAMER

Die Gaunerzinke. Frankfurt, Rütten & Loening, 1929
Wir lagen in Wolhynien im Morast. Gedichte. Wien, Zsolnay, 1931
Mit der Ziehharmonika. Gedichte. Wien, Gsur, 1936
Verbannt aus Österreich. Neue Gedichte. London, Austrian Penclub, 1938
Die untere Schenke. Gedichte. Wien, Globus-Verlag, 1946
Wien 1938. Die grünen Kader. Gedichte. Wien, Globus-Verlag, 1946
Vom schwarzen Wein. Ausgewählte Gedichte. Herausgegeben von M. Guttenbrunner. Salzburg, Müller, 1956
Einer bezeugte es... Eingeleitet, ausgewählt E. Chojka. Graz–Wien, Stiasny, 1960
Lob der Verzweiflung. Gedichte. Wien–München, Jugend und Volk, 1972

FERDINAND HARDEKOPF

Der Abend. Ein kleines Gespräch. Leipzig, Wolff, 1913
Lesestücke. Berlin-Wilmersdorf, Verlag »Die Aktion«, 1916
Privatgedichte. München, Wolff, 1921
Gesammelte Dichtungen. Mit Fotos und Faksimiles. Herausgegeben von Emmy Moor-Wittenbach. Zürich, Verlag Die Arche, 1963

Sekundärliteratur

Richter, Hans: Ferdinand Hardekopf. In: Dada Profile. Zürich, Verlag Die Arche, 1961

ALFRED DÖBLIN

Die Ermordung einer Butterblume und andere Erzählungen. München–Leipzig, Georg Müller, 1913
Das Stiftsfräulein und der Tod. Eine Novelle. Schnitte von E. L. Kirchner. Berlin-Wilmersdorf, A. R. Meyer, 1913

Die drei Sprünge des Wang-lun. Chinesischer Roman. Berlin, S. Fischer, 1915
Die Lobensteiner reisen nach Böhmen. 12 Novellen und Geschichten. München, Georg Müller, 1917
Wadzeks Kampf mit der Dampfturbine. Roman. Berlin, S. Fischer, 1918
Der schwarze Vorhang. Roman von den Worten und Zufällen. Berlin, S. Fischer, 1919
Das verwerfliche Schwein. Novelle. – Lydia und Mäxchen. Tiefe Verbeugung in einem Akt. – Lusitania. Drei Szenen. Wien–Leipzig, Genossenschaftsverlag, 1920
Wallenstein. Roman. 2 Bände. Berlin, S. Fischer, 1920
Der deutsche Maskenball. Berlin, S. Fischer, 1921
Blaubart und Miß Ilsebill. Mit Steinzeichnungen von Carl Rabus. Berlin, Tillgner, 1923
Berge, Meere und Giganten. Roman. Berlin, S. Fischer, 1924
Feldzeugmeister Cratz. Der Kaplan. Zwei Erzählungen. Berlin, Weltgeist-Bücher, o. J. (1926)
Die beiden Freundinnen und ihr Giftmord. Berlin, Die Schmiede, o.J. (1924)
Reise in Polen. Berlin, S. Fischer, 1926
Das Ich über der Natur. Berlin, S. Fischer, 1927
Manas. Epische Dichtung. Berlin, S. Fischer, 1927
Im Buch - Zu Haus - Auf der Straße. Vorgestellt von Alfred Döblin und Oskar Loerke. Berlin, S. Fischer, 1928
Berlin Alexanderplatz. Die Geschichte von Franz Biberkopf. Berlin, S. Fischer, 1929
Lusitania. Drei Szenen. Hamburg, Presse Oda Weitbrecht, 1929
Die Ehe. Drei Szenen und ein Vorspiel. Berlin, S. Fischer, 1931
Wissen und Verändern! Offene Briefe an einen jungen Menschen. Berlin, S. Fischer, 1931
Giganten. Ein Abenteuerbuch. Berlin, S. Fischer, 1932
Unser Dasein. Berlin, S. Fischer, 1933
Jüdische Erneuerung. Amsterdam, Querido-Verlag, 1933
Babylonische Wanderung oder Hochmut kommt vor dem Fall. Roman. Amsterdam, Querido Verlag, 1934
Flucht und Sammlung des Judenvolkes. Aufsätze und Erzählungen. Amsterdam, Querido Verlag, 1935
Pardon wird nicht gegeben. Roman. Amsterdam, Querido Verlag, 1935
Die Fahrt ins Land ohne Tod. 3 Bände: Die Fahrt ins Land ohne Tod. Roman. Amsterdam, Querido Verlag, 1937; Der blaue Tiger. Roman. Amsterdam, Querido Verlag, 1938; Der neue Urwald. Roman. Baden-Baden, P. Keppler, 1948
Die deutsche Literatur. Ein Dialog zwischen Politik und Kunst. Paris, Verlag Science et Littérature, o. J. (1938)
Der unsterbliche Mensch. Ein Religionsgespräch. Freiburg, Verlag Karl Alber, 1946
Der Oberst und der Dichter oder Das menschliche Herz. München, Verlag Karl Alber, 1946
Sieger und Besiegte. Eine wahre Geschichte. New York, Aurora Verlag, 1946
Die literarische Situation. Baden-Baden, P. Keppler, 1947
Unsere Sorge der Mensch. München, Verlag Karl Alber, 1948
Schicksalsreise. Bericht und Bekenntnis. Frankfurt, Verlag Josef Knecht, Carolusdruckerei, 1949
Heitere Magie. Zwei Erzählungen. Baden-Baden, P. Keppler, 1948
November 1918. Eine deutsche Revolution. Erzählwerk. 3 Bände. Vorspiel und Erster Band: Verratenes Volk. München, Verlag Karl Alber, 1948; Zweiter Band: Heimkehr der Fronttruppen. München, Verlag Karl Alber, 1949; Dritter Band: Karl und Rosa. München, Verlag Karl Alber, 1950
Die Dichtung, ihre Natur und ihre Rolle. Mainz, Akademie der Wissenschaften und der Literatur, 1950
Hamlet oder Die lange Nacht nimmt ein Ende. Berlin, Rütten & Loening, 1956
Ausgewählte Werke in Einzelbänden. In Verbindung mit den Söhnen des Dichters herausgegeben von Walter Muschg, weitergeführt von Heinz Graber. Reihe noch nicht abgeschlossen. 17 Bände liegen vor. Olten–Freiburg, Walter-Verlag, 1960–1980

Doktor Döblin. Selbstbiographie. Berlin, Friedenauer Presse, 1970

Ein Kerl muß eine Meinung haben. Berichte und Kritiken 1921–1924. Olten–Freiburg, Walter-Verlag, 1976

Alfred Döblin. Jubiläums-Sonderausgabe zum hundertsten Geburtstag des Dichters. Sieben Bände. Olten–Freiburg, Walter-Verlag, 1977

Der neue Urwald. Roman. Hildesheim, Gerstenberg Verlag, 1977

Die beiden Freundinnen und ihr Giftmord. Reinbek, Rowohlt, 1978

Hamlet oder Die lange Nacht nimmt ein Ende. Roman. München, Deutscher Taschenbuch Verlag, 1978

Pardon wird nicht gegeben. Roman. Reinbek, Rowohlt, 1978

November 1918. Romantetralogie. München, Deutscher Taschenbuch Verlag, 1978

Sekundärliteratur

Blass, Ernst: Alfred Döblin. In: Juden in der deutschen Literatur. Essays über zeitgenössische Schriftsteller. Herausgegeben von Gustav Krojanker. Berlin, Welt-Verlag, 1922

Alfred Döblin im Spiegel der zeitgenössischen Kritik. Herausgegeben von Ingrid Schuster und Ingrid Bode in Zusammenarbeit mit dem Deutschen Literaturarchiv Marbach/N. Bern–München, Francke Verlag, 1973

Casey, Timothy Joseph: Alfred Döblin. In: Expressionismus als Literatur. Gesammelte Studien. Herausgegeben von W. Rothe. Bern–München, Francke Verlag, 1969

Hiller, Kurt: Dieser Döblin. In: Köpfe und Tröpfe. Profile aus einem Vierteljahrhundert. Hamburg–Stuttgart, Rowohlt, 1950

Kesten, Hermann: Alfred Döblin. In: Meine Freunde die Poeten. München, Desch, 1959

Links, Roland: Alfred Döblin. Leben und Werk. Berlin, Volk und Wissen Volkseigener Verlag, 1965

Minder, Robert: Alfred Döblin zwischen Osten und Westen. In: Dichter in der Gesellschaft. Frankfurt, Suhrkamp, 1972

Minder, Robert: Alfred Döblin: ›Die Segelfahrt‹ oder Struktur und Erlebnis. In: Wozu Literatur? Frankfurt, Suhrkamp, 1972

Muschg, Walter: Zwei Romane von Alfred Döblin. In: Von Trakl bis Brecht. Dichter des Expressionismus. München, Piper, 1961

Schwimmer, Helmut: Erlebnis und Gestaltung der Wirklichkeit bei Alfred Döblin. München, Dissertation, 1960

Soergel, Albert: Alfred Döblin. In: Dichtung und Dichter der Zeit. Neue Folge. Im Banne des Expressionismus. Leipzig, Voigtländer, 1925

Alfred Döblin 1887. 1978. Katalog von Jochen Meyer in Zusammenarbeit mit Ute Doster. Eine Ausstellung des Deutschen Literaturarchivs im Schiller-Nationalmuseum Marbach am Neckar. München, Kösel-Verlag, 1978

CARL EINSTEIN

Bebuquin oder Die Dilettanten des Wunders. Ein Roman. Berlin-Wilmersdorf, Verlag Die Aktion, 1912

Negerplastik. Leipzig–München, Verlag der weißen Bücher, 1915

Anmerkungen. Berlin-Wilmersdorf, Verlag Die Aktion, 1916

Der unentwegte Platoniker. Leipzig–München, Wolff, o. J. (1918)

Die schlimme Botschaft. Zwanzig Szenen. Berlin, Rowohlt, 1921

Moise Kisling. Leipzig. Klinkhardt & Biermann, 1922

Afrikanische Plastik. Berlin, Wasmuth, 1922

Die Kunst des 20. Jahrhunderts. Berlin, Propyläen, 1926

Entwurf einer Landschaft. Paris, Editions de la Galerie Simon, 1930

Gesammelte Werke, Wiesbaden, Limes, 1962

Laurenz oder Schweißfuß klagt gegen Pfurz in trüber Nacht. Herausgegeben von Walter Huder. Mit 10 fünffarbigen Original-Linolschnitten von Wolfgang Jörg und Erich Schönig. Berlin, 31. Druck der Handpresse, 1971

Bebuquin oder Die Dilettanten des Wunders. Frankfurt, Suhrkamp, 1974

Gesammelte Werke in fünf Bänden. Band I mit den Texten von 1907 bis 1918. Berlin, Medusa Verlag Wölk + Schmid, 1980

Sekundärliteratur

Alternative. Zeitschrift für Literatur und Diskussion. Herausgegeben von Hildegard Brenner, Carl Einstein. Heft 75. Berlin, Alternative Verlag, 1970

Graber, Heinz: Carl Einstein. In: Expressionismus als Literatur. Gesammelte Studien. Herausgegeben von W. Rothe. Bern–München, Francke Verlag, 1969

Heissenbüttel, Helmut: Carl-Einstein-Porträt. In: Zur Tradition der Moderne. Aufsätze und Anmerkungen 1964–1971. Neuwied–Berlin, Luchterhand, 1972

Penkert, Sibylle: Carl Einstein. Existenz und Ästhetik. In der Reihe Verschollene und Vergessene, herausgegeben von der Akademie der Wissenschaften und der Literatur Mainz. Wiesbaden, Steiner Verlag, 1970

Wir treiben eine Politik des Todes. Aus dem unveröffentlichten Nachlaß. In: Neues Forum. Internationale Zeitschrift engagierter Christen und Sozialisten. Heft 241/242. Wien, Verlag Neues Forum, 1974

WALTER BENJAMIN

Der Begriff der Kunstkritik in der deutschen Romantik. Bern, Verlag von A. Francke, 1920

Einbahnstraße. Berlin, Rowohlt, 1928

Ursprung des deutschen Trauerspiels. Berlin, Rowohlt, 1928

Deutsche Menschen. Eine Folge von Briefen. Auswahl und Einleitungen von Detlef Holz (Pseudonym). Luzern, Vita Nova Verlag, 1936

Berliner Kindheit um Neunzehnhundert. Frankfurt, Suhrkamp, 1950

Städtebilder. Nachwort von Peter Szondi. Frankfurt, Suhrkamp, 1963

Das Kunstwerk im Zeitalter seiner technischen Reproduzierbarkeit. Drei Studien zur Kunstsoziologie. Frankfurt, Suhrkamp, 1963

Goethes Wahlverwandtschaften. Frankfurt, Insel, 1964

Zur Kritik der Gewalt und andere Aufsätze. Mit einem Nachwort versehen von Herbert Marcuse. Frankfurt, Suhrkamp, 1965

Angelus Novus. Ausgewählte Schriften. Frankfurt, Suhrkamp, 1966

Gesammelte Schriften in 6 Bänden. Herausgegeben von Rolf Tiedemann und Hermann Schweppenhäuser. Band 1: Abhandlungen. Band 2: Aufsätze. Essays. Vorträge. Band 3: Kritiken und Rezensionen. Band 4: Kleine Prosa. Frankfurt, Suhrkamp, 1974–1977, noch nicht abgeschlossen

Briefe I und II. Herausgegeben und mit Anmerkungen versehen von Gershom Scholem und Theodor W. Adorno. Frankfurt, Suhrkamp. 1978

Briefwechsel 1933–1940. Walter Benjamin – Gershom Scholem. Herausgegeben von Gershom Scholem. Frankfurt, Suhrkamp. 1980

Sekundärliteratur

Arendt, Hannah: Benjamin, Brecht. Zwei Essays. München, Piper, 1971

Heißenbüttel, Helmut: Schriftsteller in der Emigration: Walter Benjamin. In: Zur Tradition der Moderne. Aufsätze und Anmerkungen 1964–1971, Neuwied–Berlin, Luchterhand, 1972

Tiedemann, Rolf: Studien zur Philosophie Walter Benjamins. Mit einer Vorrede von Theodor W. Adorno. Frankfurt, Europäische Verlagsanstalt, 1965

Über Walter Benjamin. Beiträge von Theodor W. Adorno. Ernst Bloch. Max Rychner. Gershom Scholem. Jean Selz. Hans Heinz Holz. Ernst Fischer. Frankfurt, Suhrkamp, 1968

Zur Aktualität Walter Benjamins. Aus Anlaß des 80. Geburtstags von Walter Benjamin. Herausgegeben von Siegfried Unseld. Frankfurt, Suhrkamp, 1972

Scholem, Gershom: Walter Benjamin – Die Geschichte einer Freundschaft. Frankfurt, Suhrkamp, 1975

Fuld, Werner: Walter Benjamin – Zwischen den Stühlen. Eine Biographie. München, Hanser. 1979

Raddatz, Fritz J.: Die Kräfte des Rausches für die Revolution gewinnen. Der Literaturbegriff des preußischen Snobs und jüdischen Melancholikers Walter Benjamin. In: Revolte und Melancholie. Essays zur Literaturtheorie. Hamburg, Albrecht Knaus Verlag, 1979

FRANZ HESSEL

Verlorene Gespielen. Gedichte. Berlin, S. Fischer, 1905
Laura Wunderl. Münchner Novellen. Berlin, S. Fischer, 1908
Der Kramladen des Glücks. Roman. Frankfurt, Rütten & Loening, 1913
Pariser Romanze. Papiere eines Verschollenen. Berlin, Rowohlt, 1920
Von den Irrtümern der Liebe. Eine Nachtwache. Berlin, Rowohlt, 1922
Sieben Dialoge. Dichtungen. Mit sieben Radierungen von Renée Sintenis. Berlin, Rowohlt, 1924
Die Witwe von Ephesos. Dramatisches Gedicht in 2 Szenen. Berlin, Rowohlt, 1925
Teigwaren, leicht gefärbt. Erzählungen. Berlin, Rowohlt, 1926
Heimliches Berlin. Roman. Berlin, Rowohlt, 1927
Nachfeier. Novellen. Berlin, Rowohlt, 1929
Spazieren in Berlin. Wien–Leipzig, Verlag Dr. Hans Epstein, 1929
Marlene Dietrich. Mit 12 Tafeln. Berlin, Kindt & Bucher, 1931
Ermunterungen zum Genuß. Berlin, Rowohlt, 1933
Spazieren in Berlin. Mit einem Nachwort von Janos Frecot und 24 Photographien der Zeit. München, Rogner & Bernhard, 1968
Von den Irrtümern der Liebenden. Eine Nachtwache. Mit einem Nachwort von Peter Härtling. München, Rogner & Bernhard, 1969

Sekundärliteratur

Härtling, Peter: Franz Hessel: ›Von den Irrtümern der Liebe‹. In: Vergessene Bücher. Hinweise und Beispiele. Stuttgart, Goverts, 1966

WALTER HASENCLEVER

Nirwana. Eine Kritik des Lebens in Dramaform. Leipzig, Modernes Verlags-Bureau, 1909
Städte, Nächte, Menschen. Erlebnisse. München, Bonsels, 1910
Das unendliche Gespräch. Eine nächtliche Szene. Leipzig, Wolff, 1913
Der Jüngling. Leipzig, Wolff, 1913
Der Sohn. Ein Drama in fünf Akten. Leipzig, Wolff, 1914
Der Retter. Privatdruck, o. J. (1916)
Tod und Auferstehung. Neue Gedichte. Leipzig, Wolff, 1917
Antigone. Tragödie in fünf Akten. Berlin, Cassirer, 1917
Die Menschen. Schauspiel in fünf Akten. Berlin, Cassirer, 1918
Die Entscheidung. Komödie. Berlin, Cassirer, 1919
Der politische Dichter. Berlin, Rowohlt, 1919
Die Pest. Ein Film. Berlin, Cassirer, 1920
Gedichte an Frauen. Berlin, Rowohlt, 1922
Gobseck. Drama in fünf Akten. Berlin, Rowohlt, 1922
Jenseits. Drama in fünf Akten. Berlin, Rowohlt, 1922
Dramen. Berlin, Die Schmiede, 1924
Mord. Ein Stück in zwei Teilen. Berlin, Die Schmiede, 1926
Ein besserer Herr. Lustspiel in zwei Teilen. Berlin, Propyläen, 1926
Ehen werden im Himmel geschlossen. Komödie in vier Akten. Berlin, Propyläen, 1928
Napoleon greift ein. Ein Abenteuer in sieben Bildern. Berlin, Propyläen, 1929
Kommt ein Vogel geflogen. Komödie in sechs Bildern. Berlin, Arcadia Verlag, 1931
Christoph Kolumbus oder die Entdeckung Amerikas. Komödie in einem Vorspiel und sechs Bildern. Zusammen mit Peter Panther, d. i. Kurt Tucholsky. Berlin, Felix Bloch Erben, o. J. (1932)
Sinnenglück und Seelenfrieden. Schauspiel in fünf Akten. Wien–Berlin, Georg Marton Verlag, 1932
Gedichte Dramen Prosa. Herausgegeben von Kurt Pinthus. Reinbek bei Hamburg, Rowohlt, 1963 (enthält auch den bis dahin nicht veröffentlichten Roman »Die Rechtlosen« aus dem Nachlaß)
Irrtum und Leidenschaft. Roman. Berlin, Universitas, 1969

Sekundärliteratur

Kesten, Hermann: Walter Hasenclever. In: Meine Freunde die Poeten. München, Desch, 1959

Paulsen, Wolfgang: Walter Hasenclever. In: Expressionismus als Literatur. Gesammelte Studien. Herausgegeben von W. Rothe. Bern–München, Francke Verlag, 1969
Pinthus, Kurt: Walter Hasenclever, der Freund. In: Der Zeitgenosse. Marbach, Deutsches Literaturarchiv Marbach N., 1971
Feuchtwanger, Lion: Unholdes Frankreich. Mexico, Editorial »El Libro Libre«, 1942
Schoenberner, Franz: Innenansichten eines Außenseiters. München, Kreisselmeier, 1965
Gallwitz, S. D.: Walter Hasenclever. In: Der neue Dichter und die Frau. Berlin, Herbig, 1927
Soergel, Albert: Walter Hasenclever. In: Dichtung und Dichter der Zeit. Neue Folge. Im Banne des Expressionismus. Leipzig, Voigtländer, 1926

SALOMO FRIEDLÄNDER (PSEUDONYM: MYNONA)

Julius Robert Mayer. Leipzig, Thomas, 1905
Jean Paul als Denker! Gedanken aus seinen sämtlichen Werken. München, Piper, 1907
Logik. Berlin, Hillger, 1907
Psychologie. Berlin–Leipzig, Hillger, 1907
Schopenhauer. Seine Persönlichkeit in seinen Werken. Stuttgart, Lutz, 1907
Durch blaue Schleier. Gedichte. Berlin-Wilmersdorf, A. R. Meyer, 1908
Friedrich Nietzsche. Eine intellektuale Biographie. Leipzig, Göschen, 1911
Rosa die schöne Schutzmannsfrau und andere Grotesken. Leipzig, Verlag der weißen Bücher, 1913 (als Mynona)
Für Hunde und andere Menschen. Berlin, Verlag Der Sturm, 1914 (als Mynona)
Schwarz-Weiß-Rot. Grotesken. Leipzig, Wolff, 1916 (als Mynona)
Goethe spricht in den Phonographen. In: »Das neue Geschichtenbuch. Ein Almanach. Leipzig, Wolff, 1918 (als Mynona)
Hundert Bonbons. Sonette. München, Georg Müller, 1918 (als Mynona)
Schöpferische Indifferenz. München, Georg Müller, 1918
Die Bank der Spötter. Ein Unroman. München, Wolff, 1919 (als Mynona)
Der Schöpfer. Phantasie. Mit 18 Federzeichnungen von Alfred Kubin. München, Wolff, 1920 (als Mynona)
Nur für Herrschaften. Un-Freud-ige Grotesken. Hannover, Banas & Dette, 1920 (als Mynona)
Unterm Leichentuch. Ein Nachtstück. Hannover, Steegemann, 1920 (als Mynona)
Das widerspenstige Brautbett und andere Grotesken. München, Wolff, 1921 (als Mynona)
Mein Papa und die Jungfrau von Orléans. Nebst anderen Grotesken. München, Wolff, 1921 (als Mynona)
George Grosz. Dresden, Kaemmerer, 1922 (als Mynona)
Graue Magie. Berliner Nachschlüsselroman. Dresden, Kaemmerer, 1922 (als Mynona)
Trappistenstreik und andere Grotesken. Freiburg, Heinrich, 1922 (als Mynona)
Ich möchte bellen und andere Grotesken. Berlin, Seeigel, 1924 (als Mynona)
Tarzaniade. Parodie. Hannover, Tageblatt-Buchhandlung, 1924 (als Mynona)
Kant für Kinder. Fragelehrbuch zum sittlichen Unterricht. Hannover, Steegemann, 1924
Wie durch ein Prisma. Gedanken und Blicke im Zeichen Kants. Frankfurt, Taifun, 1924
Katechismus der Magie. Nach Immanuel Kants »Von der Macht des Gemütes« und Ernst Marcus' »Theorie der natürlichen Magie« in Frage- und Antwortform gemeinfaßlich dargestellt. Heidelberg, Merlin, 1925
Das Eisenbahnunglück oder Der Anti-Freud. Mit Zeichnungen von Hans Bellmer. Berlin, Gottschalk, 1925
Mein hundertster Geburtstag und andere Grimassen. Wien–Leipzig, Jahoda & Siegel, 1928 (als Mynona)
Der neue Ibikus. Mit Zeichnungen von Hans Freese. Berlin, Officina Serpentis, 1929 (als Mynona)
Hat Erich Maria Remarque wirklich gelebt? Der Mann. Das Werk. Der Genius. Berlin, Steegemann, 1929 (als Mynona)
Der Philosoph Ernst Marcus als Nachfol-

ger Kants. Leben und Lehre. Ein Mahnruf. Essen, Baedeker, 1930
Albert Einsteins spezielle Relativitätstheorie durch Ernst Marcus endgültig widerlegt. In: 100 Autoren gegen Einstein. Leipzig, Voigtländer, 1931
Der Holzweg zurück oder Knackes Umgang mit Flöhen. Berlin, Steegemann, 1931 (als Mynona)
Geheimnisse von Berlin. Ein Roman. Berlin, Steegemann, 1931 (als Mynona)
Anti-Freud. Heitere Geschichten. Berlin, Steegemann, 1932 (als Mynona)
Kant gegen Einstein. Fragelehrbuch. Berlin, Neuer Geist Verlag, 1932
Der lachende Hiob und andere Grotesken. Paris, Phénix, 1936 (als Mynona)
Rosa die schöne Schutzmannsfrau und andere Grotesken. Herausgegeben von Ellen Otten. Zürich, Verlag Die Arche, 1965
Katechismus der Magie. Freiburg, Aurum Verlag, 1978

Sekundärliteratur

Daiber, Hans: Salomo Friedländer (Mynona). In: Vor Deutschland wird gewarnt. Gütersloh, Mohn, 1967
Huder, Walter: Über Salomo Friedländer/Mynona. In: Katalog der Ausstellung »Salomo Friedländer/Mynona« 1871 bis 1946. Berlin, Akademie der Künste, 1972
Soergel, Albert: Friedländer-Mynona. In: Dichtung und Dichter der Zeit. Neue Folge. Im Banne des Expressionismus. Leipzig, Voigtländer, 1925
Strelka, Joseph: Mynona. In: Expressionismus als Literatur. Gesammelte Studien. Herausgegeben von W. Rothe, Bern–München, Francke Verlag, 1969

ERNST WEISS

Die Galeere. Roman. Berlin, S. Fischer, 1913
Der Kampf. Roman. Berlin, S. Fischer, 1916
Tiere in Ketten. Roman. Berlin, S. Fischer, 1918
Franziska. Roman. Berlin, S. Fischer, 1919
Mensch gegen Mensch. Roman. München, Georg Müller, 1919
Stern der Dämmerung. Roman. Wien, Waldheim-Eberle, 1920
Tanja! Drama in drei Akten. Berlin, S. Fischer, 1920
Stern der Dämonen. Roman. München, Georg Müller, 1921
Nahar. Roman. München, Rowohlt, 1922
Tiere in Ketten. Roman. Neufassung. Berlin, Rowohlt, 1922
Atua. Drei Erzählungen. Berlin, Rowohlt, 1923
Die Feuerprobe. Roman. Mit 5 Radierungen von Ludwig Meidner. Berlin, Die Schmiede, 1923
Hodin. Erzählung. Berlin, Voegel, 1923
Olympia. Tragikomödie. Berlin, Die Schmiede, 1923
Daniel. Erzählung. Berlin, Die Schmiede, 1924
Der Fall Vukobrankovics. Berlin, Die Schmiede, 1925
Männer in der Nacht. Roman. Berlin, Propyläen, 1925
Boëtius von Orlamünde. Roman. Berlin, S. Fischer, 1928
Das Unverlierbare. Berlin, Rowohlt, 1928
Dämonenzug. Fünf Erzählungen. Berlin, Ullstein, 1929
Georg Letham, Arzt und Mörder. Roman. Wien, Zsolnay, 1931
Der Gefängnisarzt oder Die Vaterlosen. Roman. Mährisch-Ostrau, Kittl, 1934
Der Geisterseher. Mährisch-Ostrau, Kittl, 1934
Der arme Verschwender. Roman. Amsterdam, Querido Verlag, 1936
Ich – der Augenzeuge. Roman. Mit einem Vorwort von Hermann Kesten. Icking und München, Kreisselmeier, 1964
Franziska. Roman. Frankfurt, Suhrkamp, 1980

Sekundärliteratur

Kesten, Hermann: Ernst Weiss. In: Meine Freunde die Poeten. München, Desch, 1959
Mehring, Walter: Die verlorene Bibliothek. Autobiographie einer Kultur. München, Heyne, 1972
Wendler, Wolfgang: Ernst Weiß. In: Expressionismus als Literatur. Gesammelte Studien. Herausgegeben von W. Rothe. Bern–München, Francke Verlag, 1969

RAHEL SANZARA

Das verlorene Kind. Roman. Berlin, Ullstein, 1926
Die glückliche Hand. Zürich, Humanitas Verlag, 1936

Sekundärliteratur

Krell, Max: Das alles gab es einmal. Frankfurt, Scheffler, 1961

MAX HERRMANN-NEISSE

Ein kleines Leben. Gedichte und Skizzen. Straßburg–Leipzig, J. Singer, 1906
Das Buch Franziskus. Gedichte. Berlin-Wilmersdorf, A. R. Meyer, 1911
Porträte des Provinz-Theaters. Sonette. Berlin-Wilmersdorf, A. R. Meyer, 1913
Sie und die Stadt. Gedichte. Berlin, S. Fischer, 1914
Empörung, Andacht, Ewigkeit. Gedichte. Leipzig, Wolff, 1917
Verbannung. Ein Buch Gedichte. Berlin, S. Fischer, 1919
Die Preisgabe. Gedichte. München, Roland, 1919
Joseph der Sieger. Drei Bilder. Dresden, Kaemmerer, 1919
Die Laube der Seligen. Eine komische Tragödie. Dresden, Kaemmerer, 1919
Hilflose Augen. Prosadichtungen. Wien, E. Strache, 1920
Cajetan Schaltermann. Roman. München, Dreiländerverlag. 1920
Der Flüchtling. Roman. Potsdam, Kiepenheuer, 1921
Die bürgerliche Literaturgeschichte und das Proletariat. Berlin-Wilmersdorf, Verlag »Die Aktion«, 1922
Im Stern des Schmerzes. Ein Gedichtbuch. Berlin, Die Schmiede, 1924
Die Begegnung. Vier Erzählungen. Berlin, Gottschalk, 1925
Einsame Stimme. Ein Buch Gedichte. Mit einer Original-Lithographie von George Grosz. Berlin, Wasservogel, 1927
Der Todeskandidat. Erzählung. Berlin, Wasservogel, 1927
Abschied. Gedichte. Berlin, R. Fechner, 1929
Musik der Nacht. Gedichte. Berlin, Die Rabenpresse, 1932
Um uns die Fremde. Gedichte. Vorwort von Thomas Mann. Zürich, Oprecht, 1936
Letzte Gedichte. Aus dem Nachlaß herausgegeben von Leni Herrmann. London–New York, Barmelea Book Sales–Barthold Fles Verlag, 1941
Mir bleibt mein Lied. Auswahl aus unveröffentlichten Gedichten. London–New York, Barmelea Book Sales – Barthold Fles Verlag, 1942
Erinnerung und Exil. Gedichte. Zürich, Oprecht, 1946
Heimatfern. Gedichte. Berlin, Aufbau-Verlag, 1946
Lied der Einsamkeit. Gedichte von 1914–1941. München, Langen-Müller, 1961
Flüchtig aufgeschlagenes Zelt. Ausgewählte Gedichte. Berlin–Weimar, Aufbau-Verlag, 1969
Ich gehe, wie ich kann. Gedichte. Herausgegeben von Bernd Jentzsch. München, Hanser, 1979
Der Todeskandidat. Erzählung. Frankfurt, Suhrkamp, 1980

Sekundärliteratur

Fähnders, Walter, und Rector, Martin: Linksradikalismus und Literatur. Untersuchungen zur Geschichte der sozialistischen Literatur in der Weimarer Republik. 2 Bände. Reinbek bei Hamburg, Rowohlt, 1974
Lasker-Schüler, Else: Max Herrmann. In: Prosa und Schauspiele. München, Kösel, 1962
Guenther, Herbert: Drehbühne der Zeit. Freundschaften. Begegnungen. Schicksale. Hamburg, Wegner, 1957
Lorenz, Rosemarie: Max Herrmann-Neisse. M. e. Geleitwort von Professor Dr. Fritz Martini. Stuttgart, Metzler, 1966
Härtling, Peter: Max Herrmann-Neisse: »Lied der Einsamkeit«. In: Vergessene Bücher. Hinweise und Beispiele. Stuttgart, Goverts, 1966
Literatur im Klassenkampf. Zur Proletarisch-Revolutionären Literaturtheorie 1919–1923. Eine Dokumentation von Walter Fähnders und Martin Rector. Frankfurt, S. Fischer, 1974
Wellershoff, Dieter: Kunst und Macht. In: Gottfried Benn. Phänotyp dieser Stunde. München, Deutscher Taschenbuch Verlag, 1976

PAUL ZECH

Das schwarze Revier. Gedichte. Elberfeld, Privatdruck, 1909

Waldpastelle. Sechs Gedichte. Berlin-Wilmersdorf, A. R. Meyer, 1910

Schollenbruch. Gedichte. Berlin-Wilmersdorf, A. R. Meyer, 1912

Schwarz sind die Wasser der Ruhr. Gesammelte Gedichte aus den Jahren 1902–1910. Berlin-Wilmersdorf, Druckerei der Bibliophilen, 1913

Das schwarze Revier. Titelblatt von Ludwig Meidner. Berlin-Wilmersdorf, A. R. Meyer, 1913

Rainer Maria Rilke. Berlin, Borngräber, 1913

Sonette aus dem Exil. Gedichte. Berlin-Steglitz, Rowohlt, 1913

Die eiserne Brücke. Neue Gedichte. Leipzig, Verlag der Weißen Bücher, 1914

Der schwarze Baal. Novellen. Leipzig, Verlag der Weißen Bücher, 1917

Helden und Heilige, Balladen aus der Zeit. Leipzig, Drugulin, 1917

Vor Cressy an der Marne. Gedichte eines Frontsoldaten namens Michel Michael. Laon, Revillon-Presse, 1918

Der feurige Busch. Neue Gedichte. 1912–1917. München, Musarion-Verlag, 1920

Das Ereignis. Neue Novellen. München, Musarion-Verlag, 1919

Das Grab der Welt. Eine Passion wider den Krieg auf Erden. Hamburg–Berlin. Hoffmann & Campe, 1919

Die Gedichte an eine Dame in Schwarz. München, Musarion-Verlag, 1920

Golgatha. Eine Beschwörung zwischen zwei Feuern. Hamburg–Berlin, Hoffmann & Campe, 1920

Das Terzett der Sterne. Ein Bekenntnis in drei Stationen. München, Wolff, 1920

Der Wald. Gedichte. Dresden, Sibyllen-Verlag, 1920

Die Jacobsleiter. Ein heroisches Quartett. Berlin, Hoffmann & Campe, 1921

Verbrüderung. Ein Hochgesang unter dem Regenbogen. Hamburg–Berlin, Hoffmann & Campe, 1921

Das schwarze Revier. Gedichte. Neue, gänzlich umgestaltete Ausgabe. München, Musarion-Verlag, 1922

Omnia mea mecum porto. Die Ballade von mir. Berlin, Officina Serpentis, 1923

Die ewige Dreieinigkeit. Gedichte. Rudolstadt, Greifenverlag, 1924

Die junge Witwe. Leipzig. Sonderdruck der Zeitschrift der Bücherfreunde, 1924

Erde. Die vier Etappen eines Dramas zwischen Rhein und Ruhr. Leipzig, Schauspielverlag, 1924

Das Rad. Ein tragisches Maskenspiel. Leipzig, Schauspiel-Verlag, 1924

Das trunkene Schiff. Eine szenische Ballade. Leipzig, Schauspiel-Verlag, 1924

Der Turm. Sieben Stufen zu einem Drama. Leipzig, Schauspiel-Verlag, 1924

Steine. Ein tragisches Finale in sieben Geschehnissen. Leipzig, Schauspiel-Verlag, 1924

Tierweib. Ein dramatisches Spiel in 3 Teilen. Leipzig, Schauspiel-Verlag, 1924

Die Reise um den Kummerberg. Erzählung. Rudolstadt, Greifenverlag, 1924

Peregrins Heimkehr. Ein Roman in sieben Büchern. Berlin, Dietz, 1925

Die Geschichte einer armen Johanna. Berlin, Bücherkreis, 1925

Das törichte Herz. Vier Erzählungen. Berlin, Dietz, 1925

Die Mutterstadt. Die unterbrochne Brükke. Zwei Erzählungen. München, Kösel & Pustet, o. J. (1925)

Ich bin Du oder Die Begegnung mit dem Unsichtbaren. Leipzig, Wolkenwanderer-Verlag, 1926

Jean-Arthur Rimbaud. Ein Querschnitt durch sein Leben und Werk. Leipzig, Wolkenwanderer-Verlag, 1927

Das Baalsopfer. Vier Erzählungen. Hamburg. Deutsche Dichter-Gedächtnis-Stiftung, 1929

Rotes Herz der Erde. Ausgewählte Balladen, Gedichte, Gesänge. Berlin, Arbeiterjugend-Verlag, 1929

Morgenrot leuchtet. Ein Augsburger Festspiel. Sprech-, Tanz- und Bewegungschöre. Augsburg, Heber, 1930

Rainer Maria Rilke. Der Mensch und das Werk. Dresden, Jess, 1930

Neue Balladen von wilden Tieren. Gesammelte Tierballaden. Dresden, Jess, 1930

Terzinen für Thino. Gedichte. Berlin, Verlag Die Rabenpresse, 1932

Das Schloß der Brüder Zanowsky. Eine unglaubwürdige Geschichte. Berlin, Die Rabenpresse, 1933

Bäume am Rio de la Plata. Gedichte.

Buenos Aires. Quadriga-Verlag, 1936
Neue Welt. Verse aus der Emigration. Buenos Aires. Quadriga-Verlag, 1939
Stefan Zweig. Eine Gedenkschrift. Buenos Aires, Quadriga-Verlag, 1943
... Ich suchte Schmied... und fand Malva wieder. Erzählungen. Buenos Aires. Estrella, o.J., 1941
Die schwarze Orchidee. Indianische Legenden. Berlin, R. Zech, 1947
Oclla. Das Mädchen mit den versteinerten Augen. Eine Geschichte der Indios. Erzählt von dem Gaucho Pablo Ché. Niedergeschrieben von Karl Herb. Herausgegeben von Johannes Gaitanides. Frankfurt, Schauer, 1948
Kinder vom Paraná. Roman. Rudolstadt, Greifenverlag, 1952
Die Vögel des Herrn Langfoot. Rudolstadt, Greifenverlag, 1953
Die grüne Flöte vom Rio Beni. Indianische Liebesgeschichten. Rudolstadt, Greifenverlag, 1955
Die Ballade von einer Weltraumrakete. Berlin-Friedenau, Trias-Verlag, 1958
Abendgesänge und Landschaft der Insel Mara-Pampa. Kronenburg/Eifel, R. Zech, 1960
Die Sonette vom Bauern. Berlin, R. Zech, 1960
Venus Urania. Sieben Gesänge für Mirjam. Berlin, R. Zech, 1961
Die Häuser haben Augen aufgetan. Ausgewählte Gedichte. Berlin–Weimar, Aufbau-Verlag, 1976

Sekundärliteratur

Edschmid, Kasimir: Lebendiger Expressionismus. Auseinandersetzungen, Gestalten, Erinnerungen. Wien–München–Basel, Desch, 1961
Daiber, Hans: Paul Zech. In: Vor Deutschland wird gewarnt. 17 Exemplarische Lebensläufe. Gütersloh, Mohn, 1967
Soergel, Albert: Paul Zech. In: Dichtung und Dichter der Zeit. Neue Folge. Im Banne des Expressionismus. Leipzig, Voigtländer, 1925
Paul Zech. 19. Februar 1881 – 7. September 1946. Herausgegeben von Fritz Hüser. Städtische Volksbüchereien Dortmund, Stadtbibliothek Wuppertal, 1961

PAUL KORNFELD

Die Verführung. Eine Tragödie in fünf Akten. Berlin, S. Fischer, 1916
Himmel und Hölle. Eine Tragödie in fünf Akten. Berlin, S. Fischer, 1919
Der ewige Traum. Eine Komödie. Berlin, Rowohlt, 1922
Palme oder Der Gekränkte. Eine Komödie in fünf Akten. Berlin, Rowohlt, 1924
Sakuntula. Schauspiel in fünf Akten. Nach Kalidasa. Berlin, Rowohlt, 1925
Kilian oder Die gelbe Rose. Komödie in drei Akten. Berlin, Rowohlt, 1926
Blanche oder Das Atelier im Garten. Roman. Hamburg, Rowohlt, 1957
Revolution mit Flötenmusik und andere kritische Prosa 1916–1932. Heidelberg, Verlag Lambert Schneider, 1977

Sekundärliteratur

Härtling, Peter: Paul Kornfeld: »Blanche oder Das Atelier im Garten«. In: Vergessene Bücher. Stuttgart, Goverts, 1966
Marcuse, Ludwig: Mein zwanzigstes Jahrhundert. Auf dem Wege zu einer Autobiographie. Zürich, Diogenes, 1975
Sborowitz, Leo: Paul Kornfeld. In: Juden in der deutschen Literatur. Essays über zeitgenössische Schriftsteller. Herausgegeben von Gustav Krojanker. Berlin, Welt-Verlag, 1922

GERTRUD KOLMAR

Gedichte. Berlin, Egon Fleischel, 1917
Preußische Wappen. Berlin, Verlag Die Rabenpresse, 1934
Die Frau und die Tiere. Gedichte. Berlin, Jüdischer Buchverlag, 1938 (erschien unter dem Namen Gertrud Chodziesner)
Welten. Berlin, Suhrkamp, 1947
Das lyrische Werk. München, Kösel, 1960
Eine Mutter. München, Kösel, 1965
Briefe an die Schwester Hilde. 1938–1943. München, Kösel, 1970
Frühe Gedichte (1917–22) – Wort der Stummen (1933). Herausgegeben von Johanna Woltmann-Zeitler. München, Körel. 1980

ADAM KUCKHOFF

Scherry. Eine Begegnung. Frankfurt, Rütten & Loening, 1931
Der Deutsche von Bayencourt. Roman. Berlin, Rowohlt, 1937
Adam Kuckhoff zum Gedenken. Novellen. Gedichte. Briefe. Berlin, Aufbau-Verlag, 1946

Sekundärliteratur

Kuckhoff, Greta: Vom Rosenkranz zur Roten Kapelle. Ein Lebensbericht. Berlin, Verlag Neues Leben, 1972

JAKOB VAN HODDIS

Weltende. Berlin-Wilmersdorf, Verlag Die Aktion, 1918
Weltende, Gesammelte Dichtungen. Zürich, Verlag Die Arche, 1958

Sekundärliteratur

Becher, Johannes R.: Auf andere Art so große Hoffnung. Tagebuch. Berlin, Aufbau-Verlag, 1950
Lange, Victor: Jakob van Hoddis. In: Expressionismus und Literatur. Gesammelte Studien. Herausgegeben von W. Rothe. Bern–München, Francke Verlag, 1969
Meyer, Alfred Richard: die maer von der musa expressionistica. Düsseldorf-Kaiserwerth, die faehre, 1948

EUGEN GOTTLOB WINKLER

Dichtungen. Gestalten und Probleme. Nachlaß. Pfullingen, Neske, 1956

ERNST OTTWALT

Ruhe und Ordnung. Roman aus dem Leben der nationalgesinnten Jugend. Berlin, Malik, 1929
Denn sie wissen was sie tun. Ein deutscher Justiz-Roman. Berlin, Malik, 1931
Deutschland erwache! Geschichte des Nationalsozialismus. Wien, Hess, 1932
Die letzten Dinge. Novelle. Moskau, Verlagsgenossenschaft ausländischer Arbeiter, 1936
Deutschland erwache! Geschichte des Nationalsozialismus. Berlin, Verlag europäische ideen, 1975
Schriften. Herausgegeben von Andreas W. Mytze. Berlin, Verlag europäische ideen, 1976
Ruhe und Ordnung. Roman. Berlin, Verlag europäische ideen, 1979

Sekundärliteratur

Kantorowicz, Alfred: Ernst Ottwalt. In: Deutsche Schicksale. Intellektuelle unter Hitler und Stalin. Wien, Europa Verlag, 1964
Mytze, Andreas W.: Ottwalt. Leben und Werk des vergessenen revolutionären Schriftstellers. Berlin, Verlag europäische ideen, 1977
Nicolas, Waltraut: Die Kraft, das Ärgste zu ertragen. Frauenschicksale in Sowjetgefängnissen. Bonn, Athenäum, 1958
Nicolas, Waltraut: Viele tausend Tage. Erlebnisbericht aus zwei Ländern. Stuttgart, Steingrüben Verlag, 1960

JOHANNES R. BECHER

Der Ringende. Kleist-Hymne. Berlin, Bachmair, 1911
Die Gnade eines Frühlings. Dichtungen. Berlin, Bachmair, 1912
Erde. Ein Roman. Berlin, Bachmair, 1912
De Profundis Domine. München, Bachmair, 1913
Verfall und Triumph. 2 Bände. Berlin, Hyperion, 1914
An Europa. Neue Gedichte. Leipzig, Wolff, 1916
Verbrüderung. Gedichte. Leipzig, Wolff, 1916
Päan gegen die Zeit. Gedichte. Leipzig, Wolff, 1918
Die heilige Schar. Gedichte. Leipzig, Insel, 1918
Das neue Gedicht. Auswahl. Leipzig, Insel, 1918
Gedichte um Lotte. Leipzig, Insel, 1919
Gedichte für ein Volk. Leipzig, Insel, 1919
An Alle! Neue Gedichte. Berlin-Wilmersdorf, Verlag Die Aktion, 1919
Ewig im Aufruhr. Berlin, Rowohlt, 1920

Zion. Gedichte. München, Wolff, o. J. (1920)
Der Gestorbene. Regensburg, Franz Ludwig Habbel, 1921
Um Gott. Leipzig, Insel, 1921
Verklärung. Hymne. Berlin, Die Schmiede, 1922
Vernichtung. An die Deutschen. Mord. Drei Hymnen. Konstanz, Wöhrle, 1923
Am Grabe Lenins. Wien, Malik, o. J. (1924)
Hymnen. Leipzig, Insel, 1924
Vorwärts, du rote Front! Prosastücke. Frankfurt, Taifun-Verlag, 1924
Roter Marsch. Der Leichnam auf dem Thron. Die Bombenflieger. Berlin, Vereinigung internationaler Verlags-Anstalten, 1925
Maschinenrhythmen. Berlin, Die Schmiede, 1926
(Ch Cl = Ch)$_3$As (Levisite) oder Der einzig gerechte Krieg. Roman. Wien, Agis-Verlag, 1926
Der Bankier reitet über das Schlachtfeld. Erzählung. Wien, Agis-Verlag, 1926
Die hungrige Stadt. Wien, Agis-Verlag, 1927
Im Schatten der Berge. Berlin, R. Fechner, 1928
Ein Mensch unserer Zeit! Gesammelte Gedichte. Rudolstadt, Greifenverlag, 1929
Graue Kolonnen. 24 neue Gedichte. Berlin, Internationaler Arbeiter-Verlag, 1930
Der große Plan. Epos des sozialistischen Aufbaus. Berlin, Agis-Verlag, o. J. (1930)
Der Mann, der in der Reihe geht. Neue Gedichte und Balladen. Berlin, Universum-Bücherei f. Alle, 1932
An die Wand kleben. Moskau–Leningrad, Verlagsgenossenschaft ausländischer Arbeiter in der UdSSR, 1933
Neue Gedichte. Moskau–Leningrad, Verlagsgenossenschaft ausländischer Arbeiter in der UdSSR, 1933
Deutscher Totentanz 1933. Moskau–Leningrad, Verlagsgenossenschaft ausländischer Arbeiter in der UdSSR, 1933
Es wird Zeit. Moskau–Leningrad, Verlagsgenossenschaft ausländischer Arbeiter in der UdSSR, 1933
Deutschland. Ein Lied vom Köpferollen und von den »nützlichen Gliedern«. Moskau–Leningrad, Verlagsgenossenschaft ausländischer Arbeiter in der UdSSR, 1934
Der verwandelte Platz. Erzählungen und Gedichte. Zürich, Ring-Verlag, 1934
Ausgewählte Gedichte. Kiew, Staatsverlag der nationalen Minderheiten in der UdSSR, 1935
Der Mann, der alles glaubte. Dichtungen. Paris, Editions du Carrefour, 1935
Der Glückssucher und Die sieben Lasten. Ein Hohes Lied. Moskau, Verlagsgenossenschaft ausländischer Arbeiter in der UdSSR, 1938
Der Welt-Entdecker. Ausgewählte Gedichte 1912–1937. Kiew, Staats-Verlag für nationale Minderheiten in der UdSSR, 1938
Gewißheit des Siegs und Sicht auf große Tage. Sonette 1935–1939 Moskau. Das Internationale Buch, 1939
Gesammelte epische Dichtungen. Kiew, Staats-Verlag der nationalen Minderheiten in der UdSSR, 1939
Abschied. Einer Tragödie erster Teil. 1900–1914. Roman. Moskau. Das Internationale Buch, 1940
Wiedergeburt. Dichtungen. Kiew, Staats-Verlag der nationalen Minderheiten in der UdSSR, 1940
Die sieben Jahre. 25 ausgewählte Gedichte aus den Jahren 1933–1940 Moskau, Das Internationale Buch, 1940.
Deutschland ruft. Gedichte. Moskau, Verlagsgenossenschaft für fremdsprachige Literatur, 1942
Dank an Stalingrad. Dichtungen. Moskau, Verlagsgenossenschaft für fremdsprachige Literatur, 1943
Die Hohe Warte. Deutschland-Dichtung. Moskau. Verlag für fremdsprachige Literatur, 1944
Dichtung. Auswahl aus den Jahren 1939–1943. Moskau, Das Internationale Buch, 1944
Deutsche Sendung. Ein Ruf an die deutsche Nation. Moskau, Verlag für fremdsprachige Literatur, 1943
Deutsche Lehre. London. Free German League of Culture in Great Britain, o. J. (1944)
Deutsches Bekenntnis. Fünf Reden zu Deutschlands Erneuerung. Berlin, Aufbau-Verlag, o. J. (1945)
Ausgewählte Dichtung aus der Zeit der

Verbannung. 1933–1945. Berlin, Aufbau-Verlag, o. J. (1945)
Erziehung zur Freiheit. Gedanken und Betrachtungen. Berlin–Leipzig, Volk und Wissen, 1946
Heimkehr. Neue Gedichte. Berlin, Aufbau-Verlag, 1946
München in meinem Gedicht. Starnberg, Bachmair, 1946
Lob des Schwabenlandes. Schwaben in meinem Gedicht. Konstanz–Leipzig, Asmus-Verlag, 1947
Wir, Volk der Deutschen. Rede auf der ersten Bundes-Konferenz des Kulturbundes zur demokratischen Erneuerung Deutschlands. Berlin, Aufbau-Verlag, 1947
Wir – unsere Zeit. München, Desch, 1947
Volk im Dunkel wandelnd. Gedichte. Berlin, Der Neue Geist, 1948
National-Hymne der Deutschen Demokratischen Republik. Musik von Hanns Eisler. Leipzig, Peters, 1949
Auf andere Art so große Hoffnung. Tagebuch 1950. Berlin, Aufbau-Verlag, 1951
Auswahl in sechs Bänden. Berlin, Aufbau-Verlag, 1952
Verteidigung der Poesie. Vom Neuen in der Literatur. Berlin, Rütten & Loening, 1952
Winterschlacht. (Schlacht um Moskau.) Eine Tragödie in fünf Akten mit einem Vorspiel. Berlin, Aufbau-Verlag, 1953
Der Weg nach Füssen. Berlin, Rütten & Loening, o. J. (1953)
Poetische Konfession. Berlin, Aufbau-Verlag, 1953
Walter Ulbricht. Ein deutscher Arbeitersohn. Berlin, Dietz, 1958
Lyrik, Prosa, Dokumente. Eine Auswahl. Wiesbaden, Limes, 1965
Gedichte 1911–1918. Ausgewählt und herausgegeben von Paul Raabe. München, Deutscher Taschenbuch Verlag, 1973
Gedichte. Ausgewählt und mit einem Nachwort von Hans Mayer. Frankfurt, Suhrkamp, 1975

Sekundärliteratur

Becher, Lilly, und Prokop, Gert: Johannes R. Becher. Bildchronik seines Lebens. Berlin, Aufbau-Verlag, 1963
Edschmid, Kasimir: Lebendiger Expressionismus. Auseinandersetzungen, Gestalten, Erinnerungen. Wien–München–Basel, Desch, 1961
Sinn und Form. Beiträge zur Literatur. Herausgegeben von der Deutschen Akademie der Künste. Zweites Sonderheft Johannes R. Becher. Berlin, Rütten & Loening, 1959
Raddatz, Fritz J.: Auf der Suche nach Deutschland: Johannes R. Becher. In: Traditionen und Tendenzen. Materialien zur Literatur der DDR. Frankfurt, Suhrkamp, 1972
Rühle, Jürgen: Johannes R. Bechers poetische Konfession. In: Literatur und Revolution. Die Schriftsteller und der Kommunismus. Köln–Berlin, Kiepenheuer & Witsch, 1960

ANTHOLOGIEN

Ahnung und Aufbruch. Expressionistische Prosa. Herausgegeben von Karl Otten. Neuausgabe besorgt von Ellen Otten. Mit einem Nachwort von Hans Bender. Darmstadt, Luchterhand, 1977
Anbruch der Gegenwart. Deutsche Geschichten 1900–1918. Herausgegeben von Marcel Reich-Ranicki. München, Piper, 1971
An den Wind geschrieben. Lyrik der Freiheit 1933–1945. Gesammelt, ausgewählt und eingeleitet von Manfred Schlösser unter Mitarbeit von Hans Rolf Ropertz. Darmstadt, Agora, 1960
Anklage und Botschaft. Die lyrische Aussage der Arbeiter seit 1900. Herausgegeben von Friedrich G. Kürbisch. Hannover, Dietz Nachf., 1969
Buch der Toten. Herausgegeben von Wolf Przygode. Erster Sonderdruck der Dichtung. München, Roland-Verlag, 1919
Denk ich an Deutschland in der Nacht. Eine Anthologie Deutscher Emigrantenlyrik. Herausgegeben von Erich Grisar. Karlsruhe, Verlag Volk und Zeit, 1946
Der Jüngste Tag. Bücherei einer Epoche. Neu herausgegeben und mit einem dokumentarischen Anhang von Heinz Schöffler. 2 Bände. Frankfurt, Verlag Heinrich Scheffler, 1970
Deutsche Dichter aus Prag. Ein Sammelbuch herausgegeben und eingeleitet

von Oskar Wiener. Wien–Leipzig, Strache, 1919

Deutsche Lyrik seit Liliencron. Herausgegeben von Hans Bethge. Leipzig, Hesse & Becker, o. J. (1921)

Deutsches Lesebuch. Von Luther bis Liebknecht. Herausgegeben von Stephan Hermlin. München, Hanser, 1976

Die goldene Bombe. Expressionistische Märchendichtungen und Grotesken. Herausgegeben von Hartmut Geerken. Darmstadt, Agora, 1970

Die Lyrik des Expressionismus. Herausgegeben und eingeleitet von Silvio Vietta. München, Deutscher Taschenbuch Verlag; Tübingen, Max Niemeyer Verlag, 1976

Ego und Eros. Meistererzählungen des Expressionismus. Herausgegeben von Karl Otten. Stuttgart, Goverts, 1963

Exil. Literarische und politische Texte aus dem deutschen Exil 1933–1945. Herausgegeben von Ernst Loewy. Stuttgart, J. B. Metzler, 1979

Expressionistische Gedichte. Herausgegeben von Peter Rühmkorf. Berlin, Wagenbach, 1976

Für unsere kleinen russischen Brüder! Gaben westeuropäischer Schriftsteller und Künstler für die notleidenden Kinder in den Hungersnotdistrikten Rußlands. Genf, Hohen Kommissariat Professor D. Fridtjof Nansen, 1922

Expressionismus. Aufzeichnungen und Erinnerungen der Zeitgenossen. Herausgegeben von Paul Raabe. Olten–Freiburg, Walter-Verlag, 1965

Gedichte auf Berlin. Herausgegeben von Walter G. Oschilewski. Berlin, arani, 1958

Hier schreibt Berlin. Eine Anthologie von heute. Herausgegeben von Herbert Günther. Berlin, Internationale Bibliothek, 1929

Lieder aus dem Rinnstein. Gesammelt von Hans Ostwald. 3 Bände. Berlin, Harmonie Verlagsgesellschaft für Literatur und Kunst, 1903/1905

Lyrik des expressionistischen Jahrzehnts. Von den Wegbereitern bis zum Dada. Einleitung von Gottfried Benn. München, Deutscher Taschenbuch Verlag, 1962

Lyrische Dichtung deutscher Juden. Berlin, Welt-Verlag, 1920

Menschheitsdämmerung. Symphonie Junger Deutscher Dichtung. Herausgegeben von Kurt Pinthus. Berlin, Rowohlt, 1920

Menschheitsdämmerung. Ein Dokument des Expressionismus. Neu herausgegeben von Kurt Pinthus. Hamburg, Rowohlt, 1959

Nation im Widerspruch. Deutsche über Deutschland. Herausgegeben von Egon Schwarz. Hamburg, Wegner, 1963

Neue deutsche Erzähler. Herausgegeben vom Dürerbund. 4 Bände. Leipzig. Verlagsanstalt Schlüter, 1928

Palmström grüßt Anna Blume. Essay und Anthologie der Geister aus Poetia. Herausgegeben von Peter Härtling. Stuttgart, Goverts, 1961

Reich-Ranicki, Marcel (Hrsg.): Anbruch der Gegenwart 1900–1918. Gesichtete Zeit 1918–1933. Notwendige Geschichten 1933–1945. Erfundene Wahrheit 1945–1960. München, Deutscher Taschenbuch Verlag, 1980

Verbannung. Aufzeichnungen deutscher Schriftsteller im Exil. Herausgegeben von Egon Schwarz und Matthias Wegner. Hamburg, Wegner, 1964

Wahnsinn. Phantasien über den Wahnsinn. Expressionistische Texte. Herausgegeben von Thomas Anz. München, Hanser, 1980

Welch Wort in die Kälte gerufen. Die Judenverfolgung des Dritten Reiches im deutschen Gedicht. Ausgewählt und herausgegeben von Heinz Seydel. Berlin, Verlag der Nation, 1968

Zeit und Theater. Herausgegeben von Günther Rühle. 3 Bände. Band 1: Vom Kaiserreich zur Republik 1913–1925. Band 2: Von der Republik zur Diktatur 1925–1933. Band 3: Diktatur und Exil 1933–1945. Berlin, Propyläen, 1973/1974

Zu Unrecht vergessen. Eine Anthologie. Herausgegeben und eingeleitet von Paul Hühnerfeld. Hamburg, Marion von Schröder Verlag, 1957

NACHSCHLAGEWERKE

Albrecht, Günter; Böttcher, Kurt; Greiner-Mai, Herbert; Krohn, Paul Günter; Mittenzwei, Johannes: Deutsche Literaturgeschichte in Bildern. Eine Darstellung von 1830 bis zur Gegenwart. Leipzig, VEB Verlag Enzyklopädie, 1971

Brand, Guido K.: Werden und Wandlung. Eine Geschichte der deutschen Literatur von 1880 bis heute. Berlin, Wolff, 1933

David, Claude: Von Richard Wagner zu Bertolt Brecht. Eine Geschichte der neueren deutschen Literatur. Frankfurt–Hamburg, Fischer-Bücherei, 1964

Duwe, Willi: Deutsche Dichtung des 20. Jahrhunderts. Die Geschichte der Ausdruckskunst. Zürich–Leipzig, Orell Füssli Verlag, 1936

Geschichte der deutschen Literatur vom Ausgang des 19. Jahrhunderts bis 1917. Von einem Autorenkollektiv unter Leitung von Hans Kaufmann innerhalb der Geschichte der deutschen Literatur von den Anfängen bis zur Gegenwart. Neunter Band. Berlin, VEB Volk und Wissen, 1974

Geschichte der deutschen Literatur 1917 bis 1945. Von einem Autorenkollektiv unter Leitung von Hans Kaufmann innerhalb der Geschichte der deutschen Literatur von den Anfängen bis zur Gegenwart. Zehnter Band. Berlin, VEB Volk und Wissen, 1973

Handbuch der deutschen Gegenwartsliteratur. Herausgegeben von Hermann Kunisch. 3 Bände. München, Nymphenburger Verlagshandlung, 1969/1970

Just, Klaus Günther: Von der Gründerzeit bis zur Gegenwart. Geschichte der deutschen Literatur seit 1871. Bern–München, Francke Verlag, 1973

Klabund: Deutsche Literaturgeschichte in einer Stunde. Von den ältesten Zeiten bis zur Gegenwart. Leipzig, Dürr & Weber, 1920

Lüth, Paul E.: Literatur als Geschichte. Deutsche Dichtung von 1885 bis 1947. Zweiter Band. Wiesbaden, Limes, 1947

Maas, Lieselotte: Handbuch der deutschen Exilpresse 1933–1945. Bibliographie. 2 Bände, München, Hanser, 1976/78

Mahrholz, Werner: Deutsche Literatur der Gegenwart. Probleme. Ergebnisse. Gestalten. Berlin, Sieben-Stäbe-Verlag, 1930

Albrecht, Günter; Böttcher, Kurt; Greiner-Mai, Herbert; Krohn, Paul Günter: Lexikon deutschsprachiger Schriftsteller von den Anfängen bis zur Gegenwart. 2 Bände. Leipzig, VEB Bibliographisches Institut, 1974/1975

Soergel, Albert: Dichtung und Dichter der Zeit. Neue Folge. Im Banne des Expressionismus. Leipzig, Voigtländer, 1925

Sternfeld, Wilhelm; Tiedemann, Eva: Deutsche Exil-Literatur 1933–1945. Eine Bio-Bibliographie. Mit einem Vorwort von Hanns W. Eppelsheimer. Heidelberg–Darmstadt, Verlag Lambert Schneider, 1962

Stern, Desider: Werke von Autoren jüdischer Herkunft in deutscher Sprache. Eine Bio-Bibliographie. Wien, Desider Stern, 1967

Weltliteratur der Gegenwart. Deutschland. Herausgegeben von Ludwig Marcuse. 2 Bände. Leipzig–Wien–Berlin–Bern, Franz Schneider Verlag, 1924

QUELLEN UND DARSTELLUNGEN LITERARISCHER ART

Aigner, Dietrich: Die Indizierung »schädlichen und unerwünschten Schrifttums« im Dritten Reich. Frankfurt, Buchhändler-Vereinigung, 1971

Arnold, Armin: Literatur des Expressionismus, Sprachliche und thematische Quellen. Stuttgart–Berlin–Köln–Mainz, Kohlhammer, 1966

Arnold, Armin: Prosa des Expressionismus. Herkunft, Analyse, Inventar. Stuttgart–Berlin–Köln–Mainz, Kohlhammer, 1972

Aufbau. Reconstruction. Dokumente einer Kultur im Exil. Herausgegeben von Will Schaber. New York, Köln, The Overlook Press, Kiepenheuer & Witsch, 1972

Aufricht, Ernst Josef: Erzähle, damit du dein Recht erweist. Berlin, Propyläen, 1966

Bab, Julius; Handl, Willy: Wien und Berlin. Vergleichende Kulturgeschichte der beiden deutschen Hauptstädte. Berlin, Deutsche Buch-Gemeinschaft, 1926

Berendsohn, Walter A.: Die humanistische Front. Einführung in die deutsche Emigranten-Literatur. Teil I. 1933 bis 1939. Zürich, Europa-Verlag, 1946

Berendsohn, Walter A.: Die humanistische Front. Einführung in die deutsche Emigranten-Literatur (II. Teil). Vom Kriegsausbruch 1939 bis Ende 1946. Worms, Verlag Georg Heintz, 1976

Blei, Franz: Das große Bestiarium. Zeitgenössische Bildnisse. München, Deutscher Taschenbuch Verlag, 1963

Bronnen, Arnolt: Arnolt Bronnen gibt zu Protokoll. Beiträge zur Geschichte des modernen Schriftstellers. Hamburg, Rowohlt, 1954

Bullivant, Keith (Hrsg.): Das literarische Leben in der Weimarer Republik. Königstein/Ts., Scriptor Verlag, 1978

Daiber, Hans: Vor Deutschland wird gewarnt. 17 exemplarische Lebensläufe. Gütersloh, Mohn, 1967

Die deutsche Exilliteratur 1933–1945. Herausgegeben von Manfred Durzak. Stuttgart, Reclam, 1973

Die deutsche Literatur in der Weimarer Republik. Herausgegeben von Wolfgang Rothe. Stuttgart, Reclam, 1974

Der deutsche Expressionismus. Formen und Gestalten. Herausgegeben von Hans Steffen. Göttingen, Vandenhoeck & Ruprecht, 1965

Deutsche Exilliteratur seit 1933. Kalifornien. Herausgegeben von John M. Spalek, Joseph Strelka und Sandra H. Hawrylchak. 2 Bände. Bern–München, Francke Verlag, 1976

Deutsche Literatur im Exil 1933–1945. Band I: Dokumente. Band II: Materialien. Herausgegeben von Heinz Ludwig Arnold. Frankfurt, Fischer Athenäum Taschenbuch Verlag, 1974

Dolbin, B. F., Haas, Willy: Gesicht einer Epoche. München–Wien, Langen-Müller, 1962

Edschmid, Kasimir: Lebendiger Expressionismus. Auseinandersetzungen Gestalten Erinnerungen. Wien–München–Basel, Desch, 1961

Edschmid, Kasimir: Frühe Schriften. Neuwied–Berlin, Luchterhand, 1970

Erobert die Literatur! Proletarisch-revolutionäre Literaturtheorie und -debatte in der »Linkskurve« 1929–1932. Herausgegeben von Frank Rainer Scheck. Köln, Kiepenheuer & Witsch, 1973

Essig, Hermann: Der Taifun. Roman. Leipzig, Wolff, 1919

Exil in der Schweiz (Autor Werner Mittenzwei). Leipzig – Frankfurt, Reclam – Röderberg, 1978

Exil in der UdSSR (Autorenkollektiv). Leipzig – Frankfurt, Reclam – Röderberg, 1979

Exil in den USA (Autorenkollektiv). Leipzig – Frankfurt, Reclam – Röderberg, 1980

Exil-Literatur. Herausgegeben von Kurt Köster. Sonderveröffentlichung der Deutschen Bibliothek Frankfurt, 1965

Exil und innere Emigration. Band I: Third Wisconsin Workshop. Herausgegeben von Reinhold Grimm und Jost Hermand. Band II: Internationale Tagung in St. Louis. Herausgegeben von Peter-Uwe Hohendahl und Egon Schwarz. Frankfurt, Athenäum, 1972/1973

Expressionismus. Literatur und Kunst 1910–1923. Eine Ausstellung des Deutschen Literaturarchivs im Schiller-Nationalmuseum Marbach a. N. München, Langen-Müller, 1960

Expressionismus als Literatur. Gesammelte Studien. Hrsg. v. W. Rothe. Bern–München, Francke Verlag, 1969

Fähnders, Walter, Rector, Martin: Linksradikalismus und Literatur. Untersuchungen zur Geschichte der sozialistischen Literatur in der Weimarer Republik. Zwei Bände. Reinbek bei Hamburg, Rowohlt, 1974

Gallwitz, S. D.: Der neue Dichter und die Frau. Berlin, Herbig, 1927

Glaser, Hermann: Literatur des 20. Jahrhunderts in Motiven. Band I: 1870–1918. Band II: 1918–1933. München, C.H. Beck, 1978/79

Granach, Alexander: Da geht ein Mensch. Autobiographischer Roman. Weimar, Gustav Kiepenheuer, 1949

Greuner, Ruth: Gegenspieler. Profile linksbürgerlicher Publizisten aus Kaiserreich und Weimarer Republik. Berlin, Buchverlag Der Morgen, 1969

Haas, Willy: Die literarische Welt. Erinnerungen. München, List, 1957

Härtling, Peter: Vergessene Bücher. Hinweise und Beispiele. Stuttgart, Goverts, 1966

Herden, Werner: Wege zur Volksfront. Schriftsteller im antifaschistischen

Bündnis. Berlin (DDR), Akademie Verlag, 1978

Hermand, Jost: Unbequeme Literatur. Eine Beispielreihe. Heidelberg, Lothar Stiehm Verlag, 1971

Hermand, Jost: Von Mainz nach Weimar 1793–1919. Studien zur deutschen Literatur, Stuttgart, Metzler, 1969

Hermlin, Stephan, Mayer, Hans: Ansichten über einige Bücher und Schriftsteller. Berlin. Verlag Volk und Welt, o. J. (1946)

Herzfelde, Wieland: Zur Sache geschrieben und gesprochen zwischen 18 und 80. Berlin–Weimar, Aufbau-Verlag, 1976

Herzog, Wilhelm: Menschen, denen ich begegnete. Bern–München, Francke Verlag, 1959

Hiller, Kurt: Köpfe und Tröpfe. Profile aus einem Vierteljahrhundert. Hamburg–Stuttgart, Rowohlt, 1950

Hohoff, Curt: Schnittpunkte. Gesammelte Aufsätze, Stuttgart, Deutsche Verlags-Anstalt, 1963

Hollaender, Felix: Lebendiges Theater. Eine Berliner Dramaturgie. Berlin, S. Fischer, 1932

Ihering, Herbert: Begegnungen mit Zeit und Menschen. Bremen, Schünemann, 1965

Jacob, Walter P.: Rampenlicht. Köpfe der Literatur und des Theaters. Buenos Aires, Editorial Cosmopolita, 1945

Jacobsohn, Siegfried: Jahre der Bühne. Theaterkritische Schriften. Reinbek bei Hamburg, Rowohlt, 1965

Jens, Inge: Dichter zwischen rechts und links. Die Geschichte der Sektion für Dichtkunst der Preußischen Akademie der Künste, dargestellt nach Dokumenten. München, Piper, 1971

Juden in der deutschen Literatur. Essays über zeitgenössische Schriftsteller. Herausgegeben von Gustav Krojanker. Berlin, Welt-Verlag, 1922

Kantorowicz, Alfred: Deutsche Schicksale. Intellektuelle unter Hitler und Stalin. Wien–Köln–Stuttgart–Zürich, Europa Verlag, 1964

Kantorowicz, Alfred: Exil in Frankreich. Merkwürdigkeiten und Denkwürdigkeiten. Bremen, Schünemann, 1971

Kesten, Hermann: Dichter im Café. München–Wien–Basel, Desch, 1959

Kesten, Hermann: Filialen des Parnass. 31. Essays. München, Kindler, 1961

Kesten, Hermann: Meine Freunde die Poeten. München, Desch, 1959

Kiaulehn, Walther: Mein Freund der Verleger. Ernst Rowohlt und seine Zeit. Reinbek bei Hamburg, Rowohlt, 1967

Klein, Alfred: Im Auftrag ihrer Klasse. Weg und Leistung der deutschen Arbeiterschriftsteller. Berlin–Weimar, Aufbau-Verlag, 1972

Kolinsky, Eva: Engagierter Expressionismus. Politik und Literatur zwischen Weltkrieg und Weimarer Republik. Eine Analyse expressionistischer Zeitschriften. Stuttgart, Metzler, 1970

Lang, Lothar: Expressionistische Buchillustration in Deutschland 1907–1927. Luzern–Frankfurt, Verlag C. J. Bucher, 1975

Leonhard, Susanne: Unterirdische Literatur im revolutionären Deutschland während des Weltkrieges. Archiv sozialistischer Literatur 10. Frankfurt, Verlag Neue Kritik, 1968

L'Expressionisme Allemand. Dirigé par Lionel Richard. Paris, Obliques Numéro 6–7, 1976

Literatur und Gesellschaft. Zur Sozialgeschichte der Literatur seit der Jahrhundertwende. Herausgegeben von Beate Pinkerneil. Dietrich Pinkerneil, Victor Zmegac. Frankfurt, Fischer Athenäum Taschenbuch Verlag, 1973

Literatur im Klassenkampf. Zur proletarisch-revolutionären Literaturtheorie 1919–1923. Eine Dokumentation von Walter Fähnders und Martin Rector. Frankfurt, Fischer Taschenbuch Verlag, 1974

Lüdecke, Heinz: Auf dem Weg. Zwanzig Aufsätze über bildende Kunst, Literatur und Kulturpolitik. Berlin, Henschelverlag, 1954

Ludwig, Emil: An die Laterne. Bilder aus der Revolution. Charlottenburg, Felix Lehmann, 1919

Marcuse, Ludwig: Mein zwanzigstes Jahrhundert. Auf dem Weg zu einer Autobiographie. Zürich, Diogenes, 1975

Mayer, Hans: Außenseiter. Frankfurt, Suhrkamp, 1975

Meidner, Ludwig: Dichter, Maler und Cafés. Erinnerungen. Hrsg. v. Ludwig Kunz. Zürich, Verlag Die Arche, 1973

Meidner, Ludwig: Im Nacken das Sternenmeer. München, Wolff, o. J. (1918)
Meyer, Alfred Richard: die maer von der musa expressionistica. Zugleich eine kleine quasi-literaturgeschichte mit über 130 praktischen beispielen. Düsseldorf–Kaiserwerth, die faehre, 1948
Mörchen, Helmut: Schriftsteller in der Massengesellschaft. Zur politischen Essayistik und Publizistik Heinrich und Thomas Manns, Kurt Tucholskys und Ernst Jüngers während der zwanziger Jahre. Stuttgart, Metzler, 1973
Müller, Robert: Die idealistischen Grundzüge der expressionistischen Weltanschauung. Berlin, Verlag Franz Dietzler, 1930
Muschg, Walter: Die Zerstörung der deutschen Literatur. Wiesbaden, Verlag der Akademie der Wissenschaften und der Literatur in Mainz in Kommission bei Franz Steiner Verlag, 1956
Muschg, Walter: Von Trakl bis Brecht. Dichter des Expressionismus. München, Piper, 1961
Müssener, Helmut: Exil in Schweden. Politische und kulturelle Emigration nach 1933. München, Hanser, 1974
Nolte, Jost: Grenzgänge. Berichte über Literatur. Wien, Europaverlag, 1972
Pinthus, Kurt: Der Zeitgenosse. Literarische Portraits und Kritiken. Hrsg. v. Deutschen Literaturarchiv Marbach/N., 1971
Piper, Reinhard: Vormittag. Erinnerungen eines Verlegers. München, Piper, 1947
Pross, Harry: Literatur und Politik. Geschichte und Programme der politisch-literarischen Zeitschriften im deutschen Sprachgebiet seit 1870, Olten–Freiburg, Walter-Verlag, 1963
Przybyszewski, Stanislaw: Erinnerungen an das literarische Berlin. Mit einem Geleitwort von Willy Haas. München, Winkler, 1965
Piscator, Erwin: Theater der Auseinandersetzung. Ausgewählte Schriften und Reden. Frankfurt, Suhrkamp, 1977
Raddatz, Fritz J.: Erfolg oder Wirkung. Schicksale politischer Publizisten in Deutschland. München, Hanser, 1972
Rein, Heinz: Die neue Literatur. Versuch eines ersten Querschnitts. Berlin, Verlag Bruno Henschel, 1950
Richard, Lionel: D'une apocalypse à l'autre. Sur l'Allemagne et ses productions intellectuelles de Guillaume II aux années vingt. Paris, Union Générale D'Éditions, 1976
Rühle, Jürgen: Das gefesselte Theater. Vom Revolutionstheater zum Sozialistischen Realismus, Köln–Berlin, Kiepenheuer & Witsch, 1957
Rühle, Jürgen: Literatur und Revolution. Die Schriftsteller und der Kommunismus. Köln–Berlin, Kiepenheuer & Witsch, 1960
Regler, Gustav: Das Ohr des Malchus. Eine Lebensgeschichte. Frankfurt, Suhrkamp, 1975
Reich-Ranicki, Marcel: Nachprüfung. Aufsätze über deutsche Schriftsteller von gestern. München–Zürich, Piper, 1977
Schonauer, Franz: Deutsche Literatur im Dritten Reich. Versuch einer Darstellung in polemisch-didaktischer Absicht. Olten–Freiburg, Walter-Verlag, 1961
Richter, Hans: Dada Profile. Zürich, Verlag Die Arche, 1961
Richter, Hans: Köpfe und Hinterköpfe. Zürich, Verlag Die Arche, 1967
Szittya, Emil: Das Kuriositäten-Kabinett. Begegnungen mit seltsamen Begebenheiten, Landstreichern, Verbrechern, Artisten, religiös Wahnsinnigen, sexuellen Merkwürdigkeiten, Sozialdemokraten, Syndikalisten, Kommunisten, Anarchisten, Politikern und Künstlern. Konstanz, See-Verlag, 1923
Schlegel, Werner: Dichter auf dem Scheiterhaufen. Berlin, Verlag für Kulturpolitik, 1934
Sloterdijk, Peter: Literatur und Lebenserfahrung. Autobiographien der zwanziger Jahre. München. Hanser, 1978
Stapel, Wilhelm: Die literarische Vorherrschaft der Juden in Deutschland 1918 bis 1933. Hamburg, Hanseatische Verlagsanstalt, 1937
Strothmann, Dietrich: Nationalsozialistische Literaturpolitik. Ein Beitrag zur Publizistik im Dritten Reiche. Bonn, Bouvier, 1960
Tucholsky, Kurt: Gesammelte Werke. Herausgegeben von Mary Gerold-Tucholsky und Fritz J. Raddatz. 3 Bände. Reinbek bei Hamburg, Rowohlt, 1960/1961

Tucholsky, Kurt: Ausgewählte Briefe. Herausgegeben von Mary Gerold-Tucholsky und Fritz J. Raddatz. Reinbek bei Hamburg, Rowohlt, 1962

Tucholsky, Kurt: Briefe aus dem Schweigen 1932–1935. Briefe an Nuuna. Herausgegeben von Mary Gerold-Tucholsky und Gustav Huonker. Reinbek bei Hanburg, Rowohlt, 1977

Scheffler, Karl: Die fetten und die mageren Jahre. Ein Arbeits- und Lebensbericht. Leipzig–München. List, 1946

Ullstein, Heinz: Spielplatz meines Lebens. Erinnerungen. München, Kindler, 1961

Viertel, Berthold: Schriften zum Theater. Herausgegeben von Gert Heidenreich. München, Kösel, 1970

Victor, Walther: Köpfe und Herzen. Begegnungen mit Zeit und Zeitgenossen. Weimar, Thüringer Volksverlag, 1949

Valentin, Veit: Perspektiven und Profile. Frankfurt, Verlag Waldemar Kramer, 1965

Walter, Hans-Albert: Deutsche Exilliteratur 1933–1950. Band 1: Bedrohung und Verfolgung bis 1933. Band 2: Asylpraxis und Lebensbedingungen in Europa. Band 7: Exilpresse I. Darmstadt–Neuwied, Luchterhand, 1972/1973

Walter, Hans-Albert: Deutsche Exilliteratur 1933–1950. Band 4: Exilpresse. Stuttgart, J. B. Metzler, 1978 (überarb. u. erw. Band des von Luchterhand abgebrochenen Projektes)

Wegner, Matthias: Exil und Literatur. Deutsche Schriftsteller im Ausland. 1933–1945. Frankfurt–Bonn, Athenäum, 1967

Weiskopf, F. C.: Unter fremden Himmeln. Ein Abriß der deutschen Literatur im Exil 1933–1947. Berlin, Dietz Verlag, 1947

Winckler, Lutz (Hrsg.): Antifaschistische Literatur. Programme, Autoren, Werke. Kronberg/Ts., Scriptor Verlag, 1977

Verboten und verbrannt. Deutsche Literatur – 12 Jahre unterdrückt. Herausgegeben von Richard Drews und Alfred Kantorowicz. Berlin–München, Ullstein-Kindler, 1947

Wulf, Joseph: Literatur und Dichtung im Dritten Reich. Eine Dokumentation. Gütersloh, Mohn, 1963

Vietta, Silvio; Kemper, Hans-Georg: Expressionismus. München, Fink, 1975

QUELLEN UND DARSTELLUNGEN POLITISCHER ART

Abendroth, Wolfgang: Sozialgeschichte der europäischen Arbeiterbewegung. Frankfurt, Suhrkamp, 1965

Allgemeiner Kongreß der Arbeiter- und Soldatenräte. Berlin 16. bis 21. Dezember 1918. Stenographische Berichte. Berlin, Verlag Olle & Wolter, 1973

Angress, Werner T.: Stillborn Revolution. Die Kampfzeit der KPD 1921–1923. Wien, Räteverlag, 1973

Appelle einer Revolution. Dokumente aus Bayern zum Jahr 1918/1919. München, Süddeutscher Verlag, 1968

Auer, Ignaz: Nach zehn Jahren. Material und Glossen zur Geschichte des Sozialistengesetzes. Nürnberg, Verlag der Fränkischen Verlagsanstalt, 1913

Bahne, Siegfried: Die KPD und das Ende von Weimar. Das Scheitern einer Politik 1932–1935. Frankfurt–New York, Campus Verlag, 1976

Basso, Lelio: Rosa Luxemburgs Dialektik der Revolution. Frankfurt, Europäische Verlagsanstalt, 1969

Beradt, Charlotte: Paul Levi. Ein demokratischer Sozialist in der Weimarer Republik. Frankfurt, Europäische Verlagsanstalt, 1969

Bock, Hans Manfred: Geschichte des ›linken Radikalismus‹ in Deutschland. Ein Versuch. Frankfurt, Suhrkamp, 1976

Brandis, Kurt: Der Anfang vom Ende der Sozialdemokratie. Die SPD bis zum Fall des Sozialistengesetzes. Berlin, Rotbuch, 1975

Der Anti-Nazi. Redner- und Pressematerial über die NSDAP. Berlin, Herausgegeben vom Deutschen Volksgemeinschaftsdienst, 1930

Der deutsche Kommunismus. Dokumente. Herausgegeben und kommentiert von Hermann Weber. Köln, Kiepenheuer & Witsch, 1963

Deutsches Judentum. Aufstieg und Krise. Gestalten, Ideen, Werke, Vierzehn Monographien. Stuttgart, Deutsche Verlags-Anstalt, 1963

Der ewige Jude. 265 Bilddokumente, ge-

sammelt von Dr. Hans Diebow. München–Berlin, Verlag Franz Eher, 1938
Der Münchener Geiselmord. Wer trägt die Schuld? Berlin, Verlag »Der Firn«, o. J. (1919)
Die Sünden der Revolution. Blitzlichter aus deutschen und österreichischen Zeitungen. Nürnberg, Döllinger, 1919
Die Flüchtlingspolitik der Schweiz seit 1933 bis zur Gegenwart (1957). Bericht Professor Dr. Carl Ludwig. Stellungnahme Bundesrat Eduard v. Steiger. Bern, Verlag Herbert Lang, 1966
Die Weimarer Republik. Edition Zeitgeschehen. Herausgegeben von Walter Tormin. Hannover, Fackelträger, 1973
Eggebrecht, Axel: Der halbe Weg. Zwischenbilanz einer Epoche. Reinbek bei Hamburg, Rowohlt, 1975
Ehrt, Adolf: Bewaffneter Aufstand! Enthüllungen über den kommunistischen Umsturzversuch am Vorabend der nationalen Revolution. Herausgegeben vom Gesamtverband deutscher antikommunistischer Vereinigungen. Berlin–Leipzig, Eckart-Verlag, 1933
Eisner, Kurt: Das Ende des Reichs. Deutschland und Preußen im Zeitalter der großen Revolution. Berlin, Verlag Buchhandlung Vorwärts, 1907
Eisner, Kurt: Taggeist. Culturglossen. Berlin, Edelheim, 1901
Eisner, Kurt: Sozialismus als Aktion. Ausgewählte Aufsätze und Reden. Frankfurt, Suhrkamp, 1975
Eisner, Kurt: Welt werde froh! Ein Kurt-Eisner-Buch. Zum 10. Jahrestag der Ermordung Kurt Eisners herausgegeben von der Büchergilde Gutenberg. Berlin, Büchergilde, 1929
Fabian, Ruth, und Coulmas, Corinna: Die deutsche Emigration in Frankreich nach 1933. München, K.G. Saur, 1978
Flake, Otto: Das Ende der Revolution. Berlin, S. Fischer, 1920
Flechtheim, Ossip K.: Die KPD in der Weimarer Republik. Frankfurt, Europäische Verlagsanstalt, 1969
Foerster, Rolf Hellmut: Revolution in Deutschland. Die Chronische Utopie, München, List, 1971
Freyberg, Jutta v.; Fülberth, Georg; Harrer, Jürgen; Hebel-Kunze, Bärbel; Hofschen, Heinz-Gerd; Ott, Erich; Stuby, Gerhard: Geschichte der deutschen Sozialdemokratie 1863–1975. Mit einem Vorwort von Wolfgang Abendroth, Köln, Pahl-Rugenstein, 1975
Fritsch, Theodor: Handbuch der Judenfrage. Die wichtigsten Tatsachen zur Beurteilung des jüdischen Volkes. Neunundvierzigste Auflage. 279. bis 330. Tausend. Leipzig, Hammer-Verlag, 1944
Fröhlich, Paul: Die Bayerische Räterepublik. Archiv sozialistischer Literatur 22. Frankfurt, Verlag Neue Kritik, 1971 (Reprint)
Fröhlich, Paul: Rosa Luxemburg. Gedanke und Tat. Mit einem Nachwort von Iring Fetscher. Frankfurt, Europäische Verlagsanstalt, 1967
Gumbel, E. I.: Zwei Jahre Mord. Mit einem Vorwort von Professor G. F. Nicolai und einem Anhang: Ergebnisse des Ausschusses zur Prüfung des Verhaltens der Offiziere während der Märzvorgänge (Kapp-Putsch). Berlin, Verlag Neues Vaterland, 1921
Gumbel, E. I.: Beschluß der philosophischen Fakultät Heidelberg vom 16. Mai 1925 in der Angelegenheit des Privatdozenten Dr. Gumbel. Heidelberg, Paul Braus, o. J. (1925)
Grosshut, F. S.: Staatsnot, Recht und Gewalt. Vorwort Dr. Max Hirschberg. Nürnberg, Glock und Lutz, 1962
Häsler, Alfred A.: Die Schweiz und die Flüchtlinge 1933–45. Zürich, Verlag Ex Libris, 1967
Haffner, Sebastian: Die sieben Todsünden des Deutschen Reiches. Grundfehler deutscher Politik nach Bismarck damals und auch heute. Hamburg, Nannen-Verlag, 1965
Hetmann, Frederik: Rosa L. Die Geschichte der Rosa Luxemburg und ihrer Zeit. Weinheim und Basel, Beltz & Gelberg, 1976
Hirschfeld, Magnus: Sittengeschichte des I. Weltkrieges. Hanau, Verlag Karl Schustek, 1964
Hirschfeld, Magnus: Zwischen zwei Katastrophen. Sittengeschichte 1918–1933. Hanau, Verlag Karl Schustek, 1966
Hoegner, Wilhelm: Der Faschismus und die Intellektuellen. Untergang des Deutschen Geistes. Von Landgerichtsdirektor*** (d.i. Hoegner). Karlsbad, Graphia, 1934

Hoelz, Max: Vom »Weißen Kreuz« zur Roten Fahne. Jugend-, Kampf- und Zuchthauserlebnisse. Berlin, Malik, 1929

Hoelz, Max: Briefe aus dem Zuchthaus. Herausgegeben und mit einem Nachwort versehen von Egon Erwin Kisch. Berlin, Reiss, 1927

Illustrierte Geschichte der deutschen Revolution. Frankfurt, Verlag Neue Kritik, Reprint der Ausgabe von 1929

Jaspers, Karl: Wohin treibt die Bundesrepublik? Tatsachen. Gefahren. Chancen. München, Piper, 1966

Kirchheimer, Otto: Von der Weimarer Republik zum Faschismus: Die Auflösung der demokratischen Rechtsordnung. Frankfurt, Suhrkamp, 1976

Krämer, Theodor: Blut-März 1933. Luxemburg, Im Selbstverlag des Verfassers, o. J.

Lamp'l, Walther: Das Recht der deutschen Revolution. Das Problem des Revolutionsrechtes in der deutschen Rechtswissenschaft, Rechtsphilosophie und Rechtsprechung. Hamburg, Wissenschaftlicher Verlag W. Gente, 1921

Landauer, Gustav: Revolution. Einleitung Harry Pross. Nachwort Erich Mühsam. Berlin, Karin Kramer Verlag, 1974

Landauer, Gustav: Erkenntnisse und Befreiung. Ausgewählte Reden und Aufsätze. Frankfurt, Suhrkamp, 1976

Landauer, Gustav: Sein Lebensgang in Briefen. Unter Mitwirkung von Ina Britschgi-Schimmer. Herausgegeben von Martin Buber. 2 Bände. Frankfurt, Rütten & Loening, 1929

Levi, Paul: Der Jorns-Prozeß. Rede des Verteidigers Dr. Paul Levi-Berlin nebst Einleitung. Berlin, Internationale Verlagsanstalt, o. J. (1930)

Levi, Paul: Sachverständigen-Gutachten und was dann? Zur innen- und außenpolitischen Orientierung. Berlin, Zentralvertrieb zeitgeschichtlicher Bücher, 1924

Leviné, Eugen: Ahasver, Rede vor Gericht u. anderes. Berlin, Verlag Junge Garde, 1919

Liepmann, M.: Kommunistenprozesse. Ein Rechtsgutachten. München, Drei Masken Verlag, 1928

Liebknecht, Karl: Studien über die Bewegungsgesetze der gesellschaftlichen Entwicklung. Herausgegeben von Ossip K. Flechtheim. Hamburg, Hoffmann und Campe, 1974

Löwenstein, Hubertus Prinz: Die Tragödie eines Volkes. Deutschland 1918–1934. Amsterdam, Steenuil-Verlag, 1934

Luxemburg, Rosa: Die Krise der Sozialdemokratie (Juniusbroschüre). Mit einer Einleitung von Clara Zetkin. Berlin, Verlag Rote Fahne, 1919

Luxemburg, Rosa: Briefe aus dem Gefängnis. Berlin, Dietz Verlag, 1972

Luxemburg, Rosa: Politische Schriften. 3 Bände. Frankfurt, Europäische Verlagsanstalt, 1966/1968

Luxemburg, Rosa: Briefe an Leon Jogiches. Frankfurt, Europäische Verlagsanstalt, 1971

Mann, Heinrich; Holitscher, Arthur; Feuchtwanger, Lion; Brod, Max; Coudenhove-Kalergi u. a.: Gegen die Phrase vom jüdischen Schädling. Prag, Amboss-Verlag, 1933

Merker, Paul: Von Weimar zu Hitler. Deutschland – Sein oder Nichtsein. 2 Bände. Frankfurt, Materialismus Verlag, 1973

Müller, Artur: Die Deutschen. Ihre Klassenkämpfe, Aufstände, Staatsstreiche und Revolutionen. Eine Chronik. München–Wien–Basel, Desch, 1972

Müller, Hermann: Die November-Revolution. Erinnerungen. Berlin, Bücherkreis, 1928

Meyer-Leviné, Rosa: Leviné, Leben und Tod eines Revolutionärs. Frankfurt, Fischer Taschenbuch Verlag, 1974

Müller, Richard: Der Bürgerkrieg in Deutschland. Berlin, Verlag Olle & Wolter, 1974

Müller, Richard: Die Novemberrevolution. Berlin, Verlag Olle & Wolter, 1976

Müller, Richard: Vom Kaiserreich zur Republik. Berlin, Verlag Olle & Wolter, 1974

Niekisch, Ernst: Gewagtes Leben. Begegnungen und Begebnisse. Köln–Berlin, Kiepenheuer & Witsch, 1958

Olden, Rudolf: Hitler. Amsterdam, Querido Verlag, 1935

Radek, Karl: Die Entwicklung der Weltrevolution und die Taktik der Kommunistischen Parteien im Kampfe um die Diktatur des Proletariats. Herausgegeben vom Westeuropäischen Sekretariat der Kommunistischen Internationale, 1919

Rosenberg, Alfred: Die Spur der Juden im Wandel der Zeiten. München, Zentralverlag der NSDAP, Franz Eher, 1937

Rosenberg, Arthur: Geschichte der Weimarer Republik. Herausgegeben von Kurt Kersten. Frankfurt, Europäische Verlagsanstalt, 1961

Oehme, Walter: Die Weimarer Nationalversammlung. Erinnerungen. Berlin, Rütten & Loening, 1962

Picard, Max: Hitler in uns selbst. Erlenbach–Zürich, Eugen Rentsch Verlag, 1946

Schickele, René: Wir wollen nicht sterben. München, Wolff, 1922

Schleier, Hans: Die bürgerliche deutsche Geschichtschreibung der Weimarer Republik. Berlin, Akademie-Verlag, 1975

Schmidt, Giselher: Spartakus. Rosa Luxemburg und Karl Liebknecht. Frankfurt, Athenaion, 1971

Schwarzschild, Leopold: Die letzten Jahre vor Hitler. Aus dem »Tagebuch« 1929–1939. Hamburg, Christian Wegner Verlag, 1966

Schreiner, Gerth: Die Republik der vierzehn Jahre. Bilthoven, De Gemeenschap, 1939

Wollenberg, Erich: Als Rotarmist vor München. Reportage aus der Münchener Räterepublik. Berlin, Internationaler Arbeiterverlag, 1929

Wulf, Josef; Poliakov, Léon: Das Dritte Reich und die Juden. Dokumente und Aufsätze. Berlin, arani, 1961

Willmann, Heinz: Geschichte der Arbeiter-Illustrierten Zeitung. 1921–1938. Berlin, Verlag europäisches buch, 1974

Nachwort

Dieses Buch ist der späte Bericht über eine Entdeckungsreise in die deutsche Geschichte, die mir in der Schule verschlossen blieb, die dort nicht auf dem Unterrichtsprogramm gestanden hat. Ich war sechs Jahre alt, als der Faschismus in diesem Lande besiegt und der Zweite Weltkrieg beendet war. Doch der Stern dieser hier versammelten Schriftsteller, die ihre Leben eingesetzt hatten gegen Hitler und die NS-Ideologie, ging nicht auf über Menschen meiner Generation. Ich habe von diesen Schriftstellern in der Schule nichts gehört und nichts erfahren.

Hitler hatte erreicht, was er 1933 mit der Bücherverbrennung hatte erreichen wollen: eine ganze Generation mißliebiger Schriftsteller aus dem Gedächtnis der Deutschen zu streichen. Man muß das mit Bitterkeit feststellen und den nach dem Zweiten Weltkrieg geäußerten Satz des Schweizer Literaturwissenschaftlers Walter Muschg hinzufügen: »Daß ein Dichter nicht nur Talent, sondern auch Charakter und Gesinnung haben soll, ist für viele in Deutschland unfaßbar.« Eher zufällig bin ich Ende der sechziger Jahre auf die »Verbrannten Dichter« gestoßen: zu einem Zeitpunkt also, als der Protest gegen eine verpaßte Vergangenheitsbewältigung sich in vielen jungen Menschen der Bundesrepublik artikulierte.

Ich las die Bücher von Ernst Toller und Erich Mühsam. Und ich las auch die Gedichte der Else Lasker-Schüler. Was sie geschrieben hatten, lag Jahrzehnte zurück, und doch packte es mich, wie mich noch nie Literatur gepackt hatte. Diese Bücher waren Moderne in ihrer radikalsten Form. Sie gingen weit über alle ästhetischen Kriterien hinaus, das heißt hinweg über die Beschränkung auf das immer nur künstlerisch Gelungene. Wie bei allen radikalen Bewegungen lag der Wert des Ganzen nicht nur im ästhetisch Bleibenden, sondern auch im Entwicklungsgeschichtlichen. Diese Literatur verstand sich als Revolution, als Aufbruch, Erhebung und Wandlung.

Ihr Thema nach dem Ersten Weltkrieg war unser Thema nach dem Zweiten Weltkrieg geblieben: Hunger und Leid, die Zerstörung aller sittlichen Werte, der verratene Sozialismus, das Verdrängen der Schuld, der Aufbau alter Feindbilder, Wirtschaftswunder, Rezession, wachsende Arbeitslosigkeit und der schrankenlose Glaube an den technischen Fortschritt. Darin jene Schriftsteller als Protagonisten innerer Erneuerung. Die Literatur der zwanziger Jahre hatte die sozialen Widersprüche angepackt: in grandiosen, das Weltall umfassenden Bildern, in schroffen Verbindungen von Licht und Schatten, in grotesker Satire, in der Zuspitzung unerwar-

teter Vergleiche. Zuspitzung als gesteigerte Wahrnehmung.
Nichts wäre falscher, als die »Verbrannten Dichter« im Überschwang nun plötzlich als Heilige zu sehen. Aber es waren Menschen mit einer großen Liebesfähigkeit und damit verbunden mit einer großen Fähigkeit des Erkennens. Ihre Frage und ihr Bestreben: Wie wird mein Leben einmalig und damit in sich ganz? Jene Literatur hat eine politische Vision gehabt, die von den Politikern der Weimarer Republik verraten worden ist. Es waren schreibende Sozialisten zum großen Teil, oder sie standen dem Sozialismus nahe.
Nach dem Zweiten Weltkrieg paßten die »Verbrannten Dichter« weder in das Bild des westlichen noch des östlichen Teils Deutschlands. Im Westen galten sie als zu links und im Osten als nicht links genug. Nach der Phase des »Kalten Krieges« gab es Ansätze zur Wiederentdeckung. Verlage in West und Ost druckten Werke der »Verbrannten Dichter«. Die einen mit dem schlechten Gewissen der Wiedergutmachung, die anderen als ideologische Hilfe. Eine neue Standortbestimmung, gemessen an dem, was jene Schriftsteller wollten, war nicht gewünscht. Sprechen wir von der Bundesrepublik: die moralische Abstinenz der Deutschen in diesem Teile (Durchsetzung der Politik, Wirtschaft und Justiz mit alten Nazis, Verdrängung der Vergangenheit, Prozesse gegen NS-Täter, die nicht in Gang kamen, sich dahinschleppten oder mit Freisprüchen endeten) und deren ökonomische Tüchtigkeit brachten einen miesen ethischen Zwitter zur Welt: die Erfolgsmoral, ein Ersatzwert, der Vergangenheit und Gegenwart regulierte.
In dieser Situation hatten die »Verbrannten Dichter«, also Menschen, die allein auf Moral bestanden, keine Chance mehr. Haben sie heute, haben sie jetzt endlich eine Chance, jetzt, wo der Glaube an ewiges Wirtschaftswachstum und an den technischen Fortschritt mit den Problemen der Kernenergie einen Knacks bekommen hat? Ich hoffe es. Und ich baue dabei auch auf die Resonanz, die dieses Buch nach Erscheinen in der Bundesrepublik gehabt hat. Bereits die Leserbriefreaktionen auf die stern-Serie unter demselben Titel im Jahre 1976 zeigten mehr als nur Interesse an den »Verbrannten Dichtern«: Viele Leser reagierten mit Betroffenheit, mit Erschrecken darüber, was da an Literatur verlorengegangen zu sein schien.
Ein Jahr später – 1977 – erschien die Serie als Buch im Verlag Beltz & Gelberg, erweitert um mehr als 20 Schriftsteller-Porträts. Drei weitere Auflagen sind erfolgt. Nun liegt der Band als Taschenbuch vor.
Ich bin kein Literaturwissenschaftler. Fragt man mich nach der Systematik meiner Auswahl von Schriftstellern in diesem Buch, so sage ich: Ich habe mir hier meine Liebe stückerlweis zusammengetragen und gehofft, daß sie übergreift auf den Leser, daß sie dem Leser den Anstoß gibt, über dieses Buch hinaus nach dem zu suchen,

was die »Verbrannten Dichter« geschrieben haben. Als ich mit meinen Recherchen zu diesem Buch begann, war ich weitgehend gezwungen, mir die Originärwerke in Antiquariaten zusammenzusuchen, weil selbst die großen Bibliotheken sie nur lückenhaft besaßen.
Als ich einen Teil der Porträts in der stern-Serie veröffentlichte, schrieb ich in einem Vorwort: Die Serie soll eine »Aufwiegelung der Leser« sein »gegen die Verleger, die Werke der zu Unrecht Vergessenen endlich wieder zu veröffentlichen«. Die Leser von Serie und Buch haben erreicht, was ich allein nicht erreichen konnte: die Verlage in der Bundesrepublik haben inzwischen von fast allen der von mir beschriebenen Schriftsteller Werke auf den Markt gebracht. Wenn heute so häufig von Konservativen zu hören ist, die deutsche Geschichte habe Werte, auf die sich zu besinnen unerläßlich sei, dann sind es jene Schriftstellerinnen und Schriftsteller, die diese Konservativen meist nicht meinen: Die verbrannten Dichter.

Mai 1980 *Jürgen Serke*

Danksagung

Für die freundliche Unterstützung bei der Materialsammlung danken wir:
dem stern-Magazin, in dem 1976 ein Teil der Porträts erschien, dem ZEIT-magazin, das das Döblin-Porträt für diese Buchausgabe zur Verfügung stellte, den stern-Fotografen Jürgen Gebhardt und Herbert Peterhofen, der Jüdischen National- und Universitätsbibliothek in Jerusalem (Fotos Else Lasker-Schüler und Albert Ehrenstein), insbesondere den dort tätigen Nachlaßverwaltern Manfred Sturmann und Ruben Klingsberg, dem Kösel Verlag (Fotos Else Lasker-Schüler), der Stadtbibliothek Wuppertal (Fotos Else Lasker-Schüler), dem Deutschen Literaturarchiv des Schiller-Nationalmuseums in Marbach am Neckar, der Westberliner Akademie der Künste, der Landesbildstelle Berlin, dem Archiv für Arbeiterdichtung und soziale Literatur in Dortmund, der Stadtbibliothek München, den Bildarchiven Preußischer Kulturbesitz und Ullstein in Berlin, dem Süddeutschen Verlag, München, dem Deutschen Institut für Filmkunde, der Kunsthalle Mannheim, Dr. Gisela Graf in New York, Signe Christie in Bergen, Elisabeth Bergner in Lon-

don, Guido von Kaulla in Konstanz, Herbert Blank in Stuttgart, Hans Höchtberger in München, Walter Dettwiler und Hans Jenk in Köniz, Trude Dotan in Jerusalem, Andreas W. Mytze und Johanna Woltmann in Karlsfeld.

Fotonachweis

Akademie der Künste, Berlin: 10/11, 310/311
Akademie der Künste, DDR: 348, 352, 353
Verlag der Arche, Zürich: 291, 336
Archiv Arbeiterdichtung, Dortmund: 323, 324, 337 (oben)
Archiv Guido von Kaulla, Konstanz: 152, 156, 157, 158, 164, 167, 170, 171, 173
Bildarchiv Preußischer Kulturbesitz, Berlin: 21 (links), 37 (unten Mitte), 273
Kösel Verlag: 332, 333
Landesbildstelle Berlin: 354
Medusa Verlag: 295
Neske Verlag: 337 (unten)
Schiller Nationalmuseum, Marbach: 217, 293 (unten), 302, 305, 312, 317, 318, 330, 356 (links)
Stadtbibliothek, München: 8
Suhrkamp Verlag: 298
Ullstein Bilderdienst: 21 (rechts), 139, 217 (oben), 293 (oben), 303, 313, 315

Alle hier nicht aufgeführten Fotos stammen entweder aus Privatarchiven, aus dem Archiv von Jürgen Serke oder aus dem STERN-Bildarchiv.